U0870761

大唐贵妃
杨贵妃

刘建英 著

细说后妃

上海人民出版社

目录

自序 / 001

01 名门之后 / 001
02 杨家有女初长成 / 008
03 玄宗的兄弟之情 / 012
04 开元盛世 / 024
05 寿王瑁 / 043
06 册封寿王妃 / 050
07 婆婆武惠妃 / 056
08 争立太子 / 069
09 罢免张九龄 / 074
10 李林甫 / 091

11 一日杀三子 / 114
12 武惠妃之死 / 120
13 推长而立 / 125
14 召幸寿王妃 / 129
15 度为女道士 / 137
16 杨太真 / 143
17 改元“天宝” / 155
18 宫中呼为“娘子” / 166
19 再为寿王册妃 / 173
20 册立贵妃 / 178
21 杨家一族承恩 / 192
22 梅妃 / 202
23 初次被遣出宫 / 211
24 三千宠爱在一身 / 218
25 飞扬跋扈的杨氏族人 / 230
26 再次被遣出宫 / 237
27 李白 / 245
28 高力士 / 257
29 王毛仲 / 277
30 安禄山 / 287
31 杨国忠 / 321

32　渔阳鼙鼓 / 350
33　高仙芝、封常清之死 / 359
34　乱世中流砥柱 / 369
郭子仪 / 369
颜杲卿 / 374
李光弼 / 379
颜真卿 / 385
张巡、许远 / 389
35　哥舒翰挂帅 / 401
36　潼关失守、天子逃难 / 409
37　魂断马嵬 / 422
38　传位于太子 / 443
39　“蜀当归” / 460
40　此恨绵绵无绝期 / 466

自序

《大唐贵妃——杨贵妃》终于完成了，感谢上海人民出版社给了我叙说历史的机会。说起来十分惭愧，比较深入地了解杨贵妃，居然是从翻译《杨贵妃传》开始的。

1982年从厦门大学外文系日语专业毕业后，我进入厦门海关工作。1986年陕西三秦出版社要翻译一套日本人撰写的历史人物传记，我承担了《杨贵妃传》的翻译工作，因此开始与杨贵妃结缘。

自恃懂得日语，以为翻译《杨贵妃传》只是举手之劳、轻而易举，想不到历史素养浅显的我，翻译起来十分艰辛，只好跑图书馆翻阅史籍，边翻译边恶补这段历史知识，总算完成了翻译任务。

此事对我触动很大，我为自己不懂历史而汗颜，从此将目光投向教人聪慧、陶冶情操的文史知识。

我们这一代人，对历史的认识有着很大的误区。从小所学的历史枯燥干瘪、教条空洞，都是苦涩难背的年代、人物、事件，令人望而生畏。其实，中国历史长河中有许多鲜活生动的感人故事，也有许多令人扼腕的悲惨教训。它会告诉我们，今天炎黄子孙许多思想、习俗的产生根源，告诉我们哪些是精华，值得发扬光大，哪些是糟粕，应该坚决摒弃，它可以使我们更加清醒地认识到中华民族的古老和伟大、中华文明的源远流长和绚丽多彩。

在阅读大量的历史资料后我才发现，历史原来是如此精彩纷呈，有血有肉。许多史料中，无论故事情节、人物形象都是那么跌宕起伏、扣人心弦、栩栩如生，远比那些不肯花苦功精心研读历史，只顾闭门造车的人所编造的、用现代生活凭空想象我们祖先生活的电影、小说丰富千百倍。虽然史料记载的文字与现代白话文略有出入，但比起学外语要轻松得多，只要多看、多查字典，完全可以进入古代世界，与先贤对话。

于是，在写作这本《大唐贵妃——细说杨贵妃》时我用不着费心杜撰、凭空想象，只是老老实实地根据《新唐书》、《旧唐书》、《资治通鉴》、唐诗、唐人笔记、《全唐文》等史料记载，参考近现代史学家们写的人物传记等，尽量用通俗的语言，将一个鲜活的杨贵妃呈现在大家面前，借此也想和大家一起分享读历史的快乐。

历史并不枯燥，历史并不苦涩难读，并不高深莫测，它就是我们祖先活动的轨迹，与我们血肉相连。人类有多少次无谓的轮回和重蹈覆辙不都是因为忘记历史造成的吗？大家都来读读历史吧，“以史为镜，可以知兴替”，读史可以使人成熟、使人睿智、使人获得无比的快乐！

名门之后

01

大唐开元七年（719 年）六月一日，杨玉环生于蜀州（治所在今四川崇州市）司户杨玄琰之家，她就是后来受到大唐天子唐玄宗百般宠爱的杨贵妃。

当时的蜀州为上州，杨玄琰任职的司户只不过是从七品下的普通官员，掌管全州的户籍、记账、道路、逆旅、婚田等事务，工作繁琐具体，和民生紧密相关，官不大，却分外忙碌。杨玄琰勤勤恳恳埋头工作，好不容易才当上了从七品下的芝麻官，可谓平庸，然而，祖上却是显赫一时、青史留名的风云人物。

在《新唐书 · 宰相世系表》里，有杨玄琰以前八代的“世系表”，至少到他的祖父杨令本为止的前八代都是高级官僚，堪称朝廷的中流砥柱。曾祖父杨汪因为专精《左传》，通“三礼”，做过周冀王的陪读，冀王对杨汪的博学精深称赞不已，说他“德业优深，孤之穆生也”。隋朝建立后，由于和隋文帝同为弘农杨氏之后，杨汪受到重用，被隋文帝赐爵平乡县伯，邑二百户，历任尚书司勋兵部二曹侍郎、秦州总管长史、尚书左丞、荆州洛州两州的长史。隋炀帝时期，杨汪荣任大理卿（即大法官），由于判案准确无误、没有遗漏，故受到朝廷嘉奖，拜为国子祭酒，当过银青光禄大夫。大业九年（613 年）杨玄感叛乱，杨汪受到隋炀帝怀疑被贬出京城，出任梁郡通守。时人称“张衡以鲠正立名，杨汪以学业自许”，可见杨汪学养之深厚。隋炀帝死后，杨汪依附东都王世充集团，争夺天下，所以当秦王李世民平定王世充集团收复东都后，他也作为凶党之一被诛杀。

从杨汪的曾祖父杨顺时起，他们这一支就离开弘农华阴迁往河东的蒲州永乐定居。蒲州，隋朝时属于河东郡，唐朝时属于河东道，永乐县属蒲州管辖，杨汪被杀后，其子孙后代仍在这里居住，故又自称为蒲州永乐人。祖父杨令本虽然没有曾祖父杨汪那么赫赫有名，却也官至金州刺史。

杨贵妃集宠爱于一身后，自称出自弘农杨氏，是杨震末子杨奉的后裔。这远比上述有据可查的显赫祖上更令人敬畏、含金量更高。弘农华阴杨氏，这是一个历史悠远的名门望族，关于它的起家有许多脍炙人口和令人肃然起敬的传说，可以追溯到很早很早以前。

传说杨氏是西周宣王儿子的尚父，被封为杨侯，子孙以国为姓，之后惨遭晋朝灭杀，其后裔逃入华山仙谷避难，于华阴（今陕西省华阴市）隐居繁衍生息，这些传说过于遥远而难以验证。有据可查能够证明这个名望家族的大概是在楚汉争霸时代，刘邦手下有一名虎将叫杨喜，他在创建汉朝的战争中，战绩赫赫，是在乌江边将楚王项羽五马分尸的五员汉将之一，为此，汉朝建立后，他被封为赤泉侯，这是弘农杨氏的先祖。

东汉时期，弘农杨氏又出了一位名满天下的风流人物，他就是世称“关西孔子”的大儒太尉杨震。杨震不愧为名门虎将之后，他不仅知书达礼，谈吐儒雅，而且为人刚正不阿，疾恶如仇，战场上更是冲锋陷阵，功勋显赫，官至太尉，后来他在朝廷上弹劾邪佞，不仅无功，反遭贬黜，故愤然自尽。杨震有子五人，他们是杨牧、杨里、杨秉、杨让、杨奉，杨家孩子在深厚的儒学气氛熏陶下，在父亲的言传身教中，个个文武双全，在朝中担任重要职务，成为国家的栋梁之材。其中三儿子杨秉、孙子杨赐、曾孙杨彪、玄孙杨修这一脉更是出类拔萃，杨秉官至太尉，其子杨赐为司徒，杨赐之子杨彪为司空、司徒、太尉录尚书，从杨震、杨秉、杨赐至杨彪四代，无一不位及司空，杨家的声名地位、儒学教养、家学渊源皆成为美谈，海内外儒士纷纷效仿，尊杨震为表率。

魏晋以后，弘农杨氏盛极而衰，杨修为曹操所杀，子孙逃往南方，至东晋末，杨佺期被桓玄所灭，一族殆绝。在北方，虽然杨氏的两位女儿先后被西晋武帝立为皇后而宠荣冠世，可惜都好景不常，据《晋书·杨骏传》载，晋惠帝贾皇后为夺取权柄，废杨太后，“诛（杨）骏亲党，皆夷三族，死者数千人”，经过这场大规模残杀，弘农本地的杨氏宗族亦告终绝。此后虽然弘农地区仍不断有杨姓家族崛起，但其系谱的真伪似乎很难确定了。

弘农杨氏的赫赫声名，令天下杨氏引以为豪，纷纷附会杨震为其宗祖，给自己的脸上贴金，就连统一了中国、建立隋朝的隋文帝也自称是出自弘农杨氏。

虽然族谱无法详细地一代代追溯到远祖弘农杨氏的杨震，但至今为止，杨玄琰仍然依稀记得祖父杨令本任金州刺史时，家中的豪华典雅以及熙熙攘攘人来人往的热闹场面。可叹世态无常，不知是杨玄琰的父亲杨志谦厌倦了官场上的阿谀奉承尔虞我诈，不愿为官，还是淡泊名利向往恬静儒雅、怡然自得的清淡生活，杨志谦不曾出任一官半职，家境自此逐渐衰落。但毕竟出身名门，家学渊源，杨玄琰从小饱读诗书，向往祖上的丰功伟绩，立志像前辈那样建功立业，出人头地，在他的努力奋斗下，总算获得了蜀州司户的官职。杨玄琰兄弟三人，他是长子，下面有两个弟弟，杨玄珪和杨玄璬，杨玄珪留在家乡，杨玄璬在洛阳河南府任士曹参军。

杨玉环在家人的百般呵护下一天天长大。一天，有位云游四方的方士路过，看到正在原野上玩耍、欢蹦乱跳的玉环便惊诧地说："这孩子将来定会大富大贵，可惜在这里。"家人不禁问："会成为三品夫人吗?""不会。""会是一品夫人吗?""不。""会是皇后吗?""也不是，但贵如皇后。"

方士的美好谶言，说得家人欢天喜地，自然热情好客地款待他一番。知书达礼，儒学涵养深厚的杨玄琰，对方士之言将信将疑，并不太当真，但内心还是十分高兴，他特别疼爱这个聪明伶俐的小女儿，常常遐想着她的未来，关注她点滴变化，倾心培养。此时，发生了一件事让杨玄琰惊骇不已，原来玉环在荒野的追逐玩耍中不慎落入水池，幸亏及时发现，才没有酿成大祸。后来杨贵妃深得皇上宠爱，名满天下，此池被当地人称作"落妃池"。

从此，杨玄琰更加细心培育玉环，早早就让玉环跟随她的姐姐们一起读书认字。长年累月的过度操劳，摧毁了杨玄琰的身体，生命的烛光正一点点地消失。也许方士的谶言讲到杨玄琰的心里，说出了自己对小女儿的希望，临终前他硬撑着病恹恹的身体，给兄弟杨玄璬写了一封长信，特别将心爱的小女儿玉环嘱托给他。不久，杨玄琰终于带着对家人的无限眷念离开了人世。

关于杨玉环的身世，除了以上根据正史的记载之外，还流传着几种说法。其中《容州普宁县杨妃碑记》绘声绘色地描写道，杨贵妃是容州普宁县人，即现在的广西容县人，出生在离城十一里一个小山村的穷苦人家。据说有方士看其父亲祖坟后说，坟高若多几尺家中必出贵子，可惜太低，不过生女亦贵。果然贵妃出生时，满屋馨香，胎衣如莲花，双眼紧闭，直到第三天夜里其母亲梦见神仙用手亲拭其眼，次日玉环果然开了双眼，只见她眸如点漆，晶莹剔透，哪怕抱出屋在太阳底下，她也目不转睛，肌肤洁白如玉，相貌绝伦。

当地的后军都置杨康看见后，十分疼爱，用钱财锦帛求其父让他收养为女，亲生父母只得忍痛割爱。杨康本人有两个儿子，玉环三岁就同哥哥们日夜同坐，听其诵读，小小年纪就通《论语》《孟子》等，杨康夫妇待她惜如珠玉。当时杨玄琰为长史，摄行帅事，听说玉环伶俐便令其母带来，一看不由得大吃一惊，说："此女姿质非常，貌有贵相，我们远远比不上。"然后，杨玄琰给杨康不少金帛，想要收养玉环，开始杨康不肯，杨玄琰便软硬兼施，眼见无计可施，最终杨康举家号哭相送。杨玄琰长史任职期满，将玉环带回，与自己的两个女儿一起教育培养。几个孩子中，只有玉环性格聪慧，谙音律，明经史。长成之后，玉环进入寿王宫，开元二十四年（736年），被明皇（玄宗）诏入内，号太真，深受宠爱，天宝间被册封为贵妃等等。

根据此碑文，杨玉环原本是广西人，出身贫寒，几经买卖才成为杨玄琰的养女。对此，已故复旦大学历史系教授许道勋先生作了仔细的考证，他从《容州普宁县杨妃碑记》撰写人名不见经传的官衔到无名，以及碑文里的地名、官制称谓与唐朝情况的矛盾，碑文文字的蹩脚与唐人文体的巨大差距，得出此碑文纯属后人加油添醋的伪造。

清代大学者朱彝尊认为，杨玉环是杨玄璬的长女，当初杨玉环被册封为寿王妃时，曾公布杨玄璬为玉环之父，故在册封玉环为贵妃时，为了掩人耳目，免受天下人指责，特意将玉环说成是已故杨玄琰的女儿。这种看法颇耐人寻味，但也无从考证，甚至有人因为《新唐书》有《杨元琰传》，而且杨元琰是东汉太尉杨震的十八世孙，就说贵妃的籍贯是虢州阌乡等等。杨元琰是睿宗时期的刑部尚书，被封为魏国公，曾任太子宾客，常住京都，死于开元六年（718 年），与远在蜀州任司户小官的杨玄琰显然是风马牛不相及的两个人。

看来，杨贵妃后来的显赫人生，成为世俗编造遗闻秘史的对象。

02 杨家有女初长成

杨玄琰将自己最疼爱的小女儿杨玉环托付给兄弟杨玄璬。

杨玄璬是河南府士曹参军，士曹参军负责掌管津梁、舟车、舍宅、百工众艺等。区区河南府士曹参军算不上什么高级官员，和杨玄琰一样也是七品下的衙吏，但事实上兄弟俩同样的级别却有着天壤之别。

首先，是杨玄璬的工作地点在河南府东都洛阳。

东都洛阳经过唐朝近百年的太平盛世，尤其是在武则天时代，洛阳是周朝神都，大动土木扩建不少富丽堂皇的宏伟建筑不说，还从关中迁富户数十万充实洛阳，所以无论在城建规模、工商业繁荣、水陆交通、国际贸易等各个方面，洛阳都处于历史上的鼎盛时期。

杨玄璬的工作正好与上至王公贵族下到黎民百姓的居住出行等生活息息相关。因此，他的工作需要接触南来北往的官吏、国外使者、富商大贾等方方面面的人。如遇到皇上幸临洛阳，要由他组织安排调度，把随行的上万名皇亲国戚、宫内外百官安排得周到妥帖。虽然工作量巨大，但经历的那种场面气派、博闻广识岂是其他地方官吏可比？如果没有祖上显赫门第背景的庇护、没有八面玲珑的斡旋以及个人的艰苦奋斗，很难想象孤身一人远离家乡的杨玄璬能够获得如此重要的职务。恭谦谨慎的为人、敬业周到的工作、祖上杨汪的显赫背景让他交接了不少达官贵人，与皇亲国戚、富商大贾保持着广泛联系，不论朝廷官场的钩心斗角、皇宫禁内的风流韵事，还是世俗社会的风俗人情、黎民百姓的生活，他都了然一胸，官虽然小，但在东都洛阳还是有一定的地位。在家道衰落的杨家，杨玄璬与哥哥杨玄琰相比，算是最有出息也最有前途的。

父母的早逝没有给杨玉环留下什么阴影，很快她就从一个温暖的怀抱来到另一个更加温暖的怀抱，而这一切都应该归功于叔父杨玄璬。

杨玄璬只有一个儿子杨鉴，比杨玉环略长，所以他不仅视杨玉环如同己出，甚至比对自己的孩子更加溺爱，从来是有求必应。叔父的疼爱、哥哥的庇护，让杨玉环忘记了丧失父母的悲伤，把这里当成自己的家。

有着深厚家学渊源、崇尚儒学、知书达礼、历经官场磨炼的杨玄璬没有忘记兄长的嘱托，深知教养的得失以及大都市繁华背后的各种陷阱和诱惑。他请来老师教授杨玉环学业，四书五经、琴棋书画，刺绣及各种女红等，杨玄璬对玉环充满慈爱但严格要求，不完成功课别想玩耍、别想外出。杨玄璬本人儒学涵养深厚，但绝不迂腐呆板，只要玉环有兴趣的都会正确引导学习，从不压抑她的天性，公务之外，更是亲自教授玉环各种待人接物的礼节，当然也少不了讲述祖上、祖父当年的辉煌。

当时，由于唐玄宗精通音律，酷爱音乐，造诣甚深。他对音律的独到见解和热爱，身体力行的参与创作，推动了音乐舞蹈艺术蓬勃发展，达官大臣、贵族社会争相效仿学习研究，喜欢谈论音乐，一时间诗词歌赋、优雅的音乐回荡在神州大地，引导世俗社会的娱乐形式朝着高雅方向发展，这种潮流深深地陶冶着人们的情操。细心的杨玄璬发现小玉环每次看到歌舞表演就手舞足蹈，兴奋不已，模仿得惟妙惟肖，于是不失时机地请老师教授她音乐舞蹈，以适应当时上流社会的时尚。杨玉环天生聪颖，活泼好动，尤其是对诗歌、音韵、舞蹈，以及笙管箫簧等丝竹乐器有着特别好的感悟，过目不忘，如痴如醉。

在历史悠久、文化底蕴深厚、商品丰富经济发达的大都市里，杨玉环无忧无虑幸福成长，在杨玄璬的精心培养和浓郁的儒学气氛熏陶下，她不知不觉洗脱了满身的乡村气息，言谈举止优雅大方，出落成一个亭亭玉立、楚楚动人的大家闺秀。

不知从什么时候开始，杨玄璬惊奇地发现，每当他携带杨玉环春游或者外出，总会吸引不少人的目光，尽管杨玉环衣着俭朴，人们面上与之应酬，目光却禁不住被杨玉环所吸引，更有亲朋好友在他面前对杨玉环赞不绝口，杨玄璬家千金小姐容色冠代的传言不胫而走，也传入了森严壁垒的东都皇宫，不论是皇亲国戚、达官贵人的风流公子，还是饱读诗书的谦谦君子，都希望有缘一睹绝色佳人的风采。

每当听到人们对杨玉环的赞誉，杨玄璬虽然对侄女的美貌引以为豪，但内心对她的活泼聪颖、举止乖巧、清纯端庄更为赏识。出自名门素有儒教家学的杨玄璬，更看重对杨玉环的儒雅学养的教育，他只希望不辜负兄长的重托，把她培养成不愧为名门之后的大家闺秀。

03 玄宗的兄弟之情

杨玉环诞生的开元七年（719 年），正是唐玄宗朝初步达到天下大治，开始步入鼎盛的时期。自高祖李渊建立唐朝到唐玄宗即位走过的九十五年，特别是唐太宗李世民的“贞观之治”，在国家框架、政治风气、法律制度等各个方面，都为唐朝的发展壮大打下了坚实的基础，开启了大唐盛世之门。

唐高宗病逝后不久，武则天改朝换代，篡唐为周，从政治幕后走向前台，毕竟武则天在唐太宗身边多年，耳闻目睹这位英明帝王是如何治理国家的，唐太宗的举止风范深深影响着她。所以武则天上台之后，极力模仿唐太宗，对朝政采取了一系列积极的人事制度改革和经济文化政策，极大地促进了社会的发展。但是，为了驾驭群臣，独揽大权，武则天不惜采取恐怖政治，通过启用酷吏等极端手段，威震朝廷，这显然与唐太宗朝“贞观之治”的政治开明背道而驰，不得人心，这也是武则天创立周朝，只有一代即寿终正寝的原因之一。

武则天对东都洛阳似乎情有独钟，唐高宗逝世后，她索性长住洛阳。依照惯例，太子李显立为皇帝，她继续幕后临政。李显即位后曾想摆脱母亲自作主张，但不到两个月，武则天就废唐中宗，继而立她最宠爱的小儿子，即唐玄宗李隆基的父亲李旦为睿宗皇帝。李旦虽然即位，但政事都交给太后武则天裁断，唐睿宗只能住在旁边的宫殿，眼巴巴地看着母亲武则天独揽权柄，自己不能插嘴。半年后李隆基出生在洛阳皇宫内，排行第三，又称作“三郎”。

唐睿宗性格懦弱，自知不是母亲的对手，所以事事都让母亲决定，徒有皇帝虚名。李隆基六岁那年，六十七岁的老祖母武则天以惊人的魄力和非凡的勇气，干脆把唐睿宗拉下台降为皇嗣，自己堂堂正正地走到台前临朝执政，顺利举行了正式的登基大典，改唐为周，改元天授，改洛阳为神都。

登上权力的顶峰后，武则天精心营建洛阳，在原来的基础上又增添了著名的上阳宫、明堂、铜铁天枢、上林苑等一批宏伟壮丽的建筑。她在洛阳一住就是二十多年，直到大足元年（701年）才带领太子、皇亲国戚、文武百官返回阔别多年的长安，此时李隆基已经是十七岁的英俊少年，这才跟随祖母第一次回到大唐首都长安。

在众多皇孙中，李隆基特别与众不同，相貌神采英迈，气宇轩昂，天不怕地不怕，武则天特别疼爱他。在他虚岁三岁实岁不到一岁半时，有一天武则天抱着李隆基在神宫宫殿的高楼上眺望洛阳，一不留神，孩子掉到地上，吓得哇哇大哭，周围的人也都大惊失色，急奔而下慌忙抱起，左右察看是否有伤，谁料被抱起的李隆基旋即破涕为笑，居然毫发未损，依旧调皮活泼，武则天非常惊奇，禁不住连连亲吻他的小脸轻轻地呵护拥入怀里。

有一天，武则天召集诸皇孙到她那里游戏，顺便观察一下孩子们的个性志趣，她叫皇孙们坐在殿上，取出竺西国进贡的玉环手镯、杯盘等奇珍异宝，放在孩子们的前后左右，让他们争相选择自己喜欢的东西，抢到的东西归其所有，一声令下，只见孩子们蜂拥而上争抢自己心爱的东西，个个抱着一堆宝贝满载而归，只有李隆基端坐在那里不为所动，武则天惊奇地走过去，抚摸着他后背说："此儿当为太平天子。"于是命人取出祖传宝贝、小巧玲珑、温润精美的玉龙子相赐。

在父亲睿宗被废黜皇位、降为皇嗣搬出皇宫的那一年，李隆基在侍从簇拥下，要到朝堂拜见祖母，却被宫中负责禁卫的金吾将军、武则天伯父的孙子武懿宗上前干涉，不许他们通过。

年仅六岁的李隆基居然用稚嫩的童音大声斥骂道："这里是我家朝堂，干你们什么事？竟敢阻拦我的随从！"那股勇敢无畏的豪气和霸气，让睿宗一家人惶恐不已，手心捏把冷汗。

不料武则天听到后，非但不怒，反而叫好，夸奖道："不愧是我的孙子！"还喜滋滋地对身边的人说："此儿气概，终当为吾家太平天子也。"

当时精明能干的武则天特别警惕唐室诸王谋反，只要发现稍有不满的蛛丝马迹或者不恭，即行抄斩，毫不留情。她上台后，仅唐宗室贵戚就杀了数百人，甚至连睿宗也差点被杀，多亏其家奴在朝廷上当场持刀剖腹，用此悲壮的行动以证明睿宗绝无谋反意图，睿宗才躲过这一劫。由于当时李隆基还小，更为关键的是他聪明睿智、天不怕地不怕、倔强刚毅的性格酷似武则天，武则天看到他就像看到自己，所以，他此举不仅没有受到半点斥责，反而赢得祖母的特别宠爱，不能不说是个奇迹。

与此相反，李隆基对祖母的感情却十分复杂：祖母既给了他许多爱和温馨的回忆，也夺取了他心爱母亲的生命，令其从小失去母爱。

李隆基母亲窦德妃，出身名门贵族，是高祖李渊的妻兄、唐朝开国重臣窦抗的曾孙女，算起来睿宗和她是远亲。窦德妃姿容婉顺，举手投足都循规蹈矩，彬彬有礼。丈夫被婆婆武则天从皇位上拉下来降为皇嗣之后，窦德妃或许无意间表露出些许不满，或许武则天受身边侍女的挑拨离间，总之，长寿二年（693年）的一天，窦德妃和刘妃在入宫拜见武则天之后，就再也没有回家，睿宗甚至不知道爱妃在哪儿被杀，尸首在何处，当时李隆基不过是个七八岁的小孩，这给他心里留下无法抹去的阴影。

然而祖母对政治的狂热、视皇权为生命的欲望，以及兼具超人的胆略和才能，令李隆基印象深刻，武则天在世期间，父亲睿宗上上下下、跌宕起伏、备受挫折，也给了李隆基成长中更多的历练，体会到更多的人间冷暖。

睿宗一生有六个儿子，除一个夭折外，余下是长子宁王宪、次子申王撝，三子玄宗、四子岐王范、五子薛王业。特别是在父亲降为皇嗣幽闭宫中的这段时间，令玄宗五兄弟终日生活在一起，出则同游，学则同业，形影相随，兄弟之间结下了亲密无间和睦相处的手足深情，这为避免发生为了皇权父子兄弟刀刃相见、自相残杀的悲剧打下坚实的基础。

在洛阳缔结的这段血浓于水、割舍不断的兄弟情缘，也成就了李隆基友善兄弟的美名。

重新登上帝位后的中宗，未能改革周朝弊政，王室多故，朝纲紊乱。从小就英武果断、心怀大志的李隆基看在眼里，心急如焚。早在第一次跟随祖母回长安，他就利用担任右卫郎将负责警卫皇宫之便，广交朋友，紧锣密鼓地网罗亲信集结党羽，重点培植保卫皇宫北门的禁卫军内的死党，以备万一。同时，他又利用中宗和韦氏猜疑排斥他，让他离开京城，外任潞州别驾的机会，结交天下豪杰，聚集有识之士，在外培植自己势力。

从潞州返回到长安后，李隆基加快了策划政变的步伐。半年后，与中宗患难与共二十二年的韦后与其女儿安乐公主利令智昏，妄想模仿武则天横行朝廷，竟然下毒毒死中宗。本来韦后在朝中喧宾夺主，干预朝政，就很不得人心，此时更是天怒人怨。李隆基敏锐地抓住这个机会，五兄弟同心协力，终于成功联合太平公主，消灭韦后及其叛党，把父亲睿宗推上皇位。

睿宗上台后，在立太子的问题上思虑再三、犹豫不决。在推立睿宗的整个过程中，李隆基起到关键性作用，立下汗马功劳，可惜他排行老三，按惯例应推举长子为太子。但长子宁王李宪颇有自知之明，多次主动坚决地辞退、谦让太子之位，极力推举三弟李隆基为太子。他在奏折中表示，太子将来接替天子，和平时期应该遵照皇制推立长子，国难当头等非常时期则应该推立护国功臣，否则将令四海失望，于江山社稷不利，为了国家大计，自己拼死推辞太子。而李隆基也颇有风度地以宁王是长子为由，再三上表推辞太子之位，兄弟俩在权力面前上演了相互谦让的动人一幕。

当然，受到良好教育、精通历史的皇家子弟都清楚，兄弟谦让的背后是实力的较量，从个人实力到周围聚集实力的较量。

最难能可贵的是，性格恭谦的宁王李宪具有自知之明，是他首先理智、真诚、自愿地让出太子之位，正如史书所赞誉的，宁王宪如此谦让反倒让他受益匪浅，成就了他的贤者风范，如此大度谁能与之媲美？是他首先带头营造了兄弟间和平共处的氛围，避免了毫无意义的自相残杀。李隆基当上太子后，对待兄弟一如往日，亲密无间，形影不离。

当时太平公主恃宠专横，太子听从姚崇等人的意见，请大哥宁王宪和二哥申王撝离开京城出任地方刺史、将两个弟弟岐王范、薛王业任命为左右率以事太子，杜绝图谋不轨的人挑拨离间。果然李隆基当太子不久，太平公主见他英明刚毅不好操纵，就打着应该立长子为太子的旗号，四处游说企图废黜太子。她甚至亲自做宁王宪的工作，宁王宪却不为所动，马上将太平公主的阴谋告诉了太子。太子果断地诛灭了太平公主及其党羽，终于成为一国之君——唐玄宗。

登基之后，玄宗考虑最多的问题是如何巩固皇权、保持兄弟之间和睦相处，始终维系手足之情，他心里明白，能如此顺利登上帝位，兄弟之间的配合默契、心灵相通十分关键，尤其是大哥宁王宪的谦让以及拒绝姑姑太平公主的拉拢功不可没，他从内心里感谢自己的大哥及兄弟们。

即位之初，玄宗依然如故，在禁中兄弟相互见面拜跪如家人礼，饮食起居，相与同之。甚至在殿中竖起五大帷幄，和大哥宁王宪，二哥申王㧑，弟弟岐王范、薛王业，以及堂兄豳王守礼同盖一床特大号被子，同睡一张大床。诸王每天都聚集在侧门边等候玄宗退朝，然后一起宴饮，斗鸡，击球，或猎于近郊，游赏风景。兄弟之间或讲书赋诗，间以饮酒、博弈、游猎，或自执丝竹演奏音乐，宁王宪擅长吹笛，岐王范擅长弹奏琵琶，兄弟们常常和玄宗一起合奏歌唱，其乐融融。

不久，宁王宪带领兄弟，奏请献上儿时父亲睿宗赐给他们兄弟五人共同居住、府府相连的隆庆坊（即五王府，后来的兴庆坊）给玄宗作为离宫，这就是后来改建的兴庆宫。玄宗十分高兴，回赐各兄弟环列在皇宫旁边的新宅第，宁王宪、薛王业住在胜业坊，申王㧑、岐王范住在安兴坊。玄宗分别在兴庆宫中的西、南两面置楼，西楼为“花萼相辉之楼”，南楼为“勤政务本之楼”。平时登楼，只要听见其他王府内传出奏乐声，玄宗不是马上派人召来兄弟，在楼上设宴同饮，就是到其所居尽情欢乐，兄弟间若有人生病，玄宗不仅急忙派御医救治，还会担心得终日不食，终夜不寝。

小弟弟薛王业患病期间，玄宗才上朝，须臾之间，就派使者探望往返禀报病情竟达十次。退朝后玄宗又亲自为弟弟煮药，在吹气调节火候时，突然风回，火苗扑向玄宗脸上，点燃了胡须，左右慌忙惊救不已。玄宗却镇定自若地说，如果这副药能使弟弟病愈，胡须烧焦了又何足惜。在弟弟生病的短暂时间里，玄宗整日愁眉不展，寝食不安，以至操心焦虑到头发斑白，还亲自在佛前祈祷。当得知弟弟痊愈后，玄宗欣喜万分亲自到其府宅看望，设宴共庆重生之欢，还赋诗道：

昔见漳滨卧，言将人事违。

今逢诞庆日，犹谓学仙归。

棠棣花重满，鸰原鸟再飞。

玄宗真诚希望兄弟们能同他一起共享太平盛世之福，每每有强身健体的灵丹妙药，玄宗必定赐予兄弟分享，他曾在给大哥等人的书信中说："朕每次服用强身健体的良药时，都自然而然地想到兄弟们，希望兄弟们与朕一样身体健康，长生不老！"

兄弟们也十分佩服玄宗，时刻惦记着他，有什么娱乐欢快，都急于和他共享。一次，宁王宪在鄠县界内游猎，忽见草丛中有一个大柜子，上面有把大锁紧锁，内有声响。宁王奇怪，命人打开，忽然有个少女从里面走出来。少女抽泣着说，她姓莫，父亲曾做过官，叔伯住在乡下。昨夜家里忽遇火光贼，贼中二人是僧人，他们把我塞进柜子扛到这里。少女长得清纯俏丽，宁王宪把她带回府，命人将猎获的一头熊放入柜中，像原来那样紧紧锁上。当时玄宗正在寻求天下美女，宁王便把此次偶遇告诉玄宗，将美女送入宫充为才人。

三日之后，有地方官上奏道，有两个僧人扛着一个大柜住进鄠县一家小饭店。夜半三更，店主听见隔壁房间响声大作，以为僧人在施展法术故没有理会，第二天早上，店主敲门半晌，都不见有人应答，便打开房门，忽然有只熊迎面冲出，夺门朝野外奔去，吓得店家急忙躲避，随后进屋一看，二僧已死，骸骨悉露。玄宗知道后哈哈大笑，特意书报宁王。

当然，玄宗也明白，兄弟之情光是珍重还不够，还必须从小事上杜绝居心叵测之人的挑拨离间，警惕皇室内部滋生祸变的温床。不久他听取了宰相姚崇等重臣的建议，将兄弟们分别外派地方任职，让兄弟之间保持一定的距离，分别任命宁王宪兼岐州刺史，申王抝兼豳州刺史，豳王守礼兼虢州刺史，这种兼职只是到地方挂虚职，州里的政务仍由朝廷另外派人主持，每隔一、两个月，玄宗便分别召他们回京叙旧。

此外，玄宗下令诸王不能与朝臣交结、结党营私、形成帮派。一旦发现朝廷大臣与诸王交往，玄宗也只是惩罚朝廷大臣，对兄弟依然和好如初。

时任内直郎的韦宾是薛王业妃子的弟弟，他和殿中监皇甫恂曾私下议论涉及皇权的问题，这是犯大忌的事情，事发之后，玄宗毫不留情地杖杀韦宾，贬皇甫恂外出为锦州刺史，薛王妃惊恐无比，怕受牵连，惶惶不可终日，等待朝廷降罪处罚。玄宗知道后召见薛王，薛王业接旨后忐忑不安，竟然在宫殿下徘徊良久欲进不前，诚惶诚恐地请罪。玄宗丝毫没有责怪弟弟，他亲自走下殿来，扶起薛王业和蔼地对他说：“我相信自己的兄弟，不会轻易猜忌的。”

然后玄宗特地设宴招待薛王，下旨安慰薛王妃，一如既往地对待他们。

岐王范好学工书，雅爱文学之士，无论贵贱都以礼相待。万年尉刘庭琦、太祝张谔同样喜爱书法，和岐王范意气相投，爱好相同，常常到岐王府饮酒赋诗，磋商书画古迹。大概相互之间接触过于频繁，为此刘庭琦被贬离京城，出任雅州司户；张谔被贬为山庄丞，不过玄宗对岐王范却依然恩情如初。

岐王范病逝时，玄宗悲痛不已，为悼念他停朝三日，亲自书写《道德经》，为他追福，还撤膳吃素累旬，直到在朝臣百官的一再劝说下才恢复进膳。兄弟中申王㧑于开元十二年（724 年），岐王范于开元十四年（726 年），薛王业于开元二十二年（734 年），宁王宪、豳王守礼于开元二十九年（741 年）分别病逝。二哥、弟弟们去世后，玄宗分别追谥申王㧑为惠庄太子、岐王范为惠文太子、薛王业为惠宣太子。宁王宪比较长寿，当其他兄弟先后去世后，玄宗特别珍惜和大哥的情谊，每逢生日都要前去设宴庆贺，天下进贡的美味佳肴只要觉得好吃，必与大哥分享。宁王宪去世，玄宗禁不住失声痛哭，悲痛不已，不顾朝臣的反对以及亲属的推辞，下令特追封他为让皇帝，亲自撰文大力表彰大哥的谦让美德。

几千年来，皇室内部为了争夺皇位不惜刀刃相见，兄弟之间同床异梦、自相残杀更是屡见不鲜，玄宗能够如此对手足始终友善，开创兄弟和睦相处的风气，展现了他自信大度的政治家胸怀，堪称帝王风范。

04

开元盛世

唐玄宗从未见过曾祖父唐太宗，不过打从懂事开始，曾祖父那顶天立地的气概和雄才大略的英名如雷贯耳，激励着他那幼小的心灵，是他心中的崇拜偶像。鉴于前朝皇权软弱引发朝廷屡屡变故的惨痛教训，英姿勃发、励精图治的玄宗登上帝位之后，首先整顿军队，树立皇权的绝对权威。

即位后不久，他在骊山脚下检阅部队，当时“征兵二十万，戈铤金甲，耀照天地。列大阵于长川，做作进退，以金鼓之声节之。三军出入，号令如一”。旌旗连绵达五十余里，场面十分壮观，可就在这庄严肃穆、威风凛凛的检阅中，玄宗借故军容不整，不仅突然解除了功勋赫赫的兵部尚书郭元振的兵权，还要拉出去斩首，郭元振早在武则天时期就是镇守西土边陲、军功显赫的名将，睿宗时期是官至兵部尚书同中书门下三品的朝廷栋梁，在参与玄宗平定太平公主一党的过程中又立下大功，面对这样一位忠心耿耿的朝廷老将，玄宗如此处理，无非是要借故立威，不是真的想要他的命，所以当宰相刘幽求、张说跪求说社稷功臣不可杀时，玄宗就决定赦免他，流放新州。而当玄宗以同样的理由要斩杀给事中、知礼仪事唐绍时，金吾卫将军李邈没有体会玄宗的用意，真的立刻宣旨处斩，让玄宗很郁闷，旋即罢免了李邈的官，不再录用。官场上危机四伏，伴君如伴虎，不会揣摩皇上的心思，在皇权至高无上的专制制度下，为官者的确如履薄冰。

这两位大臣的遭遇，震撼诸军，大家马上体会到了皇权的无比强大和绝对权威。其后，年轻气盛的玄宗一心依照“贞观之治”行事，急切地想改变当时朝廷的各种弊政，求贤若渴。

一天晚上，玄宗仍在处理政务，突然他想任用张嘉贞为相，又一下子想不起其姓名，便命身边的人拿着探路的蜡烛，到省中（皇宫内的办公机构）看看谁当值，当听说是中书侍郎韦抗，即召他入寝殿，说：“朕想任命一个宰相，只记得其姓张，是北方地区的地方官，一直想不起他的名。”韦抗回奏道：“张齐丘现在是朔方节度使。”于是玄宗令他马上起草任命诏文。只见宫人手持烛灯，韦抗跪在玄宗前面，下笔如神，一蹴而就，玄宗看完草诏，点头称赞韦抗敏捷典丽的行文并命其马上誊写诏敕。

韦抗领旨即刻回到省中抄写，此时夜已过三更。不一会儿宫内又来催韦抗入见，原来韦抗走后，玄宗没有解衣就寝而是继续工作，当他随手翻开堆积案头的一份份奏章，跳入眼帘的第一篇奏折，居然就是张嘉贞的奏文！玄宗眼睛一亮，急忙召来韦抗，另起草诏，说要提拔的人不是张齐丘，而是太原节度使张嘉贞。

执政以来，玄宗亲自选用了历任三朝宰相、熟知朝廷弊端、洞悉动乱根源的姚崇以及德才兼备的卢怀慎、宋璟、苏颋、源乾曜、张嘉贞等担任宰相辅国。姚崇尚通，擅长总体把握；宋璟尚法，执法刚正不阿；张嘉贞尚吏，擅长严肃管理官员队伍；张说尚文，才华横溢，堪称当时的文学领袖；李元纮、杜暹尚俭，擅长反腐倡廉；韩休、张九龄尚直，敢于直言相谏。比起唐太宗“贞观之治”的任贤政治，开元时期真是人才济济，毫不逊色，贤臣志士盈庭，玄宗独具慧眼，各用其长，各项事业欣欣向荣。

玄宗有识人之明，充满自信、聪明睿智也使得他胸怀宽阔、大度待人，虚心纳谏。姚崇当时已经64岁，当29岁的玄宗请他出任宰相时，作为条件，姚崇提出了十个要求，即著名的姚崇“十事说”，其中姚崇问道：“臣能否直言不讳地提出各种意见，甚至冒犯皇上？”玄宗爽快地答道：“不仅能容纳，而且能实行！”寥寥数语，玄宗主动求谏、虚怀纳谏的豪迈气度一览无遗。

姚崇上任宰相第二天，就提出了郎吏应该循序渐进，一级一级提升的建议，玄宗故意不答，仰视殿屋，姚崇再三奏请，玄宗依旧听而不闻，不予回答，姚崇心中无底，不禁有些害怕，急忙告退。退朝后，站在一旁的宦官高力士说："陛下亲自听政，应该当面回应朝臣可否，为何对宰相的奏请不理不睬呢？"玄宗说："任命姚崇为相，就是要他负责政务，上奏共同商议的应该是大事，像这种郎吏任命之类的小事，怎么能一一禀报相烦呢？"明确表明要纲举目张、抓大放小，具体政务让宰相独立处置的态度。当高力士将皇上的意旨转告姚崇时，姚崇十分高兴，庆幸自己遇上了如此英明大度的君主，此事马上传遍朝廷上下，大臣们无不欢欣鼓舞，对皇上的用人之道佩服得五体投地。

为了时刻提醒自己，玄宗还将朝臣对朝政弊病的含蓄讥讽，中肯建议、批评的奏章，放在案头右上方的金函内，常常取出来观看。

中宗以来，贵戚争相经营佛寺，通过滥度僧人弄虚作假；富户强丁大多通过削发，逃避国家徭役税赋，中饱私囊。针对这种弊病，姚崇提出让苍生安乐即佛身的看法，认为不应让富贵妄度奸人破坏国法！玄宗吸纳其建议，命有司清理整顿寺院，令假借僧人偷漏税者还俗。结果清理了一大批假冒僧侣，还俗了一万二千多人，社会风气为之一新。

除亲自挑选辅佐宰相之外，玄宗还牢记唐太宗“治人之本，莫如刺史最重”、“县令甚是亲民要职”的教诲，责令宰相大臣选择提拔地方刺史时，重在品德，要德才兼备。玄宗重视地方吏治，规定赴任地方的都督、刺史都要亲自向他告辞，玄宗往往借此机会亲自了解地方官的思想，询问他们治理地方的施政方案，和下属共同研讨各种方针政策，玄宗刚上台不久，曾经在宣政殿亲自面试两百多名县令，出乎他意料的是在这两百多名应试的县令里，居然有若干笔墨不通、交白卷的人，可见前朝弊政在人事上的严重后果！玄宗一怒之下，一口气罢免了四十几个无能、不称职的县令，也当场提拔了像鄄城令韦济那样词理第一的人才，加强了对中央以及地方官录用选拔，加大对政绩考察，相互交流。

玄宗深知“文质之风，自上而始”的道理，决心带头厉行节俭抑制奢靡，并从身边的小事抓起。

有次，玄宗乘步辇经过皇宫夹城，从步辇内他正巧见到一个皇宫卫士将吃剩的食物倒入水沟，小小卫兵竟然如此糟蹋食物，玄宗不禁勃然大怒，马上命高力士将他拉出去杖杀，不一会，只见几个宫人手持木杖，抓住那个卫兵就往他屁股上打，远处传来阵阵嚎叫声。眼见得皇上如此震怒，左右随行个个吓得大气都不敢喘，只有宁王宪从容地劝说道：“陛下经过夹城，偶尔窥见护卫士兵过失就命杀之，会造成卫兵大臣人人自危，深感不安，这样反而影响朝廷安全，有失大体，陛下立志勤俭爱物，痛恨糟蹋食物，但人的性命至关重要，怎能反倒不如那些残羹剩菜珍重呢?”一席话，令玄宗突然猛醒，于是下令赦之，并真诚地感谢大哥，说幸亏大哥提醒，才没有滥用刑法。第二天还特设宴致谢，酒酣之余，玄宗自解红玉带及所乘骏马一并赐赠宁王。

太子常陪同玄宗进膳。那天吃羊肉，太子用刀割羊腿上的肉，手上沾满肉末，他仔细地用饼沾干净手上的肉末一起吃。对孩子的一举一动，玄宗都看在眼里，直到这时他才高兴地夸奖太子说：“做得好，就是应该这样惜福。”玄宗还在殿前焚烧一些宫内的珠玉锦绣，宣布不许“采取珠玉，刻镂器玩，造作锦绣珠绳”，将一些闲置多余的后宫宫女遣送回家等，表示了自己要杜绝奢靡、勤俭为民的决心。当时，社会上盛行早期从波斯流入的“泼寒胡戏”，游戏时参加者裸体跳足、相互泼水投泥，贵族富豪，往往借口玩“泼寒胡戏”，沉迷纵欲，腐败堕落，玄宗特地下诏严加禁止此类活动。

玄宗身体力行，严肃治理朝政，很快便带出一批像卢怀慎、李元纮、杜暹等廉洁奉公、勤俭朴素的朝臣，从上到下的官员，尤其是朝臣贵族都不敢明目张胆肆意铺张浪费，忘乎所以。特别是卢怀慎，他身居高官，贵为宰相，尤为清廉谨慎、朴素简陋，做官多年从不经营资产，在东都洛阳任掌选事时，出入行走，随身用品只有一个布囊而已。另一方面，卢怀慎待亲戚故旧部下却极为宽厚，常常将自己所得俸禄分给他们，为此家里人免不了忍饥受饿，所居之处不蔽风雨，家里更无余蓄。哪怕升任黄门监和掌管人事的吏部尚书后，亦依然如故，相传卢怀慎久病不起后，宋璟、卢从愿前往探望，只见他病恹恹地躺在单席上面，家里连遮挡的门帘都没有，每当刮风下雨，则用单席遮挡；留他们吃饭时，桌上除了两瓯蒸豆和几根青菜外，再也拿不出什么来招待。四门博士张星听说此事后，感慨不已，上奏皇帝道："像卢怀慎这样忠清直道，始终廉洁奉公的人如果皇上不加宠赠，如何劝导大家都廉洁奉公呢？"玄宗深以为然，特下令赐赠卢怀慎不少东西以资奖赏。

卢怀慎死后，有一次玄宗在城南游猎，远远望见坐落在墟落之间的卢怀慎家里，人头涌动，似乎在举行什么，便派人前往查问，回报其家人正在摆设斋会祭奠卢怀慎。触景生情，玄宗想起这位一生勤俭忠心耿耿的已故大臣，深感痛惜，无心再继续游猎，看到其家如此贫匮，不禁心生怜悯，令赐赠其绢百匹，命文采横溢的中书侍郎苏颋为其起草碑文，亲自书写以资表彰。

益州长史皇甫无逸在考察地方时，曾夜宿百姓家，挑灯熬夜工作，不觉已灯炷燃尽。正当主人去拿新灯炷点灯时，皇甫无逸已经自抽佩刀，割断衣带以为灯炷。身为一州之长的地方父母官，如此勤政为民，不愿烦扰百姓，为人称颂，不难看出，在玄宗身体力行的表率下，朝廷官员廉洁自律，蔚然成风。

玄宗亲自提拔的张嘉贞果然不负众望，不仅工作敬业干练，为人亦谨慎勤俭，不经营家产。当亲朋好友劝他应该适当经营田地住宅时，张嘉贞解释道，自己贵为宰相，衣食无忧，何必违法聚集不义之财呢？他坚决地说："身缠万贯不仅没用，死后反倒成了家人好逸恶劳的酒色资本，这种事不干。"字字铿锵，断然拒绝，闻者深以为然，成为一时佳话。

开元四年（716 年），有北方少数民族上奏说海南多珠翠奇宝，可以前往经营，在那里进行市舶贸易获利丰厚；又建议前往位于西南海中的狮子国寻求灵丹妙药及精通医药的老妇人置之宫掖。于是玄宗命监察御史杨范臣与北方少数民族一起前往寻找。杨范臣从容地出列上奏道："陛下前年在宫前焚珠玉、锦绣，表示不再复用。今天要去寻找的东西与陛下焚烧的东西有何差别呢？既然如此，何必当初！"随后杨范臣滔滔不绝，罗列了一大堆诸如到那里与商贾争利，有失王者风范等不宜去的理由。一席话，说得玄宗当场引咎自责，公开道歉，不仅取消自己的错误决定，还勉慰和表扬了杨范臣直言不讳的忠诚。

玄宗不仅对自己要求甚严，对皇室、皇亲国戚也管教甚严，不予放纵。皇后妹夫尚衣奉御长孙昕心胸狭隘，因为一点小事与御史大夫李杰不合，便图谋报复。那天长孙昕与其妹夫杨仙玉埋伏在里巷，等李杰退朝经过，双双上前一阵拳打脚踢，狠狠地把身穿朝服的李杰暴打一顿。李杰气愤地上表申述："身体受伤固然令人痛心不已，但身穿代表国家威仪的冠冕朝服被糟蹋得不像样，简直就是国家的耻辱。"玄宗听后，对自己亲戚如此目无王法，竟敢在光天化日之下殴打朝官一事非常生气，马上令人将长孙昕拉出朝堂杖杀，以谢百官，还亲自安慰李杰，对自己没有严加管教亲属表示道歉，鼓励他继续刚正不阿、疾恶如仇、弘扬正气。薛王业的舅舅王仙童，仗势侵暴百姓，被御史弹劾；由于薛王业为之说情，此事一度搁置。姚崇、卢怀慎等知道后，认为其罪行清楚属实，不应纵容，最后玄宗还是听从建议，下令依法办理。几件事下来，皇亲国戚束手收敛不少，不敢胡作非为、无法无天。

玄宗醉心音律，十分爱惜有音乐天赋的人才。有个叫胡雏的梨园弟子，笛子吹得非常精妙，他自恃深得皇上恩宠，肆意妄为，触犯法律，被洛阳令崔隐甫下令追捕。他自觉理亏心虚，慌忙躲入皇宫祈求皇上庇护。玄宗得知后，把洛阳令崔隐甫召入宫，然后指着当时站立身边的胡雏说："朕想向你讨这个人。"执法如山的崔隐甫见皇上出面求情，生气地婉言回答："既然皇上更看重乐工，臣只好请辞，不干了！"说完就要拜别退出，玄宗连忙道歉说："朕是和你开玩笑的。"迫不得已，玄宗只好把胡雏交给他。崔隐甫一出去，马上就依法杀了他。看着胡雏远离的背影，玄宗还是觉得他是难得的音乐天才，于是下诏免其死罪，可惜晚了一步，胡雏已经伏法。在这种情况下，玄宗还是以国家大局为重，维护朝臣的权威，并赐给洛阳令崔隐甫绢百匹以资鼓励，奖勉他的执法精神。

周昉《调琴仕女图》（美国纳尔逊艺术博物馆藏）

登基以后，年轻好学的玄宗在急切理政之余，依然手不释卷，孜孜以求。他对宰相说，自己每当读书有所凝滞，都无从质问，所以命其选几位饱学之士，白天入内侍读。宰相立即向他推荐了两位贯通古今、博学明辨的马怀素与褚无量前来侍读，商讨释疑。马怀素和褚无量当时已经五六十岁，手脚都不是很灵活，见此情况，玄宗体贴地让他们乘肩舆（轿子）代步，或在别馆等宫中来马接入宫，并亲自迎送，对老师的尊重和关怀无微不至。

马怀素虽上年纪又身居吏职，仍然笃学、手不释卷，谦恭谨慎，兴致勃勃地想继续修撰整理王俭的《七志》。得知老师的宏伟计划后，玄宗周到地特别吩咐相关的学者协助其撰录，每当他们随从皇上出入或巡幸，玄宗都特许其缓缓而行。

褚无量腰不好，玄宗命人为其造腰舆（能靠腰的轿子），放在内殿使用。褚无量常上书陈述时政得失，玄宗基本上都虚心吸纳采用。他们病逝时，玄宗停朝以示哀悼，并分别追赠马怀素为润州刺史、褚无量为礼部尚书，封谥号为“文”。玄宗对传统文化的尊重，对老师的尊重，令尊师、尚文之风盛行，推动了唐朝文化蓬勃发展，百姓素质迅速提升，社会走向文明平和。

经济上，玄宗实行括户、赋役制度改革，完善立法和行政制度，在一系列改革前朝弊政、发展经济、休养生息的政策下，明君贤臣同心协力，到杨玉环出生的开元七年（719 年），大唐一改皇室多变不稳的局面，社会呈现出一派安定祥和、欣欣向荣的繁荣景象。

张萱《捣练图》（美国波士顿美术博物馆藏）

自古以来，自以为上应天命登基临朝君王的最大愿望，就是到据说离天最近、最高的泰山举行封禅大典，向上天禀报大功告成，展示功德圆满、皇权威风。大概就在杨玉环寄养洛阳前后的开元十三年（725年），国家累岁丰收，东都洛阳的米价一斗十钱，山东青、齐诸州的米价一斗五钱，全国牧马由初始的二十四万匹增加到四十三万匹，牛羊遍地，人民安居乐业，社会繁荣。在坚强国力的支撑及以张说为首的宰相大臣的极力鼓动下，玄宗终于如愿举行远比秦始皇、汉武帝、汉光武帝以及祖父唐高宗更为气势恢宏、盛大无比的封禅仪式。

当玄宗从东都洛阳亲率皇亲国戚、文武百官、四夷酋长前往泰山时，途中延绵数十里，人畜遍地，喧闹无比，光是后勤部门用车载运生活必需物品便数百里不绝。正如玄宗在《纪泰山铭》所描写的“张皇六师，震叠九宇，旌旗有列，士马无哗，肃肃邕邕，翼翼溶溶”。场面之威武壮观，前无古人后无来者！

封禅大典结束后，玄宗车驾从泰山返回途中经过上党。潞州当地远近父老百姓肩挑背扛，拿着大包小包自制的美酒、饮料、点心等美味佳肴，簇拥列队在道路两旁迎接皇上，玄宗高兴地走出来，接受他们的献馈，品味特色小吃，亲切慰问父老乡亲，慈爱地询问他们的生活。其中有玄宗为临淄王时认识的父老，玄宗高兴地赐以酒食，与老相识话旧，情景感人。于是，所过村乡，必令手下寻访孤老丧疾的家庭，向他们表示关怀悼念，送去精神上物质上的温暖，沿途父老百姓无不欣喜万分，感激涕零，瞻仰爱戴，叩拜请求皇上多加驻留。

御驾经过潞州的金桥时，玄宗一看，御路萦转，数十里间，各色彩旗鲜洁，行进在两旁的禁卫将士整齐划一，不禁感慨地对左右说："张说言我勒兵三十万，旌旗连绵长达千里之间，从陕右上党至于太原（见后土碑），真才子也。"玄宗召来当时最好的画家吴道玄、韦无忝、陈闳，让他们共同画制《金桥图》，将这盛大场面长留人间。擅长人物画的陈闳主笔，首先将荣光满面的圣容及其所乘的照夜白马，展示在画卷上；随后擅长山水景物的吴道玄凝神静气，将桥梁山水、车舆人物、草树鹰鸟、器杖帷幕，跃然纸上；紧接着擅长描绘动物的韦无忝走上前，将马驴骡，牛羊骆驼，猫猴猪狗等四条腿的动物栩栩如生地留在图内，一幅汇聚精英墨宝的巨大画卷《金桥图》完成了，时人称此图为"三绝"。

此时的唐朝，国泰民安，百姓夜不闭户，路不拾遗，游人远行千里不用携带干粮，四方丰稔，人情欣欣然，丁壮之人不识兵器、不知道什么叫做战争，家家富足有余，刑部断狱的死囚越来越少。开元十八年（730 年），天下上奏该当死罪的死囚居然只有二十四人！负责审案断狱的大理狱院里，静寂无声一片冷清，以至鸟雀都在院中的树上筑巢。唐太宗奠定的大唐根基，在玄宗执政的短短十几年里，结出了绚丽灿烂的文明之果，颇有“太宗定其业，玄宗继其明，贞观之风，一朝复振”的景象。

面对太平盛世，玄宗身边歌功颂德、阿谀奉承的人越来越多，步入中年的玄宗也渐渐被自己的骄人业绩所陶醉，他重新启用老功臣张说为宰相，体现了在皇权得到巩固、国家财物堆积如山、百姓殷富的大好形势下，重视文化，以文治世的需要。

对于张说，玄宗十分熟悉。早在东宫当太子时，张说与国子司业褚无量就是他的侍读，朝夕伴随十分亲近。当年是张说为扫平太平公主一党献计献策，为推立玄宗立下了汗马功劳。不过张说为人颇为势利，政治上善于趋炎附势，武则天曾骂他是“反覆小人”。玄宗执政之初，出于巩固皇权的需要，听取了姚崇的建议，对功臣基本不重用。姚崇出任宰相后，张说因为出入玄宗弟弟岐王府，违反了朝臣与皇室交结的大忌，加上其政治上的弱点等，被玄宗赶出京城降为地方刺史。

张说自小因文才出众，得到当时以词学见长的大家、山东士族魏克己的器重。武则天时期，他因为在策贤良方正的考试中获第一名而步入仕途，是个才华横溢、尤其文词造诣精深的人，堪称“道合忠孝，文成典礼，当朝师表，一代词宗”。张说出任宰相后，充分发挥其文词才能优势，鼓动并说服了玄宗举行泰山封禅仪式。他亲自策划安排开元十三年（725年）泰山封禅的各种礼仪，建议玄宗拜谒祖上五陵，帮助玄宗了却埋藏心底的最大愿望，在弘扬大唐威名的同时，也助长了玄宗的虚荣心，催生了歌功颂德之风。

开元十七年（729年）八月，玄宗在兴庆宫的花萼楼下大摆酒宴，邀请百官助兴，歌舞做伴，君臣赋诗唱和，庆贺生日，高兴之余玄宗兴奋地作了一首诗：

兰殿千秋节，称名万寿觞。

风传率土庆，日表继天祥。

……

处处祠田祖，年年宴杖乡。

深思一德事，小获万人康。

话音刚落，张说附和赞颂道：

五德生王者，千龄启圣人。

……

何岁无乡饮，何田不报神。

熏歌与名节，传代幸群臣。

君臣皆陶醉于太平盛世，好不欢畅！酒酣之际，宰相张说和源乾曜一起率领百官上表，建议将玄宗生日定为千秋节，每年千秋节放假三天，举行盛大宴会，饮酒游乐，大事庆贺。这些志在粉饰太平盛世的种种建议，甚合玄宗好大喜功的心意，所以件件照办。

《宫乐图》(台北故宫博物馆藏)

如此以各种名目寻欢作乐的事情越来越多，开元十八年（730 年）二月，玄宗开始让朝廷百官于春月旬休，选胜行乐，并在宫中摆了十二张筵席，邀请自宰相至员外郎的朝中重臣赴宴，各赐钱五千缗，歌舞喧闹，尽欢而去。这一年的“千秋节”，礼部为了隆重举行庆贺活动，更是上奏将“千秋节”的三天休假和村闾的“社”会结合起来办，“社”指土地之主，“社”会，是秦代流传下来的乡村祭社（土地）祈年（祈祷丰收）的活动，当时只有在这些特殊规定的庆贺活动里，人们才能饮酒作乐，也就是说在乡间只有春秋二社（春秋两季祭拜土地）活动时期，平民百姓才能聚会，一起开怀畅饮，平时则不允许百姓聚会饮酒作乐。把秋社活动并入千秋节，既减少了乡间过多的聚会欢饮活动，又丰富了“千秋节”“祈农”祝寿的内容。

开元之治打下的强大经济基础，令国家、地方有财力物力将这些盛大活动举办得多姿多彩，盛况空前，增添了开元盛世彩色斑斓的炫耀，留给后世许多津津乐道的美好传说，同时也助长了玄宗的好大喜功倾向，消磨着励精图治的锐气，渐渐怠慢政务，骄心渐生。

国家的安定，经济的繁荣也带动了文化事业的蓬勃发展，在玄宗的大力支持下，作为文学领袖，张说主持集贤殿书院事务，增设不少儒学之士，自己亲自主持修撰国史、法典等书，用文儒学士辅佐王化，改革旧礼仪。国史也好、法典也好，都是按照玄宗亲自列出的理、教、礼、政、刑、事典几个方面进行撰写，张说亲自挑选各方面的大家、一流学者撰写这工程浩大的典制史料，经过十六年的修撰，一部唐朝行政法典《唐六典》终于大功告成，“一代典章，厘然备具”。它综合了唐朝政权从组织形式到政策规定的详尽情况，除此之外，出现了《开元大衍历》、一百五十卷的《开元新礼》、二百卷的《群书目录》等一大批传世之作，硕果累累。

沉浸在赞美之词的海洋里，玄宗一方面希望尽情享受太平盛世带来的欢乐，另一方面头脑也还是比较清醒，多少保持着临朝之初的作风。

开元二十一年（733年），他选用刚正不阿、敢于直谏的韩休为宰相。韩休也是词学造诣颇深，因科举高第而步入仕途的，他的性格与前宰相张说绝然不同，不仅为人耿直，不谋荣利，对玄宗的错误决定也敢于冒死相争。好几次，玄宗同后宫爱妃设宴取乐或者到后苑游猎嬉戏，游戏中玄宗自知不妥，就担心地问左右："韩休是否知道我们到此？"没想到话音刚落，韩休的劝谏上疏就送到了，害得他大为扫兴，时常对着镜子闷闷不乐。这时，左右那些拍马溜须的人趁机挑拨离间道："韩休当宰相以来，陛下容颜比以前消瘦多了，何不把他驱逐出去呢？"玄宗深深地叹口气说："韩休当宰相我虽然瘦了，但天下必肥。萧嵩奏事常常顺从我的意志，退朝后我反而寝食不安。韩休虽然常常据理力争，与我争辩，但其告退后，我倒能放心睡个安稳觉，所以用韩休不是为自己，而是为了江山社稷。"

韩休的直言相谏，常常弄得正在游戏中的玄宗颇为尴尬、很不舒服甚至恼火，但深明事理的玄宗当时还是能从天下大局出发，也能体察韩休直言相谏的用心，故尚能克制自己私欲，容纳不同意见。然而人毕竟爱听好话，执政多年创立太平盛世、被歌功颂德赞美之词包围的玄宗最终还是无法忍受妨碍他及时行乐的重臣，尤其是萧嵩和韩休两位宰相常常意见相左，在他面前争执不休，令他不胜其烦，终于调韩休任工部尚书、罢知政事，让他当太子太师，调教太子去了。

玄宗登基后，曾五次临幸东都洛阳。为此，从长安到洛阳，沿途竟盖有一千多座供皇上使用的行宫。

开元二十一年（733年），关中阴雨连绵，粮食减产，长安谷价猛涨，玄宗执政二十一年来，朝廷的官僚机构越来越完备，这几年机构人员又膨胀了不少，关中粮食歉收，更加凸显南粮北调的漕运压力不堪重负，为了缓和米贵造成的财政压力及其他诸多原因，玄宗决定再次东巡洛阳，这是他即位后第五次行幸洛阳，也是他一生中最后一次洛阳之行。

又有谁会料想得到，就是在这次行幸期间，玄宗不仅改变了出生于没落贵族家庭、聪颖善良、天真无邪的杨玉环的命运，也改变了他本人及繁荣强大、处于鼎盛时期的大唐帝国的命运，演绎出一场惊天动地的爱情故事。

寿王瑁

05

开元二十二年（734年）正月一过，玄宗迫不及待地率领文武百官、皇亲国戚浩浩荡荡奔往东都洛阳。在众多的皇亲国戚中，伴随玄宗左右的武惠妃最为显赫，此时皇上的宠爱皆在她一身。在诸多随行的王子中，有一位风度翩翩、儒雅俊美的少年，他就是武惠妃17岁的儿子寿王瑁。玄宗一生风流倜傥，留下了30个儿子、29个女儿。寿王瑁，是他第18个儿子，宫中常称其为“十八郎”，原名李清，被封为寿王后改名李瑁。

武惠妃很早就深得玄宗宠爱，玄宗的频频宠幸，让惠妃接二连三地生下两个儿子一个女儿，长得都十分端丽可爱，可惜都襁褓不育，早早夭折，这让武惠妃悲痛不已，心灵遭受巨大创伤。好不容易，武惠妃又生下寿王李瑁，这令她惊喜万分，但曾经的挫折伤痛还是令其整日提心吊胆，总摆脱不了丧子阴影。寿王瑁的出生令玄宗越发宠爱惠妃，眼见她背负着如此沉重的压力，玄宗不禁心生怜悯，也担心再发生意外。

玄宗的忧虑，宁王宪很快就知道了，他自告奋勇请求将孩子寄养家中，宁王妃元氏正好生产不久，可以用自己的乳汁喂养。为了万无一失，玄宗同意让宁王妃照看寿王瑁，惠妃也只好忍痛暂时与孩子分开。宁王妃元氏用自己的乳汁喂养寿王瑁，深情地称他为“己子”，关爱胜过自己的孩子。

在诸多兄弟中，玄宗与大哥宁王宪的关系最为密切。玄宗即位后，宁王宪行事特别恭谨慎重，从不干预或议论朝政，或与朝中大臣交结，自觉支持维护皇权的权威，多次请辞不担任朝中的职务，所以玄宗对大哥特别信任和倚重，彼此亲密无间。

一次，玄宗与诸王一起用膳，谈笑间，宁王宪掩饰不及、不小心对着玄宗喷了一口饭，饭末直喷龙颜，宁王顿感惊惭不遑，如坐针毡，玄宗见大哥如此战战兢兢，欲加安慰地调侃道：“宁哥何以错喉？”身边的侍从黄幡绰素以幽默机灵而得宠，只见他立即诙谐地说：“不是错喉。”玄宗问：“是什么？”“是喷帝（喷嚏）。”机智的对答令玄宗不禁哈哈大笑，席间气氛顿时轻松起来，成为一时的诙谐美谈。

玄宗兄弟个个都是文武双全、才华横溢的人，琴棋书画等各方面的造诣很深。宁王宪不问政事、沉醉于音律声乐的研究，对音乐有着极高的领悟及鉴赏，特别喜欢玉笛，宁王府终日洋溢着宽松祥和的气氛。

开元年间，一天，玄宗请诸王在便殿一起观赏西凉州进献的新曲《凉州》，演奏结束后，诸王道贺，舞蹈称善，唯独宁王没有附庸拜倒，恭贺称好。玄宗奇怪地问其原因，只见宁王十分深刻且专业地说，此曲虽然不错，但所谓音乐，应该“始于宫，散于商，成于角、徵、羽，莫不根柢囊括于宫、商也”。

古人认为人的声音层次虽然很多，但基本只有五声，即“宫、商、角、徵、羽”，相当于现代音乐简谱上的1、2、3、4、5，其中宫是第一声，即“1”，商是第二声“2”，如此类推。宁王认为这首《凉州》“宫离而少徵，商乱而加暴”，不符合曲调的规矩，他中肯委婉地袒露了自己的隐忧：“臣听说，宫，君也；商，臣也。宫不胜则君势卑，商有余则臣事僭。卑则逼下，僭则犯上。发于忽徵，形于音声。播于歌咏，见之于人事。臣恐一日有播越之祸，悖逼之患，莫不兆于斯曲也。”

对乐曲素有研究，造诣极高的宁王从这首曲调主次颠倒的《凉州》曲中，感觉到这个曲调里，含有对君主不恭、不安分、暴力造反的意味，担心散播这种违背常纲，颇具反叛、骚动气氛的曲调，将来会引起动乱，对国家安定不利。也只有从小精通历史，接受过皇权严格训练、精通音律的宁王，能从曲调本身蕴含的乱章中，意识和联系到可能不利于江山社稷的深层次问题。不幸的是宁王的话如同谶言一般不幸言中，直到天宝十四年（755 年）安禄山反叛，玄宗避走西蜀，才回想起宁王对《凉州》曲的点评，不禁连连感叹，更加深切体会到宁王对音乐鉴赏之精妙。

有其父必有其子，宁王宪的长子汝阳王李琎，不仅长得姿容妍美，而且聪悟敏惠，对音律的领悟敏感细腻，他和玄宗一样特别喜欢打羯鼓，因此成为玄宗的知音，玄宗也特别钟爱他，亲自传授羯鼓技巧。汝阳王心领神会，很快就能精妙地表达出乐曲之宗旨，所以玄宗每次出游巡幸，都让他紧随左右，舍不得放他离开。

有一次，玄宗临幸宁王府，兄弟相聚饮酒作乐，席间，汝阳王戴砑绡帽以羯鼓打曲，玄宗亲自摘一朵槿花，放在汝阳王的帽子上，二者都极滑，好不容易才插在帽子上。只见汝阳王头如青山峰，岿然不动，手似白雨点，打得鼓声急碎清脆，娴熟自如，神情欢快地奏舞山花一曲，曲终而花不坠。这就是所谓的定头项功夫，它难就难在在激烈、忽紧忽慢的羯鼓拍打中，脑袋能够纹丝不动，犹如杂技一般。

玄宗看后大喜，欢笑声不断，随即赏赐金器一橱，夸奖花奴（汝阳王的小名）资质明莹，肌肤光细，非世间之人，想必是神仙谪坠。宁王见兄弟如此抬举，生怕对儿子评价过高有遭忌之嫌，急忙谦虚地指出儿子在演奏中的短处。玄宗笑着劝大哥不必过虑，自称自己就是看相大师，还说：“帝王之相，不仅要有英特越逸的气势，还需有深沉包育的内涵，花奴相貌虽然端秀过人，但全无这些气象，不必猜忌，花奴举止文雅，只会赢得大家的赞誉。”对此，宁王又道谢说：“如此说来，臣输了。”玄宗接着说：“若此，则阿瞒（玄宗在家人面前的自称）亦输大哥矣。”于是宁王又谦虚感谢，玄宗幽默地说：“阿瞒赢处亦多，大哥何必整日作揖道谢？”话音刚落，只听见诸王欢快地笑成一片，其乐融融。

虽然玄宗在兄弟家人面前常以家礼自称以示亲密，但宁王宪始终以君臣之礼应对，恭谨慎重行事。玄宗性格隽迈，特别不喜欢琴，或许他嫌琴声过于凄厉、哀怨。有时琴声刚落，演奏者就被他赶出去，急急地对身边人说：“速召花奴（汝阳王）拿羯鼓来，为我解闷！”

“羯”是古代少数民族名，属于匈奴的一个分支，羯鼓是他们的乐器，鼓面是用西北高原一种羯羊也就是被阉过的大羊的皮做的，羯鼓正如漆桶，形状比腰鼓大，因为双手同时击打，故亦称两杖鼓板。鼓杖通常用黄檀、狗骨、花椒等木头制作，用上好的羯羊皮制作的羯鼓，因为没有湿气而显得柔腻，敲打起来越发响亮，“其声焦杀鸣烈，尤宜促曲急破，作戟杖连碎之”。尤其是在明月清风的夜晚或秋高气爽的时候，在高楼上击鼓，鼓声凌空透远，传出天外，激动人心。

在洞晓音律的玄宗眼里，只有刚劲有力的羯鼓声，才能令人振奋，排解忧郁，羯鼓的咚咚响声，与玄宗的雄壮豪迈融为一体，最能表达他的激情澎湃，展现他的宽阔胸怀。他常说："羯鼓是八音的领袖，诸乐不可为比。"所谓八音，是指用金（钟）、石（磬）、丝（弦乐）、竹（箫、管乐）、匏、土、革（鼓等乐器）、木做成的乐器。而汝阳王演奏的羯鼓曲，最能细腻体现出羯鼓曲内涵，玄宗最喜欢听他演奏。

身为宁王半个儿子的寿王瑁，就是在宁王府这种宽松气氛中，受到宁王妃的悉心照看呵护。浓郁的音乐氛围、充满温暖关爱的环境，培养了寿王彬彬有礼、温文尔雅、宅心仁厚的性格。

寿王寄养宁王府后，玄宗和惠妃更加频繁地临幸宁王府，一来兄弟聚饮赋诗弹奏作乐，二来看看自己的宝贝儿子，因为寄养在宁王家，寿王的受封也比其他诸子来得晚一些。直到开元十三年（725 年）三月，玄宗在第三次东巡洛阳为诸王子更改王号时，才册封他为"寿王"，此时惠妃也迫不及待地将他带回身边。

回到皇宫后，寿王直接在母亲的庇护下成长。开元十五年（727 年），玄宗加封十六子庆王等为都督事时，因为永王以下的孩子皆年幼，特许不用跟随哥哥们在殿庭列队拜谢父皇，当时寿王才八岁，却自己请求跟从诸兄行事，只见他走上宫殿，举手投足，一板一眼、规规矩矩，拜舞如法，令玄宗十分惊讶和倍加疼爱。这一年寿王遥领益州大都督、剑南节度大使。

随着玄宗对武惠妃的日渐专宠，寿王也宠冠诸子，比其他弟兄获得父亲更多的关注，在无忧无虑、充满慈爱的皇宫中，转眼之间，寿王成长为一位清秀帅气的青年。

06 册封寿王妃

在前往洛阳的路上，看着充满青春魅力、健康活泼、个头高出自己一大截的儿子，萦绕母亲心间的头等大事当然是他的婚事。很快为寿王选妃摆上了武惠妃的议事日程，皇宫内外的大家闺秀、民间的绝色佳人都是惠妃关注的目标。

武惠妃恩宠隆重，平时就不知有多少宦官朝臣千方百计地取悦她！武惠妃的心思，立刻就被左右侍者传了出去，善于揣摩人心思的宦官高力士、善于钻营极力讨好惠妃的李林甫等，纷纷布置喽啰寻找天下极品美色，恨不得将所有的美女都云集洛阳，让惠妃挑个够，不知又有多少达官显贵，纷纷寻找门路，将自己闺中待嫁的女儿隆重推出，希望能攀上皇室，光宗耀祖。

雄伟庄严的皇宫貌似与世隔绝，森严壁垒，然而其消息又是何等灵通！外面的风吹草动，都休想瞒过宫内人的眼睛。一到洛阳，杨玄璬家有小女姿色冠代、首屈一指的传闻就立即引起了武惠妃的注意。

自古以来，皇室的婚姻大事，都是和巩固宗庙、维持政权紧密相联，因此，政治集团门阀党派如何，也就是其家庭背景、门第的高低至关重要。隋唐以来，杨氏、李氏两家联姻相当普遍，几乎是最佳搭配，相得益彰。能够高攀上这两家与之结为连理，是多少权贵梦寐以求的喜事。

唐高祖李渊本人就是隋文帝独孤皇后的姨侄，他的几个儿子也分别和隋朝宗室杨氏家族的人联姻，唐太宗李世民娶隋炀帝的女儿为妃，太宗弟弟齐王元吉也是娶隋宗室杨恭仁的叔伯侄女为妃，玄武门事件唐太宗杀死弟弟齐王元吉后，顺手将齐王妃也纳为己妃。虽然武则天时代的出现，使得武氏、李氏两家的联姻频频出现，不过武则天母亲杨氏本身也是隋宗室宰相杨世达的女儿，故和隋朝杨氏有着血缘关系。武则天登基后，实行保证自己家族及娘家有一人当宰相，也就是自己的武氏本家和杨氏家至少有一人执政的政策，如此一来，李、杨、武氏三家，出于政治上的需要，通过联姻紧紧地抱成一团。

武则天的女儿太平公主嫁给武氏本家族的武攸暨；武则天的孙女，即中宗的女儿长宁公主嫁给隋朝司空观王杨雄之子、深得隋文帝赏识的名臣杨恭仁的孙子杨慎交；另一个孙女，即中宗的另一个女儿安乐公主嫁给武氏本家，先是武崇训，武崇训死后又改嫁武延秀。

就是唐玄宗本人，在杨贵妃之前的众多嫔妃中，也有出身弘农杨氏的妃子，她就是后来被追封为元献皇后的肃宗母亲杨氏。杨氏是弘农华阴人，曾祖父杨士达，为隋朝纳言，武则天上台后，杨氏是属于武则天娘家人，故杨士达被追封为郑王、赠太尉；父亲杨之庆是左千牛将军，赠太尉、郑国公，玄宗为太子时，杨氏作为太子妃被选入宫。如此李氏、杨氏、武氏三家联姻的事例数不胜数。而这种过度紧密的结合，加上政治斗争的残酷性，反而形成了统治集团内任何一种政治上的变动，都成为一种充满血腥、惨无人道的亲族之间的杀戮，而且大多是灭绝人性的满门抄斩，这不能不说是封建社会特有的怪胎和悲哀。

这一年，唐朝在边疆取得了大破契丹的胜利，为了展示国富民强，与民同贺太平盛世，开元二十三年（735 年）玄宗下令大赦天下，正月，在洛阳五凤楼下设置三天酒宴，并要亲自登上五凤楼赴宴，与朝廷的文武百官、洛阳城的全体人民，共度美好时光。命洛阳周围三百里内的县令、刺史率领本地声乐艺人，云集五凤楼下，参加在此举行的歌咏比赛，评出胜负，予以赏罚。

就在这次盛会上，武惠妃亲眼见到了美若天仙的杨玉环，于是，玉环的祖宗十八代都被查得水落石出，虽然她父亲是河南府士曹参军的小官吏，但祖上却是名门望族弘农杨氏、隋炀帝朝重臣高官杨汪的后裔，特别符合李唐传统的姻亲政策习惯，门当户对。武惠妃听着汇报，嘴上不说，脸上却掩盖不住喜悦的心情。选妃，是何等重要的大事，这不仅关系到宝贝儿子的幸福前程以及自己的后半生，而且关系到江山社稷，因此她还要慎重地进一步亲自考察。

继寿王瑁之后，惠妃还生了一个女儿咸宜公主，大概比寿王小一两岁，此时已经订婚，未来驸马杨洄是中宗女儿、玄宗堂妹长宁公主和杨慎交的儿子。杨慎交同样出自弘农杨氏，说起来和杨玄璬应该是远亲。和哥哥亲密无间的咸宜公主，自告奋勇地要亲自看看这位远近闻名的美女，看看她是否能和自己的哥哥般配。在第二、三天的酒宴上，咸宜公主特别关注坐在当地权贵座席人群中的杨玉环，果然天生丽质、丰满娇媚、鹤立鸡群，亮丽的外貌加上与自己的丈夫同样出自杨氏，都加重她偏向玉环的砝码。

开元二十三年（735 年）秋七月，咸宜公主下嫁杨洄，由于母亲武惠妃特别宠爱，公主出嫁例行的各种仪式举办得格外隆重。中宗时期，太平公主因为受武则天宠爱等种种原因，封至五千户。开元之初，玄宗励精图治，改革奢侈糜烂之风厉行节俭，并认为百姓租赋，非自己所有。战士们出死力，奖赏也不过是束帛，女儿、皇妹等没有功劳，没有理由享受更多的户税，应该让她们学会节俭，所以规定皇妹实封千户，皇女实封减半，只有五百户。没想到才二十多年的太平盛世，玄宗就丧失了当初的锐气，为了取悦心爱的女人，让咸宜公主生活得更优裕，竟然打破自己原来的规定，特别下诏准许给她“加实封至千户”，比原来公主实封的五百户增加了一倍。托武惠妃女儿、咸宜公主的福，从此以后，其他公主出嫁皆加封增至千户。

宝贝女儿的婚事才结束，武惠妃便全心全意投入到为寿王选妃的大事中，在众多大家闺秀候选人中，杨玉环好评如潮，经过调查了解，显赫的门第、品德贤淑、倾国倾城的容貌，令她在众多大家闺秀中脱颖而出，成了寿王妃的当然人选，这也是命运偶然巧遇中的必然结果。

依照唐制，亲王纳妃要举行纳采、问名、纳吉、纳徵、请期、册妃、亲迎、同牢、妃朝见、婚会、妇人礼会、飨丈夫送者、飨妇人送者的一系列繁琐而隆重仪式。寿王瑁是武惠妃第三个儿子，由于前两个儿子夭折，实际上是她的长子，武惠妃对他寄予无限的希望，亲自过问纳妃的各项准备细节，玄宗也特别疼爱寿王，于是大肆操办婚事。

开元二十三年（735 年）十二月二十四日，玄宗下诏“册故蜀州司户杨玄琰女为寿王妃”，而手持圣旨前来宣布诏令的竟然是当时大权在握的宰相、户部尚书同中书门下李林甫和副使、黄门侍郎陈希烈。在隆重的场面中，李林甫高声宣读册封诏书。

接下来的亲迎、同牢、妃朝见、婚会、妇人礼会、飨丈夫送者、飨妇人送者等礼仪，每一项都盛况空前，隆重热烈，其中只有妃朝见的仪式给杨玉环留下了难以磨灭的深刻印象，这是她第一次近距离地面对心中至高无上、敬畏无比的皇上玄宗。此时的玄宗正值中年，精力充沛，连日来给寿王纳妃，皇宫上下处处呈现出喜庆气氛。看着孩子双双跪拜，玄宗不禁心花怒放，他充满慈爱走向前，将他们轻轻扶起，祝福他们，玄宗做梦也没有想到杨玉环将来会成为自己的妃子。

对杨玉环来说，开元二十三年（735 年）是奇妙之年、幸运之年。她被册封为寿王妃，从此告别平凡生活，进入一个全新的世界。

07 婆婆武惠妃

转眼到了开元二十四年（736 年）十月，因为洛阳皇宫“有怪”，让玄宗感到不舒服，所以玄宗提前率领大队人马返回长安。长安是寿王妃杨玉环心驰神往已久的地方，满怀着对生活的美好憧憬与激动，杨玉环依依不舍地辞别家人，和寿王瑁一起随同皇上，浩浩荡荡踏上返回长安之路。

寿王府就在仅与皇宫一墙之隔的十王宅里，踏入寿王府，展现在寿王妃面前的是完全不同的另一个世界，耳闻目睹处处都让她惊叹不已！

唐玄宗即位之初，皇子年幼，都是在宫中抚养，随着诸子的长大，玄宗分别给他们加封各种头衔，“遥领”不用实际负责的职位。玄宗还在朱雀街东第五街安国寺东面修建一个大宅，让诸子在里面分院居住，最初只有十个儿子即十王居住，故又称十王宅，随着儿子一个个呱呱落地，长大成人，又扩建称为十六王宅。无论在东都或是华清池，玄宗都绕着皇宫周围为诸子建宅，诸子成家立业后所生的孙子，则在此外围增建百孙院。孩子们居住的王府仅与皇城一墙之隔，其生活起居、词学工书的教育，都由皇宫直接派人管理，每个王府内出入服侍的宫人就有四百人！

皇宫是个子以母尊，母以子贵的地方。当时王皇后已经被废黜，杨玉环的婆婆武惠妃将玄宗的宠爱集于一身，她不是皇后却形同皇后。爱屋及乌，武惠妃的生母杨氏被封为郑国夫人；同母弟弟忠累迁国子祭酒；同母弟弟信被提拔为秘书监，同样，在诸王子中，玄宗也明显偏爱惠妃所生的寿王，透过皇宫与王府连接的夹城，皇上赏赐给寿王府的美味佳肴、珍奇器物等自然也格外频繁。

武惠妃的父亲恒安王武攸止是武则天的侄子，在武惠妃很小时便去世了，按照惯例，武惠妃从小被送入宫中抚养。进入皇宫后，武惠妃像皇室家族成员一样，受到严格的教育，她不仅天生丽质，而且聪明伶俐、温柔贤惠、能歌善舞，为此，画家谈皎还特意给她画了一幅《武惠妃舞图》。年幼丧父，使得武惠妃早早就体会到人间冷暖，懂得自己的一生都和政治紧密相关，学会察言观色，八面玲珑，巧于周旋。

唐朝的后宫，自皇后之下，有贵妃、淑妃、德妃、贤妃各一人，为夫人，正一品；昭仪、昭容、昭媛、修仪、修容、修媛、充仪、充容、充媛各一人，为九嫔，正二品；婕妤九人，正三品；美人九人，正四品；才人九人，正五品。宝林二十七人，正六品。御女二十七人，正七品；采女二十七人，正八品，这八十一人为代御妻，此外还有一定数量的照料皇帝穿着、车辇等生活的美女，开元中，玄宗对此略作修正，他在皇后之下立有惠妃、丽妃、华妃，以代三夫人，为正一品；又置芳仪六人，为正二品；美人四人，为正三品；才人七人，为正四品；尚宫、尚仪、尚服各二人，为正五品；自六品至九品的宫女就归宫内的相关部门配备和管理，皇帝身边可谓佳丽如云，故有后宫三千之说。

皇宫是个表面上彬彬有礼、繁华奢靡，而背后争风吃醋，充满血腥的地方，其明争暗斗一点也不比朝廷上的争权夺利来得温柔，甚至有过之而无不及；加上外戚、善于营钻的朝中大臣或侍宦掺杂其中，勾心斗角更显得错综复杂。

自古英雄爱美女，聪敏睿智、才华横溢又相貌堂堂，浑身散发着英雄气概的玄宗也不例外。他风流倜傥，最喜欢美貌且精通音律、能歌善舞的女人做伴，他的身边从来都是美女如云，前呼后拥。以王皇后为首，什么赵丽妃、刘华妃、钱妃、皇甫德仪、刘才人、高婕妤、郭顺仪、柳婕妤等，哪个不是标致美艳、歌舞自如的可人？

玄宗即位后，武惠妃那端庄美丽的容貌和婉顺贤惠的举止顷刻赢得了玄宗的百般宠爱，退朝后只想着和她厮守，那些昔日的宠儿，渐渐地一个个黯然失色，很难再看到皇上的身影。

玄宗频频临幸武惠妃，武惠妃很快为他生下夏悼王一，这是玄宗的第九子，孩子继承了父母亲的优点，长得特别清秀漂亮，令玄宗钟爱无比，为他起了特别的名字“一”，每日退朝，玄宗急着先到惠妃那里看看爱妃，看看孩子。不幸的是孩子在玄宗第一次东巡洛阳的开元五年（717年）夭折了，这令玄宗、惠妃万分悲痛，为思念孩子，玄宗特将他葬在城南隆门东岑，以便能在宫中举目遥望。接着惠妃又生下怀哀王敏，同样长得丰秀可爱，玄宗特加顾念，可惜李敏于开元八年（720年）又夭折了。随后武惠妃又生了眉清目秀的女儿，也不幸夭折。接二连三的打击，使得玄宗、惠妃万分难过，武惠妃更是痛不欲生，信奉佛教的武惠妃甚至唯有诵经念佛，祈祷菩萨保佑排解苦难，才能稍微获得片刻平静。

遭遇如此不幸，令玄宗更加怜爱武惠妃，常常带她游玩消遣，带给她更多的温存抚慰。终日的厮守，使得她很快又生下寿王瑁，寿王瑁亦继承了玄宗的英俊和惠妃的美貌，长得端丽清正，他的降生令玄宗和惠妃惊喜万分，小心翼翼百般呵护，还加封他一个充满福气的响亮封号寿王。尽管如此，玄宗、惠妃还是心存疑虑，不敢在宫中抚养，特意寄放给经验丰富、奶水充足的宁王妃抚养，颇费心思。寿王果然给惠妃带来好运，此后不久她又相继生下咸宜公主、盛王琦、太华公主。

眼见玄宗心无旁骛，整日与武惠妃形影不离，后宫的嫔妃们又是羡慕又是妒忌，王皇后更是坐立不安，妒火中烧。

王皇后是同州下邽人，出身贵族，祖上是梁朝的冀州刺史神念，是玄宗迎娶的第一位妃子，当时玄宗还只是临淄王。身为临淄王妃，在玄宗筹划清除韦后、太平公主集团的行动中，王妃积极支持丈夫并参与密谋，全力协助玄宗登上帝位。她贤惠温顺能干，夫妻两人相亲相爱，共同度过了那段危机四伏的时光。玄宗即位后，立王妃为皇后，厚待其家族，给皇后的父兄等纷纷加封。

可惜王皇后不曾与玄宗生得一子。眼见武惠妃的孩子一个个落地，自己的肚子依然没有动静，容色日渐衰退，不由得着急万分，随时可能被夺嫡的极度危机感让她惊恐不安，度日如年，除了日夜祈祷自己能早得贵子外，还挖空心思、想方设法让玄宗回到自己的身边。精力充沛的玄宗开始还念着共同创业的情谊，彼此恩爱尊重，可是当玄宗遇上年轻漂亮的武惠妃后，立即被其深深吸引，慢慢地把她搁置一边，这让王皇后十分伤心，同时又妒火中烧，愤愤不平。她抓住玄宗偶尔的探望机会，不时在玄宗面前攻击诋毁武惠妃，甚至出言不逊，以泄心中怨气。情人眼里出西施，处在热恋中的玄宗对武惠妃疼爱无比，恨不得整日与之缠绵，闻之自然大不高兴，越发少去她那里，省得烦心，甚至私下和秘书监姜皎商量，想以王皇后无子为由废黜皇后。

姜皎何许人也？为何玄宗会和他说如此私密的事呢？原来姜皎早在玄宗是临淄王时就为其效劳了，两人相遇颇具传奇。

姜皎早年喜欢游猎，一次，姜皎打猎回家，见家门站着一个僧人，便问："师父为何到此？"僧人说："乞饭。"姜皎让家人给他端上香喷喷的肉食饭菜，僧人三下五除二地吃完离去，肉食丝毫未动。姜皎追出去送别，僧人看着姜皎突然说："公将大富贵。"姜皎问："如何得富贵？"答："见真人即得富贵。"问："何时得见真人？"僧人举目看了看说："今日即见真人。"

恰巧这时姜皎手臂上有一只鹞子，值二十千，于是姜皎和僧人一起骑马出城，想到市场上看看。途中，只见迎面来了一队人马，原来他们就是要去游猎的临淄王玄宗一行。玄宗认得姜皎手上的鹞子，便问："这是否某人的鹞子？"答："是。"于是玄宗命其一起打猎。姜皎应诺并回头一看，僧人不知什么时候消失了，环顾四周依然看不见僧人的行踪。

时隔不久，又有女巫光临其家，姜皎打趣地问道："说说看，今日将会何人来？"答："今日天子来。"姜皎不禁哈哈大笑："天子在宫里坐着，岂会到此呢？"过了一会儿，果然有人叩门，自报说："三郎来了。"（玄宗在兄弟中排行老三，在亲属故人前或者在宫中，常自称“三郎”，姜皎出门一看，原来是玄宗。自此姜皎对僧侣方士倍加恭谨，有求必应。玄宗离开潞州府上京时，当地百官亲旧尽相欢送，一一道别，唯独不见姜皎身影，玄宗觉得奇怪，甚至心里嘀咕。一行人走至渭北，忽然看见姜皎独自迎候在路边，一个大帐里面美味佳肴摆满一桌，盛情相待。玄宗十分高兴，欣然与之话别，定下君臣缘分，姜皎果然很快就大富大贵。

玄宗与姜皎的偶遇故事未免有些离奇渲染，其实，姜皎的祖父曾任秦州刺史，父亲、伯父都是朝中普通侍官，还是有些官场背景，不过姜皎的确是在玄宗还是藩王时就开始相互交往，而且十分投缘。姜皎从第一次见到时为临淄王的玄宗，就被其非凡气度深深吸引，决心无论如何都紧紧相随，忠贞不移。

从此，姜皎为推立玄宗登基，竭尽犬马之劳。中宗、睿宗时期，宫内争权夺利尤为惨烈，为了辅佐玄宗登上帝位，姜皎不惜几经大祸，舍命相助，冒着风险多次私下鼓动临淄王：“太上皇即登九五，王必为储副。”期间，他几度被贬出京城都毫无怨言，反而愈加坚定为玄宗效力之心。玄宗要阻止窦怀贞等密谋叛乱，姜皎出谋划策，冲锋在前出生入死，其忠贞不屈的精神深得玄宗青睐信任。玄宗即位后任命其为殿中少监，是少数几个被玄宗召入自己卧室内的心腹之一，他甚至可以享受到参加玄宗私人家宴，与后妃同坐一起，一同击球斗鸡游戏的特殊待遇；享受到皇上对他亲密无间，形同家人的亲切。玄宗常不称其名而亲切地呼之为姜七，赐给他的宫女、名马及奇珍异宝多得不可胜数。有一次，玄宗与姜皎在殿庭观赏把玩一棵树，姜皎称赞这棵树形状很美，玄宗听了马上就让人将其移植到姜皎家，圣恩隆重可见一斑。面对十几年一起拼杀出来、几经考验、彼此知根知底的心腹和常常一起游戏玩乐的侍臣，玄宗一时谈起了私人烦恼，想废皇后。

不知何故，某天姜皎无意中泄漏了这件事，很快就被王皇后知道了，这正是她最担心害怕的事，也是最令王氏家族惶恐不安的事。或许王皇后家族的人要反攻为守，希望皇上不要这么做；或许王皇后哥哥王守一的妹夫濮王峤为了讨功，即刻将此事上奏皇上。玄宗闻之勃然大怒，本来还在想、或是还没有考虑好的事说出来多被动？况且没有生育也不足以废黜！玄宗下令中书令张嘉贞追究调查，王皇后哥哥王守一授意张嘉贞要治姜皎的罪，编织一些罪状，奏请先让姜皎受刑棒打，然后再流配到岭南之外。于是玄宗下达了将其流配钦州的诏敕，诏敕写道：

“秘书监姜皎，往属艰难，颇效诚信，功则可录，宠是以加。既忘满盈之诫，又亏静慎之道，假说休咎，妄谈宫掖。据其作孽，合处极刑，念兹旧勋，免此殊死。宜决一顿，配流钦州。”

指责姜皎自恃立过汗马功劳，深得皇上恩宠，就自以为是，在宫中搬弄是非、胡言乱语，妄谈宫掖秘事，按法律本来这是要处以极刑的，念在他过去屡建功勋，特免其死罪，不过活罪难逃，受棒打之刑，再流放钦州。张嘉贞为了讨好王皇后哥哥，居然不顾姜皎曾是位高权重的重臣这一特殊身份，不留一丝情面，将五十几岁的姜皎当众拉出去杖打，受了六十下重打的姜皎哪里还挺得住？还没到流放地，就在途中的汝州一命呜呼了。其官至吏部侍郎的弟弟也被贬为春州司马，亲信受连累流放至死者多人。

当时不少朝臣以为姜皎死得冤，对张嘉贞如此刻薄对待有过失的功臣颇有微词，不久，广州都督裴伷先违法下狱，玄宗问大臣道，根据法律应如何处理？张嘉贞再次援引姜皎事例，即杖打流放，此时宰相张说实在忍不住，反驳道："臣闻刑不上大夫，以其近于君也，故曰士可杀不可辱。"并且说："姜皎是三品官员，功勋在身，如果他犯罪，应死即杀，该流放就马上流放，不应该像对待兵卒百姓那样，当庭杖打污辱，我在巡查边疆时，听说姜皎在朝堂当众受到笞辱，此事既然已经过去不可挽回，现在裴伷先根据其罪状应判流放，怎么能重蹈覆辙，再次失误，对勋贵重臣滥用杖刑？"

玄宗觉得他说得在理，同意了张说的意见。退朝之后，张嘉贞还埋怨张说道："你怎么把此事说得这么严重？"张说答道：

"所谓宰相，是一时的工作职位，怎么可能一直都在这个位置？如果贵臣都可以当众杖打，恐怕我们也难免例外，所以我这么说不是为裴伷先或者什么人，而是为天下士君子着想。"听得张嘉贞面有愧色，无言以对。

姜皎事发在开元十年（722 年），大概就是从那个时候开始，勋贵大夫违法，基本不再在朝堂当众笞辱，依法该怎么样就怎么样，养成士大夫敢于正直劝谏、孤傲独立的特质，他们不怕削职、不怕被流放，就怕辱体受刑，死于杖下，这就是"士可杀不可辱"精神。

源乾曜是姜皎推荐给玄宗的，姜皎对他有提拔之恩，可是时任侍中的源乾曜在这件事上不能坚持正义，故颇受到人们的讥讽。后世也有人认为，是朝臣有人嫉妒姜皎而故意陷害他，挑拨他与玄宗之间的关系。不久玄宗怀念姜皎的功勋，下令将姜皎的灵柩运回京城，以礼下葬，还派宫中使臣到其家慰问，追赠吏部尚书等。鉴于此事，玄宗还特别下令，不许卜相占候之人出入宗室、外戚、驸马及百官之家。

姜皎事件更增添了王皇后的忧虑，惶惶不可终日。终于有一天，她按捺不住焦虑和寂寞，向玄宗哭诉道："三郎难道忘了阿忠（王皇后称自己的父亲为阿忠）当初脱下新做的紫色半臂（一种唐朝短袖外套）换一斗麦为你做生日汤饼的事啦？"玄宗听了也感念皇后以前和自己一起奋斗的功劳，况且皇后在后宫，对上下左右颇有恩惠，无重大过错，所以玄宗一直没有深究，不再提废黜之事。

日子飞逝而过，不知不觉又过了几年。其实自从王氏被纳为妃子及至立为皇后，她本人也好，其家人也好，特别是其大哥王守一就一直眼巴巴地期盼皇后早生贵子，为此他们到处请医寻药，网罗偏方，求神拜佛，甚至铤而走险，不顾朝廷规定偷偷地请僧人到家里做法事，姜皎事件让他们的期盼更加迫切，成为生活的重中之重。

一天，王守一听说某僧人施法灵验，就不顾一切地将他请到家。僧人为皇后祭南北斗，在霹雳木头上刻天地字样及上讳合而佩带，然后说若佩带此物就会有子，如武则天那样。大哥如获至宝地将这个佩带物送给皇后。只要能求得一子，他们什么都去尝试。谁料到兄长费尽心思的祈求不但没有灵验，反而其担心的事很快就发生了，而促成这一梦魇般结果的催化剂，正是他们求神拜佛玩弄妖术的怪诞行为。

开元十二年（724 年），厄运降临了，王皇后哥哥求僧人施法的举动被玄宗知道了，盛怒之下，王皇后被废为庶人，搬出皇宫另室安置；王守一被贬为潭州别驾，途中赐死；当初依附王守一，把姜皎往死里整的张嘉贞也被贬出京城，为台州刺史。皇后在被废黜的二三个月后忧郁致死。

王皇后平时为人不错，所以她死后，后宫不少人对其思慕不已，就连玄宗事后也有些后悔。没想到王皇后因为妒忌争宠，一时咽不下武惠妃专宠专夜的气，行为失常而令玄宗不满，更糟糕的是其兄长求子心切，玩弄妖术令她受到株连。

在这场争宠的暗斗中，武惠妃成了胜利者，她不禁欲望膨胀，希望取王皇后而代之，能顺理成章地登上皇后宝座。玄宗正一心宠幸武惠妃，所以也有意要立她为后。消息传出，马上引起朝臣们的激烈争执，原因是武惠妃出自武氏本家，特别是家族中出了个当时臭名昭著的武三思。武三思是武惠妃的从叔，中宗时期曾经图谋不轨，作出种种凋零唐朝皇枝的恶劣行径，双手沾满李唐宗室的鲜血。虽然朝臣中不乏有阿谀奉承皇上的大臣，见武惠妃恩宠正隆，企图以协助她立后之功获取高官厚禄；但也有不少大臣激烈反对，上奏说怎么能让与李家有不共戴天之仇的武家之女充当国母？况且太子不是武惠妃所生，武惠妃又有自己的孩子，一旦武惠妃立为皇后，则太子必危。

周围的激烈反应令武惠妃的皇后梦破碎，不过玄宗依然一如往昔地宠爱她，待遇礼秩形同皇后。天下所有进贡给皇上的奇珍异宝、美味佳肴，玄宗都只想与武惠妃分享。武惠妃生日，玄宗在朝宫为她举办盛大庆宴，教坊内的梨园弟子、宜春院的舞伎纷纷献艺，热闹非凡，风光无限。玄宗对那些得道高僧或颇有修行的道人充满好奇，也十分尊重，为了博取爱妃的欢心，常常特别让他们当众表演绝活。

在美女如云的后宫，杨玉环的婆婆武惠妃能够脱颖而出独占鳌头，的确有其特别优秀、特显魅力的独到之处。武惠妃的言行举止，给寿王妃上了极为深刻的一课，其巨大成功，令寿王妃杨玉环羡慕不已。

争立太子

08

长期受宠、形同皇后的生活，滋生了武惠妃日益膨胀的私心和野心。寿王瑁的诞生，给她带来无限希望和遐想，特别是寿王纳妃后，武惠妃下一步的目标日渐清晰，那就是要让寿王瑁替代太子瑛，以巩固自己的地位。武惠妃要趁玄宗宠爱自己之时，将他们最钟爱的寿王推上太子位，为此武惠妃不惜与太子瑛之间暗中较劲，进行了一场惨烈的生死搏斗。

皇太子李瑛出生于玄宗任潞州别驾时期，是玄宗的次子。玄宗的长子嗣直，年少时在一次游猎中，意外被猛兽抓伤脸破相，如此相貌若当太子甚为不雅，有失大体，加上其生母刘华妃不怎么受宠，自然被冷落一边。

当年临淄王（玄宗）为打下创业基础，充分利用出任潞州别驾机会，交结大批地方豪强，玄宗常常和他们一起宴聚游猎、豪饮歌舞，往来频繁。那天，在地方豪强宴请的聚集会上，玄宗遇上了容姿艳丽、能歌善舞的山东倡人赵元礼的女儿，她浑身上下散发着略带野性的自然妩媚，立即将英气勃发的玄宗迷倒，将她带回王府，宠爱有加，并在登基后册封她为赵丽妃。很快赵丽妃生下儿子李瑛，家族亦随之沾光，族人纷纷加官晋爵个个出人头地，其父赵元礼、兄赵常奴被提拔为京官，开元初都升至大官。

王皇后没有儿子，开元二年（714 年），李瑛因为母亲赵丽妃受宠而被立为太子。鄂王李瑶是玄宗第五个儿子，生母是皇甫德仪；光王李琚是玄宗第八个儿子，生母是刘才人，他们的母亲都是玄宗在临淄王府时纳入府内的。鄂王李瑶、光王李琚二王在玄宗诸多孩儿中最具才识，尤其是光王琚，体魄威猛健壮，有才识，善骑射，其他各方面表现也都十分出众。与其他人不同，光王琚是因为他自己受到玄宗特别宠爱，母亲刘才人托他的福才受到皇上恩宠。但这一切都因为武惠妃的出现而失去平衡，自从玄宗迷上武惠妃，日夜留在武惠妃身边之后，他们的母亲和王皇后等一样，渐渐被冷落一边。太子瑛的母亲赵丽妃早早忧郁身亡。

“母宠衰则子爱弛”是封建皇室内的特殊现象，母亲失宠后，诸王便很少得到玄宗的关注和疼爱，当时太子不住在东宫，而是在十王府内。玄宗对太子越来越不关心，渐渐疏远，对寿王瑁却钟爱无比，局势对立寿王为皇太子十分有利，颇有夺嫡之嫌，皇太子的地位发生了动摇。武惠妃的专宠，令太子瑛、鄂王瑶、光王琚这三个意气相投、同病相怜、深感忧虑的兄弟常常相聚，凑在一起禁不住长吁短叹，心生不平，免不了对武惠妃颇有微词，希望生母有一天能重获恩宠。

时任吏部侍郎的李林甫，眼见武惠妃恩宠愈隆，便刻意奉承，自告奋勇要助她一臂之力，一起推立寿王为太子，以达到自己独揽大权的目的。他的巴结果然令他获益匪浅，武惠妃的枕边风，令玄宗对李林甫刮目相看，他的仕途顿显一片光明，很快就从黄门侍郎荣升到中书门下三品，再到中书令。

驸马杨洄尚咸宜公主后，春风得意，对岳母武惠妃俯首帖耳，唯命是从，他清楚立寿王为太子，事关自己的大好前途，为此他卖力地往返于寿王府，借王府相连之便，窥伺太子等人的行踪，寻找其过失。

功夫不负有心人，很快机会来了。那天太子瑛和鄂王瑶、光王琚相聚畅饮，酒酣之际真情流露，三人不禁为母亲的失宠而抱怨哀叹，对独占恩宠的武惠妃说三道四，对寿王颇有争当太子嫌疑的种种迹象忧虑不安。杨洄探知后，旋即将这些酒后怨言告诉惠妃，当晚惠妃就向玄宗哭诉，添油加醋地说太子等人偷偷抱成团，不仅想要加害我们母子俩，还敢指责皇上。玄宗一听勃然大怒。

第二天，玄宗召集宰相们商量要废太子、鄂王瑶、光王琚为庶人。话音刚落，耿直的张九龄急忙劝谏道：“陛下执政三十年，太子诸王从未离开过皇宫，每天听从陛下教训，天下百姓皆庆幸陛下享国久长，子孙蕃昌，现在三子已经长大成人，一向安分守己，未闻有什么过失，陛下没有必要捕风捉影，以一些毫无根据的传闻，因为生气而一下子废黜太子等人。太子是天下之本，不能随便动摇。”接着还絮絮叨叨地讲述了历史上因为随便废太子最终导致动乱失天下的教训。恳求玄宗千万慎重，甚至坚决地表示：“如果陛下一定要这么做，臣亦诚惶诚恐不敢执行。”

精通历史的玄宗对晋献公、汉武帝、晋惠帝乃至隋文帝轻易废黜太子导致失去天下的事怎么会不知道呢？张九龄一番发自内心的直言不讳，虽然中肯却不中听，玄宗闷不做声，耐着性子听他长篇阔论。见龙颜不悦，李林甫乖巧地一言不发，直到退朝出来，才私下对玄宗宠爱的宦官说：“这是陛下的家事，何必问外人！”婉转表示自己对皇上废太子等人的赞同，讽刺张九龄多管闲事，挑拨玄宗与张九龄的关系。

由于宰相张九龄坚决反对和其他大臣的申辩，使得玄宗冷静下来恢复理智，此事也就搁置一边。武惠妃见状急忙暗中指使一个官奴到张九龄家，转告说有废必有兴，如果张九龄能支持废黜太子等人，宰相职位就能一直当下去。张九龄听到此话，不禁勃然大怒，将来者斥骂一通赶出门外，并将此事告诉玄宗。玄宗不禁被张九龄的忠诚所感动，不再议论废黜太子事宜，在忠贞正直朝臣的全力支持下，此事终于得以平息，太子的位置保住了，避免了政局的动摇。第一个回合武惠妃失败了。

09

罢免张九龄

武惠妃这次争立太子失败主要栽在张九龄手里，她认为，这颗钉子不拔除，寿王瑁争立太子无望。从小生长在宫中的武惠妃权力欲望随着皇上的恩宠日益旺盛，当年争立皇后没成功就已经令她遗憾至今，而一切形同皇后的礼遇，令其心理多少得到些平衡。这次争立太子，既为儿子也是为了她自己。初次交锋失利使她意识到朝臣的分量，而李林甫自告奋勇在外配合正中下怀，令她十分高兴，共同的利益让他们自然走到一起。

有此默契，武惠妃整日在玄宗面前赞美李林甫，不时向李林甫透露皇上所思所想，于是李林甫诸多建议迎合玄宗思想，貌似与玄宗的思路不谋而合。几件事下来，玄宗感觉李林甫十分体贴知己，很快对他颇有好感，从此李林甫官运亨通步步高升。任命李林甫为宰相时，玄宗曾征求中书令张九龄的意见，张九龄说："宰相关系到国家的安危，陛下任其为相，臣担心将来会成为宗庙社稷之忧。"

张九龄对于李林甫的品行性格深为了解，他擅长阿谀奉承，在皇帝面前唯唯诺诺，从来不从国家大局考虑问题，特别是精于钻营，贿赂宦官宠妃，不择手段地向上爬的做派令人不齿与厌恶。张九龄觉得让这种人辅佐君主，会给朝廷带来不良风气，埋下隐忧，所以反对玄宗提拔李林甫为宰相。然而武惠妃的枕边风，深受玄宗宠信的大宦官袁思艺对李林甫的赞誉，加上李林甫事事顺从玄宗心意，处处显示机灵能干的形象，使得玄宗根本听不进张九龄的劝告，终于在开元二十二年（734 年）五月，提拔李林甫为礼部尚书、同中书门下三品，也就是宰相。而当初张九龄反对录用李林甫为相的意见，早就传入李林甫耳里，令他恨得咬牙切齿，一上任，二人便心存芥蒂。

扳倒张九龄，正是李林甫梦寐以求的。他窥伺张九龄的权力地位已久，期盼取而代之。然而张九龄是玄宗东宫时期选拔的人才，当初在选拔天下文藻优美之士时，张九龄以应答出众而引起当时作为太子的玄宗的注意，被提拔为右拾遗。二十几年来，玄宗对他可谓知根知底，相当熟悉，对张九龄的人品、才识、文采相当依赖、器重和赏识，要扳倒他谈何容易！不过有了武惠妃做内应，李林甫信心大增，绞尽脑汁使出各种阴险狡诈之计，一定要挫败对手。

张九龄出生于广东韶关，曲江人，没有什么家族背景，曾祖父只是个七品芝麻官韶关别驾。张九龄自幼聪明，擅长文学，从乡试到全国性科举考试，一路拼搏，登进士第，科举成绩优异，全靠个人才学出众，最终被皇上提拔重用。他性格耿直，敢于谏言。当初张九龄刚刚步入仕途，宰相姚崇年长且颇负众望，深得玄宗信任，他初生牛犊不怕虎，竟敢上言姚崇，奉劝姚崇远离谄躁，要推举录用纯厚人才，认为任用人才是从政的首要大事。说："人并非无识人之明，用人失误主要在于情感用事。身居相国要职，手中握持用人之权，自然会有不少浅中弱植之徒，延颈企踵而至，谄亲戚以求誉，媚宾客以取容，其中也不乏有才华之人，但这些人之所以失却在于无耻。"这番铿锵有力的谏言，颇得姚崇欣赏并嘉纳其言。

著名文学家、后来的宰相张说当初被武则天流放岭南时，读到张九龄的文章十分惊诧，想不到会在这穷乡僻壤出现如此奇才，以文会友，很快两人便成为莫逆之交。因为同姓张，两人甚至互通族谱，叙为昭穆，俨然以宗族前后辈相待，自始至终友谊深厚。开元十年（722 年），张说出任宰相后，马上提拔张九龄为中书舍人宫内俸，成为玄宗的亲近臣僚。玄宗泰山封禅，张九龄协助张说起草诏令等，行事颇为谨慎。封禅大典之后，张说决定提拔大批协助参与封禅大典组织事宜的自己人，大多是两省工录及自己的亲戚，看到这份提拔名单，张九龄觉得不太妥当，便劝说道："官爵者为天下之公器，应该以德望为重，劳苦故旧是次要的，若颠倒衣裳，就会有非议。这次封禅，千载一遇，清流高品无不沐浴皇恩，若胥吏末班反而先加表彰提拔，公布名单后恐怕会令人失望，趁现在起草之际，修改还来得及。"提醒宰相张说不可滥封官爵，任人唯亲，尤其要他提防宇文融。宇文融因为在理财方面成绩显赫，当时很得玄宗宠爱和称赞，他和张说相互争宠，互存积怨和矛盾。张说不以为然，一意孤行，根本没有把张九龄的劝告放在心上，他看不起只懂得敛财的宇文融，说："这些狗鼠之辈能成什么事！"结果他就是被宇文融弹劾丢官的。张说倒台，其同党亲友也受到宇文融的打压，张九龄受牵连被贬黜出京城，到远离中央的冀州任刺史，后来张九龄以岭南与冀州所在的河北相距遥远，不便于照应家中年老多病的母亲为由，请求改换到离家乡近些的江南任职，于是经玄宗恩准，张九龄改到江西地区任洪州都督，不久又转任桂州都督、岭南道按察使等。

张说死后，玄宗十分思念这位文学顾问，想起他屡次夸奖和推荐过的张九龄，于是将张九龄召回京，任秘书少监、集贤院学士、知院事等数职，开元二十年（732 年）张九龄被提升为中书侍郎，成为继张说之后文人学士的新领袖。在此期间，张九龄仍然保持其一贯正直敢言的脾气，常有密奏劝谏，大多都被玄宗纳用。第二年十二月张九龄被任命为宰相，玄宗每当朝政有阙，则虚怀纳谏，让朝臣尽情发表看法，曾经有一次，玄宗在早朝百官行列中见到张九龄风威秀整，在百官中显得鹤立鸡群、浩气凛然，十分高兴，小声地对左右说："朕每见九龄，便精神顿生。"欣赏之情溢于言表。玄宗还常常在侍臣面前称赞张九龄，说他的文章有唐代名公大家的风范，自己终身以他为师，也不得其一二，说他不愧是文场上的元帅，评价很高。

张九龄体弱，玄宗对他特别体贴入微，关怀备至，当时大臣上朝十分严格，衣冠不整者不仅不准上朝，还将处以取消俸禄的处罚，君臣相见，朝臣们还必须携带簪笏，簪笏是大臣上朝时必须携带的狭长形记事板，相当于现在的笔记本之类，可以随时记下皇上圣旨以及工作内容。当时朝臣用的簪笏有用玉、象牙或者竹板制作，这种记事板颇有些分量，朝臣一般插在腰带上乘马上朝，到皇宫后再拿着入朝堂，玄宗见年老体弱的张九龄不堪携带如此沉重的簪笏，所以特别开恩，命人特别制作了放置簪笏的囊袋给他，让下人拿着簪笏走在马前，后来这种做法成了常制。

张九龄任宰相后，不负众望，殚精竭虑辅助玄宗理政，在开元中期的政治局面中，起到了抑浊扬清、巩固开元太平盛世的作用。除了扭转此前宰相之间相互不合的局面，和侍中裴耀卿通力合作愉快共事外，还继续废弃论资排辈的做法，奖掖后进，选用新人，提拔了著名诗人王维、卢象等一批文士为朝廷谏官，他本人更是坚持直谏，只要认为有利于朝廷、有利于国家，哪怕玄宗发怒了，还是坚持己见，大有谔谔之士的风度。

开元二十三年（735 年），边陲守将幽州长史、营州都督、河北节度副使张守珪大破契丹，玄宗一高兴就想封张守珪为相。听说皇上用加封宰相头衔来奖赏张守珪，张九龄立即反对道："宰相是代理天子执掌国政的工作，不是用来赏功的官爵。"玄宗问："能否只给其名不任其职？"答："不行，只有名与器不可以假借于人，况且宰相是君主直接领导下的官职，负有具体责任。倘若张守珪才破契丹，陛下就赏赐他宰相官位，那么若破奚、突厥，陛下将拿什么官来奖赏他呢？"一番话打消了玄宗乱封宰相的念头。

多年官场上的历练，加上饱学史书，张九龄颇有识人之明，开元二十四年（736 年），张守珪派遣平卢讨击使、左骁卫将军安禄山前往征讨奚、契丹叛乱，安禄山恃勇轻进，结果大败而归。损兵折将大败而归按罪当斩，张守珪不忍心亲自对骁将安禄山执法，于是将其押往京城，交由朝廷裁决。张九龄看后批阅："遵守张守珪军令，安禄山不宜免死。"

此事不知怎的惊动了皇上，玄宗见其骁勇锐斗，像个虎将，出于爱惜人才，特别敕令只免除安禄山官职，降为白衣将领，令其将功赎过，以观后效。见状，张九龄固执地坚持道："安禄山失律丧师，依法不可不诛。而且臣观其貌有反相，不杀必为后患。”

玄宗不仅不听劝告，反而说张九龄不要像当年王夷甫识石勒那样，枉害忠良，坚持赦免其无罪，以至安禄山叛乱后，玄宗追悔不已，当然此是后话。

转眼到了这一年的秋八月壬子，迎来了玄宗的生日——千秋节，朝廷上下喜气洋洋，玄宗照例在东都洛阳大摆宴席，招待群臣。当时进献金宝镜（铜镜）是一种时髦，群臣纷纷进献宝镜，或者奇珍异宝以表忠心，只有张九龄费尽心思，收集历代兴衰史实，编成一部书，题名为《千秋金镜录》。全书共有五卷，张九龄在书里尽述前世兴衰根源，认为以镜自照见形容，以人自照见吉凶，婉转地提醒玄宗要以史为鉴。执政二十几年，特别是张说当上宰相以来，玄宗已被谄谀朝臣所包围，听惯了歌功颂德，就连一向敢于直谏的张九龄也不得不考虑以史事为鉴的形式对时政提出批评。对于张九龄这份别出心裁的生日礼物，玄宗还是颇为赏识，特赐书加以褒美。然而张九龄虽则办事干练，看问题一针见血，直截了当，但缺少修饰、含蓄、婉转，特别是在关键时刻，他耿直性格另一面急躁冲动的弱点就会暴露出来，令人尴尬不快。李林甫抓住其弱点，抓住机会就进行挑拨离间，在皇上面前专挑张九龄的刺，然而，几十年的君臣，不是三言两语可以改变他们之间关系的。

当初张九龄反对提拔李林甫，现在三人同为宰相，张九龄与另一个宰相、侍中裴耀卿配合十分默契，不太看得起李林甫，这一切李林甫都暗暗记恨在心里。由于玄宗十分欣赏张九龄的文雅精明，所以虽然李林甫内心对其恨得咬牙切齿，表面上却不露声色，甚至甜言蜜语、曲意事之。武惠妃第一次为寿王争立太子的失败，让她记恨张九龄，也让李林甫看到了新希望，两人一拍即合，串通一气。此后李林甫几乎每事必暗中与张九龄抬杠，和武惠妃内外唱双簧，日夜在玄宗面前诋毁张九龄。

开元二十四年（736 年）十月，洛阳皇宫出现了一些怪事，这让原定第二年回长安的玄宗突然想提前回去，当他和宰相们商讨此事时，裴耀卿、张九龄不知皇上意图，所以照例出于国家利益发表意见，认为现在农作物尚未收获，希望等到仲冬再挪动，因为每次往返，沿途的车马安顿，惊扰地方，惊扰百姓，如果在农作物收获后挪动，能减少无为的运输等各方面的耗费。提议被两位不知就里的宰相否决，玄宗闷闷不乐，此时，李林甫早就通过惠妃探知玄宗想急切离开的心情，退朝时，李林甫假装腿脚不好，故意落在张九龄等人后面，单独对玄宗说："长安、洛阳不过是陛下的东西宫而已，往来行幸自由，何须择时？若说妨碍收割等，最多免除沿途地方的租税就是了，请让我向各部门宣布即日回长安吧。"

听到李林甫一番体己话，急于返回长安的玄宗十分高兴地同意了。于是，在李林甫的请缨下，玄宗不顾一切地浩浩荡荡返回长安。

相比之下，玄宗再一次感觉李林甫办事得体，张九龄不通人情。上次武惠妃向玄宗哭诉太子、鄂王瑶、光王琚想谋害他们母子，玄宗欲废太子时，张九龄长篇大论，据理力争、毫不让步，令玄宗大为不快，虽然玄宗最终还是理智地听从劝谏，但是不愉快的经历深深地留在心里。此后，武惠妃经常在其面前发泄对张九龄的怨气，李林甫也往往通过玄宗身边的人，巧妙地阴损张九龄。

朔方节度使牛仙客政务清廉勤勉，无论接待上下都诚信热情。他在河西工作期间恪守本职，根据实际需要，节约勤俭调度国家财政，使得仓库充实、器械精利。事迹传到朝廷，深得玄宗欣赏，想提拔他为尚书，张九龄得知后说："不能这么做，自古以来，尚书工作就是纳言，唐朝以来都是由德高望重者担任，牛仙客只是个小小的河湟使典，一下子骤居清要，恐怕会令朝廷蒙受羞辱。"

玄宗问："能否赐给他实封？""不可。封爵是用来奖励有功者，牛仙客作为边将，充实仓库精修器械，是他的本职工作，不足为功。陛下若要赏其勤，赐之金帛就行了，裂土封之，恐非适宜。"玄宗听后心里不太高兴，默不作声。

退朝后，李林甫偷偷地将此事密告牛仙客。牛仙客自然深感委屈，第二天见到玄宗，泣诉着请求取消所封官爵，于是玄宗将此事又提出来议论，张九龄依旧如初，反对任命牛仙客。玄宗生气地说：“朝廷大事难道都要由你来做主吗？”张九龄一听连忙叩头谢罪，说：“陛下不是不知臣下愚钝，既然任命臣为宰相，在事情未理清之前，臣不敢不尽言。”

玄宗接着说：“你是嫌弃仙客出身贫寒吧，那么你的出身又有什么高贵呢？”张九龄急忙解释道：“本人的确出自偏僻卑微，不过是岭南地区一个十分贫寒的人，牛仙客是中原之士，但陛下是以文学用臣，提拔我在中央各有司历任勋员外郎、中书舍人多年，掌管诏令至今。而牛仙客出自边陲小胥吏，目不知书，若突然委以大任，恐怕不惬众望。陛下一定要用仙客的话，臣亦感到羞耻。”意思是说，朝中文人学士云集，和这种没有文化，目不识丁的小官吏一起在朝中共事，商量国家政事感到羞辱，也不足以服众。这场议论又令玄宗深感不快。

退出后，李林甫阴阳怪气地挑拨说：“只要有才识，何必一定要词学出众！天子用人，有何不可！”他知道玄宗喜欢牛仙客，第二天便上奏道：“牛仙客是宰相之才，怎么会当不了一个尚书？张九龄身为文官，太过拘泥于古义，有失大体。”

这番迎合玄宗批评张九龄的奏折，让玄宗大为高兴。他日，李林甫请见，搬弄是非地又在玄宗面前屡陈张九龄的不是。时值深秋，玄宗命高力士亲自送去自己赏赐张九龄的白羽扇，顺便转达玄宗的期望，张九龄接此赏赐，诚惶诚恐，知道这次争议已经引起皇上的不快，即作赋献上，以表达自己的无限忠心，赋文写道："苟效用之得所，虽杀身而何忌？"又曰："纵秋气之移夺，终感恩于箧中。"玄宗阅后才消了些气。接着张九龄又作《归燕》一诗给李林甫，表达自己无心与之争宠的心情。诗中写道：

海燕何微眇，乘春亦蹇来。
岂知泥滓贱，只见玉堂开。
绣户时双入，华轩日几回。
无心与物竞，鹰隼莫相猜。

争论之后，玄宗虽然生气，但多少还是听进了张九龄的话，没有马上任牛仙客为宰相，十一月戊戌，赐牛仙客爵陇西县公，食实封三百户。

张九龄靠着自己飞扬的文学才华，忠诚勤恳、刚正不阿、有理有据、直言不讳的政治品德，深得玄宗赏识，一步步走上宰相职位。张九龄能言善辩，每当与宾客谈论四书五经、文学艺术时，总是口若悬河、滔滔不绝，当时人们都十分佩服他的俊辩口才。为了鼓励朝臣好学不倦，玄宗曾经在勤政楼前，用七宝装点成高七尺的一座山，山上面有座位，然后召集诸学士讲义经旨及时务，举行时政辩论赛，得胜者可以步步上升。在那场大辩论中，只有张九龄论辩风生，升登此座，其他人都无法登上此最高一级。

张九龄性情耿直，加上比较急躁，免不了有时当面嘲讽、训斥朝臣，令人敬畏，也留下一个颇有讽刺意味的故事：贺知章任秘书监多年都没有提升，张九龄被罢免宰相后，有天两人正巧在朝堂上相遇，张九龄对贺知章说："九龄多事，以致现在想提拔你都无法加以提拔，深以此为恨。"贺知章素来诙谐，应声答道："哪里哪里，知章承蒙相公关爱，得到不少庇护。""有何庇护？""自相公在朝堂，无人敢骂知章作獠。公罢相以来，知章反倒稍稍挪动了一下。"

张九龄听后惭愧不已，一时无言以对。因为他自己文才出众，像贺知章之类的文学朝臣在他手下倒显得不怎么鹤立鸡群，也就没有获得晋升；他被罢相后，在不怎么懂得文学的李林甫等人面前，贺知章倒有所提升。

李林甫提拔萧炅为户部侍郎，萧炅不怎么识字，素不好学，萧炅与严挺之一同到各地进行庆贺、吊丧之类的工作，在接待贵宾的地方有《礼记》，萧炅将"蒸尝伏腊"读成"蒸尝伏猎"，"蒸尝"本来是指秋冬的两个祭祀，后来泛指祭祀之意，秦汉时夏天的伏日和冬天的腊日都是节日，简称"伏腊"。萧炅不知道"伏腊"是什么意思，故将"腊"误念成"猎"。严挺之听后觉得好笑，又故意戏问一遍，萧炅不知究竟，依然错念成"伏猎"。中央大员在地方巡察工作中念错别字，在文学繁荣的大唐盛世，真是天大笑话！满腹经纶的严挺之当然不屑与这种不懂民间风情、不学无术、近乎“文盲”的人为同事。返京后，严挺之将此笑话告诉张九龄，气愤地说：“省中居然混杂着目不识丁、不学无术的‘伏猎侍郎’！”

一日，张九龄把芋刺比喻为蹲鸱送给萧炅，萧炅不知，以为是指真的蹲鸱，于是回书写道：“只收到芋刺，损芋拜嘉，惟蹲鸱还未收到。而且家人少见多怪，亦不愿见到这种恶鸟。”张九龄得书后，不禁大笑，笑其愚昧无知，文墨不通，很快萧炅就被调离中央任岐州刺史。然而萧炅毕竟是李林甫的人，如此戏弄他，将他调离，令李林甫对张九龄、严挺之颇有怨气。

严挺之性格与张九龄相似，也是敢于直言劝谏的忠臣。早在先天二年正月，因为睿宗爱好音乐，一听到优美的乐曲就会留连忘返，不知疲倦，玄宗又善音律，所以当胡僧婆陀上奏，请求皇城夜间开门，点燃百千盏灯庆贺新年，睿宗马上照准。一连四天睿宗都亲御延喜门，观赏各式各样精美花灯将夜空装点得如同白昼般的美丽景色，沉浸在悠扬欢庆的音乐舞蹈中。尽管如此，睿宗仍觉得不够尽兴，于是以举行先天元年改年号的庆贺酒宴为名，继续天天夜以继昼地歌舞娱乐，一连一个多月，睿宗亲御安福楼观看百司设置酒宴及其热闹喧哗的场面。为此严挺之写了一篇长长的奏折，反对如此沉迷酒乐，这才结束长达一个多月的欢庆。

张九龄对严挺之颇为欣赏，想提拔他为宰相，就对他说："李尚书（李林甫）正得皇上恩宠，你应该到他那里拜访一下，套套近乎。"严挺之素来自负清高，看不起李林甫的为人，竟没听其劝告，不屑访问李林甫，在中央共事三年，除公事之外从不登门拜访李林甫，令李林甫记恨益深。

论才略器识，严挺之丝毫不比诸位名臣宰相逊色，但因为他直言不讳又清高不齿于靠近权门，更讨厌阿谀奉承之人，故不招人喜欢。张九龄不仅与严挺之关系很好，和萧诚也不错。严挺之因为讨厌萧诚做人圆滑奸诈，劝张九龄不要与之交往。张九龄觉得严挺之过于认真、耿直偏激，倒不如萧诚圆滑有趣，有时宁可召萧诚来轻松轻松。这时，深得张九龄器重喜爱、常进出其卧室的忘年交、少年才子李泌说："公起自布衣，以直道至宰相，怎么也喜欢言辞圆滑柔软婉转的人？"

此话犹如晴天一声霹雳，惊醒了张九龄，他立即面容改色连忙道谢，称其为小友。就连像张九龄这样的人都不由自主地喜欢言辞婉转风趣的人，可见劝谏的方式方法在交友、交流过程中是何等的重要，更何况是在君臣之间！张九龄直言不讳的耿直性格，既成就了他也毁了他。李林甫何等聪明，紧紧抓住张九龄性格上的弱点，夸大其词加以攻击。

开元二十四年（736年）底，蔚州刺史王元琰，因为贪赃枉法，被刑部、大理寺和御史合庭审理，严挺之知道后，想方设法为其营解，而王元琰的妻子，是严挺之早已离异的前妻。抓住这件事，李林甫大做文章，他让左右将此事禀报玄宗，并在议事时说："严挺之私自袒护王元琰应该追究。"

玄宗对张九龄说："王元琰不无赃罪，严挺之徇私为之求情。"张九龄说："这是严挺之的休妻，哪里会有什么旧情？想必坐赃之罪未实，所以秉公辩诬。"大概事先听信了李林甫的谗言，玄宗不高兴地说："卿不知，虽然他们分开了，但近日仍有私情。"张九龄不好再辩，只好婉转请裴耀卿再次申辩。

玄宗在位年深，治理朝政已久。随着年龄的增长，精力不济，渐肆奢欲，对各项政务日趋怠慢，太平盛世的光辉业绩，令他沾沾自喜，渐渐听不得反对的意见。张九龄怀着对国家的忠诚，每次议政事无巨细，知无不言、言无不尽，剖析利弊得失，甚至不惜顶撞玄宗，解释力争，有时免不了性急，说起话缺少委婉修饰圆滑之辞，不中听。

与此相反，李林甫用心巴结武惠妃及玄宗身边的人，随时了解玄宗意向，在和张九龄一起议事中，都是揣摩、迎合玄宗心思，似乎事事提议都与玄宗不谋而合。同时，他整日刻意阴损、诋毁、中伤张九龄，日积月累，挑拨离间终于发挥作用了。不知不觉的，玄宗越来越觉得张九龄不胜其烦，和他渐行渐远，而觉得惠妃常常在他面前称赞的李林甫做事颇合他的心意，议政时让他感到不失威严又充满愉悦。

抓住严挺之事件，李林甫继续诽谤张九龄，为了整倒他，不惜捏造他们相互勾结，互为帮派同党。玄宗最痛恨、忌讳的就是宰相朝臣结党营私，联想到此前张九龄多次直谏的不快，终于贬降张九龄、裴耀卿为左右仆射，罢知政事。同时，提拔李林甫为中书令，牛仙客为工部尚书、同中书门下三品，也就是宰相，还保留了其朔方节度使的原职。严挺之被贬为洺州刺史，王元琰被流放到岭南。

直言不讳劝谏的忠诚换来的是遣降官职、被贬，从此朝官谁还敢直言相谏呢？李林甫陷害忠良、排除异己的嚣张气焰，令满朝文武不寒而栗，为了容身立命保住官位，人们只好委曲求全，不复直言，谏诤之路渐渐断绝。

张九龄被罢免宰相后，依然留在京城，李林甫还不解恨，还要进一步赶尽杀绝。开元二十五年（737 年）四月，监察御史周子谅见李林甫专政，牛仙客徇私，愤愤不平，于是言辞激烈地上奏，弹劾牛仙客不才无能，滥登相位，暗斥李林甫，甚至引用武则天时期的谶书为证，说："谶书上写着：'两角犊子自狂颠，龙蛇相斗血成川'，有人认为所谓两角犊子就是指牛，即牛姓的人会推翻唐朝。"

玄宗最忌讳谶书，牛仙客又是他欣赏的人，故闻奏大怒，命左右将周子谅打昏在朝殿上，见其苏醒后又杖打，然后流放瀼州，结果周子谅才到蓝田就死了。李林甫趁机进言说周子谅是张九龄推荐的，结果玄宗又迁怒张九龄，将他赶出长安，贬为荆州长史。

虽然玄宗罢免了张九龄，但对其人格魅力、精明能干等方面还是充分肯定的。后来每当宰相推荐公卿人才时，玄宗必定会问："此人可有张九龄那样的风度？"更不用说到后来避难西蜀，每每想起张九龄则凄然泪下，颇懊悔没有纳谏。特遣使者到韶州祭之，兼赉货币，以恤其家。并特地命人将诰辞刻于白石山屋壁间，称赞他："正大厦者柱石之力，昌帝业者辅相之臣。生则保其荣名，殁乃称其盛德，节终未允于人望，加赠实存乎国章。"

对于玄宗罢免张九龄，启用李林甫，历代史学家议论纷纷，几乎一致认为，此用人得失，是导致后来内乱的开始，并以此为分界线，划分玄宗几十年执政中的清明与昏庸。认为威福在于人主，而治乱要在辅臣。

李林甫

10

李林甫扳倒张九龄，青云直上为宰相，总揽大权，固然得益于武惠妃徐徐温柔的枕边风，然而玄宗毕竟是一代英明睿智、雄才大略的帝王，能够得到他的认可、信赖，李林甫亦非同一般，不是平庸之辈。

李林甫，小名“哥奴”，出生于皇室宗族，是唐高祖李渊从父弟长平王叔良的曾孙，父亲官不算大，只当到扬州参军，但若按辈分算起来，李林甫还是玄宗的远房叔叔。舅舅姜皎是少数几个能够出入皇宫，恩准参与玄宗私宴，深得皇上宠幸的近臣。

李林甫从小失去父母，是由元氏姨抚养长大的，当时住在伊川。据说有一天，十岁的李林甫正和一帮孩子在路边游戏，有位老者见状不断地惊叹，旁人询问他为何叹气，老汉指着李林甫说："富贵诚不自知，这孩子以后会当二十年的中书令，可现在他与普通孩子一起游戏，谁会分辨得出其将来富贵？"

李林甫小时贪玩调皮，机灵乖巧，素行才望都不高，颇为人看不起。住到东都洛阳后，精力充沛的李林甫喜好游猎，打球，驰逐鹰狗，一年到头整天在城边槐坛下，骑驴击球，片刻不停。累了就舍驴，倒立歇息。传说有一天，有个面相丑陋的道士经过，看见李林甫倒立，便说："这有什么好玩的？怎么会喜欢倒立？"李林甫生气地说："关足下何事？"道士走了。第二天，李林甫玩倒立时，道士又过来说了同样的话，李林甫年幼聪悟，觉得此人行动怪异，非同一般，于是起身还礼。道士说："郎君虽然善玩倒立，难免忽有失手，受颠坠之苦，一旦如此则悔不可及。"听此一席话，李林甫表示以后要修谨行为举止，不再如此。见状，道士笑道："与郎君相约，三日五更后在此会面，如何？"李林甫答应了。

那天，当李林甫按时奔赴约会地点，没想到道士早已先到，见面就说："你怎么赴约能迟到？"李林甫连忙赔罪不已，道士说三天后再来吧。于是李林甫半夜就赴约，等候良久道士才到，见李林甫已在等候，不禁喜上眉梢，两人谈笑极洽。道士说："我在世间行走了五百年，只看到郎君一人是已列仙籍，能白日升天。如果你不想升天，则将来可当二十年宰相，重权在握。

你先回去好好考虑，三日后的五更再来这里告诉我你的选择。”

三天后，李林甫回复道：“我是宗室，年少豪侠，既然会有二十年的宰相重权在手，怎能轻易就白日升天?”李林甫的回答让道士无法自持地连声嗟叹，说：“五百年来，我只找到你一人能白日升天，可惜可惜。”看到道士如此惋惜，李林甫不禁有些后悔，便要更改决定，道士说：“不行，神明已经知道你的心思，不能更改了。”说完就要和他道别，临行前说：“二十年宰相，生杀权在你手，将威震天下。然而，要慎勿行阴贼，应该广积阴德，广救拔，无妄杀人。如此则三百年后，即可白日升天。现在郎君的官禄已至，可以入京了，去吧！”一番话说得李林甫匍匐泣拜，依依道别。

这则故事与汉代的张良遇黄石公的传说何其相似！同样是道家传说，同样是有名宰相，不知李林甫的故事是否参照脍炙人口的张良传说杜撰的？不管怎么说，李林甫二十岁前没有好好读书是事实，正因为从小喜好游猎贪玩，所以同样有此嗜好的舅舅姜皎特别疼爱他。

与道士道别后，李林甫即日上京。当时其堂叔在京任库部郎中，因李林甫从小纵荡，不好学习，如同烂泥扶不上墙，根本无法提携，从来没有把他放在心上，见李林甫突然前来，颇感意外。李林甫认真地说：“我知道以前错了，今天来找您，是想特别接受叔父的指教、鞭棰，今后我要努力读书，不再纵荡游玩。”

叔父甚觉奇怪，心里直嘀咕不知什么原因令其有如此大的变化，但浪子回头金不换，见他认真严肃地决心改邪归正，还是十分高兴的。于是，叔父将他带在身边，每当家里来宾客，就派他负责杯盘装饰，张罗接待。李林甫果然洗心革面，认认真真地做好每件事，杯盘收拾、摆放得无不修洁得当，周到细致。

这倒让叔父对从小没有父母的李林甫益加亲怜，刻意提携他，在同行中常常介绍和称赞他，靠着叔父的宣扬，不久朝臣中知道李林甫其人者甚多。

尽管李林甫这时才开悟懂事、收敛贪玩放荡之心，但因为他生性聪明，善音律，一旦用心学习亦进步很快。在叔父的庇护下，李林甫很快步入仕途。最初为千牛直长，因为踏实能干，开元初升迁为太子中允，大概道士的话时时激励着他，加上他脑子活络，善于寻找机会，故升迁很快。

当时执政的源乾曜正好与姜皎是姻亲，源乾曜的儿子曾替李林甫向父亲求情，希望他提拔李林甫为司门郎中，源乾曜了解李林甫的过去，素来看不起他，说：“郎官应得才望，品行端正，哥奴哪里是当郎中之才？”哥奴是李林甫的小名，可见在素有儒学教养的名门之后中，二十岁以后才开始学习的李林甫，被人视为另类，不入流。不过源乾曜还是根据李林甫的实际情况，任命其为谕德，接着升为国子司业即负责管理国子学。

国子学是朝廷的最高学府，让腹中墨水不多的李林甫管理国子学，似乎有点滑稽，但也可见他的勤奋努力、工作能力非同一般。开元中，李林甫任国子司业时，颇振纲纪，将国子学管理得井井有条，成绩斐然。他常常自登课堂给诸生历数司业时事，叙述国子学的发展历程。因为没有多少文墨，李林甫不善于言辞，在儒学人才充斥的京城，为了扬长避短，李林甫语言简洁，一直多干少说，这些性格，愈加使得李林甫显得深沉缜密、精明干练、八面玲珑、周到圆滑，学养不深，但工作能力强、效率高。很快他就得到御史中丞宇文融的欣赏并引为同道，历任刑部、吏部侍郎，吏部侍郎相当于现在的组织部副部长，掌管人事，权力颇大。

吏部有权决定官吏留在中央，或者外放地方。玄宗的大哥宁王宪曾私下吩咐李林甫，要留下十个亲信，慎重周到的李林甫特地前往宁王府听取意见，问："这十人中有没有可以外放的？"宁王答道："有九个不行，只有一个可以商量。"回到吏部后，李林甫宣布并评判那九个人都是考绩优秀的好官，留京任用，只有一人外放，并在其名字旁边特别注明，根据考绩，此人的能力本应留任京都，因为宁王特别吩咐，只好外派地方。这件事处理得相当漂亮，既显得宁王公正大度，各个方面也都交代得过去。李林甫脑子活络、处理政务精明周到，可见一斑。

胸怀大志的李林甫坚定地朝着自己的目标不断努力，深谙官场的他知道精明踏实能干固然重要，但笼络皇帝身边的人，引起皇上对自己的注意更为关键。

当时武惠妃宠倾后宫，李林甫便竭尽全力奉承武惠妃，他通过宫内宦官传达自己愿意全力支持寿王为万岁之计、甘愿成为其外援。此外还慷慨贿赂皇上左右上下。高力士是最得玄宗宠信的随侍宦官，他和武三思之女、侍中裴光庭的夫人同样出自武家，李林甫与裴夫人往来密切，甚至有私情，他竟然在裴光庭死后，说动裴夫人，替他到高力士面前求情，让他顶替她丈夫的宰相职位。李林甫为了争取登上权力顶峰，不惜使用各种手段打通各个关节。

他的苦心没有白费，在武惠妃的鼎力帮助下，李林甫很快如愿以偿升任宰相。但是与张九龄、裴耀卿这样的饱学之士共事，特别是面对以文学出众、口才思辨敏捷而闻名朝廷的张九龄，李林甫深感自卑、压抑和妒忌。议政时与雄辩滔滔、直言不讳、坦诚相待的张九龄相反，李林甫是缄默再三、以藏其拙，巧伺上意、迎合玄宗，不动声色、后发制人。

初始，张九龄见他议事说话貌似呆滞、寡言讷语，对他很是轻视，但他哪里知道，李林甫深谋远虑，每次奏请前必定买通玄宗周围的人，对玄宗的意图思想了然于胸，只等着张九龄出错牌时狠狠地打击一番。因此每次动议，不管玄宗的建议有理无理、与国家是否有利，他都坚决地站在皇上一边，说到他的心里，令皇上称心如意。这一招十分灵验，加上武惠妃的内援，在李林甫的攻击下，张九龄等正直朝臣果然不堪一击，很快便败下阵来，他们手中权力几乎全数尽收李林甫的手中。

历经千辛万苦好不容易登上权力高峰的李林甫，并没有被目标实现的喜悦冲昏头脑，他始终保持一份清醒理智。他毫无学问、文墨不通，为此留下了一些人们茶余饭后的笑料。

“璋”是玉器的意思，当时人们会给刚出生的男婴玩玉器，也把生男孩称之为“弄璋”，李林甫的小舅子太常少卿姜度的妻子生男孩，李林甫不知“璋”的含义，以至手书庆贺道：“闻有弄獐之庆……”“璋”“獐”不分的浅薄无知，令在场庆贺的宾客文人无不掩口窃笑。

李林甫掌管吏部负责选拔官员，严迥在官员考试的答卷中，引用了《诗经·唐风·杕杜》“有杕之杜”的“杕杜”二字，“杕”是特出的意思，“杜”是树名的意思。李林甫看卷，读到这里不识这两个字，便问吏部侍郎韦陟，这卷子上的“杖度”是什么意思，韦陟不敢纠正，只得干脆装没听见。

正因为如此，李林甫对才华横溢、饱学诗书的俊杰尤为敏感妒忌，而对于同样毫无学问，却以政务能干出名的牛仙客、杨国忠、陈希烈等尚能提拔任用。

李林甫处理政务，从来不和其他朝臣商量，不协群议，面无和气，常常趁奏御之际，诬陷有识之士，遇到皇上不朝，李林甫就在家中办公。此时李林甫的家前门庭若市，进出传递公文的使者络绎不绝，群司要官若想成事，无一不经过其家门这道坎，各地求官、索官、买官者更是蜂拥而至，热闹非凡，登门造访者，无人敢乘马直接进去，远远地就开始下马步行谒见，毕恭毕敬。

对于上奉的文件，件件都得由李林甫定夺，其他人形同虚设。李林甫紧紧把握大权，横行朝廷，天下之能人才士，除非依附于他，出自他门，否则就会遭到窜逐之祸，一律打压决不留情。

曾经有一次，玄宗在勤政楼的盛大欢庆后，依然留在楼上回味，垂帘静观。当时，四下悄无声息，街巷上空无一人，兵部侍郎卢绚以为皇上已经返回宫掖，于是垂鞭按辔，跃然上马，纵横楼下，优雅离去。卢绚负有文雅之称，而且风标青粹，体魄伟岸挺拔，玄宗一见不觉深被吸引，目送其款款远去，回头问左右这是谁，近臣马上回答是兵部侍郎卢绚，玄宗禁不住赞赏其风度翩翩，举止优雅有涵养。玄宗左右立即有人将此事通报李林甫。

第二天，李林甫马上召见卢绚之子说："令尊大人素以德高望重受人崇敬，现在南方缺少人才，皇上想将交、广二地交由令尊治理，你看如何？"还假惺惺地建议道："如果不想去，应该请老，或者请求担任宾詹分务东都洛阳之类的工作。”卢绚之子回家后，将李林甫所说及其建议都告诉了父亲，卢绚不知李林甫用意，担心被遣派到偏僻地方，只能以年纪大为由，自动请求担任宾詹一职。兵部侍郎相当于现在国防部副部长，负责军队人事任命、军队布防调动等，军权在握，极为重要，而宾詹只不过是负责规训、劝导太子之类的事，卢绚如此请求无异于自动告退请辞。狡猾的李林甫担心让其一下子从高位退下来有负众望，引起朝臣不满，于是先任命他为华州刺史，让其离开京城，远离玄宗，不到一个月，又编造他有疾病，当地不想接受的谎话，转而任命他为太子员外詹事，安置他当太子顾问。就这样，李林甫不动声色地，硬是将一个文雅能干的武官卢绚给废了。其敏感、周密、紧张、唯恐失去玄宗宠爱的程度之深可见一斑。像卢绚这样以才识闻名的人，一旦出现，李林甫就会提前下手，先发制人，或令其远离皇上，或根本埋没，造成玄宗面前只有他最能干的错觉。

李适之同样出自宗室，是太宗长子承乾的孙子，和李林甫相比，是和玄宗更亲近的亲戚。李適之出身既高贵，为人又特别豪爽，学养深厚，精明能干，深得玄宗喜爱。所以他步入仕途后，不历丞簿便为别驾；不历两畿官，便为京兆尹；不历御史及中丞，便为大夫；不为两省给舍，便为宰相；不历刺史，便为节度使，可谓青云直上。

李适之性格简率，与人、吏交往随便，雅好宾友，好饮。每每退朝后，李适之旋即招来一大帮宾朋亲友，或谈话赋诗，或豪饮宴乐，常常饮酒至斗毫无醉意，和李白、贺知章、宁王宪的长子汝阳王琎、崔宗之、苏晋、张旭、焦遂等被时人称为“饮酒八仙人”赋诗、饮酒。尽管夜间宴赏饮酒，吟诗作赋娱乐，却丝毫不影响第二天的公务，反而显得更加精神抖擞、麻利果断，毫不拖沓，从不曾将当日政务滞留到后日处理，令满朝文武钦佩不已。

天宝元年（742 年），李适之代替病逝的牛仙客为左相，累封清和县公。他在同李林甫论时政时，不曾防备李林甫，公务上从不谦让，处事正直，不拘小节，这样难免时有疏漏。一向妒贤嫉能的李林甫，见李适之与自己争权，各方面对自己都形成威胁，便设诡计加以排斥，向玄宗密奏说他好酒，妨碍政务。有一天，李林甫故作贴心地对李适之说：“华山有座金矿，如果开采可以富国，皇上还不知道此事。”李适之性疏粗狂，不周密，不知是计，信以为真，没过几天，就趁议政之机将此事向皇上禀报，玄宗喜出望外便问李林甫，不料李林甫缓缓答道：“此事我早就知道了，不过华山是陛下的龙脉所在，断不能开掘，所以我不敢上奏。”玄宗听后，觉得李林甫对自己忠心耿耿，责怪李适之考虑事情不周到，与自己不亲。于是发话，以后奏事，应该先与李林甫商议，不得随便乱上奏。

李适之从此失宠，很快被罢知政事，拜太子少保。时人知道李适之的厄运才刚刚开始，虽然大家心里清楚李适之是无辜的，但慑于李林甫的淫威，到他家的人日渐稀疏，最后几乎无人敢上门赴宴，令李适之气愤不已，只得借酒消愁，写诗鸣怨：

避贤初罢相，乐圣且衔杯。

借问门前客，今朝几个来。

李林甫听说后，更加不满，加紧迫害，以莫须有的罪名将他贬为宜春太守，还派遣御史罗希奭赶到当州，逼他饮药自杀，连其子孙都不放过。

李林甫表面上装友善，说好话骗取别人的信任，暗中却加以排挤迫害，其手法已经到了炉火纯青的地步，故时人背后指其脊梁，骂他是“口有蜜，腹有剑”。

因为害怕失去现有的一切，自己又作恶多端，李林甫提防、猜忌别人达到神经兮兮的地步，他曾经在梦中，梦见一个长着一脸白胡须的人，一直逼得自己无法脱身，吓出一身汗。惊醒之后，李林甫仍心有余悸地说：“那人长得像裴宽，一定是裴宽在密谋取代我。”

当时裴宽为户部尚书、兼御史大夫，他生性通敏，以文词优异、明经及第而步入仕途，特别擅长骑射、弹棋、投壶。裴宽任润州参军时，刺史韦铣为按察使，他见裴宽精明能干、善于判断，便提拔他为判官，还主动将女儿嫁给他。

很快裴宽就因为应举考试出类拔萃被提拔为河南丞。其后裴宽历任许多重要职位，无论在什么职位上他都取得显著成绩，由于他深达礼节，政绩卓著，颇得宰相张说的欣赏，被提拔为刑部员外郎。

有一次，万骑将军马崇白日杀人，当时霍国公王毛仲仗着皇上恩幸用事，欲为其解脱，裴宽秉公执法，不肯屈从权势。后裴宽又历任兵部侍郎、户部侍郎、蒲州刺史等。裴宽调任河南尹，一到任即勤政为民，不附权贵，旋即河南大治，成绩斐然，升为金吾卫大将军。一年后，裴宽被任命为太原尹，赐紫金鱼袋。当时玄宗特赋诗为他饯行，诗中写道："德比岱云布，心如晋水清。"对他大加赞赏。天宝初，裴宽由陈留太守拜为范阳节度使，当时北平军使乌承恩身为虏酋，竟敢违法与中人（宦官）勾结，数度贿赂，裴宽明察秋毫，将其以法绳治。天宝三载（744年），朝廷用安禄山守范阳，召裴宽返京任户部尚书，兼御史大夫。不久有河北将士入朝上奏，盛誉裴宽在范阳边陲时的政绩，说当地人民及边疆的少数民族至今仍十分怀念他，玄宗听了连连嗟赏，本来玄宗就十分倚重裴宽，此时更是日加恩顾。

对于文武双全、政绩斐然、精明能干的裴宽，酷爱人才的玄宗自然眷倚加厚；裴宽清简为政，故所到之处人皆爱之，也有盼望他出任宰相的呼声，李林甫对此怎能不担心呢？日有所思夜有所梦，就是在这种情况下李林甫做了那个吓出一身冷汗的噩梦，唯恐裴宽被玄宗提拔为宰相，加上裴宽与李適之友善，怎堪容忍？于是，李林甫躲进犹如偃月样式的月堂苦思冥想了几天（传说每当李林甫要动脑筋排斥朝臣时，都会住进月堂，如果几天之后，李林甫春风满面地从里面走出来的话，那么该朝臣也就命不久矣，将家破人亡），终于李林甫想出了一条离间计。

不久以前，刑部尚书裴敦复征讨海贼回来，夸张海贼之势，大肆吹嘘自己取得的胜利，广张功簿，邀功求赏，对此，裴宽曾几次上奏，觉得裴敦复过于狂妄。李林甫急忙召见裴敦复，故意加油添醋地泄漏裴宽上奏内容，挑拨离间。裴敦复是个容易动气、性格较粗的人，听说后气愤不已。恰好此时裴敦复手下军将程藏曜、曹鉴因为其他事被人上告，由裴宽在京城受理诉状并将其逮捕。得知裴宽要对其治罪追究，裴敦复的判官太常博士王悦连夜赶到温泉宫通报此事，裴敦复大惧，命子婿用五百两黄金贿赂贵妃姊，诬蔑裴宽故意给其部下治罪，结果第二天裴宽就被贬为睢阳太守，赶出京城。

后来李林甫设计陷害太子妃（肃宗妃）的大哥韦坚，以裴宽与之关系密切为由，再将裴宽贬为安陆别驾，并借杀李適之之机，命罗希奭迂回到安陆准备逼杀裴宽。后因裴宽叩头祈请，罗希奭又没有留宿，只是匆忙路过，裴宽才免遭劫难，没有被赶尽杀绝。为躲避这些官场倾轧，裴宽上奏请求归入佛门为僧，玄宗没有照准，最后累迁东海太守、襄州采访使、银青光禄大夫，转冯翊太守，入拜礼部尚书，被迁放地方。裴宽远离京城后，对李林甫构不成威胁，才得以善终。

玄宗酷爱人才，就在李林甫专权期间，曾经一度下诏要亲自选拔天下有一技之长者。诏令一下，李林甫无比惊慌，担心一旦皇上亲自殿试对策，会有饱学之士当面斥责自己的丑行。于是，他假惺惺地站在玄宗的立场上建议道："举人大多卑贱愚聩，不知禁忌，恐怕在殿试上，会口出狂言，甚至会有俚言，污浊圣听。还是先委托下面层层筛选后再殿试吧。"玄宗同意了。于是，李林甫有时间、有空间大做手脚。结果轰轰烈烈闹了半天，转了一大圈，居然在诗、赋、论的考试中，无一人及第，没有找到一个俊杰。得出如此可笑荒唐的结果，李林甫还郑重其事地上奏道贺，称皇上领导英明，能够网络天下人才，无一遗漏，所谓"野无遗贤"，一场滑稽闹剧就此落下帷幕。因为上演逼真，李林甫还旋即得到玄宗的奖赏提拔，兼任陇右、河西节度使，改右相、罢节度、加开府仪同三司，实封户三百。

天宝元年（742年），也就是张九龄被贬五年、去世三年的一天，玄宗突然想起了严挺之，打算重新重用提拔他，便问李林甫："严挺之现在在哪里？此人可以进用。"当时严挺之为绛郡太守。听到这话，李林甫心里一惊，回去急忙假借叙旧，邀请严挺之的弟弟严损之来家里坐，叙说旧情故作亲近，还封官许愿，说要任命其为员外郎，迂回半天才说："皇上待令兄感情极深，应该想个办法，让他来京，受皇上接见后一定会受到重用。"他还殷勤地出主意叫严损之去绛州取一纸奏书，假称："近来小中风，请求回京治病"。严挺之哪里知道是个圈套，只希望能再见皇上面，争取有所作为，就照其吩咐去做。结果李林甫拿着这份奏折对玄宗说："严挺之年纪大了，最近又中风，任命他做一个闲官吧。"玄宗听后深感可惜，叹息良久。于是，李林甫上奏授严挺之为员外詹事，让他在东京洛阳养病。严挺之盼望重回朝廷的愿望落空了，返回洛阳后终于郁郁成疾，不久病故。李林甫不动声色再次成功去除一个心头大患。

从开元二十三年（735年）李林甫当上宰相开始，经过多年不动声色地要弄阴谋诡计，排除了一个个各方面在其之上或者威胁到他地位的贤能公卿、有识之士，至天宝中，李林甫已经任宰相多年，可以横行朝廷专权用事。鉴于以前郭元振、薛讷、张嘉贞、张说、杜暹、萧嵩、李适之等，都是以立功边陲，军功地方政绩斐然、以节度使入知政事，被提拔为宰相，特别是好不容易铲除李适之后，李林甫决心吸取教训，从根本上杜绝出将入相根源，化解这种培养国家栋梁的制度，拦截文武出众之士通过镇守边疆立功晋升朝廷之路。

为此，他向玄宗提出了不用汉人文官贤臣镇守边疆、采用蕃人为边将这种动摇国家根基的建议，为了说服皇上，他还特别搬出一套冠冕堂皇的说辞，什么陛下雄才大略，国家繁荣富强，文官汉臣毕竟怯懦，用其镇守边疆难免不胜武事，不如用寒族、蕃人，蕃人善战有勇，寒族、蕃将还没有党援、靠山等因素，有利于控制。说陛下要统一边疆，扫平四夷威震天下，必须靠武臣，而武臣中蕃将天生勇猛，他们从小在马上成长，最擅长阵敌，以陛下威名及雄才大略，如果陛下命其为将，其感恩戴德，必会拼死御敌，则夷狄不足为患，无法窥伺中土。玄宗觉得言之有理，由此开启了重用蕃臣镇守边疆的政策。

开始因为安禄山有功而提拔安禄山；接着又用哥舒翰的勇猛；用安思顺的治军；用高仙芝的善战等长处。他们都是出身少数民族，都成为边陲大将，李林甫利用他们没有国学修养，不识文字，根本没有入相的资本、资格，从而可以巩固自己长期专权的地位。也正因为如此，安禄山才有机会，利用在镇守北部边疆的十四年期间，长期经营聚集三道兵力成为自己的私家兵，足以动乱全国。

平心而论，用蕃将为边将不无合理之处，关键在于李林甫用蕃将仅仅出于个人目的，没有调动机制，仅以其个人的精明镇住安禄山之类的边将不敢胡作非为，他一旦死去，朝廷便无人能钳制，最终酿成大祸。

李林甫是得到武惠妃内援，一步步登上权力顶峰的，李林甫与武惠妃联手谮杀太子瑛及二王，表面上是为了立寿王，实质上是想借辅助立储君、树私恩以达到总揽权势的目的，把寿王命运与自己紧紧联系在一起。所以废太子后，他窥探玄宗意图，数度在玄宗面前称赞寿王瑁，哪怕是在武惠妃病逝，寿王恩宠渐衰的情况下，他也加紧出谋划策，坚持推立寿王，将此视为自己死生祸福之枢机。

储宫虚位，玄宗未定太子人选时，李林甫多次对玄宗说："寿王已经成人了，宜当任太子位。"

但玄宗自有通盘考虑，最终还是因忠王仁孝，年长好学，加上高力士乘闲只言片语的提醒，而理智地立忠王为太子，这就是后来的肃宗。这一决定打破了李林甫的如意算盘，痛恨计谋不能得逞，并开始担心皇太子会设陷害自己，惊恐万分之下，李林甫处处设圈套陷害太子，屡起大狱威胁，想动摇太子地位。

他表面上善待太子妃哥哥韦坚，先任命他担任要职，然后设陷令其遭遇牢狱之灾，倾家覆灭，妄想以此来动摇东宫太子的地位。太子为避免祸害，不得不自觉断绝与太子妃的关系，令李林甫无从下手。他还指使济阳别驾魏林诬告陇右、河西节度使王忠嗣，说王忠嗣曾自称与忠王同养宫中，情意相得，欲拥兵以佐太子。李林甫也煞有介事多次郑重地状告太子知道内情，幸亏玄宗理智，不以为然说："吾儿身在宫内，怎么会知道宫外那些人的事情？都是些流言蜚语！”

玄宗只是将王忠嗣贬黜，调换岗位而已。李林甫数度进言、危及太子的地位，都因为太子以谨孝闻名，内外无愬言，查无实据而不能得逞。

见父亲身边有如此口蜜腹剑、城府深邃的李林甫，玄宗对他又十分倚重，太子无可奈何，只能处事周密重慎，低调本分，如履薄冰，不敢有少许疏忽，以至忧虑得鬓发斑白。那天早朝，玄宗忽然注意到太子的模样，便在退朝后，到东宫巡查探视。只见宫中庭宇无人洒扫，乐器搁置已久，尘埃堆积其间，左右无有宫女。玄宗难过地对身边的高力士说：“太子居所如此，将军怎么不告诉我？”高力士回奏：“太子不许臣上奏，太子不想让陛下操心挂念。”于是玄宗立即下诏，让高力士从后宫选出三人伺候太子，其中一人就是后来的章敬皇后。

连太子都不敢轻视李林甫，可见当时李林甫权势之大。

平心而论，李林甫管理朝政还是相当精明能干，在一些基本的制度纲纪上，能把持有度，也会纠正玄宗的偏颇。进士王如泚的妻翁，常常为皇上演奏，一天借入宫演出之际，他向玄宗请求希望为女婿改官，说：“女婿王如泚准备参加朝廷试举，伏望圣恩回换，给他个及第成绩。”玄宗随口应承，让礼部给其女婿及第成绩，侍郎李晔正准备依照皇上意旨去做时，右相李林甫问道：“王如泚的文章能否达到及第的水平？”李晔说：“还过得去，给也可以不给也可以。”于是李林甫说：“如果这样就不要给了，明经进士是国家取材之地，如果因为圣恩优异，水平不够也可给官给其及第，那么将来如何鉴别人才？”随后，再向玄宗说明情况，征得皇上意见首肯。这边王如泚家正车马盈门，宾朋满座，举杯庆贺，以为不用考即可得及第，正在此时，中书下牒礼部的文书送到，上面写着：“王如泚可依照惯例考试。”如此结果令闻者、宾客愕然失措，尴尬无比。这件事体现了李林甫在适当的时候也会纠正玄宗的一些偏差，并不是一味地唯命是从。

玄宗执政四十多年，李林甫身居相位竟然能够长达十九年，堪称奇迹。连早期的名臣姚崇、宋璟、张嘉贞、张说直至后来的张九龄在宰相职位上也不过只有三五年。李林甫除了具备历任宰相那种对唐朝玄宗无限忠心、精明能干之外，还有一个很大的原因，那就是他还是李唐宗室的近属亲戚，既不是有可能颠覆朝廷的皇室直系成员，又是有血缘关系的自家人，虽然文学修养欠缺，但政务特别精干、明练、周全，慎守纲纪，不骄横狂妄，自始至终清醒理智、洞察内外大臣的一举一动及国家整体情况，让玄宗特别放心，这些因素使得李林甫能长期立足宰相职位，成为执政时间最长的一个宰相。尤其是李林甫城府很深，小心缜密，对于玄宗上下左右的人无不贿赂善待，对玄宗的一举一动始终一清二楚，所有的政务亦都按照玄宗的意旨行事，纵容养成君欲。朝廷一旦出现德高望重者，李林甫能不动声色，防患于未然，还没等他出现在玄宗眼前，便压下去或放任远离中央，无法凸显个人才干。

李林甫任宰相期间，深得玄宗宠爱信任，事无大小都责成李林甫处理。李林甫得到的深厚恩宠，无人可比。每次食有所甘美，玄宗必赐之。有一次，玄宗下诏让满朝文武到尚书省观看各地送上来的岁贡（一年一度的贡品），随后将所有朝贡都赐给李林甫，朝贡多得要用车来运送。李林甫仆从皇上游幸华清宫，玄宗特赐御马、武士百人、女乐二部（即两个女乐工组成的小乐队）给他。李林甫在京城的邸第都是最好的。已故薛王业在京城城东有一座别墅，林亭幽邃，胜丽甲京师，玄宗特将这套别墅赏赐给他；前后赐予李林甫的天下珍玩更是不可胜数。

长安的平康坊有座菩提寺，因为李林甫官邸在菩提寺院东面，所以寺院钟楼建在西面，与普通寺院相反。每逢生日，李林甫就在官邸设斋，请寺僧上门念佛诵经。有个寺僧在其家做法事，李林甫施舍了一具马鞍给他，寺僧转手出卖，价值居然高达七万！还有一次，李林甫生日请了一个颇有名气的寺僧广到家念佛诵经。僧广不仅念经振振有词，还卖力称赞李林甫的功德，潜意识里多少希望能得到丰厚的施舍，法事斋宴结束后，没想到李林甫只命手下从帘下取出一个彩竹编的小盒子赏给他，小盒子内有一个香绣丝巾包，包着一个形同朽钉、仅数寸长的东西，僧广不禁大失所望。后来，他把这个小东西拿到繁华的贸易集市向胡商问价，得知此宝竟是佛骨舍利，价值一千万！

不难想象李林甫所得到的奇珍异宝之多，不可斗量，真是富可敌国。就连李林甫的儿子李岫见父亲权势熏灼，也会莫名其妙地常常感到害怕。那天他见父亲坐辇车游后园，迎上去跪涕问道："父亲大人居位已久，前面布满枳棘，一旦大祸临头，我们能躲得过吗？"李林甫不高兴地说："势已至此，有什么办法？"

李林甫去世前那年十月，玄宗行幸温泉宫，李林甫已经重病在身，玄宗还下诏要其乘马舆随从，亲自派御医为其看病，珍膳佳肴送至住处，询问病情，无微不至。然而其病情愈来愈重，不见好转，有巫师看完李林甫病情后说，若能见天子的面，李林甫就能延长些时间。玄宗知道后想亲自去探望他，好不容易才被左右劝阻，于是诏李林甫出庭院，玄宗登上降圣阁遥视，举红巾向他招手问候，此时李林甫已经无法起来，只能由左右代为跪拜谢恩，君臣感情之深可见一斑。

玄宗崇尚道教，所以在其执政期间，道教兴盛，不仅每年都有因为道教应举及第而步入仕途之人，还诏令天下各州府立紫极宫，度道流，为三元朝醮之会。在长安，重建后的太清宫内供奉着用玉石雕琢的玄元皇帝真像，雕镌之丽，巧夺天工，玄元皇帝真像服天子衮冕，旁边列有太常乐悬，用玉石雕成玄宗、肃宗二圣真容像置放在宫殿的东室，左右丞相李林甫、陈希烈石像放在东西两侧当侍者，玉石像背后还刻上当时李林甫、陈希烈的官衔，展现了李林甫在朝廷中无可替代的重要地位。直到代宗朝，有人认为李林甫、陈希烈两个宰相阴险狡诈，常欲动摇东宫（当时的太子肃宗），又做了许多不利于先帝玄宗的事，引发安禄山之乱，令唐朝一度陷入危机，不能任由这两尊像继续放在清静之地。于是代宗下令将其埋在宫殿的背后。

玄宗自得李林甫后，见其忠心耿耿而且事务处理得体，惰性顿生，甚至想将政务全部委托其处理，还是高力士及时劝阻了他。李林甫十九年如一日，每事过慎，条理众务，增修纲纪，中外迁除，皆有恒度，对于朝望稍著者，必定想方设法用阴计中伤之，耽宠固权，封植个人势力，是其不倒的保证。

生活上，李林甫亦是极尽奢侈，车马豪华、衣饰讲究，他精通音律，故特别喜好声伎，晚年更是沉溺于声妓，侍姬盈房，竟留下了 25 个儿子和 25 个女儿。李林甫多年在官场上摸爬滚打，大起牢狱诛杀异己，冤死者相继，他惧其报复，尤其害怕刺客，故每次出入，都广驱骑兵车仆，令其先行一百多步警卫静街，驱赶行人，然后才出动，每次出行光是骑从左右翼就多达百余人。

李林甫官邸寝室也是重重门关，暗道复壁纵横，就寝地点有时一晚上变动好几次，连家人都不知其居地所在，防范甚严。

李林甫再怎么谨小慎微也料想不到就在其身故不久，尸骨未寒之时，其儿子一直担心害怕的大祸果然不期而至，人死了还免不了被弹劾奸行的厄运。最后被剥夺官爵，挖棺剔取口中含珠、脱下金紫官服，改用庶人丧礼掩埋，李林甫家族皆被贬官流放岭南，而弹劾他的就是李林甫开始最看不起、不以为惧、亲自提拔的杨国忠。

李林甫死后，杨国忠代替他为宰相，据说杨国忠的相貌与裴宽的相貌颇为相像，真是人算不如天算，当然此是后话。

11 一日杀三子

在李林甫的大力支持和出谋划策下，武惠妃终于搬走了横在争立太子路上的绊脚石，随着张九龄的贬迁，武惠妃加快了倒太子瑛的步伐。

女婿杨洄是惠妃的得力助手，他频频出入十六王府，借助拜访寿王瑁之机，窥视太子等人的一言一行，寻找他们的破绽，编织各种各样于之不利的流言蜚语。

杨洄母亲长宁公主，是中宗八个女儿中的老七，韦皇后所生，长宁公主和最小的妹妹安乐公主一样深受父母亲的宠爱。中宗自小生活在母亲武则天的强悍威严之下，高宗死后，他才刚刚即位，就被母亲武则天废黜，赶出皇宫，逐出京城地方。直到武则天年老被逼退位后，才再度登上皇位，政治上饱尝了一段坎坷历程。随着父亲在政坛上的大起大落，长宁公主亦吃过一些苦，当父亲重新登基后，她下嫁了出自盛族弘农杨氏之后的杨慎交。

杨慎交是隋司空、观王雄长子杨恭仁的孙子，武则天时期，其一家之内就出了三个驸马、五个王妃，还有一人赐赠皇后，家族中官品高达三品以上者就有二十余人，是深受武则天恩宠的皇室外戚。杨慎交从小继承官爵，被称为观国公，因为在诛杀张易之等、推立中宗时立功，被赐实封五百户，后升为秘书监。仗着深得中宗、韦后的宠爱，杨慎交疯狂地挥霍、享受，在东都洛阳大肆营建宅邸，任命以构思精巧、做工精美闻名的杨务廉来总体负责工程。为了逢迎宠倾一朝的长宁公主，杨务廉费尽心思施展其全部才智，极尽奢侈，打造了东都第一豪华的官邸，以至杨慎交府第建成时，杨府钱财几乎枯竭，为此杨务廉不仅不受指责，还被提拔为将作大匠。东都废除永昌县时，长宁公主又将此归入自己的治府内，不惜花费二十万两白银，将治府范围扩大到濒临洛河之地，在洛河边构筑屏障，崇台、蜚观遥相观望，连成一片。此豪宅建成，长宁公主一家还来不及入住，便发生了政变，韦后急于擅政，毒死病中的丈夫中宗，结果被玄宗诛灭，杨慎交也被贬官绛州别驾。

在长安，长宁公主亦大兴土木，她将高士廉的官邸和原来的左金吾卫（皇宫禁卫军）营地合起来建造私家园宅，宅院面积极大。园内筑山浚池，十分精致。长安城内的魏王泰旧宅，涵盖整个东西自成一坊，还有潴沼三百亩，魏王泰去世后，其宫邸还之于民，长宁公主居然也要将此据为己有，并大修建亭阁，经过这番营造，长宁公主宅第以奢华瑰异名列西京长安之首。

生长在这样一个最高权力漩涡中心的豪族世家，杨洄从小享尽荣华富贵，自然也养成了对权力的迫切奢望并深谙其中奥妙，所以当他走进最受皇上宠爱的咸宜公主家后，对宠冠后宫的岳母俯首帖耳，希望借助推立寿王，使得自己更加飞黄腾达。秉承武惠妃之意，杨洄卖力地在宫内外四处散布谣言，说太子瑛、鄂王瑶、光王琚及太子妃兄、唐昌公主的丈夫薛锈等人串通一气，企图谋反。然而抓不住把柄，光靠传言不足以将其置于死地，于是武惠妃亲自出场导演了一出政变闹剧。那天，她使人诡召太子、二王说："宫中有贼，赶快携铠甲武装过来驰援。"

得知太子瑛、鄂王瑶、光王琚正飞奔赶来，武惠妃又对玄宗说："太子、二王谋反，现正携铠甲进宫来了。"玄宗急忙命人外出观望，果然见他们披甲而来。于是，玄宗不问青红皂白，以为太子等真有宫廷兵变图谋，紧急召宰相李林甫来商议，这本来就是他们共同策划的圈套，李林甫怎么可能替他们解脱呢？只见李林甫淡漠地说："这是陛下的家事，臣不宜参与多嘴。"

失去了像张九龄这样忠诚、刚直不阿的大臣辅助，柔弱的毫无政治经验的太子、二王哪里是老谋深算的李林甫、武惠妃等人的对手？气急之下，玄宗容不得太子及二王等人分辩，采用了李林甫的意见，开元二十五年（737年）四月二十二日，玄宗下达了一道《废皇太子瑛为庶人制》的诏书：

朕躬承天命，嗣守先业，不敢失坠，将裕后昆。所以择元良，策奇器，为国之本，岂不谓然。太子瑛，幼而钟爱，爰加训诱。亲之师范，所望日新。年既长成，与之婚冠，而妃之昆弟，潜构异端。顷在东都，颇闻疑议，所以妃兄薛愿，流谪海隅。导之诲之，谓其迁善。驸马都尉薛锈，亦妃之兄也。今又煽惑，谋陷弟兄。朕之形言，愧于天下，教之不改，其如之何。盖不获已，归诸大义，瑛可废为庶人。鄂王瑶、光王琚等，自幼及长，爰加抚育。为择师资，欲其恭顺，而不率训典，潜起异端。及与太子瑛构彼凶人，同恶相济，亦既彰露，咸引其咎。孽由己作，义在灭亲。并降为庶人。驸马都尉薛锈，离间骨肉，惑乱君亲，潜通宫禁，引进朋党，陷元良于不友，误二子于不义，险薄之行，遂成门风。皆恶迹自彰，凶慝昭露。据其所犯，合寘严诛，言念琐姻，用申宽典。舍其两观之罚，俾就三危之窜。可长流瀼州百姓。

认为太子瑛和鄂王瑶、光王琚皆有图谋不轨的异端举动，故一并废为庶人，太子妃兄、驸马薛锈被流放瀼州。在武惠妃和李林甫的进一步挑拨下，不久太子瑛、鄂王瑶、光王琚在长安城东驿被赐死，太子妃兄、驸马薛锈在蓝田被赐死，受此牵连，太子瑛舅家赵氏、妃家薛氏、鄂王瑶舅家皇甫氏流放被贬者多达数十人，只有鄂王瑶妃韦氏，因为贤惠，其家族才得以免受牵累。

有关太子等人听信传言披甲入宫一事，有的史学家持怀疑态度，认为双方猜忌已久，太子等岂肯披甲入宫授其以把柄！故以上经过纯属杜撰，子虚乌有。然而从上述诏书中不难看出，玄宗的确怀疑他们图谋兵变，或者有些令人往这方面联想的蛛丝马迹，或者他们过于频繁地聚在一起发泄不满，才会授人以柄，被废黜为庶人。

即位以来，玄宗就一直高度警觉，害怕皇室内部发生“祸变”，为此他防微杜渐，禁止皇亲国戚、皇子、公主同朝臣交结，用心友善兄弟，谁料到自己的这几个孩子居然想“祸变”，怎不令他勃然大怒！而此时缺少耿直忠心朝臣的理智劝谏，玄宗竟下达了执政以来最昏聩的自砍皇枝的一道诏令，不仅一口气废黜三个儿子为庶人，而且还赐死，完全没有挽回的余地。最具讽刺的是，这一年天下的死囚也不过只有五十八人！对于不闻有过、安分守己的太子瑛，好学有才识的鄂王瑶、光王琚蒙受不白之冤，莫名其妙地走上黄泉不归路，天下人都深为惋惜，私下都为其鸣不平，号称“三庶人”。这桩因为武惠妃为爱子争立太子构成的冤案，直到玄宗的孙子代宗朝宝应元年，才得以昭雪，连同被废的王皇后、太子瑛、二王皆恢复名誉。

12 武惠妃之死

太子瑛和鄂王瑶、光王琚终于被同时废黜，为寿王立太子打开通途，本来值得庆贺狂欢的事，不知为何，武惠妃却没有感到意外的喜悦。

二十五年来的太平盛世，皇室内部的和睦毁于一朝。赐死“三庶人”，刹那间使同情他们的舆论流行朝廷，慑于皇威，虽然无人敢公开为废太子及二王申诉冤屈，但武惠妃还是感觉到来自周围的巨大的无形压力，令她高兴不起来，舆论反而对自己极为不利，儿子寿王瑁也没能马上顶上空缺。

武惠妃是个虔诚的佛教徒，当时，长安城著名僧侣金刚三藏深得武惠妃尊崇。金刚三藏又称不空三藏，是来自东印度北天竺婆罗门族的佛教大师。不空十五岁便师事佛教密宗大师金刚智三藏并成为其嫡传弟子，他亲自翻译了几百部佛教密宗经典，呕心沥血广为传播布道，他的佛学涵养深厚、密宗修行精深，得总持门，据传能役百神，可呼风唤雨，堪称神奇。

不空三藏法师是将佛教密宗融入中原的关键人物，他推动了唐朝密宗的发展并使之走向鼎盛，他是历经玄宗、肃宗、代宗三朝的灌顶国师，享有在皇宫内开道场的特别待遇，永泰元年朝廷还下诏特进其为鸿胪卿，加号大广智三藏。九年敕加开府仪同三司，封肃国公。死后被敕赠司空。谥大辨正广智三藏和尚。一个梵僧能够获得如此高的荣誉，可谓前无古人后无来者。

佛教讲究行善积德，人生轮回。争立太子、造成一日三人赐死的悲惨结果，令虔诚向佛的武惠妃始料不及，良心的谴责和不安，令她忧郁惊恐。武惠妃夜里常常梦见太子瑛、鄂王瑶、光王琚披发沥血的冤魂扑向她、抓住她，吓得她心惊肉跳，大汗淋漓，夜不能寐，终于病倒了。巫师进来装模作样地看了半天，也说是“三庶为厉”。为了驱赶并安慰亡灵，朝廷先是命人收鄂王、光王尸身，让行刑者射而掩埋之，然后再重新好好安葬，命巫师在宫内一直作法驱鬼。

“三庶人”被废黜时，只有太子瑛留下五个孩子，虽然此事牵连了相关的亲属数十人，但对于太子瑛的孩子，玄宗没有追究，而是让长子，即他与刘华妃生下的庆王琮收养。庆王因为脸伤，所以尽管身为长子也只能和其他诸王一样被封为王、遥领凉州都督兼河西诸军节度使。庆王没有孩子，太子瑛的五个孩子俨、伸、倩、俅、备被收养后，分别依照惯例被封为王，俨被封为新平郡王，伸为平原郡王，俅嗣为庆王，备为太仆卿，不知为何倩的封号失传。

尽管做了种种补救，巫师也连续一个多月不断地做法事、祈祷、安抚冤魂，然而心中的症结却无法解开，武惠妃的病情丝毫没有好转，依然常常梦见三庶人披发沥血的样子。良心的谴责、事与愿违的结局无时无刻不在煎熬着她那颗脆弱的心。

十一月，玄宗携带着疾病缠身的武惠妃到骊山温泉宫避寒，希望借转换环境来摆脱梦魇的纠缠、减轻爱妃的病痛，然而玄宗的一切努力都毫无效果，眼见着其病情越来越重，仅在骊山待了短短的十四天，一行人又匆匆赶回长安。

终于在太子瑛等人死后不到半年，即在开元二十五年（737年）十二月丙午，武惠妃也随之而去。此时的惠妃也不过才三十九岁，本应是女人最成熟丰腴的时候，却因经不起政治的血腥而精神崩溃，断送了自己。后世的文人也有说武惠妃是暴死于产后血崩，不知此说有何根据，从大量的史料记载来看，几乎一致认为，武惠妃梦中屡见三庶人作祟，怖而成疾，一病不起直至去世。

宠妃的病逝，让玄宗悲痛万分。武惠妃生前一直渴望成为皇后，玄宗就追封她为贞顺皇后，还写了一篇感人至深的悼文，展露了他“载深感悼”的沉痛心情，表彰惠妃“贵而不恃，谦而益光，以道饬躬，以和逮下，四德灿其兼备，六宫咨而是则”的品德。

的确，若没有导演废太子瑛等人一幕，武惠妃算得上是位可圈可点的贤妻良母、生活伴侣，是后宫佳丽的榜样。

在争立太子的过程中，寿王瑁作为旁观者，看着自己的母亲东奔西走，始终没有积极参与。或许寿王瑁自幼寄养在伯父宁王府，伯父居长谦让帝位的恭谦仁厚性格对寿王影响极大，长期受到父母亲及伯父母特别的双重宠爱，都造就了寿王的温柔宽厚性格，争立太子纯属出自武惠妃的意愿。寿王瑁的淡漠与积极充当马前卒的驸马杨洄形成鲜明的对照。

婆婆为自己丈夫策划争太子的一幕，触目惊心，对寿王妃刺激极大。自幼生长在平和自由、充满仁爱气氛中的寿王妃，第一次看到皇宫中黑暗龌龊的一面，自小接受的儒教思想和现实发生了严重的碰撞，令她迷惘，甚至有些困惑不安。她不太懂得政治也不感兴趣，她不在意丈夫是否一定要当太子，在平凡环境中成长的寿王妃，对能够和心爱的人厮守终生，能够享受宠冠诸王的风光就已经十分满足了。母亲重病后，小两口日夜随侍在武惠妃跟前，竭尽孝心，面对纯真敦厚、没有皇宫政治阅历的爱子、儿媳，惠妃当然放心不下，恨不得把自己毕生的体会尽数传给他们，叮嘱再三。

进入寿王府这两年发生的事，尤其是这场扑面而来的惊涛骇浪，给了寿王妃不可估量的巨大震撼，甚至影响终生。

推长而立

13

开元二十五年（737年），就玄宗的个人生活而言无疑是最黑暗不幸的一年，四月，同一日诛杀三个亲生儿子；十二月，恩爱二十多年的宠妃弃他而去，和眼前的太平盛世极不和谐。太子被废后，让谁来顶替此位呢？这个问题一直萦绕在玄宗的脑海，此事一天不解决，朝廷就一天不稳。仗着武惠妃专宠的特殊背景，李林甫多次在玄宗面前称赞寿王瑁，劝其立寿王瑁，惠妃当时也利用各种机会，希望皇上能立自己的儿子。

在宠妃、宠臣的劝说及感情冲动下，玄宗也曾考虑立寿王瑁，然而宫中“三庶人为祟”的流言，为其喊冤的风闻等周围的巨大舆论很快让他变得更加理智，不得不慎重地重新考虑太子的人选。知子莫如父，玄宗怎么会不知道自己的孩子呢？

皇子们自幼受到良好的教育，个个好学聪明能干，只是生母背景不同、性格略有不同，身上多少带有生母及其成长环境的烙印。寿王瑁是他第十八个孩子，从小寄养在宁王府，受到玄宗、惠妃与宁王一家的双重呵护宠爱，不仅俊美可爱，而且性格敦厚，温文尔雅，才华横溢，玄宗的确最疼爱他，生母武惠妃受宠，背景亦是豪门世族。然而和平盛世，没有特别机会让排行第十八的寿王瑁建功立业，显示非凡能力，相反，寿王瑁在性格上与英迈阳刚、奋发锐进的玄宗相去甚远，若不是武惠妃，哪会提到他！

玄宗十分清楚，按照皇家传统惯例，当推立长子为太子，违反皇制惯例行事的后果，最终危及政权、江山社稷，引发动乱！现在除了面相有伤的长子庆王琮，被废的太子瑛，儿子中最年长的是第三子忠王屿。

提起忠王屿，玄宗忘不了即位前的一段曲折。

那是景云元年（710 年）八月，忠王屿的生母杨氏选入太子宫不久，便有了身孕，当时太平公主仗着拥立睿宗有功且是其亲妹妹，横行朝廷，见玄宗英明刚毅，特别忌讳，收买其身边的人，窥视其一举一动，企图挑拨睿宗与太子的关系，散布应推立长子的流言，形势十分紧张。太子处事分外谨慎小心，担心杨氏怀孕会授太平公主以把柄，便让张说偷偷携带去胎药入宫，自己亲自在室内烧火熬药，要打掉这个孩子。在熬药的过程中，他睡着了，忽然梦见有神人覆鼎，惊醒一看，如梦中情景一般，药锅被掀翻了，反复三次都是如此，最终也没有熬成药。太子觉得奇怪，把此事告诉张说，张说认为，既然天命如此，就不必考虑那么多，顺其自然吧。不久太子扫平太平公主一党后即位，杨氏生下忠王屿，即后来的肃宗。

当时王皇后居后宫之首，王皇后没有孩子，所以杨氏把孩子交由她抚养。王皇后十分疼爱忠王屿，将其视同己出。

忠王屿生母杨氏是弘农华阴人，同属弘农杨氏家族。其父杨知庆，为左千牛将军，赠太尉、郑国公。在玄宗二十九个男孩子中，杨氏的家族背景可谓最为显赫，至少和武惠妃平分秋色。而忠王出生前有这么一段坎坷，也让玄宗疼爱他。

忠王天生仁爱英悟，聪敏强记，耳目所听所览，不复遗忘。两岁被封为陕王，五岁拜安西大都护、河西四镇诸蕃落大使。开元十五年（727 年）正月被封为忠王，五月，领朔方大使、单于大都护。开元十八年（730 年），奚、契丹进犯大唐边塞，玄宗任命忠王为河北道元帅率军征讨。当朝廷文武百官在光顺门举行仪式为其壮行时，宰相张说看到忠王骑在战马上威武雄姿，十分惊讶，事后他悄悄对学士孙逖、韦述说：“我曾见过太宗写真图，忠王英姿颖发，仪表非常，雅类圣祖，此社稷之福也。”张说心知忠王终究会被命运眷顾钟爱，故让儿子张均与其胞妹宁亲公主喜结连理。

忠王屿以仁孝恭谨好学著称，弟弟永王璘，幼时丧母，忠王见状，自觉把他接到自己身边，抚养照看，此举自然为珍重兄弟情谊的玄宗赏识。无论从皇制惯例上，还是从生母的背景地位，特别是从个人品行等方面，忠王比寿王都占据明显的优势。可是当玄宗面对心爱的武惠妃那双企盼的眼睛，看着她日渐沉重的病体，加上李林甫的反对，使得他一时难以决断。

痛失爱妃和立谁为太子的双重困扰，几乎令玄宗心力交瘁。侍臣高力士眼见皇上如此茶饭不思，心急如焚，他提醒玄宗说："陛下何必如此虚劳圣心，但推长而立，看谁敢复争！"玄宗不禁连连点头称道，于是下决心定立忠王屿为太子。

从开元二十五年（737 年）四月废太子瑛到第二年六月立忠王屿，整整十四个月，国家的储君虚位以待，立寿王瑁还是忠王屿？从李林甫数度推立寿王来看，不难想象当时围绕立谁为太子一定有过多次的权力平衡和交锋。

忠王被立为太子意味着寿王失宠。从此，寿王不仅失去玄宗的宠爱，也失去朝廷重臣李林甫的鼎力扶持，淡出人们的视线。而李林甫也因为赌注押错了，担心太子报复、担心失去现有的一切而极度恐惧，埋下了他策划数度危及动摇太子地位冤案的伏笔，太子也过着如履薄冰的谨慎生活。

武惠妃拼上性命，折腾来折腾去到头来全是一场空，寿王依然还只是寿王。

召幸寿王妃

14

武惠妃的骤然病逝使玄宗突然陷入深深的寂寞和悲伤哀悼中。开元二十六年（738 年），经过两个多月的准备，终于将贞顺皇后（武惠妃）葬于敬陵。见父皇如此悲痛，武惠妃又得到谥号贞顺皇后的尊贵地位，长子庆王琮等请制齐衰之服，有司也请求在忌日停止公务，玄宗皆不准许，一切按制度规矩处理。

在反复斟酌思考后，玄宗终于排除来自李林甫等多方面的干扰，在开元二十六年（738 年）六月立忠王屿为太子，七月，举行了隆重的太子册封仪式。

忠王被立的曲折，使得性格本来就十分恭谨的太子，愈加谨小慎微，一开始就觉得太子受册命仪式与皇帝诸多仪式的称呼相同很不妥当，特上奏请求改革。于是根据太子的请求，左丞相裴耀卿奏请取消册命太子中的中严仪式，将“外办”改称“外备”，改穿绛纱袍为珠明服，以示区别。玄宗照准太子的这些要求，册封太子那天，玄宗御临宣政殿，照例太子应该乘辂（一种大车）至殿前，然而太子并未乘车，而是从自己的宫殿步行入殿，表示了自己对父皇的无比尊敬恭谦。随后是册忠王妃韦氏为太子妃仪式。

武惠妃去世后，白天上朝，玄宗依然是那个聪明睿智、威武庄严、洞察国内外大事的皇上，退朝后则动辄拿身边的人出气，情绪很不稳定，虽然朝臣连轴转地安排着一个又一个的大典、仪式、出游行幸，玄宗也极力让自己或者忙碌无暇、或者沉浸在荒诞的游戏中，但还是无法排遣心中对武惠妃的那份思念，常常若有所失。玄宗变得宴乐无度赏赐无节，对处理政务更是打不起精神，身心充满倦怠之意，甚至想放手政务，全权委托李林甫处理。

为了寻找可能令玄宗满意的人选，高力士竭尽心力，日夜不得安宁。终于玄宗听从大家的劝告，同意让高力士潜搜外宫或民间美女。

两三年来，目睹玄宗对武惠妃的追思，高力士多少能揣摩得出主子的鉴赏目光。思路打开后，忽然他眼前一亮，脑海里浮现出寿王妃的倩影。寿王妃的花容月貌有口皆碑、众口一词。当年为寿王瑁选妃以及婚宴、每年元旦朝贺等重大场合，高力士曾多次见过寿王妃，无论姿色仪表、风度举止都堪称冠绝一代。可是她毕竟是玄宗的儿媳妇，是武惠妃在世时最得玄宗宠爱的孩子寿王之妃！所以开始高力士压根儿就没有想到她。然而时过境迁，昔日最受宠的寿王，随着母亲的离去，他孤立无援，淡出公众视线，渐渐被人忘却，更不用说是寿王妃！

寿王当时的情况，高力士比谁都清楚，这么一个失宠、处境难堪的王子，是无力抗衡的，况且寿王的性格比较敦厚仁和，谅他也不会找麻烦，不会起轩然大波。算准了这一点，高力士虽然没有把握能排遣玄宗的寂寞，但就寿王妃的美色而言，值得向皇上推荐。他哪里知道由此拉开了唐朝最轰轰烈烈的一场长达十几年的生死恋呢？

开元二十八年（740 年）冬，眼见又到了骊山温泉宫避寒疗养的日子，一天，高力士向皇上提议，让寿王妃仆从温泉宫侍奉皇上。

高力士的话，犹如一道闪电，寿王妃的形象逐渐清晰起来，耳边也响起了当年武惠妃选寿王妃，对其品行才貌的赞美之词，实在是三年来感情上的空虚、精神上的孤苦伶仃，令玄宗有些饥不择食，顾不上什么道德伦理，玄宗默然点头，照准高力士宣寿王妃入骊山温泉宫侍奉，心里充满了期待。

当高力士来到寿王府，召寿王妃入宫侍奉时，杨玉环被突如其来的圣旨弄糊涂了，半天回不过神来。寿王瑁则是心如刀割、气愤之余夹杂着更多的无奈。唐制规定母丧齐衰三年，特别是在武则天的周朝，为了提高妇女的地位，制定了父亲健在母亲亡故的情况下，孩子也应该为母亲戴孝三年的规定，此时的寿王、寿王妃照例还在为母亲武惠妃服丧，两个月以后才能出丧。这道诏令，对寿王而言无疑是雪上加霜。然而玄宗毕竟是自己的父亲，是至高无上的天子，无论从孝道、君臣之礼来看，除了服从别无选择。

玄宗此时特意命乐师奏起《霓裳羽衣曲》，迎接寿王妃的到来。

《霓裳羽衣曲》是玄宗的得意之作。他是如何创作这首不同于梨园旧调、激情展现道家神仙意境的舞曲的？史料流传下来的神奇故事很多。

有的说在开元六年（718 年），玄宗与道士申天师中秋之夜同游月宫，见一大宫府上面赫然写着“广寒清虚之府”，宫府门前重兵把守不得入内。于是天师引导玄宗一跃到云层烟雾之上俯瞰玉城，只看见玉城内仙人、道士乘云驾鹤往来其间，宫殿前广庭大树下，十几位仙女喧闹歌舞嬉笑，乐音嘈杂清丽。返回后，玄宗将所见所闻编律成音，创作出这首《霓裳羽衣曲》。

有的说某个中秋之夜，玄宗召道士罗公远随侍赏月。这时，罗公远奏问：“陛下想到月宫中看看吗？”玄宗高兴地说：

“好。”于是，罗公远将拄杖向空中一掷，拄杖化作银桥，罗公远引导玄宗跨越银桥，行约数十里，只觉得精光夺目，寒色侵人，眼前浮现出大城阙。罗公远手指道：“这就是月宫。”只见数百名仙女身着素练宽衣，在月宫殿的广庭前随着音乐翩翩起舞。玄宗禁不住问道：“这是什么曲子？”罗公远答：“《霓裳羽衣》。”玄宗边看边暗自强记其声调，随后跟着罗公远往回走，只见银桥随步而灭，不一会儿就回到皇宫，玄宗即刻召来伶官，将他强记声调创作的舞曲记录下来，起名为《霓裳羽衣曲》。

有的说某个八月望月夜，道士叶法善与明皇遨游月宫，只听见月宫中天乐萦绕，玄宗问其曲名，据说是“紫云回”。玄宗默记其声，然后传授给皇宫的梨园弟子，起名为《霓裳羽衣》。

又有的说，玄宗曾在梦游月宫时，听到名曰“紫云回”的天乐，醒后依照所记曲子创作了这首《霓裳羽衣曲》。

还有一说是玄宗梦中遇见十几个神仙，各执乐器，御云而下。其中一人跪拜说：“臣要传授‘神仙紫云回’给陛下。”接着神仙们尽情地为玄宗演奏了一番。醒后，玄宗将其曲记录下来，并起名为《霓裳羽衣曲》。

这些史料传说大同小异，虽然里面的人物不同，但都与道士、遨游月宫有关，充满想象。不过，剔除想象空间，《霓裳羽衣曲》很有可能是玄宗梦游月宫时创作的，日有所思、夜有所梦是心理学的常识，音乐家在睡梦中，激发灵感，创作绝响，并非什么天方夜谭。

在《霓裳羽衣曲》的乐声中，杨玉环走进了玄宗的生活。这一年玉环二十二岁，玄宗五十六岁。在日复一日的歌舞游宴中，在年轻娇媚的杨玉环陪伴下，玄宗不知不觉一连在骊山待了十八天。

杨玉环在温泉宫的短暂相伴，犹如一阵温暖的春风吹进玄宗那颗麻木的心，他已经好久没有这样激动了，几年来缠绕玄宗的疲惫、颓废、低落情绪一扫而光，心中沉睡已久的情爱如同火山爆发，一泻千里。他像年轻人那样变得骚动不安，精神亢奋，容光焕发。

皇上的巨大变化，令高力士欣喜若狂，如释重负，但另一方面，玄宗对杨玉环的痴情也让高力士颇为头痛，毕竟杨玉环现在还是他的儿媳妇、寿王妃，不能堂而皇之地日夜伴随在皇上的身边。

在五胡十六国之后建立的隋唐帝国，依然保留着不少少数民族的习俗，虽然李唐王朝的封建礼法健全，但毕竟他们起自关陇，身上流有鲜卑贵族的血统，继承已故父兄的妻妾等习以为常，婚娶风俗比起中原士族更为开放自由，没有宋代以后那么墨守成规、压抑，所以高宗将太宗的妃子武则天纳为妃子不算离谱，立为皇后才颇费周折。唐朝的鼎盛也是得益于各民族的大融合、自由开放的政治思想气氛。尽管如此，将自己尚健在儿子的媳妇归为己有，还是悖逆伦理，前所未有。

玄宗贵为一国之君，万人之上的天子，虽然被杨玉环深深倾倒，也不能为所欲为、不顾及传统的伦理道德和礼法，因为健全的封建礼法制度及伦理道德，不仅是维持君王居高临下的绝对地位和巩固政权、统治国家的根本法宝，也是封建帝国强盛的基石和保证，雄才大略、英明睿智的玄宗深知，破坏礼法无异于动摇江山社稷、自毁长城。

放弃吧，又无法割舍！自从深爱的武惠妃去世，从来没有一个女人能让他如此动心，“众里寻她千百度”的艰辛，不堪回首的寂寞往事，那“金风玉露一相逢，便胜却人间无数”的美妙相逢，都让玄宗刻骨铭心。如何巧妙地将她合理化，堂而皇之地留在身边？这不仅苦煞高力士，也让玄宗及其心腹大臣费尽心思。

好不容易熬到第二年，也即开元二十九年（741 年）正月一过，玄宗就迫不及待地行幸骊山。在那里与杨玉环再次相会，共同度过了无比欢乐的八天。

如果说两个多月前的骊山重逢，玄宗惊喜觅到一个知音，杨玉环被皇上的英迈成熟所折服，大家在相互好感、相互欣赏中点燃了爱的火把的话，那么在这次华清宫短暂的八个日日夜夜，他们在心灵交流、性格相似、兴趣一致的过程中，深深被对方吸引，两人爱得死去活来，须臾无法分离。

八天的时间一闪而过，玄宗的激情燃烧，牵动了不少人的心。他们费尽心机，终于想出一个能够圆玄宗梦的锦囊妙计——度杨玉环为女道士。

度为女道士

15

妨碍杨玉环留在皇上身边唯一的绊脚石是她的寿王妃身份，从解除这种身份出发，玄宗终于找到了让杨玉环度牒为道的途径。寿王妃杨玉环度为女道士，也许出自玄宗已经入道的两个妹妹“金仙”、“玉真”及女儿“万安”公主们的主意，也许出自侍臣高力士等人的提议，或者根本就是玄宗本人的想法。度为道士，意味着脱离原籍，脱离世俗改变身份，通过入道，杨玉环自然脱离与寿王的一切关系。

陷入爱恋的杨玉环，心甘情愿为皇上奉献一切，更何况当时入道非常时髦！杨玉环恭恭敬敬地写下奏章，请求皇上诏准她度为女道士，理由是为玄宗的母亲，即被武则天杀害的窦氏“追福”。寿王妃表面上的奏请符合潮流、合情合理，天衣无缝无懈可击，玄宗按捺不住激动的心情，立马批复照准，于是史料里留下了这道《度寿王妃为女道士敕》：

> 圣人用心，方悟真宰。妇女勤道，自昔罕闻。寿王瑁妃杨氏，素以端懿，作嫔藩国，虽居荣贵，每在精修，属太后忌辰，永怀追福。以兹求度，雅志难违。用敦宏道之风，特遂由衷之请，宜度为女道士。

这道敕令的意思是寿王妃杨玉环虽然身居荣华富贵，但志在精心修行，希望以自己的精修勤道，为玄宗逝去的母亲即太后追福，精神可嘉，特批准度为女道士。诏敕上不知为何没有注明日期，或许因为内含上述隐情，故有意缺漏？

杨玉环作为儿媳妇寿王妃，与玄宗演绎的那场惊天动地的生死恋，哪怕没有出现后来的安禄山叛乱、天子蒙尘蜀州的动乱局面，这段恋情过程，也会被当政或多或少有意无意地遮遮掩掩，以免有损一代帝王的光辉形象，更不用说出现了后来的安禄山叛乱，因此这段史料记载是含糊不清甚至矛盾百出。

据《旧唐书》记载，寿王妃第一次被召温泉宫时，便已身着道服，《杨太真外传》《新唐书》认为此记载不妥，寿王妃是入温泉宫后才度为道士的，尽管有此差异，但入道的时间相同，都是在开元二十八年（740 年）十月玄宗行幸骊山期间。

这些记述不一的史料，令后世对杨玉环入宫时的身份众说纷纭。清代学者朱彝尊认为杨玉环虽被选为寿王妃，但她是在未完成婚聘大礼时，即遭遇太后（不知是哪位太后？）去世出家为女道士，故她未正式嫁给寿王，杨玉环是以处女之身从道观而不是从寿王府入宫的。

且不说各种传记、诗歌等文学史料中描绘寿王妃杨玉环的故事，单从《全唐文》中的册封杨玉环为寿王妃的《册寿王杨妃文》敕令来看，此看法显然不攻自破，在皇子纳妃的程序中，册妃已经是完成了纳采、问名、纳吉、纳徵、请期礼仪之后，也就是已经到了确定婚礼日期之后的隆重仪式，紧接着就是亲迎、同牢、妃朝见、婚会、妇人礼会、飨丈夫送者、飨妇人送者的仪式，怎么可能在纳妃仪式进行得最隆重之际，婚礼戛然而止，去为太后去世而入道呢？何况筹办婚礼、选择黄道吉日都是早有安排。对朱彝尊的观点，史学家陈寅恪先生也予以反驳，不认可。

关于寿王妃杨玉环何时度为女道士？复旦大学历史系教授许道勋先生在综合各种史料的基础上，认为应该是在开元二十八年（740 年）十月骊山之行之后，开元二十九年（741 年）正月的骊山之行前的这段时间。

从杨玉环随侍皇上，双方一见钟情、坠入情网，到玄宗决定将她留在身边，酝酿让寿王妃杨玉环度为女道士，的确需要一定的时间和准备。

几乎所有的史料都认为，玄宗第一次召见寿王妃杨玉环是在开元二十八年十月行幸骊山期间，玄宗生母窦氏被害日期是长寿二年正月二日（694年12月4日），每年的生母忌辰，玄宗都无一例外举行悼念仪式，寿王妃杨玉环顾名思义是为“皇太后”（窦氏）追福而度为女道士，那么寿王妃杨玉环就不可能在晋见玄宗之前度为女道士，第一次相遇正是心灵碰撞相互融入时期，哪里来得及顾及其他！短短十八天之内度她为道士实在难以想象，如此看来许先生的考证似乎更合乎情理，更接近事实。那么玄宗第一次返回长安后的这段时间寿王妃会身在何处？有人从情理上推测认为寿王妃应该暂回寿王府，其实这种推断恰恰有悖情理。

爱情是自私的，是一种强烈的独占欲望，试想唐玄宗陷入情网后，还会舍得将心上人送回寿王府吗？虽然不能堂而皇之地在长安皇宫中一起生活，偌大的皇宫，还是有金屋藏娇之处，自有像高力士这样能干贴心的侍臣安排妥当，只是无论如何安排，对于须臾不肯分离的恋人、坠入情网的皇上来说，都是如此的不方便，令人无法忍受，所以才迫不及待地重返骊山。让杨玉环重返寿王府面对尴尬，哪怕是片刻时间，细心入微的玄宗都是决不会容忍的，当然最重要的是不愿再让别人占有自己心爱的女人！

有人认为，寿王妃杨玉环度为女道士是强人所难，杨玉环是迫不得已、被逼度为女道士，诏书上寿王妃杨玉环所谓发自内心请求为太后追福，诚心诚意请求度牒，完全是自欺欺人，否则为何不早不晚偏偏选在与玄宗相会的骊山之行之后下发这道敕令？这不过是一个掩盖玄宗霸占儿媳妇不光彩行为的烟幕弹。

或许我们不应该以现在保守的道德观念去看待唐朝人，应该结合当时的社会背景去理解、体会唐朝人，思考可能隐藏在史料背后的真实情况。试问如果没有骊山相会激发爱情，哪里会有这道在此之后下发的《度寿王妃为女道士敕》诏书，正是因为他们当时的翁媳关系影响了他们爱情的发展，妨碍他们的进一步结合，才会千方百计、费劲地绕此一圈。如果杨玉环没有爱上玄宗，哪里会有后来长达十几年、旷日持久的相依相伴、卿卿我我？玄宗是历史上的一代伟大帝王，他的豪迈豁达，还体现在他的通情达理。

玄宗曾造访过一个闻名京城的名娼娇陈，娇陈的姿艺出众，玄宗欲召其入宫，没想到娇陈哭着以自己又老又有病为由，托词坚决不肯，玄宗知道不能强求，故放她回家。很难想象如果寿王妃杨玉环不爱玄宗，坚决不肯入道，玄宗会硬性强迫她，更不可思议的是后来在他们之间还能演绎出一场轰轰烈烈的生死恋。

度为女道士，是当时的一种时尚。杨玉环度为女道士，固然是为了理清她与寿王瑁之间的夫妻关系、脱离她与玄宗之间公公与媳妇的关系，从礼法道义上为他们今后的结合铺平道路，也使得寿王妃杨玉环体面地转换身份，并不是因为她有何过错丧失了做寿王妃的资格。

选择度为女道士，虽然不是出自她的主意，但正如《新唐书·后妃传》记载的，入道是出自寿王妃的个人意愿。杨玉环一定十分高兴地接受这一主张，心甘情愿地为了玄宗而度为女道士。

杨太真

杨玉环度为女道士，道号“太真”。和玄宗妹妹西城公主和隆昌公主的“金仙”、“玉真”道号一样，都是煞费苦心想出来的。“太真”亦是仙方的别称，南朝时期上清经茅山道派的宗师陶弘景曾说过：“仙方名金为太真”，这个道号给人以无限的遐想，而且内含“宏道”的精神。它既是玄宗内心的表露，也寄托了玄宗的希望。

即位之初，年轻气盛的玄宗并不轻信道教的所谓神仙长生之说，认为其“虚诞不经”，同时下诏禁止卜祝之类的迷信活动，不准各地献上什么符瑞，直到开元十三年（725年），玄宗依然保持这份清醒，明确指出“仙者凭虚之论，朕所不取”，还特地把集仙殿改名为集贤殿，体现了他务实求贤的作风。而现在，玄宗除了一再确立道教位于三教之首，虔诚地为太上老君加封越来越长、越来越尊贵的赐号，从原来的“太上玄元皇帝”变为“大圣祖玄元皇帝”、“大圣祖大道玄元皇帝”，最后到“大圣高上大道金阙玄元皇帝”，把老子抬到至高无上的地位之外，他本人也已经完全被道教的博大精深深深吸引，笃信神仙，整日沉迷于长生不死的神仙意境之中。为何中国本土宗教道教会得到玄宗如此大力推崇直至令他如此沉迷？

遥想当年高祖李渊在晋阳起兵前后，就有道士为之出谋划策、散布“老子度世，李氏当王”的神话谶言，为李氏唐朝的建立摇旗呐喊，制造舆论。当高祖的第三女平阳公主散尽家资，组建“娘子军”接应高祖时，楼观道士岐辉不仅拿出道观收藏的全部粮食予以资助，还派出 80 多个道士前往接应，为唐朝的建立做出了巨大的贡献。高祖李渊与道教始祖老子的同姓，如同天地合力，创立唐朝大业的高祖当然以老子的后裔自居，利用道士的神话传说，确认自己与道教始祖老子一脉相承，“李氏将兴，天祚有应”，显示自己顺应天命，树立李唐王朝的绝对权威。即位后，李渊大力推崇道教，对道士赏赐封官，命楼观令鼎新修老君殿、天尊堂、尹真人庙，在羊角山上立老子庙，下诏确立老子、孔子、释迦牟尼即道教、儒教、佛教这三者的先后地位。在这种意义上，道教也可以说是李氏唐朝的立国之本。

从唐高祖到玄宗，随着历代君主的强弱，道教的地位也发生了微妙的变化。

与开创唐朝的高祖、以“贞观之治”奠定盛唐基础的太宗相比，高宗李治的性格明显较为文弱，胆略气魄都远远不及父辈。即位之初，朝政难免常常为长孙无忌等重臣所左右，但是遵守贞观遗规无为而治，高宗朝尚能延续太宗的各项制度法规。显庆五年（660年）以后，随着高宗疾病缠身等各方面的原因，武则天开始参政，政权逐渐旁落。也许潜意识里感到李唐政权受到威胁，高宗晚年积极推行唐朝开国以来的“先道后释”的宗教政策，他捐献自己的旧宅作昊天观，撰写《叹道文》为太宗追福，效仿西明寺之制立东明观，观内长廊广殿、图画雕刻、道教馆舍一应俱全，奢华壮丽，造老子像送往芸山，诏令天下诸州置观寺一所，不仅为老君图像建庙，还为老君上尊号。乾封元年（666年）二月二十八号，高宗在泰山封禅返回途中，驾临亳州，虔诚地朝谒老君庙，册上尊号为太上玄元皇帝。建立祠堂，为老君庙设置令、丞各一人负责管理。高宗反复强调太上老君是“朕之本系”。高宗还下诏将《道德经》列为上经，要求贡举人必须兼通此经，采取了一系列推崇道教的举措，所有这一切无非是要借助道教神力确保李唐王朝的统治。

武则天却崇尚佛教。垂拱四年（685年）雍州永安人唐同泰把伪造的上面写有“圣母临人，永昌帝业”的石块放入洛河，假称发现瑞石并上奏武则天，此瑞石号称“宝图”，于是武则天亲临洛河，举行了声势浩大的拜受“宝图”仪式，通过佛教徒伪撰《大云经》，在《大云经疏》中称武则天是弥勒下生，以陈符命，武则天巧妙地以佛教图像、谶言、符瑞，显示和证明自己登基的正统和权威。

即位后武则天大力推崇佛教，废除老子的“玄元皇帝”尊号，恢复老君原称，诏令佛教在道教之上，僧尼处于道士女冠（女道士）之前，取消贡举人修习《老子》的规定，下令贡举人改学武则天撰写的《臣规》，大造佛像，据说龙门石窟的卢舍那大佛就是以武则天的真容画建造的，采取了有别于李氏唐朝先佛后道的政策，抑制道教。

也许因为有了这段坎坷起伏历程，睿宗即位后，加大了推崇道教的力度，祈求道教“明灵”保佑唐朝国泰民安，皇图永固。在父亲的影响下，玄宗的两个妹妹西城公主和隆昌公主以为天后武则天“追福”为名，先后请求度为女道士，对此，睿宗不仅不阻拦女儿入道，而且还亲自为她们选择德高望重、精通道教的太清观道士史崇玄为授道师傅，西城公主道号“金仙”，隆昌公主道号“玉真”，又称金仙公主、玉真公主。睿宗还不惜兴师动众，大征劳役，逼夺民居，用工巨亿，在京城的辅兴坊为她们分别建造了金仙、玉真二观，金仙道观与玉真道观门对门地相对而立，奢华壮观。

开元四年（716年）六月睿宗驾崩，睿宗死后七天，玄宗的亲生女儿万安公主便以为睿宗“追福”为由，接受度牒，加入女道士之列。李林甫的一个女儿也是女道士。所以皇亲国戚、达官贵人之女入道已经不是什么天大的新闻。

显而易见，坚持道教的领先地位，无异于坚持李氏唐朝的正统皇权。玄宗即位后，将老君诞辰日命名为玄元节，东封泰山返回时，特别前去拜谒老君于亳州的旧宅，亲札《道德经》令人刻于石头上，以行动明确崇道，道教位于儒教、佛教之前，高于二教的态度。

玄宗崇道修道，认真拜高人为师，加之天生聪颖、悟性极高、孜孜不倦，到开元十一年（723年），玄宗的道教修行已经颇有成就。他撰写了《广济方》颁布天下，迫不及待地欲与天下百姓分享自己的医药心得，普及医药知识，渴望百姓能从中受益，摆脱疾患。他还下令诸州各置医博士一人，种种仁政深得百姓拥戴。

《广济方》的撰著，显示此时的玄宗不仅道教修行日渐精深，对医药之道也颇有造诣，这种爱好与才能促使玄宗由初期的思慕长生逐渐发展为喜服仙丹等药，深信道教修行、灵丹妙药会带给人们延年益寿以致成仙，尤其是当玄宗耳闻目睹一些得道高人的各种神奇方术，其中有灵验的、也有掩人耳目迷信的方技，令人眼花缭乱难以辨别真伪，更加深了他对道教的信崇。

在道教最兴盛时期，出身儒学世家的寿王妃杨玉环度为女道士，号称杨太真，而道教也在杨太真入道之后发展进入顶峰阶段。也许是故意缺漏，史料中没有留下杨太真道观生涯点滴情况，然而从当时的崇道狂热，金仙、玉真公主入道后的生活，我们仍多少能窥出一二。

公主们虽然度为女道士，但公主的一切待遇并没有因此而改变，朝廷照例给她们资财，正如上述睿宗诏令明文规定的，道观之“地便充金仙、玉真公主邑司，令窦怀贞检校，所有钱物瓦木一事，以付公主邑司收掌道观土地划归其所有”。天宝七载（748年）玄宗的女儿、女道士万安公主步入金仙观时，玄宗赐其实封一千户，奴婢所司，按照公主的标准惯例给付，这些仅仅是基本生活所需，还不算平时皇上兴致所至的种种赏赐。

入道之后的金仙、玉真公主生活在自己那形同天宫似的壮丽道观中发号施令，修道之余常常在道观的“馆台北阙，接笙歌于洛滨；珠阁西临，聆箫曲于秦野”，衣食无忧、逍遥自在，更少了身为公主的种种约束、义务，比起入道前，生活反而更加滋润快活。

从史料中，我们没有看到设置在宫城（即皇帝及皇族居住和处理朝政的地方，唐朝的宫城包括太极宫、东宫、掖庭宫）的寺院、道观，然而毋庸置疑，在宫廷内，一定设有专门供皇帝供奉、祭祀祖先的地方，像大明宫的三清殿，就是供奉玄元皇帝（老子）、祭祀道教的建筑，大概这些建筑从严格意义上说称不上是寺院道观。金仙、玉真公主的道观，也都是建在当时宫城之外的辅兴坊，女道士一般身着黄服（道袍）头戴黄冠，居住道观。

度杨玉环为道士就是为了堂堂正正地日夜相处，玄宗怎能忍受让杨太真在宫城之外，天各一方呢？他破例地将杨太真迎入大明宫，别置道观。大明宫原名为永乐宫，是唐太宗贞观八年（634 年）为太上皇李渊建造的一座避暑宫殿，位于宫城东北禁苑内的龙首原高地上，贞观九年（635 年）改名为大明宫，后因为太上皇李渊的去世而停建。直到高宗显庆五年（660 年），武则天出于政治上的需要，重新修建大明宫，第二年迁入大明宫听政，此后修缮一新、雄伟壮丽的大明宫成了唐朝主要的朝会之所，几乎取代了宫城内的太极宫。

玄宗即位后，开元二年（714 年），玄宗将自己太子时位于宫城东南角的兴庆坊藩邸改为兴庆宫。开元十四年（726 年）在兴庆宫扩建朝堂，十六年（728 年）正月朝堂竣工后，玄宗迁移兴庆宫听政，从此兴庆宫成为议政中心，也成为玄宗举行酒宴、娱乐生活的主要场所。大明宫就相对闲置，只有在重大节日像每年元旦，玄宗才会端坐在含元殿上接受百官朝贺，到那时，大明宫正殿含元殿的正门丹凤门大开，文武百官口呼万岁鱼贯而入，上奏国家升平。

据考证，位于大明宫北墙青霄门东侧的三清殿，是宫内奉祀道教也就是供奉玄元皇帝（老子）的建筑，这是一座大明宫内独一无二的高台建筑，它高出地面 15 米，基台南北长 73 米，东西宽 47.6 米，上部面积近 3000 平方米。从此处遗迹出土大量的黄、绿、蓝单色的琉璃瓦、三彩瓦片、鎏金铜泡钉、鎏金龙首环形器、鎏金瓣形铜饰片及铜佛残件来看，不难看出三清殿相当豪华、宏伟壮观。

据史书记载，人们将杨玉环居住的地方称为“太真宫”，就在大明宫内。不知这座金碧辉煌、巍峨壮丽的三清殿是否就是当年杨太真曾经修道的太真道观？或是她修道兼居住的太真宫？由于史料的缺失，我们无从考证，不得而知。

为了便于皇上与杨太真幽会，也为了皇上的安全，入道后的杨太真入住大明宫，她的入住，令闲置一时的大明宫立刻热闹起来。以为窦太后追福为名入道的杨玉环毕竟是女道士，入道后，她遵循道规，脱去世俗妇人的艳丽衣裙，头戴黄冠身穿道袍。然而素面朝天和朴素的道士装束如何藏得住杨玉环那与生俱来的百般妩媚？杨玉环身上的黄冠道袍反而教人看上去别有风味，摄人魂魄。

开元十四年（726 年）修建兴庆宫时，为了方便皇上来往两宫处理政务，沿外部东墙修建了一道直通大明宫的夹城，随着兴庆宫的扩建，夹城又延伸至曲江、芙蓉园。没想到，这道夹城此刻竟大派用场。每日退朝，玄宗都兴致勃勃地从夹城潜奔位于大明宫内的太真宫，恨不得马上见到千姿百态的心上人。

杨玉环度为女道士，固然是为了脱离寿王妃身份，但既然入道，就要遵照道规，学习必要的道教教理教义和修行。杨玉环从小聪慧好学，有着良好的儒家修养，对皇上崇信的道教当然充满新奇，为了能和心爱的皇上长相厮守，感受皇上欣赏的道家意境，在玄宗上朝处理政务之际，杨太真每天虔诚地顶礼膜拜玄元皇帝，诵读道教经典，认真勤奋修行，道家的博大精深也牢牢地吸引着她。

入道没有道家师父，如何修道？但像大明宫这样的皇家重地岂有随便出入之理？即便是皇上特别恩准的得道高人，也得有令经过照准才能出入。所以杨太真在学习道经、修道方面，或许得到过金仙、玉真公主的点拨传授，但最好的道师应该说就是玄宗。此时的玄宗，经过多年师从道教高人，以及勤奋学习体悟，对道教已经十分精通，颇有心得，指导像杨玉环这种道教初学者是绰绰有余。在玄宗指导下，杨太真的道教修行日渐精深。杨太真的聪颖也让玄宗无限欣喜，无比疼爱。从杨太真被册封为贵妃的天宝四载（745 年）之后下发的《加应道尊号大赦文》里，我们看到玄宗这样的赞誉：

贵妃杨氏，禀性柔和，因心忠孝，克慎闺壸。蹈礼循诗。加以勤志元宗，协诚严奉，率励宫掖，以迪关雎。宜赐物三千匹。嫔御等赐物有差。其太真观虽先度人，住持尚少，宜更度道士七人。

这里的“太真观”显然是杨贵妃曾居住过的道观，由此可见杨玉环度为女道士后，也和金仙、玉真公主一样，拥有一座以自己道号为名的太真观，以杨太真如此得玄宗宠爱，其道观也一定壮丽非凡。素有儒学、佛学涵养，聪明伶俐天分极高的杨玉环，在玄宗的精心调教下，在每天的潜心学习修行中，渐渐理解皇上为何如此热衷道教，体会着与皇上相同的喜悦心情，与皇上交换着修道的心得，甚至一起修道，一起获得身心解放。

唐朝的道、佛、儒三教融合并存，思想自由百花争艳。在精通道、佛、儒三教的玄宗身边，善于学习、具有儒学基础的杨太真对这三教也有了深刻的体会，生活中，根据需要为我所用，不拘一格。思想上的共鸣，使得他们心灵相通、如胶似漆、相互依靠。

玄宗家族有痛风的遗传病，玄宗的祖父高宗晚年，就常常受到这种痛风病的折磨，病发时头晕目眩痛不欲生。据传有一次高宗病发，头痛难忍，见皇上如此被病痛煎熬，御医建议放血治疗，差点儿被武则天拉出去斩首，被高宗拦住，此时高宗痛得求生不能欲死不行，只要能缓解疼痛，什么都愿意一试，于是御医为他做了放血治疗，高宗总算能安静地修养。

步入中年，政务繁忙的玄宗难免有些头疼脑热、身体不适的时候，高血压也时有发作，见状，杨太真不禁心急如焚、日夜守候，甚至刺血，用自己的鲜血做墨书写佛经，祈求保佑皇上早日康复。刺血书写佛经，是佛教一种十分庄严的修行，是一种誓言、信念坚定不移的表现，僧侣或信众虔诚地相信，这种诚心诚意的祈愿十分灵验，心诚则灵。不知多少个日日夜夜，杨太真满怀深情，凝神定气，刺血一笔一画书写着皇上曾经注解过的《金刚经》以及其他佛经，祈求菩萨保佑皇上身体健康长生不老。

据传安禄山叛乱若干年之后，章涛跟随家人入蜀上任，经过京西时，曾路过一座颇为简陋破败的佛寺，章涛下马，虔诚地步入寺院。只见寺院旁边一堂里供奉着一尊观音龛像，左右摆列几卷《华严经》，大多散乱不完整。像下有一抽屉，打开一看，里面有一小轴，是朱书的《金刚经》，卷轴差不多破损不堪，字迹暗旧，但笔画劲楷，端正秀丽，轴卷赫然写着“玉环刺血为皇帝书”，显然这是杨太真的遗迹，血色黯然，不是朱书。然而这不过是杨太真抄写血经的其中之一。

玄宗得到杨太真后，高兴地对左右及嫔妃们说：“朕得杨氏，如获至宝也。”还特地撰写《得宝子》一曲，表露自己无比欣喜和惬意之情。杨太真入宫还不到一年，获得皇上的恩宠待遇形同原先的武惠妃，宫里人都称她为“娘子”，享受着皇后般的礼仪。与皇亲国戚、从小在皇宫中长大的武惠妃相比，出生偏僻蜀州、来自洛阳普通官宦的杨玉环，是青出于蓝而胜于蓝。

改元“天宝”

17

开元二十九年（741 年），无论对于唐朝，还是对玄宗、杨太真以及寿王瑁而言都是关键的一年，转折的一年。

这一年的八月，有一件在当时看来并不起眼，后来却致使盛唐动乱的事情。

曾经在开元二十四年（736 年）被张九龄执意军法处置的安禄山，被玄宗赦免一死。他侥幸捡回一条小命后，经过这几年的卧薪尝胆，对皇上左右至同僚，无一不慷慨贿赂、用心巴结、刻意奉承，终于给人留下一种贤明忠诚的印象。那些受到安禄山好处的官员、内侍毫不吝啬地回以赞誉之词，于是对安禄山好评如潮。

这一年，朝廷派出御史中丞张利贞代表中央，以河北采访使的身份到平卢地区考察官员及其政绩。

汉朝是秦始皇统一中国之后，统治时间最长、国家地域最广泛，包括官职在内的各项制度及其文明程度很高的朝代。以后的历代王朝，尽管官职的名称、人数多寡略有变动，基本上还是沿袭了汉朝官制，唐朝也不例外。当时朝中御史中丞只有两人，相当于现在的中央最高司法监察机构的领导，主要职责是掌管国家刑宪法律、典章政令、监督审查各级官员、肃正朝廷纪律。

皇上身边的御史中丞张利贞来考察政绩，真是天赐良机，岂能放过！时任平卢兵马使的安禄山，抓住这千载难逢、上可通天的机会，使出浑身解数曲意奉承，并以重金贿赂张利贞。此次的地方巡查，不仅张利贞大大地捞了一把，就连随行左右都满载而归。

被买通的张利贞返朝后，在奏章中自然盛赞安禄山。玄宗身在京城，当然是通过身边大臣的推荐来认识、提拔官员的。安禄山长期的公关没有白费，回报无比丰厚。八月乙未，他得到了营州都督，充平卢军节使，两蕃（即奚、契丹）、渤海、黑水四府经略使等官职，成为一方拥有军政实权的地方官，打开了有机会直接晋见皇上的大门。

朝臣的廉洁与腐败，正直与唯利是图，体现了开元初期与后期，乃至天宝时期官员品格、政治风气的差异，由于封建制度、专制制度的缺陷，皇上本人对朝纲的松懈和对用人的偏颇，也许就是造成下面官员有机可乘，滋生腐败蜕化的原因。

这一年的十一月，朝廷接连发生了两件重大事件：玄宗的堂兄、七十多岁的邠王守礼和大哥宁王宪病重。十一月庚戌，邠王守礼病逝；没过几天，即在十一月辛未，宁王宪去世。

邠王守礼是高宗的第六个儿子章怀太子李贤的儿子。

李贤从小饱读史书，容貌举止端雅，风度翩翩，深得高宗嗟赏。前太子李弘死后（据说是被武则天毒死的），儒雅博学、深受高宗赞赏的李贤被立为太子。每当外出巡视，高宗便全权交由太子主持朝廷政务。太子受命监国时期，处理政务章法适度，处事明审公正，为时论所称赞。太子李贤的精明能干，却让权力欲望强烈的武则天深感不满；而武则天的强悍和前太子李弘的突然病逝，都让太子李贤对武则天深怀畏惧。调露二年（680年）武则天以在东宫发现用于祟惑、巫术的皂甲数百领、太子试图谋反为由，废太子李贤为庶人，逼其自杀。武则天为了自己当政，不惜迫害亲生骨肉，手段残忍令人发指。李贤有三个儿子，分别为光顺、守礼、守义。光顺不久被杀，弟弟守义也早早病死，李贤的血脉仅剩下守礼一人。

守礼以父亲得罪，故与睿宗诸子一起被幽禁宫中，十余年来不得走出庭院一步。直至圣历元年（698年），睿宗自皇嗣封为相王后，才准许他与诸王子（即玄宗兄弟）解除禁闭，准许出宫居住外邸，此时睿宗诸子五人全部被封为郡王，开始与守礼一起在外面居住。相同的经历，长期的共处，使得守礼与玄宗兄弟形同手足，亲密无间。玄宗即位后，与兄弟保持着和睦关系，像在宫殿内设五大帐同睡一床，其中就特别包括堂兄守礼。由于父亲的悲惨遭遇，守礼小小年纪便被幽闭宫中，过着自生自灭、猪狗不如的生活，学业无从谈起，根本荒废，还受尽虐待和屈辱，心灵完全扭曲。在他的身上，已经丝毫看不到父亲李贤那种端庄儒雅的风度。

因为守礼与玄宗兄弟同被幽禁的特殊情缘，又是后被追赠为章怀太子的李贤的唯一血脉，玄宗待他形同亲兄弟，册封他为邠王。然而精神被完全摧毁了的邠王，似乎早已看破人间虚伪，身上丝毫没有皇室贵族的斯文，言行举止低俗粗鲁，才识猥下，根本无法与玄宗兄弟，特别是文学造诣深厚的岐王范、薛王业相比。

不堪回首的厄运，地狱般的幽闭生活，令他解禁后，特别是被封为邠王后，加倍疯狂地及时行乐，放纵无度，整日沉浸在欢歌酒色之中，醉生梦死，多宠嬖，不修风教，妃妾成群，身边围绕的男男女女竟有六十余人。邠王守礼混居其中，泰然自若，高歌击鼓，常带数千贯钱债。诸王（玄宗的兄弟）常常在内宫设酒宴游乐，宴席上往往取笑他道：“邠王，年纪渐渐增高，家累甚众，需要有所爱惜啊。”这时，邠王守礼便会摆出一副颓废堕落、游戏人生的态度，不屑一顾地答道："岂有天子之兄无人葬送之理？"依然我行我素。

玄宗十分袒护和关怀他，每次给大哥、弟弟等人赏赐、封官全都有他的份。他的去世令玄宗少了一个从小一起长大、无拘无束言笑的兄弟，顿觉冷清、难受。

当时，玄宗的兄弟中，二哥申王捴死于开元十二年（724年），被谥为惠庄太子；大弟岐王范死于开元十四年（726年），被谥为惠文太子；小弟薛王业死于开元二十二年（734年），被谥为惠宣太子。自薛王业病逝后，宁王是玄宗唯一健在的亲兄弟，为此玄宗特别珍惜。

当年玄宗即位，锐意理政，进取不停，恨不得读遍天下之书，周汉以来的执政者没有一个像他那么喜好读书的。皇帝勤书，朝臣上下纷纷效仿，一时间读书之风盛行，谁都不甘落后，带来全国上下风尚高雅，文化昌盛，文人学士热衷于整理古籍著述论著，尤其重视撰写起居注（记载皇上日常点滴及其执政大事、朝廷大事）。开元中，朝廷都是特意挑选当时有名的鸿儒，或贞正之士负责撰写起居注，如果撰写者数十年如一日，朝廷又不想让他们转换别的工作，就会封其为曹郎官。开元二年（714年），宁王率申王、岐王、薛王等同奏道："臣听说起居注必须记载天子言行，臣恐怕左右史臣不知天子在内宫和自己家人面前的品德风范，不知天子在家中行庶人之礼，以致无以光示万代，所以奏请从今以后让我们兄弟轮流每天跟在御乘（或者舆）前，仔细记载天子的光辉业绩。四季之后也就是一年下来后，再用朱印联名在起居注上盖印，送往史馆收藏，撰写全部按照外史记载体例进行，兄弟们将尽心尽责记载。”

玄宗欣然照准，在大哥带头请求下，从此兄弟轮流承担撰写玄宗的内起居注，记载他在内宫、在家人面前的生活点滴及相关趣事。

申王、岐王、薛王相继去世后，撰写内起居注的任务完全落在宁王身上，宁王勤勤恳恳、认认真真地履行职责，一丝不苟、无怨无悔地详细记载玄宗的雄才大略、国事家事，并奏请将每一年的内起居注分别收藏于史馆，每年厚达数百张纸，相当于每天记日记。宁王撰写的百部《内起居注》全部收纳史馆，每部书都是五十幅黄麻为一篇，郑重地用雕檀轴紫龙凤绫裱好。当宁王将这些厚厚的起居注装裱好存放史馆时，玄宗特赐宁王以酒乐，同时在史馆宴请侍臣，玄宗十分重视、珍惜这些历史资料，下命另建大阁楼予以收藏。

从开元元年（713 年）到天宝十一载（752 年）冬季，近四十年的时间里，《起居注》写有七百卷，《内起居注》撰写了三百卷。可惜这些重要史料被安禄山毁坏殆尽，安禄山攻陷长安后，听从其心腹谋士严庄、高尚之计，在还未升座称帝前，便用一千多把火炬，猛烧收藏史料的大阁楼，令史料灰飞烟灭荡然无存。后来的《玄宗实录》还不及当时记载的百分之三四，那些因为战乱，从宫内流落到民间的宫人们，津津乐道传播皇上佚事反倒不少，使得世间涌现出不少玄宗传记，唐人笔记的内容因此而真实、丰富多彩。当然此是后话。

在兄弟中，大哥最敢于劝谏，觉得不妥即刻指出，玄宗对大哥最为敬重，对他的提议、劝告都虚心接受。宁王除了精通音律外，还精通马术、擅长画马。

身为皇上的同胞兄弟，宁王、申王、岐王、薛王都理智地避开国政，尽情享受特殊待遇，兄弟们个个聪明绝顶才华横溢、知书达礼、各有专攻，他们性格爱好不同，但都过着奢华、喜好声色、花天酒地的舒适生活。

对于兄弟们一般的人事求情，或为某人开脱罪责之类的小事，如果没有朝臣的固执反对，玄宗基本上在不影响大局的情况下，还是尽量给足面子，但若遇到朝臣极力反对，有理有据，玄宗就会按照规定办，安抚朝臣、鼓励朝臣劝谏效忠，用行动提醒和抑制诸王，不要提出无理、过分要求，巧妙地掌握平衡，维持朝政的健康运行。

对于兄弟们基本上不问国事，终日沉浸文学音乐、纵情游宴酒色的奢华生活，玄宗与其说是不满，不如说从内心里感到欣慰，甚至是鼓励。玄宗即位后，始终关注、了解兄弟们的方方面面，得知宁王忙着钻研音律制作乐器，大夏天还在挥汗埋头苦干，亲自做羯鼓，讲究羯羊皮去除湿气，将晾干的鼓皮绷得紧紧地固定在鼓框上，桌上摆满龟兹等流入中原的各地乐谱之类书籍，十分赞赏，说："天子兄弟，就当即醉于音乐！"

开元二十八年（740年）冬，宁王宪曾经寝疾严重，玄宗十分关注，频频下令中使送医药、珍膳到宁王府，一时间从兴庆宫到宁王府，一路上送医送药、送各种山珍海味的使臣绵绵不断相望于路。当时高僧崇一亲自为宁王宪号脉开药，使其病情略有好转，玄宗大悦，特将绯袍鱼袋赏赐给崇一。绯袍鱼袋是五品官的服饰，如此之重的赏赐，传递出玄宗对大哥病情的深切关注。

自古以来，人们细心地观察天象，结合社会变迁，形成系统的星相学。开元二十九年（741年），整年的天气十分反常，似乎在预示着什么。这年秋七月乙卯，洛河水泛滥，洪水冲毁了天津桥及上阳宫仗舍。在洛河、渭河之间，大批庐舍被冲坏，光是溺死者就多达千余人。九月，遭遇大雨雪，稻禾偃折，接着又霖雨连绵一个多月，道途阻滞。全国二十四个州都上奏朝廷通报灾情，说由于雨水过多，大批庄稼被严重损坏，为此玄宗特派御史中丞张倚前往东都及河北赈恤救灾。

入冬，长安特别寒冷，凝霜封树，数日不解，时人认为这就是《春秋》中描述的所谓"雨木冰"，又称作"树介"现象。古时有许多"天象"，据说这是"介胄"（"介"带有阻碍的含义，“胄”指帝王或贵族的后代）的天象。身体不适的宁王宪望着天感叹道：“这就是俗称的‘树稼’天象，谚语说：‘树稼，达官怕。’如此天气必有大臣当之，吾其死矣。”

果然，十一月庚戌邠王守礼病逝，没几天，十一月辛未，时年六十三岁的宁王宪随之而去。一个月内，玄宗连失两位至亲骨肉和朝廷忠臣，尤其失去了深为倚重的大哥。

玄宗闻报，悲痛不已。他特别感念大哥谦让帝位的大德，第二天即颁布了一篇赞颂宁王“德性宽柔”的敕文，其中写道：“天下，兄之天下也；兄固让于我，为唐太伯，常名不足以处之。”玄宗不顾左右异议，追谥宁王为“让皇帝”，并要以帝王规格下葬大哥。

宁王宪的长子汝阳郡王李琎代表家人上表恳辞，盛陈先父之意，执意谦退，不敢承当帝号，玄宗固执坚持。在大哥册殓之日，玄宗命人从内宫取出御衣一副（也就是拿出一套天子服装）给宁王穿上，并令右监门大将军高力士将自己手书的敕令放在宁王灵座之前，这就是《奠让皇帝文》，又称为《隆基白》。

在奠文中，玄宗将痛失亲密无间兄长的悲哀一览无遗。和玄宗一起拼搏、为大唐兴盛立下汗马功劳、见证盛唐形成的老臣、兄弟的一一离去，令玄宗无比寂寞。发葬那天，下起了瓢泼大雨，玄宗令庆王泽以下的后辈，冒雨在泥泞中步行，为让皇帝送葬数十里，封让皇帝墓为惠陵。同时追赠开元二十八年先大哥而去的宁王妃元氏（也就是以自己乳汁精心养育寿王瑁的元氏）为恭皇后，和宁王一起葬在惠陵。

第二年，开元三十年（742年）正月，玄宗大赦天下，改元（年号）为“天宝”。“天宝”二字，即上天保佑的谐音，又有上天赐宝的含义，正如玄宗在《天宝改元制》表露的：

神之降休，礼无不答，永言禋祀，必在躬亲。

朕粤自君临，载宏道教，崇清净之化，畅元元之风，庶乎泽及苍生，时臻寿域，积以岁月，未尝懈怠。岂谓微诚感通，烈祖降见，乃昭灵命，是锡宝符。因而求之，应言而获，亦既至止，果表殊徵，谅惟秘词，不可详说。然邦家大庆，何以过焉？是知神仙所缄，造化同固，爰初有待，经韫匮而多时，潜应改元。若符契之相合，景福攸介，只畏良深。而群官宗室，抗疏于外；元良诸子，屡请于中。逮夫缁黄，兼彼耆老，以至恳诚不已。前后相仍，愿加天宝之名，用易开元之号。顾惟菲薄，曷以当之？然则元训在乎钦承，人心难以推拒。顺天从众，义协至公。敬依所请，实用多愧。斯盖上元厚载，爰及百神。孚佑效灵，协于睿祖。幽赞惟新之历，克彰永代之祥，宜遵祀典，式陈昭报。可以来月十五日祔元元皇帝庙，十八日享太庙，二十日有事于南郊。宜令中书门下与礼官等，即详定礼仪，具录闻奏。应缘行事，及简较官等，各委有司，不须别差人执当。其北郊宜差公卿择日祭，五岳四渎及名山大川，各令所在长官备礼陈祭。务申诚敬，副朕意焉。

洋洋洒洒的一大篇敕文，陈述了玄宗上应天命，告别过去的改元初衷，而衷心感谢上天为他送来稀世之宝、美若天仙的杨玉环，为他送来欢乐，得到杨太真，让玄宗如获新生以及祈祷上天保佑唐朝和自己青春永驻，或许才是改元“天宝”的真正原因。“天宝”年号准确地表达了玄宗此时此刻的喜悦与希望。

18

宫中呼为“娘子”

伴随改元，全国上下喜气洋洋，气象万新。玄宗多年励精图治，国家法制健全，朝臣忠心耿耿，人才济济，在君臣一心的多年奋斗下，唐朝处于政治、经济、文化繁荣昌盛的顶峰，连年的丰收，使得这一年西京长安、东都洛阳的米每斛只有二百钱（古时一斛相当于十斗，后改为五斗），物美价廉，海内富实，社会安定，从改元的敕文中，也能窥见此时的玄宗多少有些自我陶醉。

二月，玄宗将开元二十七年（739 年）群臣请求给玄宗加封的“开元圣文神武皇帝”尊号，多加了“天宝”二字，即为“开元天宝圣文神武皇帝”，亲自将玄元皇帝（老子）供奉入新建成的庙宇，接着在南郊举行隆重的祭祀，祭祀玄元皇帝、祭祀天地，祈祷国泰民安、皇权永固。下令将庄子封号南华真人，文子为通玄真人，列子为冲虚真人，庚桑子为洞虚真人，列侍玄元皇帝身边，把四真人的著作视为真经，责令学习。玄宗曾经在三元日，下令崇玄学士为所有的朝廷王公大臣宣讲《道德》《南华》等道教经典。

同时，对一些官职、地区、年号制度进行了一些改革，如东都改称东京、北都为北京，改州为郡，改刺史为太守，改年为载等，表示从今以后将走入一个崭新的时代，更上一层楼。

而刚升任营州都督的安禄山，则不失时机、千方百计地进贡朝廷他大量搜刮而来的奇珍异宝。他连绵不绝地往骊山华清宫运送用于营建新汤浴池装饰雕刻的白玉石，玉石石梁，以表忠心，取悦皇上。就在改元天宝举行庆典之际，安禄山所在的平卢地区升格为节度，安禄山为节度使，镇抚方圆近三百公里的辽阔地区，统领平卢、卢龙二军，手下兵马有三万七千五百，爬到这个级别，安禄山开始能够入朝奏事，走入唐朝中央圈子，接近皇上。

对于杨太真入道后这一年的情况以及杨太真得宠经过，史书记载十分简略，《旧唐书》说杨太真：

> 姿质丰艳，善歌舞，通音律，智算过人。每倩盼承迎，动移上意。宫中呼为“娘子”，礼数实同皇后。

《新唐书》说杨太真：

善歌舞，邃晓音律，且智算警颖，迎意辄悟。帝大悦，遂专房宴，宫中号“娘子”，仪体与皇后等。

《资治通鉴》说：

太真肌态丰艳，晓音律，性警颖，善承迎上意，不期岁，宠遇如惠妃，宫中号曰“娘子”，凡仪体皆如皇后。

然而在实际生活中，岂是一个“肌态丰艳，晓音律，性警颖，善承迎上意”了得？能选入皇宫的美女，哪个不是豆蔻年华，肌肤嫩滑，机灵聪明，吟诗作赋，音律歌舞无所不通？对于一个年仅二十二岁的小女子而言，能够在短短不到一年的时间里，与有着超人阅历、睿智、谋略、博大精深、才华横溢的玄宗对话就已经相当难能可贵，更不用说在如此短暂的时间内，她的思想必须迅速接近皇上，要在诸多方面能够与玄宗交流对话探讨！如此看来，杨太真的聪慧伶俐的确非同寻常！

走入皇上生活之后，在杨太真眼里，玄宗既是她衷心敬重爱戴的皇上，又是世俗百姓家庭那样彼此平等相爱的亲人，不需要别有用心地娇揉做作，也用不着刻意逢迎。她全心全意、执著地爱着皇上。在大明宫，她净心诵经，追随皇上潜心修道，勤奋学习，恪守本分，温柔体贴，只给玄宗带来轻松愉快，从不过问朝政，一切顺从自然随缘。与其说杨玉环“智算警颖，迎意辄悟”，不如说在娇媚艳丽容貌的外表下，她自然率真、爱得真切、泼辣、大胆、执著、一心一意。她的涵养、聪慧、悟性、温柔加上她的这份人间至爱，最终赢得居高临下、万人之上、终日被美女淹没的皇上之心，而且仅仅经过短短不到一年的时间，这不能不说是投缘，是奇迹。

每次相遇，玄宗都能从杨太真身上找到无穷的快乐，或有惊人的发现。杨太真对道教的体悟、佛教的理解、文学素养以及聪慧，常常令玄宗喜出望外，她的舞蹈天赋，玄宗在召她入宫的第一天，就已经欣赏并为之倾倒，圆润轻盈的优美舞姿，令人百看不厌，出神入化。而杨太真的曲艺才华，更是令通晓音律、具有音乐天赋的玄宗刮目相看。共同的思想、兴趣爱好，倾诉不尽的话题，都使他们大有相见恨晚的感觉，心心相印。不到一年，杨太真恩宠隆重，礼遇形同皇后。开元二十九年（741年）十一月返回长安后，迷恋杨太真的玄宗已经忍受不了与爱人分离的痛苦，将她带入兴庆宫。

入住兴庆宫的杨太真见玄宗痛失两位亲人，倍加抚慰无微不至，同皇上一起为他们祈祷、追福诵经，以女性的温柔抚平他的心灵创伤，让他迅速从孤寂悲伤中走出来，填补了玄宗失去同辈至亲的空白。更可贵的是，杨太真没有政治上的要求和野心，难怪玄宗对她越来越依恋。

从走入兴庆宫的那一天起，杨太真就像普通百姓那样主动承担起家庭主妇的责任，细心呵护皇上，游戏、逗乐、排忧解难都显得应对自如，驾轻就熟，一切的一切都是那么的自然而然，顺理成章。玄宗也调侃地形同普通百姓称呼妻子那样戏称她为“娘子”。玄宗把杨太真的双腿称为白莲藕，由此杨太真将裤袜称为“藕履”。玄宗还特别赏赐她一个精美无比的屏风。这个屏风名为“虹霓”，是隋文帝时期制造的，赐给义成公主，义成公主出嫁后，屏风随她到了北胡。唐朝建立后，屏风又随隋炀帝的萧皇后回到中原。屏风上面雕刻着前代美人图形，每人身长三寸许，各美女的形状服饰及把玩装饰的东西，都是用各种宝贝堆砌缝制而成，上面以水晶为地，外用玳瑁，用水犀做押络，用珍珠瑟瑟作络网，水晶、玳瑁、珍珠等各种宝贝缀连精妙，巧夺天工。

玄宗擅长吹笛，将他的一支紫色玉管视为宝贝。见皇上酷爱玉笛，安禄山借助从范阳入京城晋见皇上的机会，特别献上白玉箫管数百支，支支音响绝伦，恍若天音。后来这些白玉箫管全部放在梨园里保管。

杨太真善弹琵琶，有中官从蜀川回京，特别献上一把琵琶，琴槽是用当时西藏拉萨产的逻沙檀木制作，温润如玉，光辉可鉴，以龙香柏木做琴拨。唐朝的琵琶有多种，从敦煌壁画、出土文物及正仓院藏品来看，似乎五弦琵琶较为普遍。五弦琵琶比现在的四弦琵琶多一根弦。就因为多一根弦，就不知多出多少音阶和音符，弹奏难度有多么大，可惜这种琵琶连同弹奏方法早已失传，只有在敦煌石窟壁画和出土文物上看到怀抱五弦琵琶的乐师，还有在日本保存与唐朝同时代皇室用品的正仓院里，看到了一把已经有一千三百多年历史的螺钿五弦琵琶。由此可见杨太真的艺术天分是多么高。当时不少王公贵族，甚至她的妹妹虢国夫人，都竞相投入她门下学习琵琶，每次奏完乐曲或教授琵琶之后，杨太真都会收到许多进献财物。

在儒学家世的熏陶下，杨太真不仅音乐舞蹈造诣颇深，文学涵养也相当深厚，常常触景生情做诗填曲，可惜大多都散失了，只留下一首记载于《词统》中的阿那曲《赠善舞张云客》，曲中写道：

罗袖动香香不已，红蕖袅袅秋烟里。

轻云岭上乍摇风，嫩柳池塘初拂水。

寥寥数语，给我们展示了一幅非常美丽的画卷。

入住兴庆宫后，杨太真已经用不着按道士规定着装，她脱下道袍黄冠，换上艳丽的嫔妃服装，过着形同皇后待遇的快乐生活。此时的杨太真除了“娘子”，还有“太真妃”等称号。天宝四载（745年）来临，玄宗、杨太真在温情脉脉的默契中，不知不觉走过一千多个日日夜夜，在相互的磨合中，他们已经浑然一体，不分你我。杨太真这个称号，早已不足以表达玄宗对杨玉环的感情，不适合他们形影不离的实际生活的需要，玄宗心中酝酿着册封太真为妃的事宜。

然而，在两人内心深处，谁都没有忘记寿王瑁。

再为寿王册妃

19

杨玉环离开五年了，寿王瑁仍未纳妃。身为父亲的玄宗，虽然沉浸在喜得杨太真的幸福之中，但如此将儿子之妻占为己有，毕竟心存芥蒂。玄宗也十分关注寿王瑁的反应。从废太子瑛事件中，不难窥视玄宗对一切可能威胁到皇权的任何人和事一直保持着高度戒备。

贵为皇子，寿王瑁从来不缺女人，在玄宗众多的儿子里，他算不上特别突出，所以史书没有具体记载其生活情况，但按惯例皇子也是妃妾成群的。玄宗对杨太真的专宠、杨太真形同皇后的待遇，寿王瑁看在眼里，心如翻江倒海，久久不能平静。但他很快强压着自己对杨玉环的眷念，努力调整心态。在强大的父亲面前，在崇高的皇权面前，生性谨慎的寿王显得那么渺小、脆弱，他无能也无力作出其他选择。

寿王瑁的忠厚孝心和平淡反应，不仅令玄宗颇感欣慰，杨太真也一定心存感激。而养父宁王宪去世的噩耗如同晴天霹雳，使寿王瑁陷入生活的低谷。从小寄养在宁王府的寿王瑁，视宁王如父，自从母亲武惠妃去世，除了父亲，皇宫中能做自己靠山、为自己排忧解难与自己最贴心的就是宁王。寿王瑁以报答宁王乳养之恩为由，上奏请求按照丧父的规定、如其亲生儿子一般为宁王服丧，玄宗照准了。从此寿王瑁远离酒宴歌舞欢乐，为宁王尽忠孝之礼，也借此掩饰和埋葬了自己对杨玉环的思念。

玄宗是个性情中人，在古往今来的帝王领袖中，在处理权力与亲情上，机智灵巧，善于斡旋，堪称最重手足情意、儿女情谊和爱情。寿王瑁四年多的恪守本分、恭顺无为，终于打消了玄宗的疑虑，父子之情油然而生，寿王瑁至今没有纳妃的寂寞生活，玄宗看在眼里，疼在心上，而寿王瑁为让皇帝守孝也已经超过三年，照例恢复正常生活有一年多了，于是为自己、为杨太真，也为了寿王瑁，玄宗把为寿王瑁选妃一事，再次提到议事日程。也许因为自己的尴尬地位，杨太真未必有何热烈反应，但是玄宗从杨太真那发自内心的欣喜欢快中，分明感受到她对此举的赞许。

天宝四载（745 年）七月，玄宗将出身世家、左卫勋二府右郎将韦昭训的第三女册封为寿王妃，《册寿王韦妃文》说：

维天宝四载，岁次乙酉，七月丁卯朔二十六日壬辰，皇帝若曰：於戏！古之建封，式崇垣翰，永言配德，必择幽闲。咨尔左卫勋二府右郎将韦昭训第三女，育庆高门，禀柔中闱，动修法度，居玩琴瑟。夙闻师氏之学，素习公宫之礼。聿求贞懿，作俪藩维，爰资辅佐之德，以成乐善之美，是用命尔为寿王妃。今遣使光禄大夫行左相兼兵部尚书宏文馆学士李適之、副使金紫光禄大夫行门下侍郎集贤院学士兼崇文馆大学士陈希烈持节礼册。尔其钦承宠数，率由令则，敬恭妇道，可不慎欤？

韦氏同样“育庆高门，禀柔中闱，动修法度，居玩琴瑟”。

韦氏也是出自当时最显赫的大家族之一。韦昭训的父亲韦湜官至齐州刺史，祖父韦爽曾任太仆少卿，从祖父韦巨源历任武则天、唐中宗时期的宰相，当时，李唐皇室除了武氏和李姓、杨氏通婚之外，李、韦氏之间的通婚也十分频繁。玄宗的弟弟薛王业妃、儿子鄂王瑶妃、棣王琰妃以及当时的皇太子李亨（李玙天宝三载改名为李亨）妃也都是韦氏，寿王瑁这次纳妃，玄宗依旧特别派遣时任宰相的李適之、大臣陈希烈亲自上门宣读圣旨，足见他对此事的隆重，这已经是陈希烈第二次到寿王府宣读册妃圣旨了，他对杨玉环的来龙去脉当然一清二楚，但陈希烈是个性格软弱，办事唯唯诺诺，谨慎小心的人，对此事自然守口如瓶。

为寿王纳妃举行隆重的仪式，在某种意义上，可以说是对寿王瑁的一种安慰和弥补。这一年寿王瑁二十七岁。事隔十年寿王瑁重新隆重纳妃，仿佛寿王从来不曾纳过妃似的！同样举行一连串繁琐的纳妃仪式，令寿王瑁感慨万千，恍若隔世。直至今日，寿王瑁才真正放下包袱，轻松地步入新生活。也就是在此之后，玄宗和杨太真的结合才真正了无牵挂，美满无瑕，进入一个崭新境界。

随着寿王瑁纳韦氏为妃，寿王瑁也正式淡出人们的视线，而曾经纳杨氏为妃的历史，人们也随之遗忘，就算知道寿王有这段历史也未必一定会与杨贵妃联系起来。

寿王瑁有两个儿子在天宝中被封为王，伓为济阳郡王，僙为广阳郡王、鸿胪卿同正员。从时间上看，这两个儿子当是后来的妃子所生。

安禄山叛乱后，玄宗仓皇奔往蜀地避难，寿王瑁紧随父皇身边，当行至马嵬，士兵骚动不前，不仅杀死杨国忠，又刺伤了宰相韦见素时，玄宗就派身边的寿王瑁去安慰士兵，赐药敷疮。

太子在灵武即位，玄宗又派寿王瑁和高力士送去太子内人及服御等物，将随行的士兵分为六军，令颍王璬先行，寿王瑁等分别统帅六军，前后左右照应。国难当头，寿王瑁的忠孝之心表露无遗，而眼睁睁地看着杨贵妃近在咫尺地自缢身亡，这在寿王瑁心中所激起的巨大波澜又有谁知道呢？

寿王瑁卒于唐代宗大历十年（775 年），终年五十六岁，此是后话。

20 册立贵妃

天宝四载（745 年）八月初六，在给寿王纳妃仪式结束才十天，玄宗正式册封“太真”为“贵妃”。

唐高祖以来，为了巩固皇权，遵照封建制度，都是立皇帝与皇后的长子为太子，皇后去世后，不再立新皇后，以免由于皇后与太子不是亲生母子关系等原因引发内部斗争，武则天篡唐，更为以后的皇帝引以为鉴。玄宗朝的王皇后没有儿子，长子又破相，所以立次子李瑛为太子。玄宗专宠武惠妃后曾想立她为皇后，因为遭到大臣反对，更主要是玄宗也自知不妥而作罢，唯有册封她为名列后宫之首的惠妃。

“贵妃”是从南朝宋武帝开始设置的，地位仅在皇后之下。后来各个朝代名称略有变动，也不太固定。唐高祖的万贵妃，待遇仅次于皇后。此时太子已立，出于皇权利益，玄宗不可能立杨太真为皇后，“惠妃”头衔又令人浮想联翩，为此玄宗特意恢复贵妃列于仅次于皇后的地位。从此杨玉环就以杨贵妃的崭新姿态出现在各种公开场合，登上了历史舞台。

唐朝开元礼规定，皇帝纳后有一整套比亲王纳妃更为隆重繁杂的程序，有“临轩命使”、“纳采”、“问名”、“纳吉”、“纳徵”、“告期”、“册后”、“命使奉迎”、“同牢”、“皇后表谢”、“朝皇太后”、“皇后受群臣贺”等仪式。皇上纳妃虽然没有这么隆重，但也大致相同。

然而和武惠妃一样，史书上也没有留下有关杨太真册封为贵妃的仪式、地点等只言片语，武惠妃因为从小收入宫中抚养，杨太真也已经在兴庆宫居住三年多，再加上要模糊掩饰过去，都没有派遣朝臣到娘家册封的必要，这些也许就是史料上没有武惠妃和杨贵妃册封庆典记载、故意马虎忽略不计的原因。

钱选《贵妃上马图》（美国弗利尔美术馆藏）

尽管如此，从玄宗朝政、生活以及重大朝典基本在兴庆宫来看，无论册封贵妃的仪式如何删繁就简，朝廷都一定在兴庆宫内举行了有朝廷重臣、皇亲国戚出席的空前盛大的酒宴游乐活动，以庆贺杨太真册封为贵妃。在册封贵妃的喜庆日子里，皇上怎么可能错过让心爱女人欢欣开怀的机会呢？

册封贵妃，是玄宗与杨太真四年多来共同生活、情投意合、相互了解和深深相爱的必然结果。这一年，玄宗六十岁，杨贵妃二十七岁。六十岁在现代人眼里，还算壮年，可在一千多年前，六十岁当属老年。尽管玄宗老当益壮，但不可抗拒地逐渐走下坡路，体力、精力渐渐不如从前，而杨贵妃却正是女人最富风韵、性感、成熟的年龄。天天面对精力充沛、娇媚可爱的心上人，热衷修道、常常服用仙丹强身健体的玄宗，有时也暗叹体力不支、身不由己。

安禄山出身贫贱，混迹于社会底层，三教九流、风花雪月无所不懂，从天宝元年被提拔后，趁着入朝奏事的机会，在极尽阿谀奉承之能事的同时，给皇上进贡了上百粒助情花香（相当于伟哥之类的春药），这些助情花香每粒大小如糯米，红色可爱，使用方便，每次就寝行房前，玄宗口中含香一颗，助情发兴，筋力不倦，玄宗私下称赞此药说："这真是汉子的慎恤胶啊。"如此巧妙地在不经意之间，解除皇上难以启齿之隐，投其所好，讨皇上欢心，难怪玄宗对安禄山恩宠越来越盛。

在唐朝盛世坚实的经济支撑下，如清代史学家赵翼所描述，当时的长安“宫阙之壮丽，以及韦曲莺花，曲江亭馆，广云潭之奇珤（与“宝”字相同）异锦，华清宫之香车宝马，至天宝而极矣。”经过多年营建，长安各式宫殿楼阙建造得宏伟壮丽、精巧别致。南内的兴庆宫内有龙池（即兴庆池），龙池西面是交泰殿，殿西北是沉香亭，沉香亭周围种满了国色天香的牡丹，庭院内种满了参天大树，奇花异草。东内大明宫有太液池，池中种满白莲，在长安城东南、兴庆宫西面，有号称“南苑”、引曲江水人工建造的宫外最著名园林——曲江池，园内芙蓉盛开，故又称“芙蓉园”、“芙蓉池”，池内碧波荡漾，绿水弥漫，环绕曲江池而建的观风楼、弥勒阁、紫云楼、芙蓉园相映生辉，成为泛舟、赏花、游宴的好去处。而开元二十年（732 年）建成四通八达的夹城，为玄宗与贵妃微服出游提供了极大的方便。

骊山温泉宫，是玄宗喜得杨贵妃的风水宝地，那里有太多温馨美好的回忆，那常年涌动的含多种矿物质，不冷不热，可治疗、缓解风湿病、消化不良等多种疾病的温泉，都让玄宗和杨贵妃念念不忘，不愿离去。为了取悦心上人，玄宗大笔一挥，照准在原来的基础上大规模扩建，还特别调整扩大骊山地区范围，将原属新丰、万年县地区的部分领地划归骊山所在的会昌县所有。

天宝元载（742 年）十月，酷爱文学，尊重人才鸿儒的玄

袁江《骊山避暑图》(首都博物馆藏)

宗在骊山温泉宫原来秦始皇焚书坑儒的地方，建立一个祠堂，以祭祀遭难的诸儒。新建成的长生殿，起名为“集灵台”，用以祭祀天神。这个地方，后来也因为诗人白居易的《长恨歌》而出名。

经过几年的努力建设，温泉宫规模在天宝六载（747年）基本定型，并更名为华清宫。修整一新的华清宫，将骊山的东、西绣岭纳入宫城，环绕宫城修筑罗城自成一体。罗城北门津阳门为正门，从正门进去，经过前后宫殿，可直达南门昭阳门。以此门为中轴线，东西两侧的建筑相对而置。

正门左面东半部的宫殿自北向南依次延伸，遥光楼、飞霞殿、浴汤九龙殿逶迤而立，浴汤池相间其中。玄宗、杨贵妃的华清宫生活游乐大都在此展开。西半部主要以庙宇坛院为主，由北向南屹立着七圣殿、功德院、羽帐、瑶坛等。亭台殿阁错落在绿树花园或掩映在秀丽山峦上的翠绿树林里，其中著名的长生殿、朝阳阁、老君殿等常年云雾缭绕若隐若现，恍若仙境，美丽神秘，令人遐想无限。

沿东城开阳门城墙而立的有宜春亭、四圣殿、重明阁、斗鸡台、按歌台、观风楼等高大建筑，沿宫城西门望京门而建的有粉梅坛、芙蓉园、看花台、西瓜园等园林，这些建筑相映生辉，相映成趣，无论是清晨登观风楼，看晨光山影相参差，或是在夕阳西下登楼，将山下驰道及周围山川一览无遗，还是漫步芙蓉园、看花台，都令人赏心悦目，轻松怡然。

为方便玄宗在此处理朝政，罗城内设置了百司及十王宅。玄宗与贵妃每年十月车驾自京城而出，到第二年春天才返回长安，文武百官以及随从警卫、诸方皇亲国戚浩浩荡荡，王公大臣蜂拥而至，纷纷在此修建各自宅第，以便随从皇上。一时间，这里地价飞涨，一亩地价钱居然高达千金。

环宫沿山而种的松柏遍满山谷，红墙绿瓦点缀山峦，俨然形成一个花园式的新皇宫。宫内不仅重新整修拓大专供皇上、贵妃享用的特豪华精致浴池，还增建了十六间长汤屋所，间间都用文石镶砌，供太子、其他嫔妃、随从朝臣等享用。

皇上和贵妃的到来，带动了骊山周围的经济发展，提供皇宫物资的地区增加，宫外官道两旁村店林立，商贾繁会，寂静的骊山脚下一时间熙熙攘攘，人气蒸腾，好不热闹。

音乐是维系玄宗与杨贵妃恩爱的天途，是两人心灵交汇的殿堂。玄宗酷爱音乐，无论遇到喜事、郁闷、兴奋，都不由自主地以用音乐、特别是打羯鼓来宣泄情怀。贵妃则时而击磬、时而弹琵琶，梨园弟子纷纷歌唱舞蹈，其乐融融。

玄宗对音乐的痴迷程度，音乐造诣之精深，在历代帝王中也实属罕见。他对有特殊才能的艺人也就特别偏爱，或者赏赐丰厚或破格封官，如著名音乐家李龟年、李彭年、李鹤年三兄弟就是以音乐才学盛名而受宠。玄宗礼遇各类艺术家，与之相互切磋技巧，甚至亲自作曲、亲自“教太常乐工子弟三百人为丝竹之戏”。在数百梨园弟子的音乐弹奏会上，无论谁出错，他都能马上觉察，立即指出纠正。

张萱《明皇合乐图》(台北故宫博物院藏)

杨贵妃也亲自教授皇亲国戚、达官贵人弹奏琵琶等，亲自参与创作歌曲舞蹈，这些都大大提高了音乐专职人士、舞蹈歌唱艺术家的地位。玄宗天生知音，贵妃身体力行，故一时无论朝臣或是社会名流，都不甘落后，学习音律文学艺术，蔚然成风，朝臣、下臣乃至社会上，多有精通音律者，除上述李龟年三兄弟外，还有以机灵诙谐闻名的侍臣黄幡绰、诗人王维等一大批人，留下了许多有关音律鉴赏方面脍炙人口的轶事。

随侍皇上的黄幡绰不仅知音，而且能从音乐中读懂皇上此时此刻的心思。

他羯鼓技巧高超，乐器拿手，精通音律，所以《羯鼓录》内留有他创作的羯鼓乐曲，也深得皇上欣赏。乐曲中的拍板本来没有谱，玄宗下令黄幡绰撰写拍板乐谱。只见黄幡绰马上在纸上画了两只耳朵奉上，玄宗不解，黄幡绰答道："但能耳道，则无失其节奏也。"强调善于用耳听音、辨音在音乐演奏中的重要性，他对拍板在音乐中的见解，亦丰富了人们对音乐的认识。后来韩文公根据黄幡绰的意思把拍板编为乐句。

同样富有音乐素养和文学天才的王维，也留下不少趣事。王维受庾敬休邀请，来到其位于招国坊的宅第赴宴。庾敬休宅第内的屋壁上有幅《奏乐图》。进入庾府后，王维不由自主地在这幅壁画前注视良久，随后会心而笑。旁观者不解地问其故，王维说："此是《霓裳羽衣曲》第三叠第一拍。"也就是说这幅嵌在墙上的《奏乐图》壁画，反映了演奏《霓裳羽衣曲》第三叠第一拍的情景。有好事者听说后怀疑或不服气，于是召集乐工演奏，按图上所示核对检验，果然一无差谬，不禁肃然起敬，佩服不已。于是王维品画境界之高，图画与音律之融会精通，甚受推崇。《奏乐图》的故事也一时成为美谈。

在玄宗与杨贵妃的带动下，唐朝上下都有相当多的文学、音乐素养，推动了唐朝文化音乐艺术的蓬勃发展。

天生丽质的杨贵妃热爱生活，千方百计装点生活，情趣广泛，文学诗词、音乐歌舞、游戏玩乐、装饰打扮，无一不喜欢。每天清晨的梳洗打扮，对贵妃而言如同变魔术，天天都想方设法变换花样，以清新俏丽的样子出现在皇上面前，给他带来意外惊喜和快乐。光是画眉，就有什么鸳鸯眉（又叫八字眉）、小山眉（又名远山眉）、五岳眉、三峰眉、垂珠眉、月棱眉（又名却月眉）、分梢眉、涵烟眉、拂云眉（又名横烟眉）、倒晕眉、柳叶眉等，今天这个，明天那个，还有腮红，仅胭脂红就有石榴娇、小红春、大红春、嫩吴香、半边娇、万金红、圣檀心、露珠儿、内家圆、天官巧、洛儿殷、淡红心、猩猩晕、小龙珠、媚花奴等浓淡不同颜色的胭脂，红妆中又有浓妆、淡妆、慵妆和晚妆，除了红妆，还有黄妆等，在两眉之间贴上花瓣之类的花钿或红痣，脸颊用丹青或者朱红画上似线、似月牙、似星星的“妆靥”，杨贵妃尽情发挥自己的想象力，装扮得多姿多彩。

发髻是贵妃造型的重点。她喜欢梳高高的发髻，在视觉上给人身材苗条匀称的效果。这种发型通过加上一些假发，令人看起来疏松蓬高，饱满细密，发端插着发环，发环呈扇形，中间大，两边小，发环上装饰着金凤、珠翠等首饰甚至是鲜花，后佩孔雀翎，两鬓插上簪步摇（簪子上垂下一串珠子之类的各种装饰，随着脚步移动而左右摇摆），显得豪华高贵。这就是白居易在《长恨歌》里描写的“云鬓花颜金步摇”，“翠翘金雀玉搔头”。杨贵妃常常梳这种发髻，所以后世又将这种发型称作“玉环髻”、“杨贵妃髻”，发髻中有假发，又称作“义髻”，玄宗称之为“宝髻”。这种杨贵妃常常梳妆的发型，迅速在皇宫、上流贵妇人中流行，及至中晚唐仍兴盛不衰。无论在敦煌壁画或是流传至今的当年著名仕女画家周昉的作品中，这种头梳高髻的仕女图屡屡出现，图中头上盘着高高发髻的仕女，优雅雍容可爱，韵味十足。

唐朝的服饰如同当时的经济民生、文学艺术一样精彩纷呈，不拘一格。就衣服的质地而言，唐代的布料生产已经相当发达，从加工工艺到图案设计都具有极高的水平，锦（有彩色花纹的丝织品）、绮（有花纹或图案的丝织品）、绫（细薄、有花纹的织品）、罗（质地稀疏的丝织品）、缬（有花纹的丝织品）、絁（一种粗绸子）、纱（棉花、麻等混纺而成较松的细丝）、绢（质地薄而坚韧的丝织品、用生丝制成的丝织品）、棉（草棉、棉花）、麻（大麻、亚麻等麻类植物的纤维）等适宜春夏秋冬不同季节穿着的厚薄布料，应有尽有，红、蓝、绿、紫、橙、黄等各种颜色，传统汉族服饰与西域、东北少数民族等骑马民族的服饰并存，人们根据自己的爱好个性，选择自己的服饰颜色乃至款式，或在此基础上创新，以方便实用为主的新服饰层出不穷，令人眼花缭乱。在颜色方面，显示喜气洋洋青春活力的红色尤其受到妇女的倾迷，同画眉、发型等化妆一样，杨贵妃在服饰穿着方面也成为上流社会的楷模，引领潮流。

杨贵妃如此爱美，擅长创新，光是为杨贵妃制作日常衣服，时装刺绣织锦的宫中女工就达到七百多人，这还不算制作绢纱锦缎帛布的纺织女工，所有的时装服饰，都是这些心灵手巧的女工一针一线手工制作，然而七百多人怎及得上杨贵妃一个人的灵机一动，奇思妙想，不用说，宫内七百多名女工整日忙得晕头转向。

当时宫城内库还有两件集织锦之最、刺绣织锦、精工细雕之大全的锦袍，锦袍上以金鸟作装饰，整件锦袍金灿灿的，华贵艳丽无比，一袍是玄宗幸温汤时御用，一袍与贵妃使用。玄宗、贵妃之后便当作无价之宝一直珍藏在宫内大库房。可想而知，这两件凝结雕刻织锦工匠高超技巧、艺术结晶的锦袍之贵重，贵妃恩宠之隆重。

宫内除了为杨贵妃刺绣织锦的七百人外，还有专门为她雕镂器物的工匠数百人，他们专为贵妃雕刻装饰的簪步摇、鎏金香囊等小饰物，以供其在生日以及时节庆贺之际使用。不仅如此，皇上还命杨益前往岭南寻找珍宝，地方长吏日求新奇珍玩等进奉杨贵妃。如此一来，全国各地的朝臣都尽力搜寻珍奇之物进贡皇上，迎合皇上。

岭南节度张九章，广陵长史王翼，因为端午节进贡给杨贵妃的珍玩衣服比其他地方更奇异漂亮，特受到嘉奖提拔，张九章加银青光禄大夫，王翼擢为户部侍郎，都晋升了一级。从此下面争相攀比进贡珍玩器物。眼看杨贵妃恩宠日盛，朝臣上上下下都削尖脑袋，到处探听杨贵妃的嗜好，很快通过各个渠道，对杨贵妃的好恶、特色、个性都了然于胸，千方百计迎合和讨好她。

荔枝，在交通相对闭塞的古代，远离产地京城的达官贵人上流社会，想要品尝也是非常困难的，因而成为产地官员向上进贡的佳品。得知出生于蜀州的杨贵妃，特别爱吃荔枝，南海的地方官每年都以日行千里的加急特快速度，将刚刚从树上摘下来的成熟鲜红荔枝往京城里送。南海的荔枝品种远胜于蜀州，个大核小肉厚，甜美水分多，入口即化。荔枝在刚入暑时成熟，很不经放，摘采下来，几乎一日变色，二日香味渐退，三日变味，四五日色香味就会消失殆尽。如何保鲜送到京城？朝臣们没少动脑筋，除了摘树叶保湿透气外，竟然动用军情紧急时，最快的、十万火急的传递方式，马停人不停：马到驿站后，使者换下跑得汗水淋淋的马，骑上新马连夜一路飞驰。从南海到长安遥遥数千里，马蹄声声急促，惊吓沿途多少路人？以为出了什么惊天动地的变故？哪里知道这不过是地方官为了赢得杨贵妃一笑的奉承之举。昼夜飞奔，一路绿灯，畅通无阻，以最快的速度送达京城。急速运入宫内的荔枝依然鲜嫩欲滴，打开荔枝篓，荔枝香立刻飘满屋堂令人陶醉，见到喜爱的荔枝，贵妃的脸上挂满笑容，欢欣不已。

后人曾对是否真的从南海飞驰运送荔枝提出疑问，以为南海荔枝虽比巴蜀品种优胜，但南海离长安远达五千四百四十七里，光是从比它近将近一半的剑南成都府（离长安二千三百七十九里）送到长安，就已经十分吃力了，故从南海进贡一说似乎值得怀疑。但无论如何，日行千里的千里马日夜奔驰，以最快的速度，将鲜美可口的荔枝奉献贵妃，是荔枝产地官员难得靠近皇上的绝佳机会，试想谁会放弃飞黄腾达的瞬间呢？据传天宝十四载（755年），皇上行幸华清宫，六月一日是杨贵妃生日，玄宗举行酒宴庆贺，命梨园法部内的小部音声（小部音声是梨园法部下的一个小单位，相当于一个小乐队，由三十名十五岁以下的孩子弹奏）到长生殿演奏，当他们刚刚演奏完一首尚未起名的新曲时，南海进贡的荔枝恰好抵达，于是玄宗就将这首新曲命名为《荔枝香》，新曲得皇上命名，左右激动得欢呼雀跃，声震天外。

诗人杜牧在《过华清宫》诗中形象地写道：

长安回望绣成堆，山顶千门次第开。

一骑红尘妃子笑，无人知是荔枝来。

生动地将当时使者汗流浃背风尘仆仆地骑马飞奔，紧闭的宫城大门次第应声打开，看到带着水滴鲜嫩、香气扑鼻的荔枝，杨贵妃那妩媚万千的一笑，皇上欢喜开怀的温馨情景展现在我们面前。

没有孩子拖累，没有政治野心的杨贵妃，尽情地享受着爱情的温暖，生活的快乐。

21 杨家一族承恩

从接到杨玉环被册封为寿王妃的那一刻起，杨氏家族就开始走好运了。杨玄璬一家也从东都洛阳搬到长安，职务随之升迁。杨家上下，几乎都得到皇恩沐浴，有官的升迁、无官的当官。不过，这些与后来的飞黄腾达相比，简直是微不足道。

杨玉环的父亲（严格地说是养父）杨玄璬首先获得提拔，他从当时从七品下的芝麻官河南府士曹参军，一跃升任为官阶高达从四品下的国子监司业。且不说从陪都到京城、从地方进入政治中心这种地区上的一大跨越，光是就官阶而言，就连跳了五大级之多（唐朝每一品官阶大致分从、正两大级），可谓青云直上。从掌管津梁、舟车、舍宅、百工众艺之类琐碎事务的衙吏，变成掌管国家儒学训导政令的文臣。

唐朝国子监就是唐朝的最高学府，总负责人设祭酒一人，官阶从三品，国子司业二人，从四品下。司业作为仅次于祭酒的高级官员，除了配合祭酒在朝廷的重大祭祀中扮演亚献的角色外，每当皇上、皇太子视学考察国子监，司业都要亲自执经讲义，凡是释奠之日，司业要负责召集诸学生执经论义（相当于辩论会），奏请在京七品以上的文武官员一起观看，负责教授《周易》《尚书》《周礼》《仪礼》《礼记》《毛诗》《春秋左氏传》《公羊传》《穀梁传》以及《孝经》《论语》《老子》等儒家经典，每到年末，负责考察学官训导功业的大小，举行殿试，是一个享有极高声誉备受尊敬的工作。

出身儒学世家、博学实干的杨玄璬荣升国子监司业，从事儒学教育游刃有余，这正是他梦寐以求的崇高工作，托扬玉环的福，杨玄璬如愿以偿，竭尽全力，工作得十分顺心如意。

谁料到五年之后，寿王妃的命运会发生如此翻天覆地的大转折，从皇子妃变成女道士，从侍奉皇子转而侍奉皇上，这些对于饱读诗书的杨玄璬而言，心情的复杂苦涩可想而知。杨玄璬无论作为寿王妃父亲、杨太真的父亲或是国子监司业，在官宦仕途和皇亲国戚中都算不上是什么重要显赫人物，所以史料上除了在《新唐书·宰相世系表》里有他担任国子监司业的官职外，再没有其他仕宦的记载。从杨玉环被册封贵妃前后，杨玄璬就销声匿迹来看，可以推断他在这种复杂变故的郁郁寡欢中，在杨玉环获得皇上专宠之前，就已经悄无声息地离开人世。

自从杨玉环走进玄宗的生活后，她的直系亲属，也逐渐开始为皇上所认识和接触，偶尔在宫内游宴中作陪，而此时皇上眼中只有杨玉环，尚无闲暇顾及其他。天宝四载（745 年）八月，杨玉环被册封为贵妃，杨氏家族从此闪亮登场，这是封建宗法制度的惯例，一人受宠，合家升迁，杨氏家族由普通的皇室亲戚摇身一变，成为显赫的外戚。

杨贵妃的直系亲属或比较亲的亲戚不算太多，父亲共三兄弟，杨玄琰、杨玄璬、杨玄珪；贵妃有姐妹三人，分别嫁给崔氏、裴氏、柳氏；堂兄三人：杨铦、杨锜、杨鉴，杨鉴最小，贵妃得宠时恐怕还年幼，所以没有封官，史籍上关于他的笔墨不多。还有一个后来冒尖、声名不佳的远房亲戚，他就是杨玉环祖辈堂兄的后代、带点面线亲的堂兄杨钊（即杨国忠）。当杨玉环册为贵妃时，父辈中只有叔父杨玄珪仍健在。

复旦大学教授许道勋、赵克尧按照《新唐书·宰相世系表》，整理出杨氏家族世系表如下：

杨汪—杨令本—杨友谅—杨珣—杨国忠—杨暄、杨晓、杨昢、杨晞

—杨之谦—杨玄琰—杨铦、杨玉环及其三个姐妹

（韩国、虢国、秦国夫人）

—杨玄珪—杨锜

—杨玄璬—杨鉴

—杨志诠—杨明肃

关于杨铦为杨玄琰之子，《资治通鉴》有这么一段解释：“《唐历》以铦为玄琰之子。借使非子，比与国忠必应稍亲，今但谓之从兄。”也就是说，如果杨铦是贵妃的亲哥哥，《新唐书》《旧唐书》等史料就不应该称其为贵妃的从兄，可见杨铦是否为杨玄琰之子是个疑问，就连《资治通鉴》的作者也不敢肯定，有待今后进一步考证。

随着杨玉环被册为贵妃，杨氏家族赫然出现在史料记载上，杨贵妃已故亲生父亲杨玄琰被追赠为兵部尚书；叔父杨玄珪升迁为光禄卿，官至从三品；从兄杨铦升迁殿中少监从四品上；从兄杨锜为驸马都尉（玄宗将自己与武惠妃的女儿太华公主许配给杨锜），从五品下；赏赐贵妃的三个姐妹在京城宅第；还给一个没有任何官衔的远亲从祖兄杨钊，封金吾兵曹参军，唯独没有给在培育杨玉环方面影响最大、立下汗马功劳的养父杨玄璬任何加封。回想十年前，玄宗曾在册封寿王妃的诏书上赫然写着：“尔河南府士曹参军杨玄璬长女，公辅之门，清白流庆，诞钟粹美，含章秀出。”所以，如果在册封杨贵妃之后，推恩杨氏家族时，为已故的杨玄璬追赠官衔，无异于唤起世人的回忆，等于把皇上抢占儿媳妇寿王妃的丑事昭然若揭。为此，在册立贵妃的大喜日子里，当然不能再度提起杨玄璬，再度唤醒世人尘封的记忆！

在杨门全体沐浴皇恩之际，巧妙地隐没杨玄璬之名，或许通过正史记载，能够模糊杨玉环曾经为寿王妃的事实？弘农杨氏是一个有着几百年历史、根深枝茂的大家族，如果不知道内情，没有记载，后世怎么会知道河南府士曹参军杨玄璬长女，就是杨玄琰的女儿？没有资料考证，很难将她们自然联系在一起。果然，从今日史学家为杨贵妃是否曾为寿王妃、杨玉环到底是杨玄琰的亲生女儿或者是杨玄璬的亲生女儿等而争论、各抒己见中，不难看出当年的算计达到了预期效果。

早年幼孤的杨贵妃，何曾忘却教她如何做人，给她无限温暖对她慈爱无比的养父杨玄璬？只是皇上的这种苦心，从寿王妃到皇上宠妃的尴尬经历，使她能理解和默认这种取舍。从当年婆婆为丈夫争夺太子事件，寿王妃没有介入，而是冷眼旁观，以及后来她受宠从不介入政治等情况来看，杨贵妃不是个权势欲望强烈、斤斤计较、蛮横无理、酷爱虚荣的人，在这些问题上杨贵妃倒是颇为豁达，善解人意，这也是玄宗欣赏她的原因之一。

随着贵妃"恩宠声焰震天下"，杨门家族亦宠贵赫然，官衔封号越来越高。已经亡故的生父杨玄琰从当时赠予的兵部尚书，累赠至太尉、齐国公，生母赠封凉国夫人。

叔父杨玄珪由从三品的光禄卿，升迁到正三品的工部尚书。从三品的光禄卿到正三品的工部尚书看似只升一级，然而这可是本质上完全不同的一级。光禄卿是光禄寺的最高主管，手下除有五十二个少卿、丞、主簿、录事、府、史、亭长、掌固等官协助工作，听从差遣外，还掌管太官署（负责提供膳食）、珍馐署（负责山珍海味）、良酝署（负责酿酒）、掌醢署（负责掌管各种肉酱）四署。也就是负责朝廷、国家重大活动的酒醴膳馐事宜，如在举行大祭祀时，准备牺牲用品以及酒宴、官员的座次供给等。正三品的工部尚书是工部的最高主管，负责掌管天下百工（工匠）、屯田、山泽政令的制定和执行，以及中外百司事务。工部尚书手下有侍郎、郎中等一百多人，以及工部（负责皇宫内的设计建筑等）、屯田（镇守边疆军队就是靠屯田提供军需、军用储备）、虞部（相当于环境管理，山泽河流何时可以砍伐、采捕、狩猎，何时必须休养生息，禁止上述活动）、水部（治理河流水域）四个部门，利益之丰厚、实权之大、范围之广，不是光禄卿可与之同日而语的，档次高得多，由此可见贵妃后来恩宠之盛。

从兄杨铦由从四品上的殿中少监升为从三品的鸿胪卿，然后再授三品、上柱国，享有在私宅门前树立戟杖的殊荣。殿中省设监一人，少监设二人，为副手，殿中少监负责协助本省最高领导掌管乘舆服御的政令，属下有尚食、尚药、尚衣、尚乘、尚舍、尚辇六局，所谓“尚”是指负责为天子享用的东西，也就是协助殿中省监掌管天子的穿着服饰、出行乘坐的舆辇，饮食等，每天皇上的饮食都是由其亲送亲尝后，皇上才动口，等于负责皇上衣食住行等日常生活，可想而知皇上对他的重用、信任和亲近，确切地说应该是对杨贵妃的信用和亲近。此外，凡是天下诸州进贡的甘滋珍异，都是由其悉数登记名目后收藏储备，每当年初的元正、年末的冬至大朝会，宴请朝廷文武百官，杨铦就要与光禄卿一起根据朝臣级别，分别给其相应的待遇、供品。从三品的鸿胪卿是鸿胪寺的主管，下属有典客署、司仪署，负责接待前来朝见的四方少数民族酋长，判明其身份地位，还有判明承袭官爵长子的嫡庶身份，上报尚书，或者前往外国为诸蕃大酋长颁布册封封建礼命，也就是负责对外关系，此外还负责发布国内外哀丧消息及主持丧事即凶礼（与现在的外交部类似）。尤其是后来又授三品、上柱国，享有“私第立戟”的荣耀。上柱国是一种勋位，这种涂着油漆的木戟，本来是汉代官吏出行时作前导的仪仗，到了唐朝，凡是官阶勋三品以上，私宅家门立戟，以示主人的高贵。

从兄杨锜本来为从六品下的侍御史，就在贵妃被册立的第二天，皇上就命他尚“太华公主”，也就是命杨锜迎娶他最宠爱的、与武惠妃所生的小女儿为妻。依照惯例，尚太华公主的杨锜便自然晋升为从五品下的驸马都尉，驸马都尉是武散官，没有实际职权，也许他还兼任侍御史工作，无论如何，玄宗特别疼爱太华公主，太华公主享受的礼遇自然也超过其他公主。玄宗特别赐给她在兴庆宫西面，位于安兴坊的甲第，号称“太华宅”，私邸紧连宫城，出入兴庆宫十分便利，令杨锜倍感荣耀，无比风光。

太华公主与寿王是亲兄妹，寿王作为她的亲兄长，特别是在母亲逝世后关系应该颇为密切。她曾亲密无间地称杨玉环为“嫂嫂”，或许为从兄杨锜牵线搭桥的正是曾为寿王妃的杨贵妃。寿王妃变成贵妃后，寿王、太华公主同贵妃由同辈变成晚辈，而杨锜则与贵妃同辈，当时皇室婚姻不像后世那么严格区分辈分的高低，也反映出唐朝从皇室到民间的婚姻关系都相当开放自由。

杨贵妃的小堂弟杨鉴，在贵妃册立时，尚且年幼不到加封的年龄，所以不像其他成年兄弟那样在贵妃鼎盛时享尽风光，他直到天宝九载（750 年）才成年，仗着是贵妃的堂弟，他也是尚公主为妻，任职湖州刺史，官阶大概在从三品至四品之间。

从祖兄杨钊（杨国忠）比起贵妃的近亲堂兄，在官宦仕途上，有着颇具传奇色彩的钻营。杨国忠更会利用贵妃的显赫身份。论学识、学养、品格，杨国忠根本无法与贵妃的近亲兄弟相比，杨国忠出生时，他这一支已经没落，身份低微，他一度混迹于社会底层。靠几分机灵和运气，杨国忠好不容易搭上贵妃这门十分疏远的亲戚，此后竟以贵妃为靠山，成为权力中心的重要人物，当上宰相。

贵妃得宠后，三个已经出嫁的姐妹也纷纷迁往长安。三个姐妹和贵妃一样美貌出众，活泼优雅，早在贵妃为女道士号“太真”时，她们就已经可以享受出入内宫的特别待遇。杨玉环立为贵妃后，皇上慷慨地赐给三姐妹位于京师的宅第，不久又封赐三姐妹为韩国夫人、虢国夫人、秦国夫人的称号，这些加封赏赐，既是皇上给贵妃家人的见面礼，也显示皇恩浩荡、惠泽周流。

贵妃得宠后，不仅贵妃的近亲沐浴皇恩雨露，连其他亲属也都广受恩惠。杨国忠的儿子杨朏尚万春公主，杨暄尚延和郡主；秦国夫人女婿任秘书少监，其女后为代宗（玄宗孙子）妃；韩国夫人的外孙女嫁为玄宗的孙子妃；虢国夫人的儿子裴徽尚代宗女儿延光公主，女儿嫁为宁王儿子妃；秦国夫人女婿柳澄的儿子柳钧尚长清县主，柳澄弟弟柳潭尚太子（肃宗）女儿和政公主。如此，杨氏家族中，就出了一位贵妃，二位公主，三位郡主，三位夫人。外戚和皇室联姻，亲上加亲，杨氏家族声势兴旺。

难怪当时世人羡慕地流传道：“生女勿悲酸，生男勿喜欢”，“男不封侯女作妃，看女却为门上楣”。在重男轻女观念相对严重的封建社会，贵妃的恩宠声焰甚至震撼着这种价值观念。真是：“姊妹弟兄皆列土，可怜光彩生门户。遂令天下父母心，不重生男重生女。”

除此之外，玄宗还特别为贵妃父祖立私庙，御制家庙碑文并书，这是杨氏家族的莫大荣耀。大概就是在私家庙内，养父杨玄璬的牌位堂而皇之地列居其中，贵妃得以毫无顾忌地宣泄对她有养育之恩的养父杨玄璬的追思，为包括他在内的所有宗族祖先祈福。正如《旧唐书》记载："自开元以来，豪贵雄盛，无如杨氏之比也。"真是除了江山之外，皇上能给贵妃的全部都给了她。倘若没有安禄山之乱，唐朝依然正常运转维持盛世，也许杨贵妃会幸福地陪伴玄宗走向人生的终点，循规蹈矩的杨贵妃怎么知道人生变化莫测，风云突变，等待她的竟是悲惨的结局呢？

而在此时，幸运之手正频频向杨玉环招手，立为贵妃，宠贵无比，如日中天，杨氏满门在这皇上推恩之际，更是兴奋雀跃，沉浸在突如其来的荣耀之中。

22 梅妃

在历史上的宫闱秘史中，嫔妃被皇上遣出宫的事例很多，结局都十分悲惨，或者被废为庶人，或者被打入冷宫，过着求生无望、欲死不能、饱受凌辱的地狱般生活，或者赐死株连九族。玄宗的王皇后，因为其兄弟为自己做法事求子，就被玄宗废为庶人，兄弟贬官处死。而杨贵妃曾有两次因激怒皇上而被遣出宫外却又被复而迎入宫。玄宗与杨贵妃在争吵磨合中，感情反而愈加牢固，令人称奇。难怪后世的文人墨客驰骋想象，煞有介事地杜撰了有名有姓的浪漫故事。据说，杨贵妃第一次被遣出宫是因为嫉妒梅妃。

杨贵妃第一次和皇上怄气被遣送出宫外是在天宝五载（746 年）七月，《资治通鉴》说贵妃“以妒悍不逊，上怒，命送归兄铦之第”，《旧唐书》

更简单，仅写着“贵妃以微遣送归杨铦宅”，对于此事的缘由则只字未提。封建社会，皇上一言九鼎，手握生杀大权，君要臣死，臣不得不死，何况一个妃子！无论什么情况，只有朝臣之过，下人之过，贵妃有什么资格和权力顶撞皇上？史书没有记载出宫原因本身就是原因，史学家自然站在皇上一边，以“妒悍不逊”谴责贵妃的不恭。

而不少野史却有详细记载，说贵妃因为嫉妒，对皇上说了过分的、侵犯皇上威严的、不恭敬的话，并绘声绘色地讲述了一段玄宗与梅妃之间、杨贵妃与梅妃之间的故事，认为杨贵妃第一次对皇上不恭，是因为皇上偷偷临幸梅妃，于是贵妃醋意顿生，向皇上大发脾气。

据晚唐曹邺所著《梅妃传》载，梅妃姓江氏，今福建莆田人。家中世代为医，梅妃从小知书达礼，九岁就能背诵“二南”，擅长诗词。早在开元中期，高力士奉命到福建、广东为皇上选妃，当时梅妃刚刚成年，清纯少丽，文采出众，便被带回宫中侍奉皇上。

江妃身材苗条，好文淡雅，武惠妃病逝后颇得玄宗宠爱。江妃性情清高，喜好梅花，所居宫前种满梅花，玄宗曾亲自为她居所题写了“梅亭”二字。每逢梅花盛开，江妃常常独自面对傲雪怒放的梅花吟诗作赋，自顾赏花恋花不能离去。她创作的《萧兰》《梨园》《梅花》《凤笛》《玻杯》《剪刀》《绮窗》七赋，颇为有名，为此她被玄宗戏称作“梅妃”。

一次，玄宗与诸王一起饮酒谈笑，不知是酒喝多了或是故意调情，宁王不小心或是偷偷地踩到奉命侍奉身边的梅妃之足，梅妃立即以鞋珠掉落为由进入房内半天不肯出来，皇上亲自命她出来，梅妃还恃宠，借故身体不舒服，不肯出来陪坐。

有一次，玄宗与梅妃斗茶，品尝谈笑间皇上对诸王诙谐地说：“梅妃是‘梅精’，她吹白玉笛，连鸟儿都翩翩起舞，满座光辉，今天斗茶又胜过我。”只见梅妃马上巧妙地回应道：“这些不过是草木之戏，妾偶尔误胜陛下，哪能与陛下调和四海，烹饪鼎鼐，万乘自有心法相提并论呢！”意思是说皇上神圣，能调和四海天下太平，治国有方，品茶之类的小事不过是臣妾偶尔误胜，算不上胜出，奉承得皇上眉开眼笑。

梅妃以擅长诗赋出众，亦通音乐，因而被文采飞扬的玄宗看重，特别是在痛失武惠妃的岁月里，梅妃不失为一个令人愉快的陪伴。

自从遇见寿王妃杨玉环后，玄宗整个身心为之一振，深深陷入爱恋之中，不能自拔。论身材、气质，杨贵妃都与梅妃完全不同，梅妃身材苗条、文静娇弱，令人爱怜、百般呵护；杨贵妃则圆润丰满得恰到好处，充满青春活力，令人激情澎湃，怦然心动，加上全方位的音乐文学艺术才华，令玄宗完全被她吸引，宠爱日夺，不知不觉，梅妃就被撂在一边。

同在宫城内，焉能不碰头？据说贵妃入宫之初，玄宗同时召二妃出席酒宴，令其相互见面，梅妃见有新人来，如何会高兴？以赋诗暗中讽刺贵妃丰满肥胖，贵妃亦巧妙地回应。以后，无论在宫内宫外，双方都避路而行，尽量避免碰面，以免尴尬。不久，杨贵妃恩宠隆重，梅妃却被迁往上阳东宫，那是专门收留失宠宫人的地方。

一转眼，几年过去了。一天晚上，玄宗忽然想起梅妃，便派侍从偷偷地从上阳宫召梅妃来叙旧，对梅妃温存一番，双双竟然睡到日头高照。忽然，侍者报说贵妃已经来到了寝宫前，怎么办？慌忙中，玄宗让梅妃躲在夹幕间，自己佯装睡下。杨贵妃进来后，明知故问道："梅精在哪里？"玄宗敷衍地说："不是在东宫吗？"杨贵妃口吻坚决地请求皇上，马上召梅妃来，一起泡温泉。玄宗趁机推说已经好久没有和她来往。贵妃生气地指着桌上乱七八糟残留的菜肴和床底下的女鞋，责问道："晚上谁侍寝？为何醉欢不上朝？"玄宗被追问得有些尴尬，只好耍无赖，抱被转向墙面说："吾今日身体不适，不视朝。"杨贵妃大怒，气冲冲地返回自己的寝宫。贵妃走后，玄宗叫梅妃出来，谁料梅妃已被小侍从先行送走了，气得玄宗把这个小侍从杀了。

玄宗命人将金钿首饰送给梅妃以示抚慰，梅妃问道："皇上恐怕早就把我忘了吧？"答："没有忘，只是贵妃太无情了。"梅妃嘲讽道："可怜我，又怕得罪肥婢，不就是忘了吗？"她模仿司马相如的《长门赋》，作了一篇《楼东赋》：

玉鉴尘生，凤奁香殄。懒蝉鬓之巧梳，闲缕衣之轻练。

苦寂寞于蕙宫，但凝思乎兰殿。信摽落之梅花，隔长门而不见。

况乃花心飏恨，柳眼弄愁，暖风习习，春鸟啾啾。

楼上黄昏兮，听风吹而回首。碧云日暮兮，对素月而凝眸。

温泉不到，忆拾翠之旧游。长门深闭，嗟青鸾之信修。

忆昔太液清波，水光荡浮。笙歌赏燕，陪从宸旒。

奏舞鸾之妙曲，乘画鹢之仙舟。

君情缱绻，深叙绸缪。誓山海而长在，似日月而无休。

奈何嫉色庸庸，妒气冲冲，夺我之爱幸，斥我乎幽宫。

思旧欢之莫得，想梦著乎朦胧。度花朝与月夕，羞懒对乎春风。

欲相如之奏赋，奈世才之不工。属愁吟之未尽，已响动乎疏钟。

空长叹而掩袂，踌躇步于楼东。

文中描述了面对残阳落日，素月暖风，只能用回忆往日与玄宗一起的幸福时光来打发时间的寂寞生活，抒发了自己对玄宗一往情深的爱恋，悲愤控诉自己被贵妃妒嫉排斥，夺走天子对自己的爱情，深锁幽宫的悲惨遭遇。梅妃的这篇赋，惹得贵妃勃然大怒，她向皇上哭诉道：“江妃庸贱，竟敢以谀词来宣言怨望，请赐她一死！”玄宗无言以对，只是默不作声。

玄宗曾私下密赐珍珠一斛给梅妃，梅妃不收反而写下《一斛珠》诗，要侍者转呈皇上，诗中写道：

柳叶双眉久不描，残妆和泪污红绡。

长门自是无梳洗，何必珍珠慰寂寥。

表示，既然无法侍奉皇上，也就无需梳妆打扮，这些珍珠还有什么用？玄宗看后，怅然不乐。

玄宗记挂梅妃，令贵妃视梅妃为眼中钉，并屡屡顶撞皇上。贵妃的强烈妒忌终于让玄宗发怒，所以将她送回从兄杨铦的宅第。

据说当安禄山叛乱平定后，玄宗回到长安，还派人寻找梅妃的下落，甚至下诏悬赏，许诺找到梅妃者升官两级，赐钱百万，可惜朝臣们四下搜访都杳无音信，哪怕令方士潜经天地寻找梅妃，仍一无所得，令他十分悲伤。有人献上梅妃画像，玄宗看后说：“容貌相似，可惜不是真人！”感慨地在画像上题诗：

忆昔娇妃在紫宸，铅华不御得天真。

霜绡虽似当时态，争奈娇波不顾人。

还命人将画像刻在石上。有一天，玄宗白天小睡，朦胧中，他见到梅妃隔着竹林悲泣，告诉他战乱时死于乱兵手下，被好心人埋在池东梅林边。玄宗猛然惊醒，汗水淋淋，急忙命人到太液池边挖掘，结果空空如也，令他闷闷不乐，忽然他想起温泉池边也种着十多株梅树，便令左右到哪里挖掘，才挖了几棵，就看见用锦缎裹着放在酒槽里的梅妃尸首，胸肋下的刀痕清晰可见，玄宗不禁失声恸哭，亲自写了一篇祭文，将梅妃重新安葬。

这段故事，煞有介事地把贵妃与梅妃争风吃醋的情景描写得活灵活现，不过复旦大学教授许道勋、赵克尧认为上述故事情节、言语场景与史籍记载相比破绽百出，不足为信。诸如讽刺贵妃为“肥婢”，所谓“肥婢”之称与唐朝风气不符，唐朝以丰硕为美，欣赏健壮活泼，只要肥得匀称不臃肿，就是美，何以出现“肥婢”二字的诋毁之语？欣赏苗条，以纤弱为美，是南宋以后的时尚，与唐朝蓬勃向上的气势毫不相通。

而玄宗与梅妃在东都叙旧爱，称贵妃为太真等情节，与史料记载更是南辕北辙。开元二十四年（736年）返回长安后，玄宗再也没有巡幸东都洛阳，故不可能与梅妃在东都洛阳叙旧；杨玉环立为贵妃之后，官方史料基本上不用“太真”来称呼贵妃，天宝五载（746年）还用“太真”称呼，令人生疑；此外若梅妃长期受宠，为何没有留下一儿半女呢？

许道勋、赵克尧先生查遍南宋宁宗嘉定年间（1208年）以前的所有史籍，都没有发现有关梅妃的记载，《新唐书》《旧唐书》《资治通鉴》里没有，唐朝诗人白居易的《长恨歌》、陈鸿的《长恨歌传》及晚唐的《开天传信记》里没有，宋史的诸多著名书目里也没有梅妃的蛛丝马迹，这些考察说明，梅妃传纯属南宋以后的文学家以当时的审美与偏见杜撰的。

他们发现，在南宋宁宗嘉定年间的福州地区《莆阳比事》笔记里，倒有"梅妃入侍"一条，作为地方名媛，梅妃被大张旗鼓地加以宣扬。他们推测，可能是当时的文人张冠李戴，把梅妃加塞在玄宗与贵妃之间，以增添文学作品的趣味性和可读性。

后世更是不辨真伪，信手拈来添油加醋，明清文人将《梅妃传》收入杂剧《惊鸿记》《长生殿》及《全唐诗》，使得《梅妃传》在世间广为流传。大概作者是借着梅妃的不幸遭遇，在凸显两人性格冲突中（梅妃忧国、贵妃祸国），同情梅妃，将其作为正面人物予以颂扬，加重杨贵妃作为导致安禄山之乱的"女祸"罪名，也许作者意在劝诫君王不要重蹈唐玄宗贪恋女色误国的覆辙，故大力宣扬宋朝封建正统观念，女人祸水观念。随着南宋以后理学统治思想界，妇女地位一落千丈，这也是自宋朝以后，社会倒退到保守封建专制狭窄的原因之一，唐朝的大气包容自信，渐渐丧失。

这种将安禄山之乱的责任，轻松地往柔弱的女性身上推的女人祸水论，完全符合几乎清一色、占据政治权势大男人世界的需求，满足了男人的虚荣心和威严，也迎合统治者的口味，特别迎合昏庸无能、性格软弱帝王的心理需求。

仔细思量，《梅妃传》的故事情节的确令人疑窦丛生，杨贵妃有那么大的权力，可随意遣送梅妃幽闭上阳宫吗？贵妃会那么蛮横地要求玄宗做他不愿做的事，甚至谴责皇上吗？要知道玄宗不是性格软弱的高宗、中宗、睿宗，杨贵妃也不是强悍泼辣的武则天！玄宗雄才大略，性格刚毅，精明能干，他是以自己的果敢、实力登上帝位的一代强势帝王！

从唐人笔记、史籍记载以及玄宗对贵妃的评价中，我们丝毫看不到杨贵妃身上有南宋及后人描写的那种近似于刁蛮的负面形象，甚至从中晚唐人们的一些只言片语中，能够感觉到些许对杨贵妃悲惨命运的同情。这说明唐朝男性的自信强悍，唐朝思想文化领域开明，对妇女的尊重，妇女在社会上拥有一定的地位。

初次被遣出宫

23

关于杨贵妃初次出宫风波，还有人认为与虢国夫人有关：虢国夫人与玄宗在华清宫调情，导致贵妃生气，这就更经不起考证，她自被立为贵妃后，三个姐妹虽然也常常出席皇上举行的游宴，但当时还没有被册封国夫人称号，没有像后来那么亲密、放肆，哪怕同游骊山华清宫，也只能在上一年（天宝四载）十月发生，如何会拖到第二年的七月发作？

种种迹象表明，天宝五载的出宫风波，未必因为梅妃其人其事，也与虢国夫人无关，但杨贵妃顶撞玄宗，却是不争的事实。从《资治通鉴》的“妒悍不逊，上怒”来看，贵妃还顶撞得不轻，连一向对宠妃百依百顺的皇上都忍受不了，动怒了。

嫔妃送出宫，象征着皇上与嫔妃分离，皇室

婚姻离异，同民间休妻含义相似，此时杨贵妃的养父杨玄璬早已不在人世，故把她送回从兄杨铦宅第，如同送杨贵妃回娘家。《资治通鉴》载："《唐历》以铦为玄琰之子。借使非子，比与国忠必应稍亲，今但谓之从兄。"也就是说，送贵妃回杨铦家，是因为在贵妃的几个从兄中，杨铦最年长也与她最亲，无论杨铦是否为杨玄琰之子即贵妃的亲哥哥，都足以代表贵妃娘家。

按照当时的规矩、制度、法律，后宫嫔妃顶撞皇上，算是大逆不道的罪过，贵妃对皇上不恭，令皇上大怒之举，换作别人早就被处以严刑、身首异处或者被废为庶人打入冷宫，尽管发生了如此严重的不快，玄宗也不过轻微处置，只是将贵妃送归从兄杨铦宅第！正如《旧唐书》所称，贵妃忤旨后送出宫外从兄杨铦宅第的处罚实属"微遣"，如同隔靴搔痒。盛怒之下还如此割舍不下，理智大度，处理事情拿捏自如，一方面展现了玄宗的帝王风度，另一方面也说明他对杨贵妃的深情，以及事发的蹊跷。

天宝五载（746 年）七月，恰逢杨贵妃被立为贵妃刚刚一年，正是暑热天气，令人心烦气躁，脾气火暴的季节。杨贵妃承恩专宠已经多达六年，皇上无微不至的细心呵护、百依百顺，满朝文武的阿谀奉承，都使得杨贵妃渐渐滋生娇骄二气。随着爱意深厚，来自普通官宦人家的杨贵妃，希望像普通人那样拥有爱人所有爱的倾向越来越强烈。可惜她的爱人是拥有天下的、至高无上的皇上，年年从全国各地选送入宫的年轻美女，无时无刻不在挑战着杨贵妃的地位。在玄宗和杨贵妃如胶似漆的热恋中，两人思想、性格、爱好的一致，令生性风流的皇上的确非常欣赏贵妃、疼爱贵妃，但这与他偶尔需要寻欢作乐似乎并不矛盾，如同猫爱偷吃鱼那样。

本来皇上是可以堂而皇之地宠幸其他嫔妃宫女的，然而玄宗太爱杨贵妃，太在意她的感受了，所以当花心好色老毛病重犯的时候，为了不让宠妃生气，玄宗只能偷偷摸摸地犯规，越是悄悄地寻欢作乐，越增添刺激和乐趣。

可想而知，玄宗在专宠杨贵妃的同时，哪怕不是私下宠幸梅妃，也会偶尔偷偷摸摸地与宫内的其他嫔妃宫女调情亲热，而且不止一次，所以史书说贵妃常常心生妒忌。在她眼里，玄宗既是皇上也是一个普通的人，随着几年来的专宠，对皇上的爱之深切，让她对皇上寻欢作乐的容忍度越来越低，来自四川的杨贵妃率真，敢爱敢恨，敢向皇上的不轨行为表达自己的不满，也许这就是杨贵妃的个性。

早已习惯了唯我独尊、放荡不羁的玄宗，背着爱妃偷偷寻欢作乐，已经够节制的了，杨贵妃还敢向他发脾气！在皇上眼里真是反了，在此之前，有哪个妃子敢向他说个“不”字？就算是宠爱了十几年的武惠妃，也只能忍气吞声地顺从他，所以玄宗除了与武惠妃留下二男二女外，另外还有几十个孩子！难怪皇上一怒之下，将杨贵妃送出宫外。

谁知玄宗送走杨贵妃后，便无心寻欢作乐，怅然若失。几年来，与贵妃“行同辇，止同室，宴专席，寝专房”的亲密相处，不知不觉，贵妃已经成为他生命中的一部分。短暂的分离反而令玄宗更加清楚地意识到，贵妃才是他的真正所爱。送杨贵妃出宫还不到一天，玄宗即感到极度的精神空虚，想念起她来。玄宗焦躁不安，心神不宁，动辄便拿身边的侍从太监、宫女出气，鞭打训斥。然而，尽管是在盛怒之下下达出“遣送出宫”的旨意，但作为皇上也不能出尔反尔，不顾信誉，立马收回成命。

常年随侍皇上的高力士察知了玄宗的心态，他建议将贵妃宫中的器物珍玩等用品全部送到杨铦宅第，以表示皇上依然关心惦记着她，缓和一下矛盾气氛。有了高力士提议的这个台阶，玄宗顺势命将御膳也送去给贵妃，暗中传递了要召她回宫的意思。就在当天下午，高力士亲自安排将百来车大包小包的日常器物送到杨铦家，随后又送去皇上赐给的御膳等。当夜，高力士又马上奏请将杨贵妃迎回宫内。送出宫外的妃子又重新召入宫，而且仅隔一天，毕竟有伤皇上尊严脸面，为便于掩人耳目，精明能干的高力士奏请皇上破例连夜开禁门将贵妃迎回宫内。

禁门是皇城的城门和宫殿的宫门，皆由禁军守护，京城长安自隋朝建新城时，就注意遵照皇权至上的原则规划城市，唐朝延续这种整齐有序的布局发展扩大，每个街坊都有坊门，无论禁门或坊门，每天早晚都按规定时间，以击鼓报时为号，准时开启关闭。唐朝的宵禁极为严厉，一般禁门及其他坊门、市门关闭之后，不准随便开启，遇到紧急的军国大事，需要连夜开禁门或其他坊门，都必须事先层层奏报，最后要中书门下核准才行。禁门与皇上自身的安危紧紧相连，把守开启都有严格的制度管理，但这回玄宗不惜破例一回，连夜开启宫门迎贵妃入宫。

唐朝的长安，城市整齐划一，各坊各街按等级分别居住着不同的人。围绕玄宗居所兴庆宫的各街坊，是宗室贵戚以及皇上恩宠至亲的人，尤其紧连兴庆宫西面的安兴坊、胜业坊，像大哥宁王、岐王宅就在安兴坊，弟弟薛王宅在胜业坊。安兴坊西面是安仁坊，胜业坊西面是崇仁坊，安仁坊在崇仁坊东面。杨贵妃得宠后，从兄杨铦住在崇仁坊，娶了武惠妃小女儿太华公主的杨锜住在安兴坊。

也有史料说杨铦住在永崇坊，从永崇坊到兴庆宫北门有八坊之遥，需要通过十六道坊门！对此，《旧唐书》载："是夜，开安兴里门入内。"《杨太真外传》描述略为详细："既夜，遂开安兴坊，从太华宅入。"以贵妃恩崇之隆重，玄宗赐给杨铦的宅第应该是在靠近兴庆宫的崇仁坊，由崇仁坊入宫，与上述记载路线吻合。此外，每次经过繁杂手续，层层照准，特例打开坊门，朝廷都会作详细记载，由此推测，说杨铦宅第在永崇坊的记载显然有误。

杨贵妃接旨后，在禁卫军的护送下，经过特别为她开启的崇仁坊和路经的安兴坊两道坊门，从杨锜的太华宅进入兴庆宫禁门，连夜回到内宫。夜开禁门迎贵妃，这也是唐朝历史上绝无仅有的，足见皇上急不可待想见到贵妃的迫切心情。

当毫无征兆突然见到贵妃被送回家里时，杨氏家族及其兄弟姐妹个个忐忑不安，如大祸临头，纷纷聚集在杨铦宅第，女眷哭哭啼啼，男人黑着脸阴云密布，笼罩着一种不祥之兆。

而当下午门外传来宫内用品送到的滚滚繁杂车声和收到皇上送来的御膳，杨氏家族又立即欢呼雀跃，云开雾散，悬着的心终于放下，贵妃更是泪如泉涌，内心充满对皇上的感激之情，恨不得马上飞到他身边诉说心中的悔恨。

拂晓前，贵妃终于在内殿重新见到玄宗，只见她泪流满面衷心地“伏地谢罪，上欢然慰抚”。史书上这寥寥数语，将他们和好如初的感动在不经意中表现得淋漓尽致。

第二天，玄宗特意召长安东城和西南两个最大集市中有名的杂戏入宫表演，以愉悦贵妃，并召贵妃的姐妹韩国夫人、虢国夫人一起进食，亲自陪同她们作乐整整一天，同时据《旧唐书》记载：“左右暴有赐予。”一个“暴”字，说明皇上超常规毫无特别理由地大量赏赐杨氏家人，与他送贵妃出宫后的动辄暴怒，形成鲜明的对比。自此贵妃恩宠愈隆，“后宫莫得进矣”。《资治通鉴》的这一记载，说明出宫风波与后宫新人或者嫔妃侍奉皇上有关，通过这次波折，玄宗更加珍惜与贵妃的爱情，被选入后宫的美女从此失去了陪侍皇上、承恩获宠的机会了。后世文人将她们的悲惨遭遇归结于贵妃的妒忌，独占专宠，但是又有谁会责问这种封建制度的荒唐？

天宝五载的出宫风波，对玄宗与贵妃来说，都是生命中的一次巨大冲击与震动。玄宗从没有受到过来自心爱女人的激烈顶撞，令他第一次审视自己拈花惹草、寻欢作乐的代价，对生活情感有了一次深刻的体悟；杨贵妃第一次遭受如此挫折，深受历练，娇骄二气被打掉不少，重新审视自己和皇上之间的关系，特别是被送出宫后的无助，令她刻骨铭心，深切体会到皇上的威严不可侵犯和顶撞皇上的严重后果。

出宫风波平息后，经过反思重逢的玄宗和贵妃，各自都作出多为对方着想的调整，贵妃更加温顺内敛忍让，皇上更加爱惜贵妃，两人的情感更加牢固。

24 三千宠爱在一身

长期以来，玄宗坚持每天四更初便起来，穿衣漱洗后第一件事，就是到大同殿礼谒玄元皇帝圣容，礼道时，玄宗将从得道高人那里学来的方法，屏息静心，进入假寐，或是“思神念道”、“吐故纳新”境地，练气功。开始礼谒的是玄元皇帝图像，造玄元皇帝石像后，皇上顶礼膜拜更加勤快。

《旧唐书·礼仪志四》记载：“玄宗御极多年，尚长生轻举之术。于大同殿立真仙之像，每中夜夙兴，焚香顶礼。”为了便于皇上礼谒，兴庆宫大同殿作为供奉玄元皇帝的神殿，建在皇上寝殿旁，骊山华清宫同样也有供皇上礼谒的集灵台，天宝六载（747 年），朝廷大规模扩建华清宫时，又在骊山西绣岭的最高峰建朝元阁，形成了汤泉、长生殿（即原来的集灵台，据说集灵台是神殿与寝殿合一的建筑，朝元阁建成后为寝殿）、老君殿、朝元阁一列排开的建筑群。建筑群的每一个命名，也都渗透着皇上崇道思想。玄宗自封为“开元天宝圣文神武皇帝”尊号，故后世诗人也常常称玄宗为“神武皇帝”。

有道士经历，跟随玄宗学道、修道的杨贵妃，在出宫风波之后，更加殷勤地侍奉陪同皇上一起早起，恭恭敬敬地顶礼膜拜。每每侍奉朝谒玄元皇帝，她都身着黄色的道服，以虔诚的道教徒出现，或者穿着符合唐朝土德符运的黄裙，陪侍皇上白天礼谒，从不懈怠。

玄宗信奉道教，推崇道教，随着年纪的增长，越来越精勤修道，钻研崇尚长生之术。玄宗道学造诣精深，但依然虚心好学，尊重得道有名的道士，他召征奇异之士，相互切磋道学心得。在受到玄宗礼遇的道士中有叶法善、司马承祯、王希夷、张果、李含光、罗公远等人。出入与皇上同行的杨贵妃，天资聪颖，在随侍玄宗与相关得道高人的交流中，贵妃也受益匪浅，兴趣盎然地积极投身于道教实践中。

天宝七载（748 年）三月，兴庆宫大同殿出现了玉芝呈祥的征兆，十二月华清宫的朝元阁，又有降圣旨的传言，于是朝元阁改名为降圣阁。天宝九载（750 年）有方士声称见到玄元皇帝，玄元皇帝告诉他太白山宝仙洞有玉石函、《上清护国经》、宝券、纪箓等，无论这些祥瑞是真是假，是否为臣下、方士牵强附会、弄虚作假迎合皇上，玄宗、贵妃都乐见其成，如获至宝、郑重其事地听取和接受。

因为玄宗和贵妃身体力行崇道修道，思慕长生，所以下面大臣“争言符瑞，群臣表贺无虚月”。借着虚报所谓符瑞，有的人飞黄腾达、有的人一夜暴富，李林甫等当时已经权倾朝廷的朝臣，更是不失时机地纷纷请求捐舍宅第为道观，以祝圣上长寿，让皇上龙颜大悦，更加倚重。

皇上宠爱贵妃，各路朝臣纷纷寻找奇珍异宝争相进贡朝廷，连各国使臣也纷纷进贡本国的珍奇器物给大唐，祈求得到唐朝的认同。这些珍宝几乎立即都成为皇上赏赐给贵妃最佳礼品。

抚交趾国使向大唐进贡散发着独特浓郁清香的龙脑香五十枚，形状犹如蚕蛹，小巧玲珑，香味扑鼻。这种龙脑香异常罕见，禁中称其为瑞龙脑，玄宗一口气赏赐了贵妃十枚。贵妃喜爱无比，珍重地将其放入胸前的鎏金小香囊里，一直携带身边。

贵妃丰满圆润，特别怕热，暑夏之际，她常常感觉肺渴口干，为此皇上特别赐给她一个冰凉的玉鱼儿，每当肺渴，贵妃便将玉鱼儿含在口里，用冰凉津液养肺解渴。颇为发福的玄宗也和贵妃一样十分怕热，所以宫内建筑工匠煞费苦心，不仅在兴庆宫建有供他们享用的清凉水殿，有建造得特别通风透气的凉殿，凉殿御座内还藏有取自冬天冰窖里的大冰块，一阵阵冷气袅袅升起，弥漫整个殿堂。

仇英《贵妃晓妆图》(故宫博物院藏)

当时，宜春院里擅长歌咏的歌唱家永新名震天下，也得到皇上和贵妃的赏识，常常为其游宴表演助兴。永新出生于吉州永新县一个音乐世家，聪慧美丽，擅长歌咏，歌唱中能变新声。据史料记载，韩娥、李延年（李龟年的兄弟）、莫愁三人是当时堪称古往今来最有名的歌手，擅长唱歌，所谓“善歌者，必先调其气，氤氲自脐间发至喉，乃忆其词，即分抗坠之音。既得其术，即可致遏响谷之妙也”。可见当时的音乐家就掌握了利用胸腔发音的歌唱技巧。自从韩娥、李延年去世后，后继无人，直到永新出现，才填补了这一空缺，永新继承这两名歌手的演唱技能，成为宫内最有名的女高音歌手。

天宝中，与永新旗鼓相当、深得玄宗贵妃喜爱的歌伎还有念奴，念奴常常受诏为玄宗贵妃一展歌喉，一次，当伴奏乐起念奴上前独唱时，玄宗对贵妃说："此女妖丽，眼色媚人。"念奴也是每当啭声歌喉便声传天外，钟鼓笙竽嘈杂的乐器丝毫也无法盖过其嘹亮的歌声。史料记载，虽然玄宗对其颇为欣赏，然而因为"不欲夺侠游之盛，未尝置在宫禁"，就是说玄宗不愿独自享受如此美妙的歌声，故没有将她收入宫内，只有当玄宗一年一度行幸华清宫或者特殊需求时才临时下诏让她入宫演出。或许念奴过于妖艳媚人，玄宗照顾贵妃的感受，才是她无法进入宫内乐籍的真正原因。

正月的新年庆典，皇上赐酒宴观看表演，贵妃一定相伴。庆典演出按照惯例，由皇宫宜春院的歌舞音乐牵头，教坊陈列出山车旱船，寻栋走索，丸剑角抵，戏马斗鸡也都纷纷登场，还有数百名宫女身着锦绣衣服，头戴珠翠缓缓从帷幕中走出，击雷鼓表演《破阵乐》《太平乐》《上元乐》等音乐。更令人惊奇的是，在音乐的引导下，驯兽师带着大象、犀牛纷纷入场表演，场面盛大，节目丰富。

在众多令人眼花缭乱的精彩节目中，有一个名王大娘的戴百尺竿表演给人留下深刻的印象，王大娘的戴百尺竹竿，类似今天杂技中的顶长竿，玄宗命人做木山，形状如瀛洲方丈，令擅长戴百尺竹竿的王大娘表演，只见她持竿而出，小艺人手持绛节，在高高的顶竿上跳上跳下，出入其间，舞个不停，看得大家直替他们捏把汗，真是既惊险又好看。

当时刘晏以神童闻名，从小被纳为省秘书正字，年纪刚满十岁，长相不太好看但慧悟过人。这天玄宗特召其上勤政楼，故意出题考问道："正字正得几字？"只见刘晏用稚嫩的声音应答道："天下字皆正，惟有朋字未正。"刘晏机智的回答令玄宗大感惊奇。

正月十五的元宵之夜，长安城的大街小巷都张灯结彩，挂满鲜艳纷呈的花灯。这种元宵点灯的习俗据传起自汉代。有一年，尚方工匠毛顺心，巧用心机，施逞技艺，构思做了一个彩楼迎接一年一度的元宵节，只见彩楼高一百五十尺，上面有三十几间房屋，楼面基本上镶嵌金翠珠玉，华美精致。坐在楼下向上望，只见彩楼挂满装饰着形状如龙凤螭豹样式的百鸟禽兽彩灯。天色渐渐黯淡，毛顺心逐一点燃了那挂满彩楼的花灯，龙凤螭豹百般鸟兽形状的彩灯，盘旋的盘旋，跳脚的跳脚，飞舞的飞舞，千奇百怪，似乎出自神工之手，不像是人力所为。很难想象在没有机械电动工艺技术的唐代，毛顺心是如何设计得让这些千鸟百兽舞动的？彩灯楼间还挂满珠玉铃铛，微风轻吹，珠玉铃铛碰撞，清脆悦耳成韵，看得玄宗心花怒放兴奋不已。

宰相张说在《十五夜御前口号踏歌词》中写道：

花萼楼前雨露新，长安城里太平人。

龙衔火树千灯艳，鸡踏莲花万岁春。

帝宫三五戏春台，行雨流风莫妒来。

西域灯轮千影合，东华金阙万重开。

道出了太平盛世，欢度元宵的喜悦和盛况。

玄宗时期，元宵之夜装点彩灯、元宵观灯渐渐成为固定的节日项目，日期也固定为前后三天，后又增加元月十六、十七两天，形成了元宵节闹花灯（连续五夜展灯、观灯）的习俗，在闹元宵的日子里，京师宫城禁门、坊门不像往常那样依时关闭，节日期间特敕弛禁，君臣与百姓同乐，灯市中，车马轰隆，灯球灿烂，游人涌动，看灯喝酒，吃元宵、团圆饼等，热闹非凡。

贵妃得宠，杨氏家族也纷纷以各种方式显示自己的高贵身份，元宵节里，杨国忠门前不仅彩灯高挂，而且用上千炬红烛插围在宅第左右，若从高处看，远远看到一闪一闪的灯火把其私宅围绕成一圈，巍然壮观，时人称它为“千炬围”。韩国夫人则事先在高山上弄了一个高八十尺的灯树，上面挂满上百枝灯，元宵之夜点燃后，百里之外皆清晰可见，光明可夺月色。

元宵节里，上流社会纷纷制作构思新颖的彩灯，争相展现各自的才华权势，就连普通的老百姓也都参与到花灯的创作中，家家门前挂彩灯。不仅京师长安如此，就连偏远的西凉府，在元宵节里也有连绵数十里的灯彩，游人车马如潮。元宵节里，全国上下君臣同乐，一起参与有趣的游戏、歌舞表演竞赛、彩灯装点和酒宴，构成了喜迎新年的火爆气氛，形成了中国特有的红红火火迎新年文化。

生活中的贵妃，不仅是皇上倾诉的最佳对象，而且她常常以自己特有的方式巧妙化解皇上的郁闷。一天，在木兰殿的家族酒宴上，不知为何，玄宗看着盛开的木兰花，忽然黯然神伤。乖巧的贵妃此时已有几分醉意，见皇上闷闷不乐，便走向后台换上霓裳舞装，命梨园弟子奏乐，带醉跳了一曲《霓裳羽衣》舞，顿使天颜大悦，一展愁眉。贵妃醉舞霓裳已经达到出神入化的最高境地，难怪玄宗每每要点名贵妃舞《霓裳羽衣》，只有贵妃最意会曲中意境。传说只要这首形似天乐般清丽的舞曲声起，就会有数百只水鸟野雀纷纷飞奔而来，它们聚集在宫殿及树上，仿佛在凝神侧耳倾听，深深被这首悠扬美妙的曲调所吸引。

贵妃喜好舞蹈，对有舞蹈专长的人才自然另眼看待。史料记载当时舞蹈出名的有公孙大娘。公孙大娘的剑舞充满刀剑灵气，顿挫之势掷地有声，令人看得荡气回肠，豪气冲天，长沙僧怀素的草书，就是看了公孙大娘的剑舞后深受启发，在草书里糅入了剑舞中的顿挫之势而凸显飘逸。还有乐人祟胡子能软舞，表现了男人腰肢也能柔软得不亚于女郎，大概与今天的杂技相差无几，这些都是庆典上不可缺少的节目，还有新丰市女伶谢阿蛮，她擅长舞蹈《凌波曲》，杨贵妃看后十分赏识，为此谢阿蛮常出入宫中，不时还得到贵妃的惠赠，阿蛮也常常到杨国忠及诸姨宅第，为他们献上舞姿优美富有灵气的《凌波曲》舞。

贵妃和玄宗经常玩相互打闹的游戏。贵妃率领宫女、艺伎百余人为一阵，玄宗统领大小太监、侍臣等中小贵官百余人为一阵，在宫殿前的庭院中，两阵分别以霞被、锦杯为各自的旗帜，在皇上的一声号令下，相互对攻打闹，败者则罚用巨斛（古代用来喝酒的酒器、酒杯）喝酒，这就是所谓的“风流阵”游戏。当时就有人悄悄私下议论，在宫内对阵打闹，是一种不祥之兆，应该停止这种荒唐游戏。可惜当时李林甫大权独揽，对一些儒雅正直的才俊极力打压排斥，一味纵容皇上尽情玩乐。后来果然出现了安禄山兵乱，似乎天意人事都不是偶然的。

天宝中，还有个名为孙甑生的艺人，以技艺高超闻名，传说他能使石自斗，草为人骑驰走（大概相当于现代魔术之类的技巧），杨贵妃特别爱看，所以数度召他入宫表演。

玄宗年轻时马球了得，爱马懂马。马的聪明和善解人意，令喜好音乐歌舞的玄宗突发奇想，命人教马舞蹈。玄宗将四百匹马分为左右两部，称为某家宠，某家娇。当时塞外进贡了一匹好马，玄宗一见倾心，他看出这是一匹难得的骏马，特别疼爱，命人悉心调教。这匹马教什么都一学就会，舞蹈起来无曲不尽其妙，皇上特别疼爱，专门给它套上刺绣花纹的衣服，并在马鬣毛间装饰着金铃、珠玉，将它装扮得尤其漂亮。马儿似乎清楚自己的身份，在清脆悦耳的铃声陪伴下，每每踏步都显得轻快兴奋，成为舞马明星。

自从开元十三年（725年）宰相张说率领朝臣提议将玄宗生日八月五日定为千秋节后，每年的千秋节便成为全国上下的盛大节日。每年千秋节，玄宗都会观看自己构思指导的舞马曲《倾杯乐》。在音乐声中，上百匹身披盛装的舞马，左右站成两列，随着节奏奋首鼓尾，踩着节拍纵横变换队形数十回，马蹄声声踏步整齐，令人惊叹。舞曲行进中，又在场中放三层板床，马儿乘板而上，板床旋转如飞。一会儿，又走出一位高举板床的壮士，蹲下让马站在板床上，壮士一声吼叫便将上面站着马的板床高高举起，只见板床上的舞马随着乐曲声起，时而应节奏舞蹈，时而扬头嘶鸣，壮士身边还有数十名姿貌秀美的少年乐工，身穿淡黄衫文玉带一边奏乐一边舞蹈站立左右，场面极为壮观。

安禄山受宠入宫时，曾目睹过舞马表演，也十分喜欢，故特别在范阳圈养了数十匹舞马。安禄山之乱后，这些舞马便散落民间。传说这些舞马后来归田承嗣所得，田承嗣不知是舞马，和战马混合一起放在外面。忽然一天，军中犒劳将士，音乐声传遍四方，舞马闻乐起舞，不能自止。喂马的人以为遇上妖怪，用扫把打马，企图让马安静下来，谁知马儿以为人嫌它舞得不好，没有按照节奏踏步，于是马蹄起落得越发抑扬顿挫，卖力兴奋。厩吏百思不得其解，匆匆禀报上司田承嗣，田承嗣无知，下令狠狠鞭打，结果舞马踏步越整齐越受到猛烈的鞭挞，最终竟然倒毙鞭下。

《乐队图》(莫高窟 220)

玄宗与贵妃丰富多彩的兴趣爱好，对生活美感的追求，对擅长音乐舞蹈人士及类似于现在杂技等各种各样舞蹈等艺术的扶持鼓励，给唐朝的艺术带来百花齐放、繁荣昌盛。大唐盛世，光是两京（洛阳和长安）的乐工就多达上万人，太常寺下属，有主管音乐艺人（乐工）、歌手（歌伎）的太乐署，主管仪仗鼓吹乐手的鼓吹署，主管歌舞、百戏训练和演习的教坊。朝臣士人也好，寻常百姓也好，都酷爱文学艺术，其中不乏音乐歌舞天才，人们聚会谈吐游戏，多以音律为主，形成人人喜爱雅乐的文化氛围。

25 飞扬跋扈的杨氏族人

天宝七载（748 年）的一天，玄宗一口气下达了恩赐杨氏家族的三道诏令，分别封贵妃的大姨为韩国夫人、三姨为虢国夫人、八姨为秦国夫人，每月各给她们高达十万钱的脂粉费；加封远亲堂兄杨钊（杨国忠）为御史大夫、京兆尹；授予堂兄杨铦银青光禄大夫鸿胪卿，享有在私宅门前树立戟杖的殊荣，特授上柱国；还赏赐给虢国夫人照夜玑，秦国夫人七叶冠，杨国忠锁子帐等稀世珍宝。

自此每当杨家有什么要求，上至中央朝臣，下至台省府县都奉若诏敕，尽心尽力予以满足，即使没有什么吩咐，各地官吏也不敢怠慢，千方百计附会迎合，一时间杨家门前熙熙攘攘，来自各地的四方奇货、僮仆、驼马络绎不绝，日日盈门。

杨氏家族被皇上一波接一波的皇恩雨露、上上下下的阿谀奉承、源源不断送上门的奇珍异宝宠得有些忘乎所以。两位从小长在陪都洛阳见过世面，颇有儒家教养的堂兄弟杨铦、杨鉴毕竟生在官宦之家，似乎还相对平和地走入显贵的皇室外戚行列，举止相对收敛，注意分寸，至少史料上没有留下什么有关他们出格的言行。耀武扬威、不可一世的杨氏族人中，特别飞扬跋扈的是贵妃三个姐妹中最活泼的虢国夫人和出自没落家庭的远亲、千方百计挤进上层的杨国忠。如同意外中彩的暴发户那样，面对突如其来的荣华富贵，杨氏家族日益嚣张，骄奢蛮横，招摇过市，目中无人。

首先，他们要改变平凡的外观，从大肆置办宅第到定做艳丽别致的时装，定购名马，收罗奇珍异宝，尽情享受荣华富贵，显耀地位权势。贵妃姐妹与堂兄杨国忠等五家，在京城宣阳坊里，按照宫掖的规格制度，布置建造私宅，五家甲第洞开，连成一片，车马仆从，照耀京城。皇上无论赏赐御食，还是外国、地方有何进献，杨氏五宅一概同享，不分彼此。开元以来，没有一个外戚能像杨家那样得到皇上如此恩典，豪贵荣盛。

尽管如此，杨氏各家并不满足，相互之间仍争相攀比，宅第一家比一家建造得豪华，每造一堂的都要花费逾千万计。而且只要见到京城内，哪一家朝臣、大贾的房屋构造比自己的宏壮漂亮，便不惜一掷千金，将自己的家推倒重盖，不分昼夜，大兴土木，直至成为整个长安城之最。而在这方面，虢国夫人的疯狂又列居杨家榜首。

已故重臣韦嗣立的旧宅位于长安的中心街区，而且离宫城、兴庆宫、曲江等都不远，地理位置极好，闹中取静，宅第优雅，虢国夫人一眼就盯上了。韦嗣立的三个儿子韦孚、韦恒、韦济都是当朝的大臣，韦孚官至左司员外郎，韦恒官至殿中侍御史，韦济就更加出类拔萃，开元初，玄宗殿试两百多名县令选拔贤俊，他脱颖而出策试第一，得到重用，官至尚书左丞、冯翊太守。虢国夫人却强行将韦嗣立旧宅掠为己有。为掩盖自己的巧取豪夺，随后将十数亩空隙地给韦家，算是补偿。她连在任的大臣都不放在眼里，竟敢明目张胆地霸占其祖业，其气焰之嚣张可想而知。

如愿以偿之后，虢国夫人大兴土木，花费万金，拆旧宅重建新中堂，中堂的设计极尽豪华，用料精致，从屋顶木瓦到外墙粉饰都十分考究，虢国夫人十分满意，特意拿出五千段绛罗嘉奖工匠，谁料工匠还嗤之以鼻，不屑一顾，令虢国夫人颇为惊讶，追问之下，工匠说："为了修造大堂，本人将生平的所有才能全部倾注在此，若不信，不妨将蝼蚁蜥蜴、蜜蜂、萤火虫之类，去眼放在大堂内，若大堂有缝隙，逃出去一只，本人将不要半分奖赏。"于是虢国夫人又多给三斗珍宝的奖赏。

张萱《虢国夫人游春图》（辽宁博物馆藏）

生活中，虢国夫人豪侈尤甚，皇上赏赐的照夜玑为罕见的珍宝，价值连城，虢国夫人根本不知其价，将其作为枕头。照夜玑枕在黑暗的房间里，光亮如昼，房内摆设一览无遗。唐朝规定，一般命妇（即朝臣、皇亲国戚的夫人）入宫是乘坐凤辇，虢国夫人仗着身份特别，每次出入宫城，都炫耀地乘坐闻名遐迩的紫骢马，配上英俊的小黄门（小侍从）在前面牵马，招摇过市。贵妃的姐妹中八姨秦国夫人最早病逝，三姨虢国夫人与堂兄杨国忠的发展势头最盛，而且二人关系微妙，生出不少风流韵事。当时上流社会的贵妇人出行，大多头戴帷幔，或者乘坐四周密封的车辇，轻易不在外人面前显山露水，以示高贵端庄。虢国夫人完全不在乎这一套礼仪规矩，常和堂兄杨国忠一起春游出行，就连每次凌晨入宫朝谒皇上，也不戴帷幔不加掩饰，素面朝天乘坐紫骢马与杨国忠坐骑连辔并肩而行，一路上嬉笑打闹，簇拥在二人身边的是一百多个骑在马上的侍从女官、宦官，他们同样毫无遮蔽，个个秉烛如昼，身穿鲜装炫服地围绕左右，引得满城上至朝臣下至百姓，闻风驻足观看。

仗着皇上恩宠，虢国夫人还和韩国夫人大包大揽十宅诸王百孙院男女的婚事，充当起媒人。每次做媒前，杨氏姐妹都大言不惭地收纳诸王孙送来的千贯钱介绍费，真是生财有道。对此，玄宗则撒手不管，不予过问，任由虢国夫人和韩国夫人为儿孙们的婚嫁出谋划策，牵线搭桥，虢国、韩国二夫人不仅将生意做到皇室内，财源滚滚，还借机尽量将杨家后代与皇室子孙联姻，增强家族实力。

天宝以后，玄宗和贵妃每年十月都行幸华清宫，大多第二年春才返回。杨氏家族自然相随，兴奋无比的贵妃姊妹竞相攀比，光是携带日夜替换的时髦衣服就装满整整一犊车，车上还不忘装饰金翠、珠玉，仅这一车的花费，就不下数十万贯。不仅价值连城，而且其重无比，连牛都拉不动。朝臣只好上报皇上，玄宗发话，让他们各自备马前往。这样，杨氏家族又多了一个炫耀权势的机会，他们不惜花费重金，竞相购买名马，用黄金为骏马制作衔笼，用刺绣华丽的锦缎作为障泥。每次出行之前，杨铦、杨鉴、韩国夫人、虢国夫人、秦国夫人五家相约汇集杨国忠豪宅，然后一起浩浩荡荡进入禁中。

杨氏家族仆从皇上出行时，杨国忠一队赫然领头。身居要职、遥领剑南节度使的杨国忠，夸耀地以剑南旌节器杖开路。一行人中除了衣饰华贵的杨家人，还有每家统一着装的一百多骑从官、女婢，还有驮载吃喝玩乐各种用具的一千多头驼马，加上皇上赏赐的饯路软脚（每次杨氏五家随从皇上到华清宫，出有赏赐称作“饯路”，返有犒劳称作“软脚”），沿途远近饷遗的珍玩狗马，侍女歌儿，相望于道，看不到尽头，所经之地，遗钿坠舄，瑟瑟珠翠，灿灿发光，俯首可拾。

随着皇上与贵妃的恩爱日深，他们在华清宫的时间也越来越长，在新扩建的华清宫内，有专门给贵妃梳洗化妆的端正楼，专门供皇上沐浴浸泡温泉的莲花汤，贵妃专用的海棠汤，太子专用的太子汤，还增建了几十间供嫔妃、供杨氏家族这些皇亲国戚享用的温泉长汤，供朝臣使用的星辰汤。在莲花汤池旁的梳洗更衣室内，还有工匠们用心地沿着屋内墙下挖出的一道水沟，引入温泉循环流出，冒出的蒸汽使得室内荡漾的温暖气息，充满温馨舒适，唐朝工匠们借助自然热能取暖的巧妙构思，周到合理的水利工程、下水道设计，令后人敬佩。

每逢宫中退净池水清扫汤池，温泉会顺着地下暗道流出，贵妃、嫔妃和杨家女眷们散落在温泉中的珠缨宝络也随之流到街渠，当地平民百姓每天都能捡到不少，靠着拾捡到的这些宝贝，当地人居然也能发点意外之财。

华清宫所在之处，随着玄宗临幸日多，地价暴涨，玄宗将紧靠宫东门之南的一套宅第赏赐给杨国忠，虢国夫人宅与之相对，韩国、秦国夫人的宅第又与之甍栋相接。每每玄宗幸临杨国忠家，必定依次巡游杨氏五家，赏赐宴乐，终日喧闹。

再次被遣出宫

26

就在杨贵妃恩宠如日中天的天宝九载（750年）二月，贵妃再次违背皇上的意旨被送出宫外。

同第一次被遣送出宫一样，正史照例对杨贵妃被送出宫外的原因不作任何说明，仅用一行字陈述事实。《旧唐书》载："天宝九载，贵妃复忤旨，送归外第。"《新唐书》载："天宝九载，妃复得遣还外第。"《资治通鉴》载："（天宝九载）二月，杨贵妃复忤旨，送归私第。"

同样，不说明原因本身就是原因。它暗示着事出蹊跷，事关皇上隐私，皇宫闱秘。自古以来，皇上居高临下，一贯正确，史官只记载颂扬皇上宏图大略方面的圣德盛事，其他有关皇上的过失等一概不值得记载。尤其是在私生活方面，无论皇上怎么做都是对的，而贵妃违背皇上意旨，理应受到指责，是要记录在案的。

皇室刻意隐瞒，当朝史家故意不记载，正好为后世的文人墨客提供了无限浪漫的想象空间，而安禄山叛乱，战乱中大量后宫宫人的逃散，也使得大量皇城宫内的风流轶事流传世间，于是对于天宝九载杨贵妃出宫一事众说纷纭。

晚唐郑綮的《开天传信记》说："太真妃常因妒媚，有语侵上，上怒甚，召高力士以辎送还其家。"也就是说贵妃妒忌唐玄宗与新欢作乐，冒犯玄宗被送出宫。

著名诗人张祜擅长描写皇宫内的风流轶事，被誉为宫廷诗人，他曾在《宁哥来》诗中写道：

日映宫城雾半开，太真帘下畏人猜。

黄翻绰指向西树，不信宁哥回马来。

描绘了贵妃在大雾迷蒙的宫阙垂帘背后，若有所思地暗恋，同时又怕被人窥视洞察心事的画面，暗示贵妃在思念宁王。也就是说，诗人暗示杨贵妃因为另有追求而"忤旨"被送出宫，这些传言令杨贵妃的出宫风波更显得扑朔迷离。张祜还写了一首《邠王小管》：

虢国潜行韩国随，宜春深院映花枝。

金舆远幸无人见，偷把邠王（一作宁王）小管吹。

描写虢国夫人胆大妄为，偷吹宁王玉笛的故事。而宋人的《杨太真外传》和北宋的《乐史》，混淆了张祜这两首诗中贵妃钟情宁王与虢国夫人偷吹玉笛的故事，杜撰了以下情节：

九载二月，上旧置五王帐，长枕大被，与兄弟共处其间。妃子无何窃宁王紫玉笛吹，故诗人张祜诗云："梨花静院无人见，闲把宁王玉笛吹。"因此又忤旨，放出。

意思是，杨贵妃闲极无聊，竟然偷偷地拿了宁王心爱的紫玉笛吹奏起来，令手足情深的玄宗勃然大怒，将她送出宫外。后世不少人继承这一说法，以为贵妃被送出宫是因为偷吹宁王玉笛惹怒玄宗，更有人写出《杨妃窃笛》的故事。

然而上述诸说皆经不起推敲。天宝九载，玄宗的五个兄弟早已驾鹤西去，只剩下他孤独一人健在人间，就算是在贵妃入宫时，宁王尚在人世，贵妃正与玄宗处在热恋之中，一心希望自己能像武惠妃那样赢得玄宗的心，独占专宠，眼里只有玄宗，怎么可能思念宁王?《宁哥来》的时空错位显而易见。

中唐诗人张祜生活的年代离玄宗朝并不太远，似乎不应出现这样的错误，他这么写是否另有原因?

当时安禄山深得玄宗器重，甚至收为养子，出入宫中如入无人境地，常常夜留深宫不归，安禄山是好色之徒，自然对杨贵妃的国色天香垂涎三尺，因此也有关于杨贵妃与安禄山的传言，后世甚至推测他们之间有不轨之举，认为天宝九载的出宫与之有关。难道诗人张祜用宁王来暗喻安禄山，隐射贵妃思念的人是安禄山?

后宫嫔妃顶撞皇上都是弥天大罪，更不用说与其他朝臣有染！杨贵妃聪明绝顶，皇上与朝臣在根本上天差地别，贵妃怎么会不知？何况宫中耳目甚多，贵妃身边宫女侍从围绕，如果真的与安禄山有染，恐怕还没有行事便身首异处了，岂是一个遣送出宫了得！看来，还是晚唐郑綮的《开天传信记》与事实更为接近，也就是说这次贵妃出宫，同样是因为她“妒媚”，不满玄宗另有新欢。

这次出宫事件明显比第一次出宫风波严重得多。第一次出宫事件，几乎鲜为人知，贵妃被送出宫后，玄宗马上心神不宁，行为异常，在高力士的策划下，当天夜晚，玄宗即迫不及待地将贵妃迎回内宫，尽量不惊动朝廷外臣。这一次杨贵妃被送出宫后，几天都不见有任何动静，本来杨贵妃回到杨铦宅第，杨家上下便惊恐不安，惶惶不可终日，几天的悄然无声，让身兼数职的从兄杨国忠紧张得四处奔走，疏通关系，以至惊动外面的朝臣。杨国忠找到与玄宗左右宦官有着深厚关系的吉温商量，请他出面帮忙化解这件事。

吉温生性狡黠，阴险狡诈，善于钻营，特别会巴结宫内宦官，见风使舵。骠骑将军高力士常住皇宫，只要他一出宫回家，吉温一定早早登门拜访，巴结奉承，称兄道弟，亲密融洽；见李林甫权倾朝廷，甘当李林甫排除异己的马前卒和打手；后见安禄山受宠，又依附其间，结为兄弟。他以屡起冤狱发家，处事严毒，朝臣唯恐避之不及，敬而远之。吉温和罗希奭是被时人称作“罗钳吉网”的酷吏。

当杨国忠势头日旺，吉温又转而投靠杨国忠，杨国忠有托，吉温自然乐得巴结。他通过宦官，获得机会上奏玄宗道：“妇人没有智识，顶撞陛下，有忤圣情，罪当受死，然而贵妃毕竟承圣上恩宠良久，宫内就地杀戮比较适宜，何必吝啬宫中一席之地将其送出宫外，令其蒙受侮辱呢？”吉温故意贬低贵妃，其实话中有话，拐弯抹角地催促玄宗不如早早把贵妃召回宫。

事实上，送出贵妃后，玄宗的心情也久久不能平静，几天来一直闷闷不乐。听了吉温的话，玄宗为之感动，立即派宦官张韬光带着赏赐贵妃的丰盛御膳到杨铦家。

被送回娘家冷却了几天的杨贵妃，突然见到皇上派来的张韬光，急切地哭着请他向皇上转达自己的歉意，并剪下一缕青丝递给张韬光说：“臣妾有罪，罪该万死。然而臣妾除了身体发肤之外，衣服珠宝一切的一切都是陛下赐予的，今日当死，无以为报，请将此给陛下作为留念，以感谢陛下多年对臣妾的恩宠。”

有关这次迎回杨贵妃的过程，史籍没有详细记载，只是说玄宗看到张韬光献上的一缕青丝，“惊惋，即使力士召还”。第二次出宫风波之后，玄宗更加宠爱贵妃，此后再也没有分开。如此“忤旨”的结果是恩宠益深、爱情坚固、皆大欢喜，在历史上也是绝无仅有的。

陈鸿撰写的《长恨歌传》，假借升天成仙的杨贵妃之口，说出了天宝十载（751 年）杨贵妃和玄宗两人的秘密约定。那一年，杨贵妃陪侍玄宗避暑华清宫，七夕之夜的酒宴之后，宫内静寂，空无一人，夜不能眠的两个人，手牵着手走出寝宫，依偎着长生殿的栏杆，静静地观赏着挂在夜空上的一轮明月，久久凝视着夜空上星光璀璨的银河，两人情不自禁地双双跪下，对着天空发誓，愿生生世世结为夫妻，永不分离。诗人白居易将此情此景及他们的爱情宣言描写得更加动人："在天愿作比翼鸟，在地愿为连理枝。"陈鸿的《长恨传》和白居易的《长恨歌》固然是文学描写，但与史籍记载第二次风波后，杨贵妃受玄宗"宠待益深"的史实相符。

据《新唐书》记载，杨贵妃被接回宫内后："礼遇如初。因又幸秦国及国忠第，赐两家钜万。"

就是说，杨贵妃第二次回到皇宫之后，玄宗特别行幸秦国夫人和杨国忠家，赏赐这两家钱财巨万，和第一次风波平息后，招待诸姨的做法大相径庭，和一贯以来玄宗行幸杨氏家族，都是经过五家，每次赏赐都赫然五家如一的情况不同，令人疑窦丛生。

从许多后世文人的描述中，可以推断仆从玄宗、杨贵妃一起到华清宫的虢国夫人，的确有可能在天宝八载十月至天宝九载正月的九十五天里，偶尔逾越与玄宗的亲戚关系，发生不轨。以贵妃当时恩宠日旺之势，似乎也只有性格放荡的虢国夫人才有机会和胆量犯规。一方面虢国夫人在玄宗面前频频搔首弄姿地大胆挑逗，一方面生性好色、风流倜傥的玄宗未必能够自持，从而引起宠惯得有些骄横的杨贵妃极大不满，终于爆发顶撞玄宗，再次被遣送出宫的风波。事后，玄宗为了照顾杨贵妃的情绪，消除“虢国夫人承主恩”的不良影响，仅仅赏赐在此次事件中积极圆场，为消解玄宗和杨贵妃矛盾做了不少工作的杨国忠和秦国夫人，合情合理。种种蛛丝马迹都印证了贵妃第二次被送出宫与虢国夫人有关。

两次出宫风波平息之后，贵妃恩宠益隆，杨氏家族也变得越来越有恃无恐，蛮横无理，飞扬跋扈，不把任何人放在眼里。

天宝十载（751 年）上元节（即元宵节），杨氏五家倾巢出动夜游观灯，在西市门迎面碰到玄宗女儿广宁公主一行，双方开路的仆从都仗着主人的权势，互不相让。杨家仆从仗着主人恩宠隆重，争相抢先通过西市门，马鞭误打到广宁公主的衣服，惊吓之中，广宁公主从马上坠落，驸马程昌裔也被马鞭打了好几下。事后，广宁公主气愤不过，哭着向父亲玄宗告状，杨氏家族也到玄宗面前辩解，结果玄宗下令杀了那个挥鞭的杨家仆从，但同时也停了驸马程昌裔的官职，不许他朝谒。这种各打五十大板的裁决，显然偏袒杨家，助长了杨家的嚣张气焰，以致杨家人越来越张狂，出入皇宫禁门不问，如同回家。京师长吏、地方官员为之侧目，就连玄宗的妹妹玉真公主入宫与杨氏权贵偶尔相遇，也会谦让地侧身等待，让杨氏先行。

杨氏家族因为贵妃一人得宠，全家发迹的事实，令世人不满中夹杂着羡慕，故有“生女莫悲酸，生男勿喜欢”，“男不封侯女作妃，看女却为门上楣”等感叹。

李白

27

唐玄宗朝，文学艺术繁荣昌盛，文学诗赋，人才辈出数不胜数。王维、孟浩然、贺知章、李白、杜甫等诗人的大名至今依然家喻户晓，如雷贯耳。在这些闻名遐迩的诗人中，李白和王维、贺知章一样，属于有机会进入政治权力和上流社会中心的幸运儿，被最高统治者所看重。其中李白最有眼福，他不仅亲眼目睹绝代美女杨贵妃，而且近距离感受和见证了玄宗与杨贵妃的爱情。

天宝元载（742 年）到天宝三载（744 年）是李白一生中最辉煌的时期，在这段时间里，李白为待诏翰林，随时听从玄宗召唤。在长安短短的三年多时间里，李白的优美诗篇及其奔放生活，给处于热恋中的玄宗与杨贵妃，以及朝中的王公贵族、后宫嫔妃平添许多生活乐趣，留下了不少脍炙人口的故事。

李白，字太白，山东人，兴圣皇帝的九世孙。其先祖在隋末以罪被迁徙西域，中宗的神龙初年（705 年），祖上遁还中原客居巴蜀。李白于长安元年（701 年）出生在碎叶（即当时的安西都护府，现在的吉尔吉斯斯坦共和国），幼居巴蜀绵州，在那里一直生活到二十五岁，巴蜀险峻绚丽的山山水水孕育了李白的放荡不羁性格。

李白从小志气宏大，“五岁诵六甲，十岁观百家”(《上安州裴长史书》)，十五岁学习剑术，轻财重施，喜欢纵横术，二十岁出头便跟随隐士东严子隐居岷山，学习道教，飘然有超世之心。

开元十三年（725 年），以文采著名而深受玄宗器重的苏颋任益州长史，当巴蜀的父母官苏颋在如此偏僻之地见到意气风发的李白及其充满灵气的诗文时，颇为惊诧，他称赞李白是个天才，说小小年纪就能把诗写得如此收放自如，若加以努力，将来可与司马相如媲美。苏颋对其文学才华的肯定，让本来十分自负的李白更加跃跃欲试。当年二十五岁的李白从三峡出发，开始远离家乡外出闯荡。从西面的江陵到南面的苍梧，从东面的剡中到北面的并州，从地方到京城长安，十几年来李白游遍中国的山山水水，面对大唐盛世，人民安居乐业，李白激情澎湃，写下了大量绚丽多姿的动人诗文，尽显文学天赋。

李白没有参加过科举考试，当时，在全国上万名朝廷官员中，进士出身者不过上千人，每年的进士考试，只不过录取三四十人，竞争激烈且不说，还得一级级提拔，晋升缓慢。李白在自己的《草堂集序》说自己是兴圣皇帝的九世孙，《新唐书》大概根据他自己的自述作了同样记载，但没有家谱无从考证其家世渊源。李白出生在偏僻的巴蜀，当时父亲不过是任城的小县尉。然而，李白不参加科举应试，不等于安于平庸，在《代寿山答孟少府移文书》中，他袒露了自己的宏伟抱负，决心要像春秋时期齐国的管仲、晏婴，三国的诸葛亮那样，将多年来“上知玄古，中视大生，下察交道”的苦学，付诸实践，辅助君王，建立不朽功勋。

为此，李白离开穷乡僻壤，四处周游，每到一处，都千方百计投书拜谒当地官员，毛遂自荐。当他顺江而下路经湖南、湖北，在湖北安陆，李白投书当地父母官李长史、裴长史等，广泛结交各地俊贤以及有名的道士、僧侣，寻机拜访了著名道士司马承祯的嫡传弟子胡紫阳等人。司马承祯是受过武则天、睿宗、玄宗召见的著名道士，还在故乡巴蜀，李白就曾经和司马承祯书面上诗赋唱和，当李白周游而来时，司马承祯已经仙逝，李白便向其弟子胡紫阳求道学习。投书拜谒、求道隐居、广泛交接各地才俊学士，李白的这些举动，看似飘逸，实际上却用心良苦。唐朝有地方官举荐人才的制度，得道道士与大德高僧之类的隐逸之士，备受世人及朝廷尊重，与皇上私交甚好关系从密的也大有人在，这些都是李白的希望所在，他期盼着有一天能像房玄龄、杜如晦等人那样，被直接推荐到皇上身边，一举成名。

李白自幼好酒，在学业期间整日与同伴驻足酒楼，很少有清醒的时候。周游中，李白与鲁中地区知名文士孔巢父、韩准、裴政、张叔明、陶沔等人隐居徂徕山中，终日沉迷酣歌纵酒，时人称之为“竹溪六逸”。

李白一生有过四次婚姻，初次婚姻是在开元十六年（728年）。在湖北安陆，当地流传着“贵如郝、许”的民谣，郝处俊、许圉师都是唐高宗时期的宰相，二人又是亲戚，家族中数十人在各地为官，颇有政治势力，郝、许两家无疑是当地首屈一指的豪门望族。攀龙附凤不失为实现远大抱负的最佳捷径，经过一番努力，功夫不负有心人，李白终于如愿以偿与许圉师的孙女喜结良缘。许夫人出身名门，贤淑文静，温文尔雅，素有文学涵养，与李白才貌旗鼓相当。两人新婚燕尔，恩爱无比。因为是许家的乘龙快婿，李白名声迅速传开。

不久，李白来到繁华的长安。经过多年的努力，李白的诗文已经开始为人所知，为了尽快走进全国的政治中心，他怀揣诗作拜见了时任秘书监的贺知章，当贺知章看到《蜀道难》时，喜出望外，连连点头称赞道：“写得好写得好，此分明是谪仙人之作。”于是，“谪仙”的雅号就这么传开了。无酒不成诗，无酒不成交，似乎是魏晋以来文人学士的特征。兴奋之下，贺知章当场解下随身的金龟作抵押换酒，双双谈诗论赋、畅谈不绝，豪饮尽醉，一连数日。贺知章对李白的文才天赋赞不绝口，大加推荐，此后李白得以常常出入上流社会私宴，结识王维、宁王、玉真公主等王公贵族，为其宴乐吟诗作赋助兴。所有这一切都是希望有朝一日获得举荐的机会，施展报效国家的抱负。

二度入京，李白都只是游走于上流社会，其间“大道如青天，我独不得出。羞逐长安社中儿，赤鸡白狗赌梨栗。弹剑作歌奏苦声，曳裾王门不称情。淮阴市井笑韩信，汉朝公卿忌贾生”的苦涩，“欲渡黄河冰塞川，将登太行雪满山”的茫然艰辛，都让他发出深深的感叹：“行路难，行路难，多歧路，今安在”，尽管如此，他自负“长风破浪会有时，直挂云帆济沧海”，“天生我材必有用，千金散尽还复来”，对前途依然充满信心。

李白不停地周游，不停地创造机会。开元末，李白游历到会稽时，与有名的道士吴筠邂逅，两人一见如故，相见恨晚，不约而同隐居剡山，谈经论道，饮酒赋诗多日。吴筠是鲁中地区的儒士，从小精通经文，文采横溢，擅长撰述立著，曾应试进士，不幸落第，生性高洁，不愿平庸流俗，故入嵩山跟随高宗时期著名道士潘师正修道，成为潘师正的高徒。

吴筠为道士后，苦心钻研，尽通其师傅的道术学养。他曾南游金陵，访道茅山，游天台，他的著述以及与越中文士诗酒会上的诗篇，流传京城。就在与李白邂逅不久，吴筠被喜好道学的玄宗召入京城，玄宗询问其道法，交流道学心得。畅谈中，吴筠在玄宗面前极力推荐李白。李白的优美诗文在贺知章等人的推荐下，玄宗早有所闻，李白的道学修养也令他兴趣盎然。天宝元载，玄宗派遣使者，诏令李白和吴筠一起进入翰林院待诏，随时听从玄宗的召唤。

待诏翰林，不是什么显赫的文官，也没有什么具体负责的事务，只是随时听从皇上吩咐，吟诗作赋、起草诏令等。除了每天在翰林院待命之外，生活还相当自由。入京后，李白很快受到玄宗的召见，得到礼遇厚待。

有一次，吐蕃国使上交国书，国书上的吐蕃文字如同天书，满朝文武竟无人能读，情急之下贺知章想起了出生于西域的李白，当场向皇上推荐，玄宗即令李白上朝。李白接过国书，随即大声将其翻译作流畅优美的国文，这才排解了一时的尴尬，挽回了唐朝的面子。随后玄宗又令李白起草给吐蕃国王的回书，从此李白深得玄宗器重，常常被召入宫侍奉，赋诗给宫内宴乐助兴，或潜草诏诰。善于文学描述的李白，或许多少夸大了皇上召见他的场面，但是不难看出玄宗渴求俊才，礼贤下士，尊重人才，提拔爱护文词秀逸者的一贯作风。

皇上的厚遇恩宠，令李白初入京都时仅有的一点谦恭消失殆尽，渐渐显露出其原有放荡不羁的张狂个性，闲来无事便在翰林院内沉饮，常常喝得酩酊大醉，然而令世人称奇和佩服的是，李白从来没有因此而误事，即使沉浸在酒酣之中，所撰写的文章也从未出过错，因而获得“醉圣”之美称。

有时内宫设酒宴行乐，玄宗便下令诏李白入宫。李白呈献的优美诗歌将宴乐推向高潮，皇上、贵妃其乐融融。从此李白频频受诏，随侍左右，恩宠远远超过其他翰林学士。

在京城期间，除了侍奉皇上，李白与秘书监贺知章、宰相李適之、宁王的儿子汝阳王李琎、崔日用的儿子右司郎中崔宗之、太子左庶子苏晋、草圣张旭、焦遂等人终日豪饮作乐，自称为京城的“酒中八仙人”。

唐人段成式的《酉阳杂俎》里记载着这么一件事，一天，玄宗在便殿召见李白，只见李白一副自负得志的样子。玄宗故意要消其傲气，便命李白脱靴入内。没想到李白忘乎所以地向前伸脚，对高力士说：“脱靴。”随侍玄宗左右的高力士，不得已上前为李白脱靴，这令高力士深以为耻。高力士在玄宗面前虽然是奴才、侍从，然而他早在开元初就是从三品的右监门将军，此时是正三品的左监门将军，大权在握，身份特殊，特别受玄宗宠信，朝廷大臣哪个敢不巴结奉承？李白此举也太不知天高地厚了。退出后，玄宗指着李白背影对高力士说：“此人固穷相。”

有一次，李龟年受命持金花笺宣赐翰林学士李白即时填写三首《清平调》歌词。李白在醉中接旨，即时凝神援笔挥毫，立刻写了三首著名的《清平调》：

（一）

云想衣裳花想容，春风拂槛露华浓。

若非群玉山头见，会向瑶台月下逢。

（二）

一枝红艳露凝香，云雨巫山枉断肠。

借问汉宫谁得似，可怜飞燕倚新妆。

（三）

名花倾国两相欢，长得君王带笑看。

解释春风无限恨，沉香亭北倚栏杆。

高力士因李白叫他脱靴一事耿耿于怀，深以为耻，免不了故意处处诋毁李白。一天，杨贵妃又在吟诵李白为自己写下的这三首赞美诗，身边的高力士故意挑拨说，此诗以飞燕指贵妃，有诋毁之意。此后，贵妃便对李白满怀怨气。好几次，皇上想给李白封官，都因为贵妃、力士的反对而作罢。李白也逐渐发现屡屡受到暗箭伤害，皇上似乎也对自己疏远，自知不为帝王亲近的人所容，益发随心所欲，终于上奏请求回归旷野，玄宗不仅恩准，临别时还赐给李白黄金。

其实赵飞燕是历史上公认的绝色美女，作为美女象征，频频用于文学。玄宗本人的文学造诣精深，贵妃也颇有文采，能写诗作词，如果李白的诗词含有贬低、讥讽贵妃之意，玄宗和贵妃怎么会听不出？况且唐朝再怎么自由文明、思想开放，李白也不敢当面讥讽皇上的宠妃！玄宗是个有主见有能力的强者，如果他喜欢李白，认为他适合留在身边，高力士、贵妃再怎么说也没有那么大的权力赶走李白，这一切都说明此类传说纯属后人根据需求，在基本事实中夹杂了不少无中生有的想象。

安禄山之乱，给后人带来巨大灾难，痛定思痛，人们习惯地将祸乱归罪于皇上的身边人，包括李白出走长安。事实上，无论玄宗还是杨贵妃都十分欣赏李白的才华，喜欢他绚丽华美的诗赋，所以屡屡下诏，让李白随从宴乐，甚至命他随从华清宫避寒，对他宠爱有加，他的幽默浪漫诗篇，为玄宗和贵妃的爱情生活增添了许多温馨浪漫的色彩。李白不得已请辞，应该来自翰林院文人内部相互倾轧和李白本人狂傲、放荡不羁性格的双重原因。

李白在京期间正是张洎主掌翰林院，张洎是开元时期的文学领袖、宰相张说之子，是新立太子（后来的肃宗）的妹夫、玄宗的女婿，家世显赫，李白不拘小节、不收敛的言行举止加上特别得到玄宗宠信，这一切都会遭到像张洎这样出身高贵的文学之士及其同僚的嫉妒。李白出身布衣，身上那股来自偏僻地方的质朴、与生俱来的粗犷都和京城贵族世家的温文尔雅格格不入。他那种傲视权贵“一醉累月轻王侯”的态度，难免得罪京城里大大小小的朝臣贵族，遭受排斥，各种谗言多少流入皇上耳边，更要命的是李白养成了常常不分场合地酩酊大醉的恶习。

李白常常受诏出入宫禁，或随侍酒宴，或起草诏令，接触国家核心事务，李白醉眠市井酒楼事小，迷迷糊糊中胡言乱语，泄漏皇家宫内机密事大，在皇上眼里，性格孤傲、不能与上流社会融合、言行举止不谨慎的人的确不适宜放在身边，这也是当李白奏请辞呈时玄宗不得不忍痛割爱的理由。

李白依依不舍地离开长安，从此浮游四方。尽管李白在玄宗身边只待了短短的三年左右，仕途不尽如人意，要做大将军的梦想也没有实现，但侍从皇上的殊荣却给李白带来闻名遐迩的显赫声誉，如杜甫《寄李十二白二十韵》中描写的：

昔年有狂客，号尔谪仙人。

笔落惊风雨，诗成泣鬼神。

声名从此大，汩没一朝伸。

浪迹江湖的李白，终日沉饮，更加无所顾忌，逸闻很多。在月色当空的夜晚，李白常常独自身穿宫锦袍端坐舟中，顾瞻啸傲旁若无人。已经落魄了李白还如此孤傲，自然不会被当权者喜欢，所到之处，地方官只不过慕名而来，开开眼界而已。

李白是幸运的，因为他遇上玄宗这么一位有胸怀的明君，皇上知道李白此举不过是文人的狂妄，自以为有治世之材，整日做大将军梦，孤傲得可爱，否则做永王的幕僚犯下的是反叛之罪，岂能免死？

李白一生嗜酒，豪饮激发了他的诗赋灵感，也要了他的命，传说李白晚年泛舟湖上，对月当歌自斟自饮，迷糊中欲捞起湖面上的一轮清月，坠湖溺死。也有的学者否定此说，认为与李阳冰的《草堂集序》记载不符，李阳冰照顾晚年的李白，为其整理诗集，他的记载应该具有权威性。但是无论如何，从今天的医学常识来说，饮酒过度无疑是李白仙逝的原因之一。

苏六朋《太白醉酒图》(上海博物馆藏)

玄宗过去喜欢和文坛领袖张说、张九龄等诗赋唱和，贺知章请求度为道士还乡时，玄宗作诗并令满朝文武欢送，后来又对李白礼遇有加，这些尊重文学、尊重人才的举措大大地鼓舞了唐朝的文学之士，为唐朝的文化繁荣灿烂营造了一大片成长的沃土，造就了一批像李白这样个性独立思想自由的诗人。李白身临其境亲眼目睹皇上与贵妃的恩爱场面，也激发了他的创作热情，他那些应邀为皇上而作的即时诗，真实地、栩栩如生地重现了当年玄宗与杨贵妃情投意合恩爱弥笃的温馨情景。

高力士

如果说，李白有幸亲眼目睹了玄宗与贵妃的恩爱，那么能够自始至终见证玄宗与贵妃之间那种刻骨铭心爱情的，则非高力士莫属。

宦官，是中国几千年来封建制度的畸形产物，从战国的赵国开始，皇宫内便开始设宦官，专门侍奉皇帝及其家人。从小被阉割，没有性欲、性别特征的宦官，为帝王寻欢作乐免去了大量不必要的麻烦争斗，保证了皇权的纯正血统。宦官身体上的缺失，造成其内心深深的自卑和敏感，这些身体残缺与心里阴影，导致宦官无法在社会中自立，只有依附强者、依附权势才能生存，这一切更便于帝王肆意差遣和掌握，于是，宦官作为人世中的另类、一种职业、一种现象，一直被封建帝王沿袭下来。

唐朝也不例外，朝廷设立内侍省专门为皇帝服务，据《旧唐书》记载，内侍省由“监”或者“少监”掌管，手下有内侍四人，内常侍六人，内谒者监六人，内给事八人，谒者十二人，典引十八人，寺伯二人，寺人六人（《新唐书》的人数与之略有出入，为内谒者监、内给事各十，寺伯、寺人各六）。此外还有五局，即掌管宫人簿籍的掖廷局，掌管内门禁，下面有掌扇、给使等人的宫闱局，掌管宫人疾病死丧的奚官局，掌管宫中供帐灯烛的内仆局，掌管中藏给纳的内府局，局长称令、丞，上述管理深宫大院内衣食住行方方面面机构中从最高长官到一般工作人员，全部都是宦官。换句话说，在深宫大院中行走出没，相对自由地出入皇宫，与外部世界紧密联系的，只有这种失去男性特征的“男人”——宦官，在封闭的自成体系的皇宫小世界里，宦官也成为维系这个小世界运转的关键枢纽，成为有别于世俗社会的封闭、自成体系的另类，皇宫为其生存提供了唯一的价值和空间。宦官由全国各地方官推荐或是进贡给朝廷，不知是地处偏僻、落后或是贫穷的原因，唐朝宦官大多出自闽岭的福建广东地区，做过割除睾丸的小男孩俗称阉儿，官方私下称“私白”。

东汉宦官专权导致王朝崩溃的事实，暴露了宦官制度的极大缺陷，引起历代帝王的注意。唐太宗在贞观中以此为借鉴，特别规定在贴身的内侍省里不设三品官，内侍省长官——内侍官品四品，内侍宦官职责仅仅是守护皇上所在的门户，廷内扫除，守门传命而已，不让他们肩负其他政事，人数也如上所说，控制在六七十人左右，武则天登基后，继承太宗的政治制度，也不许宦官用事，但人数稍有增加。中宗时期，宦官人数已经大大增加，七品以上的宦官居然达一千多人，但三品官还是非常少见。这种情况到了玄宗朝发生了很大的变化，这与玄宗身边出现忠心耿耿、精明能干的宦官高力士密不可分。

高力士，公元684年出生于官宦世家，原名冯元一，广东潘州（如今的广东高州）人，祖父冯盎是唐初的高州总管，父亲冯君衡为潘州刺史，有“家雄万石之荣”。公元693年，即高力士九岁那年，父亲触犯法律，受其牵连全家被取消官籍，一日之间，年仅九岁的高力士由官宦公子，变成黎民百姓，全家立即陷入贫困交加、无路可走的境地。终于，家人忍痛牵着年幼的高力士走进医生家，为他作了睾丸摘除手术，让他跟着岭南招讨使李千里前往京城长安。

圣历元年（698年），小高力士被带到武则天跟前，武则天见他皮肤白皙、漂亮机灵，十分喜欢，特意留在身边伺候。他毕竟还年幼，尽管每天诚惶诚恐地伺候武后，一不小心还是出现了小失误，结果被鞭打一顿，逐出皇宫。宦官高延福很喜欢这个勤快机灵的孩子，见他过失挨打被逐出宫，怜悯地将其带回家收为养子，细心调教。高延福出自武则天的侄子武三思家，自然与之关系亲密，常来常往，高力士被高延福收养后，跟随养父改姓高，并常出入于武三思家，仗着武氏家族的势力及其大力推荐，高力士出宫不到两年，又被召入宫内当差，这次小高力士是禀食司宫台。

良好的家世背景和家庭巨变，再经过这次出入宫的挫折，生性聪明谨慎的高力士，深切体会到官宦、宫中生活的残酷严厉，变得更加谨慎小心，在从事禀食司宫台的传送诏敕工作中，高力士绝对守口如瓶，万无一失，很快就被提拔为传令诏敕的宫闱丞。不知不觉几年过去了，高力士渐渐长大，并擅长骑射。中宗景隆中，高力士被派往临淄藩王府，侍奉时为临淄王的玄宗。

高力士比玄宗大一岁，年纪相仿。当高力士迈入藩王府时，临淄王英姿勃发的气概，立即吸引和征服了高力士，他认定临淄王就是自己的“主子”，决心一辈子倾心侍奉。在中宗暴毙，韦后猖狂之际，高力士全力辅助临淄王扫平韦后势力。临淄王立为太子后，立刻调高力士入内坊，让他白天随侍在自己左右，提拔他为朝散大夫、内给事。从此，高力士日夜不离太子，毕恭毕敬、细心照料其衣食住行，听从召唤。

在太平公主想排除太子的紧要关头，高力士不仅参与出谋划策，还和太子妃哥哥王守一，太子的两个弟弟岐王范、薛王业，侍从王琚、姜皎、王毛仲、李宜德，北门禁军将领葛福顺、陈玄礼等人一起冲入宫内，铲除太平公主势力，辅佐玄宗登上皇位，为此，高力士被迅速提拔为银青光禄大夫，行内侍同正员，不久又加右监门卫将军，知内侍省事，成为掌管太监事务的长官。

尽管如此，高力士也仅仅是负责管理宫内的大小事务，确切地说是负责照管玄宗的衣食住行。毫无疑问，玄宗十分器重和信任他，但是其宠信程度远远不能与王毛仲、姜皎等家奴匹敌，或者说二者根本不在同一层次，这与唐朝太宗立下的宦官不能参政的规矩，开元初宰相姚崇反对中官（宦官又称作中官、中贵）参与政事，所以在开元十九年（731 年）即王毛仲倒台前，宦官基本上没有参与朝政。

高力士十几年来谨慎低调，忠心精明，本来就为玄宗器重，当家奴姜皎（开元十年即公元 722 年）、王毛仲（开元十九年即公元 731 年）等心腹在宫廷内部争斗失败后，高力士成了顶替他们的最佳人选，很多核心机密由此前的经他传令变成委托他去办，从此宦官的势力日益兴盛，成为朝廷中一股强大的政治势力。

封建社会森严的等级制度，令帝王的生活范围极其有限，虽然帝王具有至高无上的权力，然而种种封建礼节、规矩，限制了帝王自由活动的圈子，接触的人与事局限性极大。虽然消息来源广泛、纷至沓来，但虚虚实实、真真假假，其中不少还夹杂着个人偏见等主观臆想，等待着帝王辨别裁决吸取舍弃，此时，身边的心腹亲信便是帝王依靠的重要对象。当姜皎、王毛仲之流倒台之后，玄宗身边的心腹亲信，只剩下高力士一人，在这种意义上，重用高力士也可以说是玄宗当然的唯一选择。尽管宦官乱政的历史经验，玄宗从不曾忘却，但他自信能够掌控一切。

如果说玄宗重用高力士是因为别无选择的话，那么高力士则以他的忠诚、谨慎、周密，无愧于帝王的信任和器重。王毛仲等倒台后，高力士除负责宫内，特别是皇上的日常大小事务之外，还负责传递宰相大臣们的进奏文表，玄宗规定："四方表奏，皆先呈力士，然后奏御。"可见各地奏请皆经过高力士过滤之后才送呈皇上照准。皇上授权给他可以自行处理朝中的一些小事，虽然如此，谨慎细致的高力士在日常的随行中，都会毫无保留，以不经意的方式一一向玄宗报告。高力士手下只有宦官，所以差遣指挥的都是宦官，派宦官到郡县督察执行朝廷的情况、监督军队，甚至督察修建佛寺等，这些都在其职权范围之内不用奏准。

高力士多年随侍皇上，每天都细心观察，他善于思索，冷眼旁看朝臣宠信跌宕起伏，如何荣耀如何毁灭，体会揣摩皇上执掌朝政中的喜怒哀乐，收获良多，更可贵的是他将耳闻目睹及其思索，一一化作自己为人处世的教训。

玄宗在处理朝政之余，也需要与人交流，“君王无戏言”，君王上下关系，令皇上无法随意与宰相朝臣交流，即倾吐内心的思绪，诉说烦恼、设想、闪念，听听别人的反映、意见，这些常人理所当然的自由，身为皇上却备受束缚。高力士如同玄宗的影子，时刻陪伴身边，是家奴、高级侍从，也是皇上的倾听者、发泄对象，其身份地位决定了他充当了这种角色。聪明过人、谨慎细致的高力士，以其多年对皇上的无限忠信，守口如瓶，认真完美地履行了自己的职责，赢得玄宗的放心和赞赏。

在与皇上应对之间，高力士一向言语谨慎周密，代表皇上宣口头或者书面敕令都不折不扣，反馈下面朝臣状况，基本做到如实、不夸张、不偏袒，一切从江山社稷大局出发，而且善于协调化解君臣之间的隔阂，成为君臣交流沟通的桥梁。他做人低调平和，所以也赢得了大臣宰相们的尊重和好评。

姚崇初任宰相时，奏请提拔郎吏，几次话说出口，都不见玄宗回答，令他惶恐不安地急忙告退。高力士见状，便既是提醒也是试探地说，陛下应该给下面的奏请以回应，不能模棱两可，令下面无所适从。当他明白玄宗希望宰相大事汇报、小事自行处理的用意之后，当即转告姚崇，令姚崇欢欣不已，喜遇明君，放下包袱大胆治理，从而君臣之间配合得更加默契，开元之治即见成效。

开元十四年（726 年），玄宗想起用因过失放任地方的功臣、文学领袖张说，命高力士前往探视，善于揣摩的高力士回京后如实禀报，奏表张说曾经有功于国，理应宽大处理，坚定了皇上起用张说的决心。太子瑛被废黜后，李林甫极力推荐十八子寿王瑁，玄宗为立新太子而茶饭不思伤透脑筋。高力士一句"推长而立"的提醒，让玄宗下决心按照封建制度的传统惯例，排除干扰，选择了第三子忠王为太子，避免了皇宫内部更多动荡。宰相李林甫推荐寿王瑁失败后，担心新立太子威胁自己地位，费尽心机，先下手为强，处处为难陷害太子。为维护皇权稳定，高力士多次在玄宗面前保护太子，促使他关心太子。当玄宗要在全国范围内为太子选妃，出于安全考虑，也为了不惊扰地方百姓，他又提议在宫中为太子选妃，获准后，高力士又亲自为太子在宫中选出三名德才兼备、出身世族的妃子，其中就有代宗的母亲。他全心全意为皇上着想，几乎就像其家人，甚至比家人更亲切，他的这种特殊地位，令皇上对其刮目相看，不称其名，常直呼"将军"；诸王、公主称他为"阿翁"；皇太子称他为"二兄"；驸马称他为"阿爷"，十分亲热。

天宝三载（744年）的一天，玄宗对高力士说："朕不出长安近十年，天下无事，朕欲高居无为，把政事全部委托李林甫，何如？"高力士不赞成："自古有天子巡狩的制度，而且天下大权需牢牢掌握不可给人，如若权让与人万一形成威势，谁还敢再提出异议？请陛下三思。"

高力士的精明之处，在于他对玄宗从来就是“顺而不谀，谏而不犯”，他时刻铭记着自己的身份——不是朝臣，只是皇上的侍臣、奴才，不应参与政事。他明知此番言论与皇上意见相左，大大地扫了皇上的兴，只是为了江山社稷，出于忠诚又不得不直言。玄宗听后，脸色一沉，高力士立即下跪，顿首自责道：“臣狂疾，发妄言，罪当死！”

玄宗当然知道高力士言之有理，也了解他比任何人都竭诚尽节地维护皇权，见他惶恐地磕头认错，便转怒为喜道：“朕与卿休戚与共，何须忧虑？”随即令左右摆上酒水，为高力士斟酒，抚慰一番，左右皆呼万岁，感谢皇上恩典。自此，高力士再也不敢深谈天下大事了。然而，高力士在许多事情上还是以维护皇权、维护玄宗为根本出发点，不时地劝谏玄宗，提醒玄宗。

天宝十三载（754 年），唐军在云南战事失利，全军覆没，杨国忠为当时的剑南节度使，为了保住自己的职位，他不惜欺骗玄宗，反将失败说成胜利。慑于杨国忠权倾朝廷的势力，当时无人敢将实情上报，玄宗全然蒙在鼓里。一天，玄宗轻松地对高力士说：“朕现在已经老了，朝廷事务托付宰相、边疆事务托付各边将，无事可忧。”借此机会，高力士如实将那天自己偶尔到阁门，听到地方到京城奏事（地方官派往京城汇报情况）的人所说的情况向玄宗禀报：“臣听说云南数次丧失兵马，而且北边兵将又拥兵太盛，陛下要准备如何控制呢！”暗指杨国忠报喜不报忧，安禄山拥兵自重、骄横漠视朝廷的情况，接着流露出自己的担忧：“臣恐一旦发生祸害，不可挽救，何以无忧?”玄宗一愣，然后说：“卿勿言，朕徐思之。”

同年秋天，大雨成灾，宰相杨国忠率先隐瞒真情，天下亦无人敢上奏灾害。看着老天阴雨绵绵，玄宗不由得担心雨涝成灾，庄稼失收，杨国忠为安慰皇上，居然令人取来长势良好的庄稼献上说：“雨水虽多，无碍庄稼。”玄宗信以为真。一天，玄宗看着哗哗直下的大雨，心里不安，见左右无人，悄悄地对身边的高力士说：“天方灾，淫雨不已，卿可尽言。”高力士答道：“自陛下以权假宰相，法令不行，赏罚无章，阴阳失度，这样下去怎么会平安呢，这也是臣之所以不敢言的原因！”

一席话，说得玄宗默不作声。高力士委婉的尖锐批评，多少令他陷入沉思。自李林甫专权，杜绝才俊入朝，杜绝消息来源；李林甫死后，杨国忠权倾朝廷，闭塞玄宗耳目。高力士时刻关注内外形势，留意天下大事，对李林甫、杨国忠等宰相为了一己私利，欺上瞒下，报喜不报忧的做法极为不满，在朝臣慑于宰相淫威，万马齐喑的寂静中，恐怕只有高力士才能够在玄宗心情好鼓励他直言时，大胆地如实相告，直言相谏，肝胆相照，难能可贵。

高力士常年在玄宗寝宫旁边的帘幄中卫宿，为此皇上特命人在殿侧给他建筑了十分精美的院落，高力士信奉佛教，玄宗特意在内设一处专修功德的安静场所，供其念经拜佛修行，玄宗说："力士当上，吾寝则稳。"皇上的赞赏，令高力士更加尽心尽力，基本留住宫寝，很少回到他自己在宫城之外的豪宅。高力士守护在侧，玄宗特有安全感。

高力士的勤勤恳恳，换来巨大权势和数不胜数的财富，高力士的良好形象，不仅给自己，也给整个宦官集团带来了巨大的利益，大大地提升了他们的地位。玄宗放权给他，他当然委派听其差遣的宦官到地方、军队等监督、了解情况。对这些天子派来的使臣，各地官吏争相阿谀奉承，唯恐怠慢，贿赂颇丰，不出几年，京城长安城内的最好地段，最豪华的宅第，最肥沃的土地、果园、山泽，宦官居然占据了三分之一以上，经济实力急剧膨胀，权力也日益增大。宦官人数剧增到三千多人，除高力士官位三品，享有私宅立戟的殊荣外，宦官中还有不少人被授予三品将军，能穿绯、紫衣的高级宦官居然有一千多人，宦官之盛由此开始。

高力士的特殊地位，引得攀援附会拍马溜须者蜂拥而至。朝中不少重臣都得到过他的提携恩惠，像宇文融、王铁、李林甫、韦坚、杨慎矜、杨国忠、安禄山等，都是通过高力士的推荐，才会得到皇上的赏识。例如，当初李林甫只是个名不见经传的普通官吏，传说他与侍中裴光庭的妻子勾勾搭搭。裴光庭妻子是武三思的女儿，裴光庭病故后，李林甫要她向曾出自武三思之门的高力士提议，让自己顶替裴光庭的空缺。谨慎的高力士没有直言推荐，而是巧妙地将起草任命韩休为宰相的内幕透露给武氏，让她叫李林甫将此高升喜讯事先告诉韩休，获得韩休欢心，果然韩休上任后，不忘李林甫之恩，推荐李林甫为宰相。这个故事未必真实，但李林甫在仕途道路上，曾经得到高力士的大力提携应该确定无疑。

高力士显贵之后，始终没有忘记母亲麦氏，吩咐地方官员千方百计地帮助寻找，不久岭南节度使终于将失散多年的麦氏送至长安。得知此事后，玄宗马上召见并封麦氏为国夫人，从此高力士的生母麦氏和养父母一同居住，共享荣华富贵。

天宝九载（750 年），高力士将自己在翊善坊的宅第捐舍为保寿寺，捐资为寺院铸造一个大钟。大钟落成时，高力士特别设斋宴庆贺，文武大臣不请自到，热闹非凡。高力士规定击钟一下，向寺院捐钱百千。有不少朝臣投其所好，趁此机会多贿赂巴结，有的一口气击钟二十余下，仍然觉得不够，斋宴下来自然获捐钱款无数。

高力士荣宠富贵，珍宝无数。保寿寺的经藏阁，建造得十分精巧，寺边二塔火珠垂挂，迎风飞舞。后世河阳从事李涿，生性喜好奇古，曾经到保寿寺观看寺库中收藏的旧物，忽然在破瓮中，看到一个像缎被之类的东西，上面有些裂痕，布满灰尘。李涿好奇地扫去尘埃拿起来细细观看，原来是一幅画，于是便用物换取。回到家后，李涿令家人清洗装裱，拿去请当时的常侍柳公权鉴别，这才知道自己找到了一件稀世之宝。原来这是当年皇上赏赐给高力士的盛唐大画家张萱画的《石桥图》，不知怎的被他珍藏在保寿寺的藏经楼中，皇上赏赐给高力士的宝贝无数，如此名画恐怕在他眼里还算不上号。

高力士生母麦氏病故时，朝臣纷纷前往吊唁。其中与高力士结拜为兄弟的左金吾大将军程伯献、少府监冯绍正二人，披头散发，哭倒在高力士生母棺前，悲哀之情，甚于自己的母亲过世，二人夸张的过度表演引来世人一阵耻笑。高力士娶妻迎亲时，送礼道喜的人接踵而至，马路充塞。

一天，高力士从外面归来正要入宫，忽然见到宫城边有人施舍茶水，觉得奇怪，上前一问，方知施主是九真观道士乔装打扮的行者，从岭南而来，随身带了二百多串岭南茶饼，随路施舍至京，立志化缘，以重新修建破落不堪的九真观殿宇，宣扬道教。同样出自岭南，行者的坚韧毅力和弘法决心感动了他，他入内即上奏此事。玄宗马上召见行者，并询问其心愿，行者回答："郁郁家国盛，济济经道兴。"行者的祝福让玄宗十分高兴，赏赐了大量金帛给他，其弘法化缘功德圆满，九真观得以修复。

虽然高力士恩宠显赫，权势极大，但他始终小心谨慎，认真敬业，谦和待人，所以赢得满朝文武的敬重，玄宗也越来越依仗他。当玄宗宠爱的武惠妃病逝后，眼见皇上精神恍惚，郁闷消瘦，高力士茶饭不思，心急如焚，千方百计化解皇上的伤痛，最后也是他把寿王妃杨玉环带到玄宗跟前，重新点燃了玄宗的青春之火，让他重新振作。

玄宗的一言一行稍有异样，精细的高力士就会马上发现。一次，玄宗上朝时，手指轻轻地、怡然地在腹部上下比划，一退朝，高力士便立刻查实皇上是否身体不妥，这才引出玄宗上朝神游天外，沉迷音乐，担心忘却梦中得来的《霓裳羽衣曲》的轶事。

玄宗独宠杨贵妃之后，已经身为三品大将军、头发花白、年过六十的高力士，仍为他们每次出入同行作好周密的安排，甚至自己殷勤地小心翼翼地亲自为贵妃牵马引路，不放心让那些鲁莽的小太监牵马。当贵妃耍性子与玄宗闹矛盾被遣送出宫时，他机警地顺着皇上的思路，铺就台阶，委婉地调和两人的情绪，亲自送去皇上的慰问，同时也劝解恃宠而骄的贵妃，并亲自迎她回宫。在这种意义上，可以说是高力士成就了玄宗与杨贵妃的爱情人生。

安禄山叛乱事发，几十年的太平安稳顷刻倒塌，朝廷上下慌乱一团，眼见京城不守，朝廷议论纷纷。玄宗首先想到要幸临西蜀，但朝臣们七嘴八舌，上下左右提出的撤离方案不下十几个。高力士静静地站在一侧，默不作声。玄宗回过头来问高力士："以卿之意，哪条道行得通？"高力士根据朝臣们提出的方案，一一作了分析："太原城池虽然坚固，但与贼相邻，该地区本属安禄山管辖，人心难测。朔方靠近边塞，一半藩戎，朝章规矩不尽通达，兵卒难以教化驾驭。西凉悬远，沙漠萧条，大驾顺东，人马非常少，事先又没有准备，缺乏供给，贼骑一旦起来，恐怕十分狼狈。剑南（西蜀）道路虽然狭窄，但是土地丰富人丁兴繁，表里江山，内外坚固，以臣所料，蜀道可行。"分析得条理清晰，符合玄宗心意，君臣多年的默契，早已心往一处想，最后玄宗下令避走蜀道。

安禄山叛乱，冲破平静安逸的繁华盛世，全国立即陷入兵荒马乱的动荡，朝臣宦官，各自奔走。太子李亨在身边的朝臣裴冕、杜鸿渐，宦官李辅国等人的怂恿下，于灵武自立称帝；大臣陈希烈、已故宰相张说之子驸马张垍、和高力士同样得到玄宗宠爱位居三品的宦官袁思艺等纷纷投奔叛敌安禄山，唯有高力士在国家危急、皇上避难的困难时期始终如一，忠实地紧跟在玄宗身边，保护着玄宗。

皇上一行仓皇撤离京城，习惯于太平安稳的随军警卫官兵，一路饥肠辘辘，疲惫不堪，早就不满杨国忠等人平日欺上瞒下、专横跋扈的官兵，走到马嵬，终于忍不住群情激昂怒杀杨国忠。将士们手刃杨国忠之后，害怕事后不测，执意请求处置皇上身边的杨贵妃，否则不肯听命向前。在此危急关头，高力士不得不从大局出发，劝说玄宗忍痛割爱，并亲自带杨贵妃到梨树佛堂前，让杨贵妃体面地了断，还随即机智地保留了杨贵妃的一只鞋子，让玄宗作为纪念。

当叛军被赶出京城，平叛取得一定胜利后，高力士随玄宗返回长安。此时的一切已经事过境迁，面目全非。玄宗已退居太上皇，太子肃宗已在灵武即位。入居兴庆宫的太上皇玄宗，触目四周，皆勾起他对杨贵妃的深深思念，想重新安葬爱妃，无奈又被朝臣反对。高力士最懂玄宗的心，亲自派手下不露声色、悄悄地妥善重新安葬杨贵妃，并将杨贵妃身上的香囊带回来，给玄宗以极大的安慰。

玄宗毕竟是太平盛世的天子，治理国家长达四十几年，肃宗内心对父亲充满敬畏，怂恿肃宗即位的宦官李辅国对太上皇更是充满恐惧。李辅国因为辅佐太子登基有功，此时已经顶替当年高力士的位置，成为肃宗的心腹。虽然他拥立肃宗有功，身居如当年高力士那般显赫的地位，但他出身卑微，在前辈高力士等太上皇玄宗身边的人眼里并没把他当一回事，令他恨得咬牙切齿。而高力士在玄宗身边，无疑对他是个极大的威胁，令其寝食不安。为此李辅国设下陷阱，对高力士下手。

玄宗喜居兴庆宫（简称南内），故返回长安后就一直居住在这里。而李辅国却制造借口，频频挑拨玄宗父子关系，终于肃宗被他说动了。

上元元年（760年）秋天，李辅国矫旨，假称皇上请太上皇游玩西内。待玄宗一行人走到睿武门，李辅国忽然带领手持兵刃的五百骑官兵拦在路口，大声宣旨道："皇上以兴庆宫狭小，迎上皇迁居大内。"

突如其来的兵刃相见，令玄宗大吃一惊，差点儿从马上跌下来。在旁的高力士挺身而出，大声喝道："李辅国不得无礼！"接着斥令其下马。虽然李辅国今非昔比，但毕竟曾经长期在高力士的威严之下，面对毫无惧色的前辈，李辅国习惯地乖乖下马。高力士马上宣太上皇圣旨："请诸位将士各自收好兵器！"皇上、太上皇具有绝对的威信，高力士深谙此理，借太上皇圣谕安抚手持兵刃的将士，用智慧化解了一场突发危机，只见将士纷纷收好器械，再拜玄宗，山呼万岁，接着他又斥命李辅国和自己一起牵勒玄宗所乘之马，安全地将玄宗护送到西内太极宫，入住甘露殿。事后，玄宗也感慨地对高力士说，若不是大将军临机应变，阿瞒（玄宗对家人的自称）几乎不得生还，可见当时事态之严重。

移居太极宫后，玄宗的心态迅速自我调整，他对高力士说："兴庆宫本来是吾王之地，吾频频让给皇帝（儿子肃宗），皇帝仁孝不肯接受，今天虽然是李辅国所制，也正合吾意。"崇拜神仙信奉道教的玄宗从此只吃素斋，不再进肉食，每天和高力士一起看宫人清扫庭院，或者谈经论道。

擅自将玄宗移居太极宫的第二天，李辅国才假惺惺地带领六军大将身着素服向肃宗请罪，六军毕竟是警卫皇宫的将士，皇上的身家性命都在他们的手上，不能轻易处置。迫于六军大将介入，肃宗不得不安慰道："南内、西内有何差异，你们既然出于防微杜渐，巩固江山社稷之心，何必畏惧！"

之后，李辅国更加猖狂，或许他深谙肃宗的软弱，故步步设计，只有留下老弱数十人做西内的侍卫，陈玄礼、高力士等老宫人不得留在太上皇左右，要玉真公主回到玉真观，总之要赶走玄宗身边所有的亲臣旧故，无疑想把他往死里逼。

传说高力士陪玄宗在西内才住了十几天就身患疟疾，于是借故敕准他离开在功臣阁暂住治病，一天晚上，门外有人传称："圣人唤阿翁。"高力士以为玄宗叫他，便跟着来人走出阁门，谁料接着就有使者宣旨："流放外地。"高力士请求向太上皇告别，也遭到粗暴的拒绝，侍卫不由分说地将年迈的高力士贬黜，流放到距离京城有三千一百五十八里的巫州。

跟随玄宗左右几十年的高力士，接到被流放的敕令心中充满悲伤，他带着沉重且颤巍巍的步伐和无尽的牵挂，一步一回头地离开京城。在巫州，当高力士看到院子里茂盛的荠菜为当地人不屑一顾，不入菜时，深有感慨，他一边采摘一边赋诗道："两京秤斤卖，五溪无人采。夷夏虽有殊，气味应不改。"吃着自己亲手采摘烧煮为羹的鲜甜美味荠菜，高力士的心早已飞到玄宗身边：“太上皇是否安康？他的饮食起居谁在照顾？”情到深处潸然泪下，放下碗筷再也无法下咽。

肃宗宝应元年（762年），对于唐朝来说是一个不幸的年头，四月玄宗驾鹤西去撒手人寰，同月肃宗也随之而去，代宗即位，大赦天下，高力士遇赦，急急往回赶。六月，二圣遗诏送达巫州，遇到从京城过来的故旧，听说上皇已经驾崩，高力士禁不住号天叩地，悲不自胜，制服持丧，礼过常度，他不顾年迈体衰，不分昼夜，日夜兼程，恨不得即刻亲奉陵寝，侍奉敬爱的太上皇。每每想起玄宗，则恸哭不已，每次恸哭都会因为悲伤过度而气绝不省人事，好不容易被左右唤醒，又继续赶路，如此一路上悲哀深沉，他的身体受到严重损毁。七月，当高力士从巫州来到距离京城长安还有二千二百五十九里的朗州时，终于哽咽成疾，八月病情急转直下。高力士躺在病榻上，眼见自己无法再往前走，万分难过，他对随侍左右说：“我今年已经七十九岁，可谓高寿，官至开府仪同，可谓贵矣。高寿富贵，死不足惜，可恨的是二圣升遐，我不能在灵前号啕恸哭倾诉哀思，孤魂漂泊在旅途，无所依靠？”话未说完，泪洒衣襟，仔细一看，泪水皆是血色，流的不是泪而是血！说完这番话后，高力士竟哽咽吐血，这一年的八月十八日，悲痛欲绝的高力士终于追随主子玄宗去了，病逝于朗州开元寺西院。

无论荣辱安危，高力士对玄宗始终竭诚尽节，忠心耿耿，他是一个为玄宗而生为玄宗而死的人。

为表彰高力士对上皇的无限忠诚，玄宗的孙子代宗赠赐他为扬州大都督，陪葬泰陵，了却了高力士生死陪侍玄宗的夙愿。身后能享受到如此荣耀，也是他生前勤勤恳恳侍奉玄宗，做人谨慎周全，积德行善的福报。唐人对高力士充满怀念与敬意，甚至称："高力士真忠臣也，谁谓阉宦无人？"将其视为宦官中忠诚专一的典范，评价颇高。高力士墓碑上的《高公神道碑》评价是"近无闲言，远无横议"，的确，高力士身居高位，自始至终低调理性认真做人，他不仅是宦官中杰出者，也是朝臣中的佼佼者。

王毛仲

29

王毛仲是曾经比高力士还要受玄宗宠爱的心腹亲信。

早在唐太宗时期，太宗专门挑选了一批骁勇善骑射的年轻人跟随左右。每当太宗出游狩猎，这批少年勇士身着画着猛兽图案的衣衫、骑着雕刻豹纹的马匹，手持弓箭奔跑守护在帝王御前射生，号称“百骑”。武则天时期，“百骑”人数增加号称“千骑”，编制归属左右羽林营，后来又称作“万骑”，这就是帝王的贴身卫队。

王毛仲是高丽人，父亲因犯事被剥夺了游击将军一官职，他一生下来就作为家奴隶属于时为临淄王的玄宗，从小一直服侍玄宗。王毛仲机智敏捷能干，尽心尽力充当玄宗的心腹耳目，同时他也继承了高丽人的剽悍神勇风格，和善骑射的李宜德是藩王玄宗卫队中的左右护翼，深得玄宗信任和赏识。作为家奴，王毛仲遵照玄宗的意旨，以自己的豪爽性格，多方结交和拉拢地方土豪俊杰和宫城北门禁军将领葛福顺、陈玄礼等，暗自为玄宗谋取大业储蓄力量。王毛仲成功地将一批警卫皇宫的北门禁军将军召集到玄宗门下，等于将皇宫的大门钥匙交给玄宗，为成功扫除韦后一党立下汗马功劳。奇怪的是，在约定行事的千钧一发之际，不知是害怕犹豫或者想投机取巧，王毛仲没有按照预先约定到宫内集合、冲入宫中杀韦后及其同党。换作别人，在这种你死我活的危急关头，临阵脱逃，不忠不勇，足以毁掉其政治生命，然而玄宗并没有对他加以追究。

玄宗不愧为一代英明君主，不仅有识人之明，还有超人的大度和驾驭一切的自信和能力，扫平韦后势力之后，玄宗在论功行赏之际，照样册封关键时刻不见踪影的王毛仲为将军，大胆起用，让他专管东宫的驼马鹰狗坊等，即筹集军马。祖籍高丽的王毛仲对军马的管理果然不同凡响，一年之后便成绩卓越，东宫的马匹剧增，王毛仲也迅速晋升为大将军，官位三品。

在玄宗铲除太平公主的关键时刻，王毛仲及时地提供了一批急需的军马，在辅佐登基的过程中又立新功。玄宗即位后，王毛仲被册封为辅国大将军，左武卫将军，进封霍国公，实封五百户，担任检校内外闲厩兼知监牧使，即负责皇宫系统的御马和全国牧马。在没有机械化的古代，部队的进攻转移调度，几乎全部依仗战马，部队战斗力的强弱就看其拥有的军马多寡，马匹是重要的战备武器，马匹的养育繁殖训练，事关国家的安危，属国家核心事务，对于有重大过失的家奴赋予如此重要的责任，足见玄宗的气魄。

开元初，由于种种原因，全国牧马已经由太宗时期的七十万匹，锐减至二十四万匹，王毛仲上任后，在牧马的饲养管理上，恪尽职守，奉公正直，不避权贵。在王毛仲严厉的权威性管制下，龙武军（即皇宫禁卫军）功臣及闲厩官吏（即负责粮草军马的官吏）不敢胡作非为、工作怠慢，消除了长期困扰朝廷的军中将领贪污军粮、饲料问题，盗窃军粮饲料的现象不见了。王毛仲对种植牧草、马匹管理的严格高效，很快取得了牧草丰收、马匹肥壮的业绩，每年清算军粮饲料绰绰有余，有时结余甚至多达数万斛。没过几年，马匹便猛增到四十三万匹。

开元十三年（725 年），玄宗到泰山封禅，王毛仲特地精选数万匹骏马供朝廷使用，还颇有美感地将几种不同颜色的骏马按色分别编成若干队集结一起，看上去色彩缤纷，宛若织锦，蔚为壮观，为封禅大典平添许多精彩，令天生爱马的皇上喜出望外。为了嘉奖王毛仲，封禅泰山刚结束，玄宗就在泰山脚下加封王毛仲为开府仪同三司。开府仪同三司是唐朝的最高勋位，他也是本朝第四个受此殊荣的人，前面三人分别是王皇后的父亲王同皎，著名宰相姚崇、宋璟，可见玄宗对王毛仲的器重。

在此期间，玄宗赐给王毛仲庄园宅第，其家里妻妾、奴婢成群，驼马、钱帛不计其数。不过王毛仲没有沉浸在舒适的豪宅里享清福，他依然兢兢业业，常常留宿在宫内闲厩侧的内宅，以便离玄宗更近些，随时听从召唤。王毛仲常常和姜皎等几个皇上的铁杆心腹一起受诏入内参加玄宗的私宴，能够享受在皇上面前和诸王贵臣等皇亲国戚连榻而坐的亲密，倘若欢宴偶尔少了王毛仲，皇上会不经意地流露出怅然若失的神情。王毛仲爱马懂马以及喜好狩猎等兴趣、粗狂豪爽的性格，加上出色的管理骏马能力，都颇得玄宗喜爱。

随着王毛仲恩宠隆重，他的两位妻子分别被赐封为国夫人，王毛仲受诏入内，二夫人双双陪同前往；他孩子才出生，就被授予五品官位，获准将来与皇太子一同游玩，这在僚臣中极为罕见。开元以来，王毛仲官爵连连攀升，直到在泰山脚下被封为开府仪同三司，其名誉地位及事业皆达到巅峰，当时，以文学领袖著称的宰相张说，受皇上之命撰写了篇《监牧颂》，对其管理牧马的业绩大加赞赏。

玄宗是靠皇宫禁卫军政变接连扫平韦氏、太平公主一党登上帝王之位的，故深知统领皇宫卫队的重要，亲历多次皇室内部政变、精通历史的玄宗对此刻骨铭心。身为太子监国时，他就奏请把万骑更名为龙武军，左右羽林更名为北门四军。龙武将军是帝王贴身禁卫军、左右万骑的指挥官，玄宗登基后，钦点家奴王毛仲、葛福顺、陈玄礼等分别担任统领龙武军及北门四军将军，世人称这些龙武官为“唐元功臣”，龙武军、北门四军将士深受皇上恩惠，待遇特别，为此不少长安的富贵良家之子，为了逃避税赋徭役，不惜花钱买通官府，挤进皇家禁军，使得每军迅速膨胀到数千人。

玄宗对王毛仲如此眷顾，除了王毛仲一直以来对他的忠心、敬业、工作业绩显著等原因之外，更有拉拢、依靠他的用心，因为牢牢驾驭王毛仲及北门禁军将领，是防止宫廷政变的首要关键。王毛仲不仅掌握着军马粮草等战备资源，而且与警卫宫城的北门禁军将领关系密切，渊源深厚。起初是皇上要他拉拢联络北门禁军将领为扫平宫廷障碍做准备，后来是因为他手中掌握战备资源，又深得玄宗恩宠，他的奏请几乎一一恩准，那些想向上钻营的人及北门禁军将领自然纷纷投靠和依附他，以达到升官发财的目的，一时间，王毛仲家门前车水马龙，热闹非常，财源滚滚。北门将军葛福顺之子迎娶王毛仲之女为妻后，他与北门将领李宜德、唐地文等数十人的关系更加紧密，十几年下来，他们不知不觉形成了北门禁军中的一股强大功臣势力。

毕竟是家奴出身，谈不上有什么修养，在名誉地位的光环下，在皇上频频的恩宠雨露下，王毛仲渐渐狂妄自大，骄横之心日益膨胀，就连皇上身边那些地位显赫的宦官都不放在眼里，常常在高力士等人面前摆出一副不屑一顾的傲慢态度，对那些没有什么官品的小宦官，则更是稍稍不如意便训斥辱骂，视如自己的奴仆。

本来看到王毛仲的恩宠超过自己，高力士等心里就无比嫉妒，更不用说鲁莽粗俗的王毛仲嘴里不时吐出一些令宦官难堪的污言秽语，心里早就憋着一肚子气，恨得咬牙切齿。无奈皇上对他如此信任和器重，每次宴乐似乎都少不了他，为此，高力士等就算遭受一些讥讽侮辱，也只好忍气吞声，敢怒不敢言，平日里尽量避开他，省得自讨没趣，尽管如此，仍少不了经常碰到他投过来的鄙视目光。不知不觉玄宗身边出现了以王毛仲为首的北门禁军将领和以高力士为首的宦官这两股矛盾势力，两股势力相互争宠角力。然而，随着时间的推移，在与玄宗保持交流沟通的便利上，王毛仲之流再怎么时常参与玄宗的欢宴，与玄宗游乐，怎么比得上日夜随侍在玄宗身边的宦官呢？这似乎从一开始就注定王毛仲斗不过玄宗身边的以高力士为首的宦官集团。

开元初，君臣同心协力治理国家，朝风肃然，虽然王毛仲头上戴着种种耀眼的光环，但它改变不了出身低下、言行粗鲁的事实，对于这些政治上的暴发户，不少正直、儒雅朝臣不屑与之同流合污，甚至不屑与之交往。开元十三年（725 年），王毛仲的女儿出嫁，玄宗问他需要什么，他回奏道：“臣万事俱备，只缺客人。”

原来他邀请到了宰相张说、源乾曜，却邀请不到宋璟。玄宗当场答应为他邀客。

第二天，玄宗议事结束后对宰相们说：“朕家奴王毛仲今天有婚事，你们大家都去出席婚宴，给他道喜吧。”宰相宋璟以执法严明、刚正不阿著称，碍于皇上发令，本来想谢绝的婚宴也只好参加了。中午时分，参加婚庆的文武百官纷纷入座，酒宴菜肴也陆续上桌，可王毛仲就是不敢开宴，原来宰相宋璟还未到。不一会儿，宋璟入门，酒宴开始。宋璟首先举杯向西拜谢，表明自己是奉帝王之命到此贺喜，酒杯里的酒还没有喝完，又忽然说肚子痛要告辞，就此敷衍了事。

王毛仲目中无人，狂妄骄横，不仅得罪了以高力士为首的宦官，也得罪了不少朝臣。仗着王毛仲的势力，北门禁军将领胡作非为，违法乱纪，这些正好给了高力士等人打击王毛仲的口实。开元十七年（729年），吏部侍郎齐浣密奏玄宗说：“葛福顺主管兵马，与王毛仲结亲，小人得宠，则生奸，若不及早预防，恐生后患，请陛下三思，高力士小心谨慎，又是阉宦，便于禁中驱使，何必一定要用王毛仲为心腹?”听到齐浣的密奏，玄宗没有回应，只是称其忠诚可嘉，此事以后再说。

时隔不久，大理丞麻察被左迁兴州别驾，即从中央下放地方任职，齐浣与之平日关系很好，特设宴为他送行，酒酣之际知无不言，居然连私下劝谏玄宗的事也说了，还大发一通议论。谁料麻察为人奸诈，正愁没有什么东西可以扭转命运，齐浣的告白令他一阵窃喜，转身便把此事上奏玄宗，希望以密告邀功。玄宗听后大怒，召齐浣来训斥一番："你担心朕思虑不周，自己为何不谨记慎重，转身就将此事告诉麻察？"于是齐浣和麻察双双都以"交构将相，离间君臣"之罪受到贬黜，他为自己的轻信和举止不谨慎付出了沉重的代价。

尽管如此，玄宗还是不动声色地把这些话听进去了。玄宗依旧常常邀请王毛仲入宫欢宴。就在北门将领仗着有王毛仲撑腰而胡作非为的同时，王毛仲自己也渐渐以皇上铁杆心腹和创业功臣自居，自我膨胀得不知天高地厚。开元十八年（730年），王毛仲还不满足已有的封官赐爵，居然敢向皇上伸手要官——要当兵部尚书。

登基以来，玄宗对巩固皇权，维系大唐的江山社稷始终保持警觉。王毛仲掌握军马粮草等重要的战备武器物资，与北门将领葛福顺结亲，和一帮北门禁军头领的过度亲密实际上已经犯了大忌，引起了皇上戒备。玄宗之所以用他，是因为他们出身低下，没有什么朝廷势力帮派，容易操纵控制，同时可以作为平衡其他势力的棋子。对于王毛仲负责军马粮草还不知足，还想染指兵权的要求，皇上当然不同意。每次奏请皆获恩准的王毛仲碰壁之后，心情郁闷，话语言词之间多少流露出一些不满，这些情况，迅速通过各种渠道，如宦官或朝臣密奏，夸大其词地传到皇上耳里，让玄宗很不高兴。

玄宗对王毛仲态度的微妙变化，高力士看在眼里，觉得有机可乘，更加不失时机地抓紧诋毁攻击王毛仲。不久，王毛仲妻子生下一个男孩，依照惯例，高力士送去皇上的慰问和关怀，赏赐丰富的酒肴、金帛并授予男孩五品官。

生儿育女，这些都是宦官一辈子都无法体验、无法享受到的幸福快乐。本来高力士似乎可以漠视这些自然现象，然而对王毛仲的妒忌，王毛仲平日对宦官蔑视造成的积怨，或许在接受高力士送来皇上恩赐之际，其故意夸张地炫耀这些高力士永远得不到的东西，都深深刺伤和触动了高力士的神经，令他不堪忍受。当皇上问他："王毛仲高兴吗？"高力士终于发泄了。他面无表情，故意冷冷地回答："王毛仲将襁褓中的婴儿抱给臣看，说此儿应该能当三品官吧！"

王毛仲是否真的如此说，或者在什么情况下说，我们无从考证，皇上也不加过问核实，话到了高力士嘴里，就由不得王毛仲分辨和解释了。玄宗听了大怒："当初平定韦后，这小子就贼心两端，朕宽容不说他，想不到他今天敢通过孩子来发牢骚！"宽容不等于忘却，皇上并没有忘记在即将冲入宫城杀韦后的关键时刻，王毛仲不见踪影一事。高力士趁机说道："北门奴官气太盛，又与将相合成一心，不尽早铲除，必生大患。"

身为英明帝王，玄宗不曾一刻放松过防止宫廷内部政变这根弦，无论对兄弟儿孙还是对亲密手下、朝臣、家奴。周围人的谗言，特别是齐浣与高力士不谋而合的劝谏，进一步加深了玄宗与王毛仲主奴之间的裂痕，王毛仲日渐骄横、伸手要官、与北门禁军头领联姻等一举一动都引起玄宗的警觉和猜疑，担心他真的与北门将领结为帮派，指使自己身边的警卫军兵变，就会带来不堪设想的后果。

或许王毛仲也渐渐察觉皇上对自己态度的改变，莫名其妙的疏远和冷淡，令他心生害怕。不知是出于自卫或是为了表示自己的重要，王毛仲不由自主地也加紧增强自己的实力，甚至私自向太原军索要甲仗等武器，太原尹严挺之立即向玄宗奏报这一情况。开元十九年（731 年）正月，玄宗当机立断，以王毛仲不忠为由，贬其为瀼州别驾，解除了左领军大将军耿国公葛福顺、左监门将军卢龙子和唐地文、右武卫将军成纪侯李宜德、右威卫将军王景耀和高广济等人的兵权，将他们清除出龙武军，王毛仲的四个儿子也被贬黜远州，被处置的同伙多达数十人。王毛仲一行走到远州（湖南省零陵地区），被朝廷赐死。骄横一时的王毛仲和以他为首的北门奴官彻底被玄宗抛弃了，高力士为首的宦官集团在这场角逐中大获全胜。

30 安禄山

安禄山几乎与杨贵妃同时走入玄宗的视线，一起逐渐登上历史舞台，这不能不说是历史的巧合。安禄山的出现，既为玄宗、杨贵妃的情爱生活增添了许多浪漫滑稽的乐趣，也毁灭了他们的爱情，令二人生死离别，让这段爱情悲剧在高潮中落下帷幕。安禄山到底是个什么样的人呢？

安禄山是“杂胡”，即突厥和其他北方少数民族的混血儿（唐朝将匈奴、东胡等北方少数民族统称为“杂胡”），出生于营州柳城（即现在的辽宁朝阳），母亲阿史德是突厥巫师，以占卜为生。北方少数民族习俗与汉族迥然不同，因为文明进化程度的差异，北方少数民族的婚姻、性生活方面，还有不少原始母系社会的痕迹，北方少数民族以游牧为生，逐草而居的恶劣环境、种族壮大繁衍的需要，令其男女性生活随便。正如安禄山自己所说的，北方少数民族“只知其母不知其父”，孩子一般随母亲而居，不像中原礼节规矩甚多。

或许安禄山的母亲也无法确切知道孩子的父亲是谁，故谎称在祈祷突厥崇拜的战神“阿荦山”时受孕。传说安禄山出生时，当地夜空有种种乱象，赤光旁照、群兽齐鸣，相士还看到空中妖星的芒炽落在穹庐之上等等。身为巫师，她从各种奇怪的征兆中，推算出自己生下的孩子非同寻常，故用突厥战神“阿荦山”命名。当地官府得知突厥部落里出现非同寻常的种种征兆，急速派兵赶往妖星炽光堕落之处寻找新生儿，下令看到孩子无论长幼，一律格杀勿论，意在铲除祸根，幸亏阿荦山（安禄山）的母亲早就将他藏匿起来才躲过这一劫。

自阿荦山懂事起就跟随母亲在突厥部落中游荡，随着母亲改嫁，安禄山到了突厥将军安波注哥哥安延偃家，并早早成为孤儿。开元初，安延偃部落衰败破散，突厥将军安道买的儿子安孝节和安波注的儿子安思顺、安文贞带着他逃离突厥部落，投奔当时在岚州担任别驾的安孝节之弟安贞节，大家相约结拜，互称兄弟，从此阿荦山改名为安禄山。

玄宗登基后，对边疆实行开放的政治经济政策，在营州一带建立店面集市，吸引、招徕胡商，互通有无，稳定边疆，聚集了一大批往返于古代欧亚大陆上的包括西域波斯以及吐蕃、匈奴、契丹等来自四面八方的少数民族商人，其中又以粟特人居多，粟特人除了经营农业、畜牧业之外，特别善于经商，有学者考证安禄山身上就流有粟特人的血。数年间，营州的国库殷实，当地经济繁荣，百姓安居乐业。

安禄山仗着至少会说六种蕃语（所谓蕃语，就是匈奴、突厥、契丹、粟特等少数民族以及西域，乃至中东诸国语言，有的史料说安禄山会说九种蕃语），在营州做起了买卖，成为诸蕃互市牙郎（所谓牙郎，与现在对外贸易的翻译、代理或者中介相似）。

童年的经历，养成了安禄山奸诈残忍的性格，贸易的经历令他变得事事用心，手段多端，唯利是图，善揣摩人意，深刻了解人性贪婪无度的阴暗一面，为了生存，他不惜采用任何手段，投机取巧、偷鸡摸狗之类的坏事没有少做，而粗鲁骁勇、憨厚耿直的外表，却又给人留下率真可靠的假象。

一次，他路过农舍，见左右无人，便顺手偷走一只羊，结果，羊咩咩的叫声惊动了主人，安禄山被当场捉拿，根据当时法律，罪当棒杀。见差役高举大棒，正要打下，安禄山不甘心如此送命，便大声叫道："你们不是要消灭奚、契丹吗，怎么来杀我！"他的大喊大叫，引起了审判官范阳节度使张守珪的注意，于是命人带上前来。一看有转机，安禄山立刻使出当牙郎练就的三寸不烂之舌，急忙辩解，一会儿捶胸顿足悔恨交加，一会儿信誓旦旦，愿意戴罪立功，协助官府消灭当时常常进犯边境的奚、契丹人。

小小盗羊贼居然喊出只有官府才会关心的消灭奚、契丹人的豪言壮语，喊出要戴罪立功的决心，让审判官张守珪颇为诧异，他不由得上下仔细地看了看安禄山，觉得此人大胆奇特，加上身材魁梧、皮肤白皙，这让同样经过挫折成长起来的张守珪产生了恻隐之心，不忍就此断送一个勇猛豪气的男子汉，想到现在边疆仍然频繁遭受奚、契丹进犯，此人正可为我所用，于是下令释放，留在军前驱使。

张守珪是陕州河北人，身材魁伟、仪表堂堂，擅长骑射，性格慷慨，讲义气，年少时曾经在县尉梁万顷手下做事，后成为幽州军府里统帅府兵的一个副将。张守珪足智多谋骁勇善战，多年在边疆抵御外敌入侵屡建军功，很快被提拔为范阳节度使。

鉴于安禄山出身突厥，精通各种语言，善骑骁勇，熟悉这里的风土人情，对于遏制胡族骚扰边境十分有利。识人善用的张守珪任命他与同样出身胡族的史思明为捉生将（捉生将，是唐朝边郡主帅对部下擅长活捉敌人俘虏，即擒拿骁将的称呼）。史思明和安禄山同为邻里，与安禄山的生日仅差一日，一起长大，亲密无间，长大后又一起为当地集市贸易的互市牙郎，此时同为捉生将，相互配合专门擒拿进犯边境的小股契丹骑兵。

安禄山、史思明天生就是捉生将的料，他们干起来如鱼得水驾轻就熟。特别是安禄山，走马上任不久，就多次带着手下，巧妙地生擒活捉数十个契丹来犯之敌，屡屡得手，令张守珪喜出望外，渐渐大胆委以重任，增加他的领兵数量。安禄山没有辜负张守珪的希望，每次出巡边防，或者伏击来犯，都生擒活捉于自己兵力数倍的敌人，所向披靡，战功显赫，不久张守珪便把他提拔为自己的偏将副手。

张守珪治军严厉，言出必行，威望很高，见安禄山身材高大肥硕，食量甚大，担心他在军中吃不饱，疼爱地将他收为养子，为他放量吃饱穿好、享受宽裕的生活提供方便，不久又提升他为员外左骑卫将军，充任衙前讨击使（即领兵征伐的将军）。

被张守珪收为养子后，安禄山更加频繁地出入张府，殷勤地围着养父忙前忙后，十分乖巧。一天晚上，安禄山为张守珪洗脚按摩，忽然他眼怔怔地盯着张守珪脚上的一颗黑痣，见状，张守珪笑着说："就你一个人看到我的这颗黑痣，这可是我的富贵之相，你有吗？"安禄山答道："孩儿出身卑贱，但不幸的是我两只脚都有这样的黑痣，而且比将军的又大又黑，黑痣上还有文，不知是什么征兆？"说着，他脱去鞋袜将脚伸给养父看，脚上的黑痣果然奇特，对相术略知一二的张守珪从此以后越发关心爱护他。张守珪本来就是著名的边陲将领，得安禄山后如虎添翼，镇守边疆消灭敌人势如破竹。

开元二十二年（734 年）六月，时任幽州节度使的张守珪大破契丹，将擒拿活捉的大批俘虏送往朝廷。此前契丹屡屡进犯，朝廷皆征讨不成，自张守珪到任后，多次成功抵御进犯，打得契丹落花流水，他还通过收编离间等策略，令敌人内部动荡不和，无暇顾及进犯边疆，唐朝边疆终于比较安宁。

张守珪的突出战功，令玄宗十分高兴，甚至想用宰相一职作为对他的奖赏。皇上的一时冲动被正直的张九龄劝住了，张九龄说："宰相不是用作奖赏的空头衔，是天子手下具体负责掌管国政的职位，况且张守珪只是打破契丹，若这样就提拔为宰相，那么将来若大破奚、突厥等来犯，陛下要奖他什么官呢？"尽管没有封宰相，玄宗还是大大地奖赏了张守珪一番：封他为右羽林军大将军兼御史大夫；赏赐张守珪二子为官，加上丰厚的财物。庆功会上，玄宗还高兴地赋诗称赞，并加封辅国大将军。

此间安禄山鞍前马后、里里外外地细心侍奉养父张守珪，张守珪也利用各种场合，大力推荐提拔，在向朝廷邀功将领的名单上，每次都少不了他。

唐朝规定地方诸侯官吏，必须定期定时向朝廷上奏情势，汇报工作，地方官专门派奏事者上京呈献奏文。开元二十一年（733 年），张守珪派遣身为偏将的养子安禄山入京奏事，让他增加见识，熟悉朝廷规矩和朝廷大臣。

时任中书令的张九龄，是个饱读四书五经见多识广的人，多年在朝廷政治中心摸爬滚打，他练就了一双洞察一切的锐利眼光，养成善于思索、善观面相的习惯，每次接待和聆听地方来人的奏事，皆仔细认真、一丝不苟，从其夸张标榜的呈报中去伪存真，努力掌握真实情况，为皇上决策提供正确依据。第一次见到了来自范阳的奏事者安禄山，张九龄不禁上下打量了这位满脸胡茬、身材魁伟、皮肤白皙、颇为肥胖的北方少数民族，不知为何在其貌似恭敬、唾沫横飞的陈情中，他内心隐约涌出一种不祥之兆，觉得此人诡异，有一种说不出的滋味。

初次入朝奏事，从荒芜的草原来到繁华的京城，安禄山掩饰不住内心的兴奋与敬畏，谦卑恭敬地一一陈述范阳政绩，然而在夸耀成就的言辞中，难免刹那间流露出目中无人、骄傲狂妄的神情。张九龄一眼看穿其内心桀骜不驯的本性，禁不住忧心忡忡，担心重用如此不懂规矩、不知天高地厚、难以控制的北方少数民族充当将领，会就此埋下隐患。安禄山奏完事才离退，张九龄便忍不住地对身边的侍中裴光庭说："乱幽州者，必此胡也。"

开元二十四年（736年），安静不到两年的部分奚、契丹人，又在边境蠢蠢欲动，常常进犯中原，掠杀边民，抢夺牛羊。张守珪任安禄山为平卢讨击使、左骁骑将军，派他征讨那些反叛的奚、契丹人。以往多次与之交锋皆凯旋而归，令安禄山逐渐产生轻敌思想，急于求成。这一次，他率领大部骑兵，仗着人多势众、兵强马壮贸然挺进，结果惨遭大败，影响甚大。张守珪素以治军威严闻名，军令如山，损兵折将大败而归，若以军法，罪该斩首，就是养子安禄山也不得例外。然而张守珪的确爱才，不忍马上行刑，在此两难的情况下，深谙朝廷规则的张守珪采取了奏请行法，即让皇上裁决的拖延办法，潜意识里希望皇上念在安禄山以往战功累累的分上，网开一面，赦其戴罪立功。

范阳与长安距离遥远，奏折往来颇费时间，尚未等到回文，张守珪便急忙将安禄山押解京城，这也是救安禄山的唯一办法，因为如果行刑的文书下发，一切就变得无可挽回。接到奏文，张九龄不仅鼓励，简直就是恨不得张守珪立马军事处置，从《张九龄集》的《赐守珪敕》《赐平卢将士敕》中不难看出他的心情。《赐守珪敕》里写道："禄山等轻我兵威，曾不审料，致令损失，宜其就诛。卿既行之，军法合尔。"也许他猜测治军严厉的张守珪已经行刑，故又补充下发了《赐平卢将士敕》，说明"安禄山之诛，缘轻敌太过，勿因此畏懦，致失后图"，以示安抚。

张九龄哪里知道，被拘押的安禄山整日里依旧大声叫嚷："奚、契丹两蕃未平，为什么要杀禄山！"摆出一副壮志未酬的样子，张守珪见状颇为痛惜，欲杀不忍，只好早早将他押送上京。面对押送到京听候朝廷发落的安禄山，张九龄依然坚定地批示：“昔穰苴出军，必诛庄贾，孙武行令，亦斩宫嫔。守珪军令若行，禄山不宜免死。”张九龄引用“穰苴诛庄贾”和“孙武斩宫嫔”历史上两个严肃军令的故事，说明令行禁止、军纪严明的重要性，坚持应该按照张守珪制定的军令处斩安禄山，才能给边陲将士以警示，才是治军之道。

既然上奏朝廷又有争执，最终当然是呈送玄宗裁决。果然不出张守珪所料，在以往奏文中，安禄山屡建军功，给皇上留下了勇锐果敢的深刻印象，爱惜人才的玄宗特别敕命，免除安禄山官品，降其为白衣将领，给他一个戴罪立功的机会。皇上的宽容，令张九龄十分焦急，他固执地争辩道：“安禄山失律丧师，按照军法不可不诛，而且臣观其貌有反相，不杀必为后患。”没想到充满自信的玄宗反而说他：“卿不能因为知道王夷甫识石勒的故事，就妄加臆断安禄山难以控制，妄害忠良。”

相传晋朝的王夷甫有一天在洛阳遇见了十四岁的石勒，其奇特的长相引起王夷甫的注意，经过一番盘算，忽然他对左右说：“这个小北方少数民族胸怀异志，将来恐怕会成为天下大乱的祸根。”并立即派人去找他，结果石勒已经不知去向了，后来的事实应验了王夷甫的谶言，石勒搅得晋朝天翻地覆，最后推翻西晋，创立赵国。历史上如此惊人相似的悲剧重演常常令人扼腕叹息，十分不幸，张九龄的担忧二十年之后应验了，安禄山叛乱，令表面看上去强大无比的唐朝顷刻间陷入混乱。避难蜀地之后，每当玄宗想起张九龄的话，都会唏嘘不已，后悔当初没听其劝谏。

开元二十四年（736 年），唐朝正处于鼎盛时期，正值壮年、五十一岁的玄宗精力旺盛自信包容，终于他还是坚持己见特赦了安禄山，在赐张守珪敕中他指出，安禄山勇而无谋，遂至失利，衣甲资盗，挫我军威，论其轻敌，合加重罪。然而朕早闻其战斗勇敢，杀敌无数，现在敌寇未灭，所以暂时不以一次失败而弃之，留其一命以观后效。对他不实行苛刻的追究责任，但也不能不加以惩罚，宜暂停其官，降为白衣将领，具体就让张守珪根据实际情况处置。

就这样，在养父张守珪巧妙处理，变相包容下，安禄山又一次化险为夷，逃脱严惩。这一年，也是杨贵妃刚刚迈入皇室家门，成为寿王妃的第一年。

不可否认，对付奚、契丹等来犯，安禄山有一整套行之有效的战略战术，在张守珪的领导下，他对安定唐朝边境、抵御外敌，作出了巨大贡献，正因为他从军以来战功显赫，所以才能换取这珍贵的戴罪立功机会。此后，安禄山以“白衣”将领身份效劳边疆。

盛唐时期法制完备，明君贤臣、人才济济，吏治井然，侥幸捡回一条小命的安禄山哪里敢怠慢，此时他为了报答皇恩，一心奋勇杀敌，企盼换取新生。同时，有过互市牙郎从商经历的安禄山，在外表厚道的内心里，思绪十分活络，在军中官场上，他使出当年经商的浑身解数，不失时机地上下左右疏通关系，利用手中的权力，出手大方，厚加贿赂，营造良好的人际关系。获得好处的人们对安禄山每个小小军功、每项努力都夸大其词，赞誉之声源源不断地流入玄宗之耳，很快，在四年之后的开元二十八年（740 年），安禄山被提拔为平卢军兵马使，这是他人生旅途上的重大转折。

兵马使，是节度使衙府前军职、统军将帅、总兵权。唐玄宗时期，全国沿边疆地区分有九个节度使，一个经略使，节度使负责一道或者数州的军、民、财政事务，所管辖区内的州刺史、郡守都是其下属，节度使有点与现在的省长相似，兵马使又与现在的省军区司令相似，是个相当重要的职位。

平卢是唐朝一个方镇，官府治所设在营州（即今辽阳朝阳市），平卢兵马使总揽这一地区的兵权，相当于平卢军区司令，军队的第一把手。上任之后，安禄山利用职权，用心收罗稀世珍宝及钱财，叱咤一方。对上面来人，他皆接待得细致周到，还有丰厚的回赠，就连钦差大臣的跟班侍从他都从不怠慢，照例个个打点得舒舒服服、满载而归。开元二十九年（741 年），掌监太子以下百官的御史中丞张利贞，作为河北采访使到平卢考察平卢官府治理地方以及官吏情况。安禄山曲意奉承，贿赂丰厚，随行人员无一落下。中饱私囊收获丰厚的张利贞回到长安后，在玄宗面前盛赞安禄山的政绩。他的推荐和称赞起到举足轻重的作用。

第二年（742年）正月，玄宗在勤政楼接受朝廷文武百官朝贺之际，宣布大赦天下，改元“天宝”。自古以来变更年号是改朝换代的象征，随着“天宝”新时代的开始，朝廷在制度管理上相应进行了一些调整，安禄山所在的平卢升格为节度，他也从平卢兵马使升为平卢节度使，由统兵将领变为统领平卢地区军、民、财政及辖区内各州、郡太守、刺史的节度使，治理管辖着营州方圆四百公里的辽阔地区，统兵多达三万七千五百人。倘若没有早年显赫战功做基础，没有聪明睿智、良好的人际关系做背景，没有李林甫推行的重用蕃将镇守边疆的人事制度改革，排挤汉人贤臣俊才，安禄山再能干，也不可能头顶这么多头衔，荣任此职。

天宝二载（743年）安禄山第一次入朝谒见皇上。在威严庄重的朝堂大殿，身材高大满脸胡茬笨重肥胖的安禄山在互市经商中练就的伶牙俐齿，此刻大派用场，抓住这千载难逢的机遇，极力表示自己对皇上的赤胆忠心，甚至不惜当面撒谎，借着前不久营州发生紫虫侵蚀大量禾苗一事，大肆发挥，编造了一个因自己虔诚祈祷感动上天，降下鸟儿啄尽紫虫的动人故事。还大言不惭地建议：“此事颇为神奇，请载入史册。”故事情节离奇荒诞不经，然而还是让玄宗十分高兴，为了赞赏他的忠直，当场加封安禄山骠骑大将军称号。

出身胡族、性格桀骜不驯、放荡不羁的安禄山，与中原文臣武将礼仪周到、文质彬彬的奏文大相径庭，他外表憨厚耿直，配上言辞粗俗的表达方式，常常会得到意外的效果。玄宗长期深居皇宫，整日被一群宦官朝臣谦卑地奉承着，安禄山的另类气质、另类故事及其言语，一下子吸引了他，觉得十分有趣，开始召他入宫作陪，一方面了解边疆情形，了解、拉拢安禄山，一方面也拿他寻开心。

这一年，朝廷例行科举选拔官员，全国上下，只有六十四人中选及第，其中御史中丞张倚的儿子张奭名列第一。名单一公布，朝廷大哗。原来，主持这项工作的吏部侍郎宋遥、苗晋卿等人，见张倚颇得玄宗宠信，想借此机会巴结奉承他，居然让张奭这个不学无术的花花公子名列第一。落第生苏孝愠心中不服，于是将此事偷偷地告诉了安禄山。

安禄山正得玄宗宠爱，经常被召入宫。一天，安禄山谒见玄宗，将此事原委一一禀报。隔天，玄宗登上花萼楼，亲自测试升第者，所有登科中试之人皆在皇上面前当场答卷。只见张奭手持试卷，居然整日没有写下一个字，最后交了白卷（唐朝称之为“曳白”）。玄宗大怒，即刻下诏贬黜考官宋遥离京为武当（今湖北丹江口市西北）太守，苗晋卿为安康（今陕西安康）太守，礼部郎中裴朏被赶到岭南任官，张倚从御史中丞降为淮阳（今河南淮阳）太守，敕命批评道："门庭之间，不能训子，选调之际，仍以托人。"对张倚走后门的降职处罚，无疑对朝臣是个警示，遏制了官场营私舞弊的不正之风，此事一时成为世人的笑柄。如实禀报的安禄山为此得到玄宗的信任。

天宝三载（744 年）三月，安禄山在原职不动的情况下，又代替裴宽为范阳节度使（范阳节度使治幽州，即今北京西南，辖内有九个州，统领九个军共九万一千四百人）、河北采访使，大大升迁之后，安禄山要返回北塞，执行镇守边疆的职责，临行前，玄宗又破例下诏命中书门下尚书三品以下正员外郎长官、诸司侍郎、御史中丞等前往鸿胪亭为其饯行，大大提升了安禄山在朝廷中的地位。

阎立本《职贡图》(台北故宫博物院藏)

这趟长安之行令安禄山大开眼界，第一次被唐朝的恢宏气势所震撼，深刻认识到皇上的绝对权威，惊叹太平盛世的繁华绚丽！回到边疆，长安的繁华兴旺常常出现在安禄山眼前，令他回味无穷，他也开始模仿皇宫中的一切，过起奢华糜烂的生活，身边簇拥着大批侍从美女。

唐朝为了安定边陲，在军事威慑的同时，也通过联姻，公主下嫁胡族大汗和亲，当时，奚、契丹在大唐软硬兼施的外交政策下，颇为规矩，不敢轻易进犯。安禄山是靠军功向上爬的，一心想邀功进一步获取玄宗宠信的安禄山不由得动起歪脑筋，他指使或者纵容部下到与奚、契丹接壤的边境进行挑衅，制造纷争事端，挑起战争。

游牧民族奚、契丹本来就性格刚烈，冲动鲁莽，哪里经得起安禄山唆使人前来频频挑衅、掠夺财物、杀死族人，他们本能地奋起抗争。天宝四载年末，奚、契丹被安禄山逼得实在忍无可忍，终于杀死迎娶回来的和亲公主，公开背叛唐朝。安禄山的阴谋诡计成功了，他又可以大展宏图、充分显示自己的作用。因为他预谋在前，早有防范准备，所以在征讨奚、契丹战役中大胜而归，又有了向皇上邀功、取得皇上欢心的资本。安禄山的破敌捷报，让玄宗非常高兴，下诏指责“契丹负德，潜藏祸心”，表彰安禄山“能运彼深谋，累枭渠帅”。玄宗哪里清楚这一次是安禄山首先挑起战端的呢？

就在向皇上报喜之际，安禄山又编造了一个动人的故事，自吹自擂。奏文自称："臣昨天征讨契丹，带兵来到北平郡，夜晚梦见先朝名将李勣、李靖向臣讨食，于是下令在当地建立庙祠，供奉告慰先朝名将，臣在举行了祈祷和供奉仪式的祭奠之日，庙宇神室的梁柱上长出了灵芝草，一棵灵芝上长出十个根茎，犹如大海深处的珊瑚那般重叠成一个大盘，这是先辈对臣寄以重托的象征，臣发誓，要消灭东夷，而灵芝的出现是一种瑞应，象征着人神协从合一，恳请将此事记载入史册，以表彰先朝在天之灵的神功。"

边疆远离京城，且不说梁柱上是否长出灵芝，就算真有，也是安禄山牵强附会之说。此奏与上一次的"飞鸟食虫"故事如出一辙，对于安禄山的这些伎俩，玄宗早已见多不怪，问题是北疆的奚、契丹屡次背叛大唐，骚扰进犯边陲，成为其心头之患，他需要安抚蕃将，鼓励他们为唐朝御敌制胜，故尽管玄宗心里知道此事荒唐，但还是嘉奖其忠心，恩准记载入史册。

此时由于玄宗对政务的松懈怠慢，周围的朝臣不再是当年姚崇、宋璟、张九龄那样对朝廷忠心耿耿、正直公正、为了国家大局敢于直言相谏的贤臣，而是像李林甫这样一手遮天、专横跋扈、屡起冤狱、排除异己、打压才俊贤臣、唯利是图、争权夺利的人，他们只求赢得玄宗欢心，整日揣摩皇上喜好，阿谀奉承，报喜不报忧，致使玄宗终日被虚假繁荣包围，耳闻目睹形势一片大好，钱财取之不尽，出手阔绰，封官随心所欲，掌握的信息出现严重偏差，耳目失聪，难以迅速作出正确的决断，以致大唐深陷危机仍未察觉，而制度上的缺漏、用人上的偏颇，不能不说玄宗在政治上已经由精明转向昏庸。

客观地说，早期安禄山的确十分努力，有着过人的强悍骁勇，为保卫边疆作出过贡献，是胡族蕃将中难得的人才，否则玄宗不会轻易看重他。天宝五载（746 年），吏部尚书、河北黜陟使席建侯特地上奏朝廷，称赞安禄山“公直、无私、严正、奉法”，如果玄宗开始还理性、冷静地观察安禄山的话，那么当他身边信任的人纷纷称赞他，不同消息渠道流入他耳朵的都是一片赞誉，加上玄宗亲眼看见安禄山的确有几件事做得值得赞赏，其正面形象在玄宗心里越来越巩固，开始有心将边陲大权托付给他。天宝六载（747 年）正月，安禄山在原来诸多官衔的基础上又被授予仅低于丞相的显赫官职——御史大夫（相当于现在最高检察长）的头衔。

安禄山能有这一天，也是他多年奔走于李林甫门下，巴结奉承的结果。但头顶御史大夫官衔的安禄山，开始自恃恩宠隆重，与李林甫议事时颇为怠慢，不太恭敬。李林甫不动声色，为了镇住他，在召他来询问政务时，故意召集同样位列御史大夫官衔的王铁前来，询问其他事情。只见王铁对李林甫说话毕恭毕敬，谨小慎微。见到恩宠仅次于李林甫的王铁在他面前如此谦卑，频频鞠躬、低声下气地应答，安禄山忽然觉得自己失礼，变得如坐针毡。他在朝廷的时日越多，越深刻认识到李林甫在朝廷中举足轻重的地位，失去他的支持，自己的恩宠如同没有根基的建筑，随时都有可能土崩瓦解，他不禁为自己的无知深感后悔，恨不得立马洗心革面取得李林甫的谅解和肯定。从此安禄山学乖了，鞍前马后，言听计从，紧紧依附、牢牢巴结李林甫。安禄山的判断没有错，在众多推荐、赞美他的朝廷重臣中，李林甫的意见起了决定性的作用。

安禄山的变化，李林甫看在眼里，喜在心上，边疆启用蕃将，此人正可利用，他要用安禄山来打压可能通过担任边疆将帅取代自己升为宰相的文武双全人才，巩固自己一手遮天的格局。李林甫一路制造冤狱，排除一个个异己贤臣，用安禄山等不通文墨的粗鲁蕃将一路顶上，企图将全国的军政要职囊括在自己手中，可以说，安禄山的一路走红，官运亨通，是和李林甫用他来填塞打压贤臣后的空缺同步，难怪后人将安禄山之乱的根源找到李林甫的头上。

在他眼里，蕃将北方少数民族目不识丁，头脑简单，没有盘根错节的政治势力做靠山，比起那些饱读史书的儒雅文臣、世族俊才容易对付得多。所以李林甫并没有因为安禄山初始的无礼而怠慢他，而是进一步恩威并用，不仅从气势上威慑、镇服他，也不时表示出对他的格外关心和爱护。有一次，他和安禄山在政事堂谈论政务，时值隆冬，天气寒冷，李林甫关怀地将自己身上穿着的衣袍脱下来披在他身上，让安禄山受宠若惊，感动不已，从此军务大事无不对他推心置腹。唐朝人有以排行为称呼的习惯，他亲昵地称李林甫为“十郎”，所谓郎者，是奴仆称其主人之辞，不难看出他心甘情愿做李林甫的奴仆。

每次奏事，安禄山还未汇报，李林甫就装出漫不经心的样子罗列其军务调动处理等情况，时而表彰、时而威慑，命其规规矩矩好自为之。远离边陲的宰相竟如此准确地揣摩其心思，熟悉实情，着实令安禄山惊吓不轻，哪怕是在寒冷的冬天，也吓得他汗湿衣襟，大气不敢喘，满朝文武中，安禄山唯独对李林甫钦服得五体投地，十分敬畏。在李林甫面前，安禄山的确不敢有非分之想，事事请示汇报，规规矩矩地执行朝廷指令，老老实实地为唐朝效命。

虽然被授予御史大夫，深得玄宗器重，安禄山仍不敢掉以轻心，他派遣自己的心腹都将刘骆常驻京城代理公文，事无巨细一律向他通报，以便随时了解玄宗动静、朝廷变化。身居范阳的安禄山，最害怕也最信服李林甫，对其一举一动、喜怒哀乐十分重视，每次见到刘骆，安禄山第一句话就是：“十郎说了些什么？”若说李林甫称赞他，安禄山就会十分高兴，欢呼雀跃；若听说要他好自为之，行事要收敛检点，他就会急得如热锅上的蚂蚁，反手扶床喊道：“阿与，我死也！”

不知怎的，此事传到朝廷，被大家引为笑话，深受玄宗喜爱的梨园弟子李龟年，甚至在宴乐之际，惟妙惟肖地模仿安禄山这番言辞举止，逗得玄宗哈哈大笑，十分开心。李林甫的精明，遏制了安禄山的野心，令其不敢轻举妄动。有宰相李林甫牢牢控制这些勇猛剽悍的边陲蕃将，玄宗更加放心、大胆地重用他们。

朝廷表面上平和，一切有节奏地运行周转，暗里波涛汹涌，尔虞我诈，钩心斗角，争权夺利。当安禄山步入权力中心，熟悉朝廷内幕之后，身不由己地加入这种派别斗争之中，他心甘情愿地成为李林甫党羽，充当起打手。传说在李林甫制造冤狱迫害太子之际，为预防意外，曾引安禄山为后援，他暗中转告安禄山，朝廷可能会有变故，约令其必要时引兵来支援。虽没有足够的证据说明确有其事，但安禄山依附其门下当毫无疑问。天宝六载（747 年），边陲悍将、御史大夫王忠嗣曾上奏玄宗，密告安禄山“谋反”，对此，李林甫公然出面庇护安禄山，对很有可能入朝为相的王忠嗣大加陷害，显然他已经将安禄山纳为己党羽翼，正因为他屡次在玄宗面前称赞安禄山，安禄山才会得到皇上的特别恩宠。

安禄山应对乖巧，诙谐幽默，加上源源不断地从遥远的边陲贡献俘虏、美女奴婢、杂畜、奇禽、异兽、珍玩玉笛箫管，甚至助情花之类的壮阳药给皇上，凡此种种，都赢得玄宗的欢心。为巩固恩宠，安禄山不惜采用卑鄙欺诈等各种残忍手段。为了扩大军功，安禄山想出了诱骗滥杀无辜，瞒天过海一招。他借助外表豪爽、语言精通的便利，常常设宴，假装盛情邀请奚、突厥酋长及其族人，席间命人将带毒入药的莨菪酒端上桌，频频劝饮，趁毫无戒意的来宾酒醉不省人事之际，埋伏四周的士兵如割草般一一将他们杀死，少则数十人，多则数千人，事后把尸体悄悄挖坑掩埋，头颅则送往长安邀功。安禄山前后采用如此血腥伎俩邀功，居然达十多次，真真假假，为的是要在皇上面前塑造出一个智勇双全、百战百胜、威震敌寇的形象。

天宝九载（750 年）八月天长节，安禄山进贡了山石功德及幢花香炉，庆贺皇上生日。接到这些用于道场的礼物，玄宗十分高兴，特命人将其放在大同殿，早晚礼谒，还回赐安禄山宝钿镜子一面和金平脱匣、宝枕、承露囊、金花碗等。随后，安禄山又献上一大套玉石天尊，奏请放入道场，这套天尊玉石中有天尊并侍坐真人、玉女神、天丁力士、六乐童子及狮子、辟邪、香炉、玉案三十六事，件件玉雕巧夺天工，栩栩如生，玄宗爱惜地命将这套天尊放置内暖殿。

除了这些讨好皇上的手段外，安禄山还有一个其他悍将所没有的绝招——胡旋舞。

安禄山年轻时偏胖，自从被张守珪收为养子后他衣食无忧，及至飞黄腾达，他更是每日饮酒作乐，肚子吃得硕大无比，原本魁梧矫健的身材早已变形，腹部凸坠过膝，几乎垂地，出入行走开始变得诸多不便。走起路来要用双手抬起肚子才能挪动，每次穿衣束腰，都要靠身边侍从李猪儿用头顶起他的大肚子，才能系上腰带整装外出。他的身材非一般马能承重，所以属下买马，都要试着让马儿载重五百斤大石奔走，只有这种特别能承重的骏马，才能成为安禄山的坐骑，而且走一程还要换一匹，以致沿途都有专门为安禄山换马的地方，称作“大夫换马台”，即使如此，被安禄山压垮累死路上的马匹，仍不计其数。

安禄山本来那奇形怪状的身材，就是充当笑料的最好题材，每次荣幸地受诏入宫，参加皇上、贵妃的宫中酒宴都令他异常兴奋。有一次，听着梨园弟子弹奏的悠扬曲调，看着身材窈窕、婀娜多姿的宫女翩翩起舞，安禄山突然涌起了要在皇上贵妃面前表现一番的冲动，只见他趁着音乐的间隙，顾不上大腹便便几百斤重的身体，借助酒兴，吃力地挪动身躯扑通一声跪倒在地，大声奏请要为皇上献上一曲舞蹈。得到准许后，他开始跳起了北方少数民族特有的民族舞蹈——胡旋舞。令人惊奇的是，当他开始跳起从小就熟悉的民族舞蹈胡旋舞来如同换了一个人，居然能轻松地借助惯性旋转如飞，令人目不暇接，大家都情不自禁地跟着节奏拍起手来，那种奔放激情、浩气荡然的旋转深深吸引着玄宗和贵妃。从此，安禄山激情昂然、堪称一绝的胡旋舞，成为宫中酒宴的保留曲目，也是他留京期间频频被召入宫的原因。

一天，安禄山又在皇上面前跳起胡旋舞，玄宗好奇地目不转睛地盯着他那个硕大低垂的大肚子，若有所思地逗他：“朕见你的肚子几乎垂地，如此巨大的肚子里面究竟装着什么东西呀！”安禄山顾不上喘息，倒地便拜：“回禀皇上，没有什么，唯有一颗赤胆忠心！”这种表示效忠的直白，让玄宗感到十分舒坦。

这么有趣的朝臣，玄宗当然会与心爱的杨贵妃一起欣赏，拿他开心。虽然安禄山早已听说杨贵妃倾国倾城，但当他第一次拜见杨贵妃时，还是被她的妩媚美艳所震撼，身不由己地首先跪倒在杨贵妃面前，好一会儿才回过神来，急忙再向玄宗跪安。安禄山的失礼和冲动，令所有在场的人目瞪口呆，玄宗问其故，安禄山机智地掩饰道：“蕃人皆先母后父。”恰到好处的应对，令玄宗释然，更讨得杨贵妃开心。此时，杨贵妃正独占恩宠，宫内私宴，贵妃的兄弟姐妹都在被邀请之列，见杨贵妃脸上洋溢着喜悦微笑，玄宗就让杨氏兄弟姐妹与安禄山相约为兄弟，随后果然为此下诏。这次拜见，安禄山由开始的失态，到戏剧性的结局，不难看出从市井底层、互市牙郎混迹出来的安禄山擅长演戏、随机应变的一面，也因为他诙谐敏捷的应对时时讨得玄宗的欢心，安禄山越来越得宠，越来越频繁地出入皇宫。

从第一次拜倒在杨贵妃面前开始，贵妃娘娘的音容笑貌便深深地烙在安禄山的脑海里。与杨氏结为兄弟之后，安禄山对贵妃的相思之心愈加迫切。一次，在酒酣之际，安禄山干脆装痴弄傻，厚颜无耻地恳请玄宗："臣甘愿一辈子侍奉贵妃娘娘，请恩准臣为娘娘养儿！"唐朝养子习俗盛行，就是在禁宫内也不例外，通过收养养子，培植亲信、送终养老的情况不在少数，安禄山早年被张守珪收为养子，高力士被内官高延福收为养子，名将王忠嗣从小养在皇宫被玄宗收为养子等等，本来杨贵妃收养养子，也无可厚非，问题是安禄山时年 45 岁，杨贵妃才 29 岁，而安禄山刚刚才与贵妃的兄弟姐妹结为兄弟，如此不顾年龄上的颠倒差距巨大，辈分上混乱不一，加上一个美若天仙，一个大腹便便、奇形怪状，令其奏请显得特别荒唐滑稽。然而安禄山一本正经的郑重请求，外表痴愚、激动之下结结巴巴的话语，反倒令玄宗感动，不忍拒绝，竟准了他的奏请。

获准为养儿，令他无比亢奋，终于有了经常亲近皇上和贵妃的理由。每次侍宴，他大口喝酒也罢，讲些边陲趣事也罢，疯狂地跳起胡旋舞也罢，温顺得像头绵羊，心甘情愿成为宴乐的中心，成为大家的笑料。与其说他的癫狂、他的夸张是为了皇上，不如说是为了博得贵妃的一笑！安禄山的出色表演，的确迷惑了不少人，他也干脆顺势利用各种手段，装疯卖傻地掩盖内心的真实企图。随着时间的推移，其声声示忠以及玄宗身边朝臣对他的一片称赞，化解了皇上对他的提防，多少被他憨厚愚忠的外表所迷惑，而观念一旦形成就不容易听别人的劝谏。

一天，宫内照例举行晚宴，身穿黑衣的安禄山闹腾一番之后，禁不住醉卧宴席，只见他蜷缩成一团趴在榻上，鼾声大作沉沉入睡，远远看去就像是一头趴着的黑猪，头的形状又有点像龙头，所谓“化为黑猪而龙首”。古时人们很注意观相预测未来，龙是帝王的属相所谓真命天子，安禄山醉卧姿势有点像龙首猪身，应该属于“异相”，身边的朝臣不由将这种不祥之兆的“异相”禀报玄宗，推测其为“怪物”，提醒皇上应加以提防。对此，玄宗不以为然地说：“猪龙也，无能为者。”玄宗修道，热衷学习研究相术，对于各种“异相”不会一无所知，然而对安禄山的爱惜，淡化了他的警觉，他认为既然是猪龙，猪就是猪，不可能变成龙，依然大胆任用。

天宝七载（748年）六月，玄宗赐给已经拥有骠骑大将军（官品为从一品）兼羽林大将军，员外置同正员兼御史大夫，范阳郡大都督府长史，柳城郡太守，持节范阳节度，经略、度支、营田副大使知节度兼平卢节度使，上柱国柳城县开国伯等要职和显赫光环的安禄山为柳城郡开国公，赐实封三百户及铁券（持有铁券，意味着拥有赦免的特权），以表彰其“一心之节愈亮”、“私诚无隐”的忠诚以及“内实军资，丰财以润国，外威戎落”、“镇清边裔”的功绩。赐给一个北方少数民族蕃将铁券的殊荣，实属罕见，既体现了玄宗的气魄，也表明了对其寄予厚望。

自此，安禄山统领的军队已经从当初平卢节度使的三万七千五百人增加到十一万八千九百人，控制了全国将近百分之三十的兵力。经过十三年的奋斗，安禄山从一个戴罪的白衣将领，俨然成为唐朝抵御外敌进犯不可多得的一员大将，手中握有如此重兵，皇上当然是信任他，同时也要不断笼络宠用他。

安禄山在京城道政坊有一套旧宅，玄宗认为其过于简陋狭小，特地命人在亲仁坊选择一处宽爽之地，用御库的钱为其建宅，并且特别吩咐不要计较钱财，千方百计把这座豪宅建得设计巧妙、精工细作、极尽华丽。建宅整整用了三年多，建成之后，宅内深邃曲折，幽静清香，走进去如入迷宫，高台曲池，小桥流水，宛若天造，美不胜收。为他建造如此豪宅，除嘉奖其巩固边陲、对皇上的一片纯诚效忠之外，还有更深远的意义，即要在北方少数民族面前显示唐朝的国力和绝对强势，从心理上震慑，令其臣服，正因为如此，对安禄山的赏赐，皇上出手特别阔绰，待遇特别优厚。

天宝九载（750年），安禄山入住新宅，玄宗赏赐他大量精美的金银生活用具及绫罗绸缎，极尽珍贵奢华，甚至超过宫中所用。进入新宅的那天，安禄山大摆酒宴，特奏请玄宗降敕请宰相到他家做客，既想在宰相众臣面前显耀，也想借机联络朝官。玄宗原定那天召集宰相击球戏玩，接到安禄山的请求，特意暂停击球，命宰相前往道贺。安禄山入住后，凡有美味，玄宗都不忘与之分享，一时间从皇宫到安禄山的豪宅，往返运送山珍海味的中官不绝于路。

封建制度礼仪森严，身为一国之君，皇上宝座历来高高在上，宝座周围有垂帘帷幄等若隐若现，远离群臣，显示居高临下的神圣权威。一次，玄宗登上勤政楼宴请朝廷文武百官，当百官列坐楼下后，玄宗命人在自己宝座左边单独树一个大大的金鸡屏障，前面摆放一张特大号的坐榻让安禄山坐，不仅如此，还命人卷起垂帘，使得君臣之间没有隔阂，以示尊宠。目睹此情此景，太子忍不住劝谏道："自古帷幄不是人臣能坐的，陛下过于宠待安禄山，必养其骄。"玄宗对太子解释道："此胡有奇相，朕对其特殊宠遇，是要笼络住他，免得其心生图谋不轨的念头。"显然玄宗对安禄山还是有一定的戒心，只是因为边陲需要这样的悍将镇守，需要激励其忠诚不贰，故采取了以柔克刚的怀柔政策。

天宝十载（751 年）正月初一，安禄山生日，玄宗和贵妃分别在生日之前，早早赏赐了大量衣物、宝器、酒肴给他。生日那天，玄宗又赏赐无数用金银器盛装的山珍海味、香药等，以示祝贺，而这些盛装食物的金银器也都是连同美味佳肴一起送给他的，宠爱之状可见一斑。

唐朝人有“洗儿”的习俗，即在孩子出生第三日举行沐浴仪式。大年初三，安禄山接诏入宫，当他来到杨贵妃面前叩安时，贵妃摆出一脸严肃，庄重地说：“今天是你出生第三日，须做三日洗儿。”还没等他回过神来，笨重的大胖子安禄山早就被两旁的宫女推拉到装满水的汤池里。沐浴后，贵妃命人将事先做好的特大号锦绣襁褓，将他严严实实地包裹起来放入类似轿子的彩舆，让众宫女抬着走。此时玄宗正在前殿处理朝政，听到后宫传来的阵阵喧闹嬉笑，便派人过来询问。听说贵妃给安禄山做三日洗儿，玄宗急忙把公务往旁边一放赶了过来，当他见到由巨大无比襁褓紧紧包着塞在彩舆里不能动弹的安禄山，以及满脸通红气喘吁吁的宫女们，不禁乐开了怀，当场赏赐给贵妃不少洗儿的金银钱物。

一人受宠，惠及全家，嫔妃如此，宠臣亦如此。安禄山得宠后，不仅自己头顶许多显贵桂冠，手握重兵，准为养子，他的两位妻子康氏、段氏被封为国夫人，就连已故的继父安延偃以及母亲和祖母也都获赠范阳大都督、国夫人称号。皇上还给他的十一个儿子起名，大儿子庆宗入京为官任尉少卿，和皇室联姻，尚荣义郡主，旋即晋升太仆卿，庆绪为鸿胪少卿兼广阳郡太守，庆长为秘书监。

如果说当初安禄山还有些收敛、不敢肆意妄为的话，达到富贵顶峰之后，他已经日益骄横，不把朝臣放在眼里。天宝十载（751年）他请求兼管河东，结果如愿拜为云中太守、河东节度使，统领范阳、平卢、河东三镇，全权掌握了辖区内的财赋刑赏及官吏的升迁，雄踞一方。

从第一次入京入宫至今，安禄山已经今非昔比，他有条件也能够几乎生搬硬套地把皇宫的一切挪到辖区内，过着穷奢极欲的生活。他还模仿帝制组织贴身卫队，卫队兵将名义上都是安禄山的养子，主要由特别骁勇、身手不凡的同罗、奚、契丹等胡族勇士组成，很多人是俘虏后被他收服收养网罗旗下的，所以个个感恩竭诚、万死不辞。十几年下来，安禄山的养子众多，卫队庞大无比，到起兵叛乱时，他的卫队已经发展到约八千人，名为“曳落河”（意为“壮士”）。

雄霸东北一方十几年，安禄山大修武城，储藏了大量兵器，圈养了数万匹品种优良的骏马、五万多头牛羊，囤积了大量粮草，同时，明里暗里积极支持胡商贸易，在积累大量金银财宝之余，也购置了大量的军需物品；云集了一批人才为幕府僚属，培植了大量亲信。这一切，如若是为保护大唐服务，则可抵挡外来入侵；如若反叛动乱，则成为一股强大的势力。

天宝十一载（752年）十一月，一路提携安禄山的宰相李林甫病逝。此前，李林甫与新宠杨国忠的争斗已经水火不容。已经深陷朝廷党派争斗的安禄山，眼看着杨国忠日益得宠，已经开始疏远李林甫，与他套近乎。李林甫病逝后，尸骨未寒，就被杨国忠诬告其与阿布思勾结叛乱，天宝十二载（753年）二月，诏令削除李林甫官爵，尚未下葬的尸首从棺木中拖出来，除去宰相官服，抉取其嘴里的含珠，按平民百姓放入小棺材里下葬；子孙有官者皆除名流放，家产没收，党羽、近亲被贬黜，而受杨国忠指使出来诬告作证的就是安禄山。

安禄山之所以作证李林甫与阿布思结为父子，并不是要依附杨国忠，而是想要打击同为胡族悍将的阿布思，生怕其与之争宠，最重要的是想将其部下骁勇剽悍的骑兵收为己有，当然也带有向杨国忠示好的动机。

阿布思原为突厥九姓首领，相貌魁梧英伟，颇具权略，率众降服大唐后被封为朔方军，玄宗还赐其姓名为李献忠。李林甫遥领朔方节度时，用李献忠（阿布思）为副将，命他率领部落居幽州。长期以来，安禄山十分妒忌其才略，相互不合。为了达到目的，安禄山从来不择手段，最后阿布思果然被其逼反，其手下兵将如愿以偿地成为他的精兵强将，战斗力大增。

当朝廷中唯一令其望而生畏的李林甫病逝，安禄山放眼望去，满朝文武皆不在话下，就是最得宠、权倾朝廷的宰相杨国忠也没放在眼里。杨国忠性格浮躁，远远不如李林甫精明狡诈、老谋深算，根本镇不住安禄山。二人一个在朝廷、一个在边陲，都是皇上的宠臣，相互争宠矛盾日益白热化。杨国忠毕竟在皇上身边，占有天时地利的优势，整日在玄宗面前说他坏话，屡屡奏告其有反状。不仅如此，皇上渐渐衰老，安禄山又曾经得罪过太子，这一切都让他越来越感觉不安，岌岌自危。

在辖区内早就俨然以小皇帝自居的安禄山，在李林甫病逝后，在左右幕僚的怂恿下，渐渐产生反逆之心，采取了种种巩固自己地位的措施，加快了图谋不轨的进度。他知道杨国忠等人常在皇上面前指控他有叛乱之心，并拉拢与之不合、镇守西北的蕃将哥舒翰，提拔哥舒翰为河西节度使与自己抗衡，便抢先利用各种场合，公开向皇上挑明，自己因恩宠过隆，故遭人妒忌陷害。

天宝十二载（753 年），杨国忠多次上奏安禄山必反，使玄宗也不得不引起注意，采取了一些行动，特别委派身边的中官辅璆琳下去了解情况。辅璆琳到了范阳，受到热情款待，丰厚贿赂满载而归。连吃带拿地得人好处，辅璆琳当然在皇上面前盛赞安禄山如何忠诚，恪尽职守，这让玄宗长长地松了口气。可是杨国忠依然不依不饶，数落安禄山种种叛逆迹象，建议趁召他入朝的机会，加以追查法办；还让皇上召他入京试试看，安禄山心里有鬼，肯定“召必不至”。

天宝十三载（754 年）正月，玄宗下诏令安禄山入京。安禄山早已买通玄宗身边的太监，还有拜把兄弟御史中丞吉温替他通风报信，已经知道京城流传着对他不利的谣言。知道这一次他若不应诏赴京，等于证明自己有叛乱之心，于是，安禄山冒险奉命入朝，令其预言不攻自破。

来到华清宫，安禄山干脆在玄宗面前吐露心扉，他一脸无辜，悲切地哭诉道："臣本是北方少数民族，大字不识，承蒙陛下不弃，屡屡提拔重用到今天，恩宠超过常人，杨国忠妒忌，预谋害臣，臣迟早会被其所害，来日不多了。"这番直白，配上一副忠诚感恩的作态，让玄宗感觉他是清白无辜的，各种危言耸听的叛乱传言仅仅是朝臣之间的争宠而已。照理，安禄山手握重兵，是有谋反的条件，但他一再示忠，就是因为受到格外恩宠，所以只要自己笼络住他，就能控制住他的野心，为自己所用。为了笼络他，玄宗甚至想进一步提他为宰相，还命太常卿张垍草拟诏敕，最后由于杨国忠激烈反对，说安禄山有军功但目不识丁，如果这种人都能当宰相，恐怕四方蛮夷轻视大唐，这才阻止了诏敕的下发。尽管如此，玄宗还是重重地奖赏他，提拔他为尚书左仆射，赐实封一千户，分别给他两个儿子封为三品、四品官，赏给他十房小妾每人一所庄园宅第，没过几天又让他兼任知总监事，显示对他的信任。此后再有人上奏安禄山谋反，玄宗甚至将上奏者捆绑起来，交给安禄山处置，如此做法无异于杜绝上奏，还有谁敢轻易上奏禀报实情呢？

安禄山得寸进尺，竟为前不久大破奚、契丹部落的一大批将士们邀功提拔，收买笼络属下人心，在其罗列的厚厚名单中，光是越级授予将军的就有五百人，提拔为中郎将的有三千多人，玄宗也都一一照准。安禄山要回范阳，年近七十的玄宗还脱御服赏赐给他。这出乎意料之外的赏赐，却让心怀鬼胎的安禄山惊惧得不敢再说什么。安禄山生怕皇上有什么变故挽留他，或者会遭到杨国忠突然袭击，拜别之后，片刻不敢逗留，疾趋出关，到了淇门顺流而下，途中经过的郡县，皆均事先勒令船夫牵拿板绳站在岸上等待，人马一到即刻出发，如此日行三四百里，逃也似地奔回范阳。

玄宗年纪已经老了，或许他不愿冒朝廷动荡的风险，希望维持现状，将一个和平的局面留给后代，况且安禄山现在还能受制于朝廷，听命从事。玄宗希望以恩宠笼络住他、消除他的犯上念头，以威严震慑驾驭他，并以种种超乎寻常的安抚赏赐他，希望一边稳住他，一边寻找解决的办法。然而玄宗忘记了“兵骄则逐帅，帅强则叛上”的教训，更为可惜的是此时朝廷已经没有像李林甫那样能镇得住他的人，周围没有一个人了解玄宗的心思与忧患。就是在玄宗犹豫不决反复考虑如何处置期间，杨国忠浮躁地贸然行事，依旧大大咧咧地屡奏安禄山将反的同时，还到处寻找机会以证明自己奏请的正确。

安禄山奏请与中官关系密切的酷吏吉温为武部侍郎兼中丞及自己的副将，亲自命儿子为其牵马送至京城，刺探朝廷动静，借故奏请用三十二个蕃将取代原来的汉将，夺取牧马、军用器械的调配权，私下让人制作了各类官服，日夜练兵等。

京城传来的消息对安禄山越来越不利：在杨国忠等人的怂恿下，皇上甚至草诏让安禄山以兼左仆射平章事为名，调他上朝（到中央），命贾循顶替他为范阳节度使！当然这份诏令被玄宗按下并烧毁了，因为如果在全盘没有考虑好的情况下，这份草诏反而会刺激安禄山，令其不安。尽管如此，吓出一身冷汗的安禄山惊恐之下哪敢怠慢！已经重兵在握，熟悉朝廷内幕的安禄山不甘愿束手就擒，他加快了准备谋叛的步伐。

一时间，山雨欲来风满楼，大唐天空乌云密布，安禄山箭在弦上，一触即发。

杨国忠

31

如果说，安禄山是玄宗朝的祸患，那么杨国忠就是促使唐朝从繁荣走向大乱的催化剂，是个成事不足败事有余的宰相。

杨国忠原名杨钊，他的祖父与杨贵妃祖父是兄弟。大概从祖父起，他们这一支就定居蒲州永乐（即今山西永济），故杨钊算是蒲州永乐人。父亲杨珣，一生没有做过什么大官，穷困潦倒，默默无闻。论亲戚关系，最多父辈们还有些书信往来，至于杨钊，在贵妃没有出头之前，他们从未谋面，形同路人。

杨钊母亲张氏是武则天宠臣张易之的妹妹。其祖父张行成是太宗相当器重的宰相，曾辅佐高宗即位，其父也官至雍州司户，其兄张易之借助家世门荫，年纪轻轻便累迁为五品官的尚乘奉御，掌管尚乘局。张易之长得皮肤白皙，面容俊美，擅长音律歌词，风流倜傥。其弟张昌宗和他一样，同样英俊潇洒。张昌宗被好色的太平公主看上，并推荐入宫侍奉武则天，深得武后疼爱。随后，张昌宗又将张易之推荐给武后，于是兄弟俩俱留侍宫中，傅粉施朱，衣锦服绣，专供武则天淫乐。

因为深得武则天宠爱，兄弟俩时刻陪伴身边，朝臣们的上奏禀报等均经过二人传递，张易之、张昌宗二人权倾一时，就连武后的亲戚武承嗣、武三思等权贵都争相为哥俩执鞭牵辔，称之为五郎、六郎。张易之得宠，张家内外亲戚诸如杨钊家等自然也跟着沾光，显赫一时。只是好景不长，随着武则天退位，中宗登基，张易之在“五王政变”中被诛杀，家族也随之急剧衰颓，一落千丈，杨家处境也跟着从天堂落入地狱，历经跌宕起伏。

另有一说，认为杨钊是张易之的亲生儿子。据传天授中，武则天非常喜欢年少貌美的张易之，恨不得将他日夜留宿独自享有，就算放他出宫回家，都诏令他只能居住楼阁，待其上楼后，命人撤走上下的楼梯加以控制，更不让女奴侍立身边。张易之的母亲唯恐如此下去儿子无后，便偷偷将侍女嫔姝藏在楼上的复壁里，从而怀孕生下杨钊，后来嫔姝嫁给杨珣。此说并无根据，故正史一般不予采用。

虽然张易之在朝廷政治斗争中人头落地，然而杨钊靠着家景老底依然衣食无忧，从小娇生惯养，饮酒赌博样样精通，唯独对学业毫无兴趣，常常一掷千金，输光了则四处哀求别人借钱偿还，以致欠债累累。杨家是儒学世家，杨钊的品行自然被宗族、姻族甚至乡里排斥鄙视。如此混混沌沌地度过三十年，忽然有一天，杨钊醒悟了，他发愤要作出点样子给别人看看，冲动之下他加入蜀军。

在军中，或许杨钊那粗俗豪饮豪赌的孽根未除，或许夸夸其谈性格浮躁，令时任益州长史的张宽十分反感，对他出格犯事毫不讲情面，依法把他鞭打一顿。尽管如此，发愤出人头地的杨钊，最后还是因为表现出色而被提拔为新都尉正四品，官虽不大，但好歹是一个郡县里的最高军官，直到任期结束。离开军队后，杨钊生活立即陷入了颇为窘迫贫困的境地，以致不能回家，幸好他与蜀州当地的大富豪鲜于仲通关系较好，常常得到他的资助。

此时，杨钊接到堂叔父玄琰，也就是贵妃亲生父亲的噩耗，作为远亲，他奔回蜀州帮玄琰家眷料理后事。三十几岁的杨钊继承了父母的俊美相貌，几年军旅生涯，又令他带有几分英气，当他遇上娇媚活泼的远房堂妹，即后来的虢国夫人时，便被深深吸引，两人眉来眼去，最后发展到私通。分别时，堂妹还为杨钊筹集了些资财，给他带回成都。没想到杨钊旧习难改，居然在成都赌了个精光，欠下一屁股债，只好逃亡他乡。到了关中，杨钊凭着以前的资历和三寸不烂之舌，当上了扶风尉，但仍不得志，于是他干脆回到四川，依附于大富豪鲜于仲通门下，成为他的食客。

在蜀这十几年，是他最不得志、贫困潦倒的时期，也就在这段时间，他和蜀倡裴柔成婚，生下几个儿子。杨钊小时，曾有相士给他看相，说他将来肯定会富贵荣华，然而直到此时，杨钊依然生活困苦，似乎与富贵荣华根本沾不上边，他自己也整日唉声叹气，愤愤不平。就在这时，机会来了。

开元二十九年（741 年），杨玉环开始得宠，天宝四载（745 年）杨太真被册封为贵妃。这位终日游手好闲的堂兄终于有了出头之日。

地方富豪鲜于仲通和蜀州的父母官、剑南节度使章仇兼琼保持着良好的关系，故被章仇兼琼推荐为采访支使，成为其心腹干将。当时宰相李林甫权倾朝廷，章仇兼琼身为西南一方大员，朝中却没有什么靠山，仕宦险恶及变幻莫测令他对自己的前途深感忧虑，他希望巴结皇上身边的朝廷重臣，得到他们的支持。当贵妃得宠的消息传来，着实让他兴奋了一番，因为贵妃出生于蜀州。为了能够攀援上贵妃，他通过鲜于仲通认识了杨钊。相信他就是为自己入京铺路的最佳人选，当即任命杨钊为属下“推官”，纳入官府，经过多日的筹措与观察，两人感情越发交融，章仇兼琼决定派他代表自己向长安进贡蜀州特产及精美织锦。出发前，章仇兼琼为杨钊准备了价值上万缗的上等蜀货，而且全部供他自由支配。杨钊顿时底气十足，神采奕奕，马不停蹄地昼夜兼程，很快抵达长安。

一到长安，杨钊迫不及待地直奔老情人家，将近一半的上等蜀货送给这位贪财的虢国夫人，其余立即以剑南节度使章仇之名分送杨氏诸兄弟姐妹，自己则堂而皇之地入住虢国夫人家。收到贡品的杨氏诸兄妹开始在玄宗面前交口称赞章仇兼琼，博得了玄宗对这位剑南节度使的好感。章仇兼琼很快被提拔为户部尚书兼御史大夫，杨氏兄妹也就顺理成章地成为章仇兼琼的后台。

虢国夫人本来就是姐妹中最活泼的，她带着杨钊入宫晋见玄宗。玄宗虽然从没有听贵妃说过有这么个亲属，却也不会不认；贵妃则更高兴多了一位堂兄。杨钊原来的头衔根本不入流，仅是贵妃的远亲，而且刚刚才从偏僻的蜀地来到京城不久，令玄宗不可能像杨铦、杨锜那样对他封以高官，所以在天宝四载杨氏家族封官加爵的名单里并没有杨钊，但为了入宫方便，玄宗还是任命他为金吾兵曹参军。

在长安立足之后，杨钊充分利用贵妃及杨氏姐妹得宠的有利条件，巧妙钻营，每次借着随从杨氏姐妹入宫侍宴的机会，接近贵妃、小心翼翼地侍奉玄宗，每当宴乐做樗蒲（一种带有赌博性质的积分游戏）时，杨钊显得神采飞扬，驾轻就熟，计算积分特别老到精准，又快又好，给玄宗留下深刻的印象，称赞他精明得像一个出色的“好度支郎”。度支郎中，是户部负责财税赋役收支统计核算的官员，机警的虢国夫人等姐妹捉住皇上的一句戏言，频频在皇上面前提起，意在催促玄宗重用杨钊。

平日，杨钊千方百计讨好、巴结朝廷命官，每到烈日炎炎的夏天，杨钊便令手下将坚冰雕刻为龙凤鸟兽、上面装饰着金环带放在盘上送往各王公大臣家，既可观赏亦可祛暑，至于蜀州的土特产则经常四处赠送，拼命编织自己的关系网。其实，随着杨钊入宫次数的增多，远亲越变越近，俨然成为杨氏家族中重要一员之后，那些老奸巨猾的朝臣早就洞察玄宗身边的变化，自然与之附和、交好，引为内援。户部尚书王鉷首先开启先河，既然皇上已经开口称赞杨钊是个“好度支郎”，度支郎中，正好归他管辖，是他的下属，用不着皇上开口，户部尚书王鉷主动奏请杨钊为自己手下判官。此奏既讨好贵妃，也讨好玄宗。玄宗顺水推舟，让杨钊正式进入朝廷中央机构，由不入流的警卫军下面一个管管门禁之类的金吾兵曹参军成为户部下的一名判官。

有贵妃、杨氏姐妹特别是虢国夫人在内接应，杨钊早早探知玄宗好恶，每逢议事、言谈，开口必合玄宗心意，行事必定获得皇上欣赏，给玄宗留下一个能干的印象，不久就被提升为监察御史。监察御史官品不高，却是进入高级官员的必经之路。

此后，玄宗因爱屋及乌，旋即又提拔他为度支员外郎。不到一年，杨钊就已经兼领了十五个职务，升为给事中兼御史中丞、专判度支。度支专门掌管财政收支，全国的租赋税收多少、物产收获多少、水路运输之利多少，必须了然于胸，要根据每年收入决定支出用度，调度收纳迟缓等，精于樗蒲赌博计算的杨钊在这方面果然发挥出色。他在监水路运以及司农、收纳钱物、内中市卖等过程中，迅速聚敛、搜刮了大批钱财充实御库，供皇上任意挥霍。天宝八载（749年）二月，玄宗特意引百官参观左藏，左藏库存的奇珍异宝物资钱财，金光灿灿堆积如山，看得皇上心花怒放，在炫耀天下殷富的同时，当场赏赐给理财得力的杨钊紫衣金鱼袋，表彰他聚财有功。

天宝四载（745年），李林甫任宰相将近十年，为了总揽大权，巩固恩宠，他除了打压可能升为宰相的人选、排除异己之外，还想方设法陷害不是自己推立的太子。正在此时，杨家忽然冒出个远亲，此人不学无术，性情浮躁，怙权敢言，正可利用，于是李林甫将杨钊引为党羽，拉拢接纳。杨钊刚刚落脚京城，正四处编织关系网，权倾朝廷的李林甫一招手，他求之不得地马上投靠附和，与酷吏吉温等人充当起打手，积极参与迫害太子、打压贤臣的活动。

韦坚是太子妃兄，妻子是姜皎的女儿，姐姐是玄宗已故弟弟薛王（惠宣太子）妃，家族显贵。李林甫本来与舅舅姜皎的女婿韦坚关系亲密，后来韦坚管理江淮租运，一年就为国库增收巨万缗钱物，深得玄宗宠爱，这令李林甫十分妒忌，加上韦坚与同为宰相的李適之关系密切，于是顾不上什么亲戚好友，李林甫决意下毒手整倒他们。

天宝五载（746 年）正月望日，皇太子出游与韦坚见面，韦坚又和河西节度使、鸿胪卿皇甫惟明夜游后经过景龙观道士房。侍御史杨慎矜将此事告诉李林甫，李林甫趁机发难，命人诬告身为皇亲国戚，韦坚竟违反朝廷规定，与边将私下交往，相互勾结谋立太子。在李林甫的指使下，杨钊利用侍宴的有利时机，大加渲染。最后韦坚、皇甫惟明被贬以至诛杀，太子唯恐危及自己，不得不忍痛奏请与太子妃离异以求自保，李林甫顺势诬陷韦坚是宰相李適之推荐的，逼死李適之。天宝六载（747 年），户部侍郎、御史中丞杨慎矜案件，是继韦坚之后的又一冤案，在审理此案中，杨钊积极参与，逼供栽赃，无所不用，结果杨慎矜三兄弟及家族几乎全部被斩尽杀绝。

有了杨钊充当马前卒，老谋深算、口蜜腹剑的李林甫无往不胜，短时间内，他们在京城另立推院，屡兴大狱。杨钊告发弹劾的人几乎都涉及太子，株连太子党羽数百家，所有这些幕后都有李林甫的影子。在杨钊眼里，此举既巴结了李林甫、讨好了玄宗，也于贵妃有利，又树立起自己的权威，好不得意。一时间弄得满朝乌烟瘴气，人人自危。

在制造冤狱整倒一大批权贵老臣中，杨钊一路攀升，像水路转运使就是接手韦坚得来的职务。短短五六年间，杨钊从一个小小的户部判官，上升到给事中、御史中丞、专判度支事、兵部侍郎等，爬到仅次于宰相李林甫、御史大夫王𫟹的重臣地位。天宝九载十月，杨钊奏请为自己的舅舅张易之兄弟昭雪，还以自己的名字"钊"中带有金刀二字不合时宜为由，请求玄宗给自己更改赐名，玄宗皆准许，而且还亲自赐名"国忠"，给予他极大的恩宠。

杨国忠固然是靠贵妃亲戚身份走近玄宗的，但是，如果他没有聚敛财富的精明、言辞敏捷的机灵和玩弄阴谋诡计、拉帮结派的政治手腕，是不可能晋升得如此迅速的。虽然在政治上他远远不如李林甫心思缜密、狡诈老到，但与贵妃的近亲杨铦、杨锜相比，算是泼辣能干，成绩突出，故深受玄宗赏识，得以后来者居上，飞黄腾达，成为杨氏家族最有实力、最张狂的人。

当羽翼渐渐丰满，有了一定的政治力量时，杨国忠的政治野心也日益膨胀，开始不择手段地回过头来收拾那些与之分宠的同僚，哪怕是提拔过自己的人，甚至要取代李林甫。天宝十一载（752 年），杨国忠向第一个带他走入中央机关的人、李林甫的心腹王𫟹开刀了。

王𫟹也是出自官宦家庭，父亲王瑨是中书舍人。王𫟹早早入仕，他颇有经济头脑，深为玄宗赏识，很快被提拔为户部郎中，紧接着升任市和籴、长春宫、户口色役使，拜御史中丞、京畿关内采访黜陟使，他在经济、理财方面的能力特别出色。为了满足皇上日益奢侈生活的需要，除了丰富国库之外，王鉷每年都将岁租之外搜刮聚敛的巨亿钱财存入禁中，作为皇上的私房钱，供玄宗随意花销赏赐，这些所谓岁租之外的钱财，都是他不惜层层盘剥，关关收税，税赋加倍不顾百姓死活聚集起来的，给皇上留下富国有术的深刻印象。

天宝八载（749年），有方士上奏说，太白神仙授意其玉版秘记事，信奉神仙的玄宗私下密诏王鉷按照其所说地方求请，王鉷果然在金星洞请回一块上面刻有圣主福寿符瑞和唐高祖以来各帝王圣号的玉石，令玄宗十分欢欣陶醉。第二年，王鉷升为御史大夫兼京兆尹，加知总监、栽接使，身兼二十余职，权势巨大令人生畏。他甚至在家旁建办公用的大院，里面文书堆积如山，官员要想求其签署一字，取回文件至少也要等上数日，天子侍者送来的赏赐物品充塞家门，成为仅次于李林甫的宠臣，其儿子王准甚至嚣张骄横到敢借斗鸡之际，对同为朝官的李林甫儿子李岫嘲笑不恭，李岫还会让他三分，恩宠显贵之盛可想而知。

王鉷善于察言观色，迎合玄宗，所以第一个将杨钊安排到自己手下任判官，李林甫也看上王鉷出色的行政能力及对下阴险刻薄，放心地用他大兴冤狱，清除异己。当初杨国忠是靠依附他们、充当其打手才一步步走到今天，现在以他为首的外戚新权贵集团逐步形成，然而论恩宠、权势、地位，王铁、李林甫仍远远在他之上，盛气凌人的杨国忠开始无法忍受，但是要整倒李林甫，谈何容易，必须从剪除其羽翼开始。

破绽从王铁的弟弟那儿暴露了。王铁之弟户部郎中王銲自恃哥哥权贵，横行不法，狂妄跋扈。王铁素来对兄弟友善，对他颇为包容。王銲不知天高地厚，竟敢私下问术士自己是否有王者之相，此事让王铁惊出一身冷汗，怕事情败露，他急忙借机杀术士灭口，可王銲还不知收敛，与对朝政不满的邢縡关系密切。当时，邢縡与龙武万骑密谋杀龙武将军，然后率兵杀一手遮天的宰相李林甫、陈希烈、杨国忠，谁料谋反事发前两天，计划泄露，邢縡被人告发，玄宗当即要王铁前往拘捕。王铁担心弟弟在邢縡家，立即派人通风报信，故意延迟行动。当官捕到邢縡家执法时，早有准备的邢縡率喽啰杀将出来，这时王铁和杨国忠也赶到了。见御史大夫王铁到场，邢縡一边冲一边大声喊道："不要伤害大夫！"叛党一直冲杀到皇城西南，待高力士率领四百名禁军赶到，才将他们一网打尽，邢縡当场被斩，余党束手就擒。

邢縡的叫喊、王銲与邢縡的关系都授杨国忠以把柄，他添油加醋地描绘拘捕经过，告发王铁参与谋乱。玄宗不相信王铁会作出这种事，认为和邢縡关系密切的只是其同父异母弟弟王銲，谋反一事王鉷未必知道。李林甫也站出来为王鉷辩解开脱。于是玄宗私下要杨国忠转告王鉷，让他先上表为王銲请罪，皇上再予以赦免。杨国忠却故意隐瞒玄宗要放他一马的真实想法，反而假惺惺地劝王鉷忍痛割爱，与弟弟划清界限，大义灭亲。得不到皇上的暗示，不了解皇上的心思，贸然为弟弟王銲请罪，无疑承认弟弟与此事有牵连。王鉷深思良久，还是不愿舍弃兄弟，他说："弟弟为先人所爱，从道义上我不忍心舍弃独自求存。"王鉷没有按照玄宗意旨向皇上请罪，使得玄宗颇为生气，他压根儿没有想到，杨国忠竟然胆敢不传圣旨。

一旦皇上动怒，王鉷就没救了！第二天上朝，左相陈希烈见到王鉷就一改往日的谦恭，冷言冷语令其气愤不已，回来后王鉷即刻上疏辩解，但受杨国忠挑拨，皇上正在气头上，此时一切都已经晚了！专门负责传递奏折的机构及人员拒收他的上表，断绝他与皇上正式沟通、联系的渠道，旋即陈希烈、杨国忠接诏受命审理此案，王鉷急忙求救于李林甫，想请他帮忙递送自己写给皇上的奏折，澄清事情经过。李林甫见皇上发威，知道事到如今已经毫无回旋余地，爱莫能助，不得不绝望地告诉他："已经晚了！"就这样，王鉷以前借故杀害方士之类的事也一一被揭发，最后他被赐死家中、王銲杖杀，满门流放。王鉷身兼的二十几个职务，自然而然也统统落到杨国忠身上。

自此杨国忠大权在握，与李林甫的矛盾也逐渐公开化，两人由开始同一条道的依附关系变成势不两立的仇敌。李林甫万万没有想到，当初这个不起眼的小混混，仗着贵妃受宠，一路往上蹿，短短几年就对自己构成威胁。王铁死后，杨国忠不让李林甫有片刻喘息，串通陈希烈、哥舒翰出来作证，说李林甫与王鉷私交甚密，而王銲与已经逃叛的阿布思有私，让玄宗心生疏远之意，挑战、动摇李林甫权威。此时李林甫已经年老体衰，重病在身。

杨国忠不断寻找机会，在玄宗面前诋毁、挑战李林甫，但玄宗心里有谱，听说李林甫身体欠安，玄宗甚至想亲自前往探视，虽然受到左右劝阻，最后还是换了一种方式。他亲上华清宫朝阳阁，向山下被人抬出庭院、卧床不起的李林甫挥巾招手，以示慰问，令李林甫感激涕零，左右急忙代他向皇上跪拜谢恩。

在打倒一批老权贵的同时，杨国忠迅速拉起自己的帮派，他把西南片视为自己的根基，将曾经资助过自己的鲜于仲通、章仇兼琼等人引为党羽大力扶持，急于通过平定西南建立业绩，提拔一批自己人。

天宝九载（750 年），章仇兼琼被提拔入京当官后，杨国忠推荐有恩于自己的鲜于仲通接替章仇兼琼为剑南节度使。西南有不少政治上附属唐朝的羁縻州，身为西南父母官的鲜于仲通虽然颇爱读书，但性格偏急，行事考虑不周，谋略不足，加上时任云南太守的张虔陀为人狡诈贪财，渐渐引起当地人的反感，丧失蛮夷民心。

当时，南诏王归附唐朝，诸王常常偕同妻子礼节性地拜谒都督等唐朝汉官，云南太守张虔陀特别贪财好色，每次见到诸王的随行妻妾，总是垂涎欲滴，甚至强留以供其奸宿。这还不算，除进贡的奇珍异宝之外又提出很多额外要求，贪得无厌索取无度，令南诏王忍无可忍，最后予以拒绝。张虔陀竟勃然大怒，派人前去当面辱骂南诏王，还无中生有地密奏朝廷，数落南诏王的不是。南诏王一怒之下，在这年年底，发兵攻陷云南，杀死张虔陀，乘势一连拿下了三十二个羁縻州。

南蛮背叛大唐，玄宗震怒，下令征讨，杨国忠急于表现，不管鲜于仲通懂不懂军事，先奏请让他率精兵八万出征。当鲜于仲通亲自挂帅，兵分二路浩浩荡荡来到曲州、靖州时，南诏王派遣使者来到鲜于仲通前求和。其实南诏王只是对张虔陀不满，面对繁荣强大的唐朝，内心里还是不愿与之为敌。南诏王表示要退出所有占领的羁縻州、归还俘虏，恢复重建攻陷时损毁的云南城等以示谢罪，请求不要大动干戈，双方和好如初。同时也表示现在吐蕃兵马已经大兵压境，若不肯讲和，南诏王将同吐蕃一起作战，而他们也将臣服吐蕃，那样云南就不归大唐所有了。南诏王的求和特别是后面一番略带威胁的话，令鲜于仲通丧失理智，他想都没想便一口拒绝，还怒气冲冲地把使者囚禁起来。

谈判破裂了，南诏王不得不调兵遣将，诱敌深入，设下圈套，然后一个反扑，与唐军逆战西洱河（即今云南西部洱海）。鲜于仲通万万想不到，自己固然有精兵八万，可大部分士兵都是来自中原，进入人烟稀少的原始森林，很快就因为水土不服、瘴气瘟疫，在深入腹地的行进中，倒毙不少，没有生病的也软弱无力，体力不支。结果西洱河一仗下来，土生土长熟悉地形的蛮夷兵打得丧失战斗力的唐兵几乎全军覆没，死者高达六万人，就连鲜于仲通本人也差点被打死，好不容易才只身带着几个残兵败将仓皇逃归。

而后，大获全胜的南诏王与吐蕃王以兄弟相称，联合起来面对唐朝。尽管如此，比较向往唐朝的南诏王还是特意在与唐朝的边境上立下一块碑，碑上写着："我世世事唐，受其封爵，后世容复归唐，当指碑以示唐使者，知吾之叛非本心也。"表明自己迫不得已背叛唐朝的苦衷。逼反南诏，使其附会吐蕃与唐朝对峙，令唐朝的西南地区局势不稳，军事压力剧增，这一切是腐败的云南太守张虔陀和无能的鲜于仲通造成的。

面对鲜于仲通惨遭的失败，杨国忠采取种种措施极力掩饰，百般庇护，上表大张旗鼓地宣传前期不断挺进深入敌后之功，抹去后面大败而归的惨状。杨国忠还令鲜于仲通上表奏请自己兼领西南节度使。天宝十载（751 年）十一月，杨国忠如愿成为蜀郡都督府长史，充剑南节度副大使，知节度事，杨国忠推荐鲜于仲通代替自己任京兆尹。

虽然奏表可以吹得天花乱坠，颠倒黑白，但事实摆在那里，危机依然存在，西南依然面临来自南诏和吐蕃的军事威胁。为了收复失地，杨国忠不得不在两京、河南大张旗鼓地招募士兵，征讨南诏。但人们都知道偏僻遥远的云南，瘴气肆虐，中原人根本不适应那里的气候，故无人应征。唐朝规定，百姓家中凡有立功受勋者，可以免征兵役。由于兵源缺乏，杨国忠就上奏取消原规定，改为首先从有功勋的家庭征兵，甚至下令官府分道捕人，拉壮丁，或连同枷锁押送到军所充军。下面的郡县官吏被上面催逼得没有办法，于是八仙过海各显神通，有设诡计欺骗诱逼入伍的、有用钱财召募贫弱者入伍的、有强拉明捕入伍的，无奇不有。一时间人们怨声载道，痛苦不堪，父母妻子送亲人出征，哭声震天。

急于掌握西南军权的杨国忠一门心思要树立自己的权威，也企盼战争取得胜利，哪里会顾及百姓的死活？这一回，他坐镇京师遥控，派剑南留后李宓率领仓促招募而来的十几万中原兵征讨南诏，李宓率兵渡过泸水（即四川、云南交界雅砻江口以下的金沙江河段），又被南诏引诱到和城，与之僵持，唐军虽然将南诏团团围住，可南诏固守城内，不肯应战。于是悲剧再次重演，中原兵十有八九被瘴气疟疾所伤致死，后勤跟不上，结果唐兵不战而败，就连将领李宓也死于阵前，十几万唐军几乎无人生还。这一次杨国忠照例杜撰捷报上奏，为自己贴金。前后两次征讨南诏，二十几万中原兵就这样含冤而死，人们怨声载道，满朝文武居然无人敢直言禀报，玄宗一直蒙在鼓里。

杨国忠深深懂得今天的一切不是天上掉下来的，而是靠贵妃独占专宠赢得的，他牢牢抱紧杨氏家族，依靠杨氏家族，团结杨氏家族，无论扈从皇上行幸华清宫也好，春游也好，参加宫内游宴也好，杨国忠都牵头相约诸杨兄弟姐妹集聚自己家，出入同行，自然而然成为他们的中心人物。玄宗此时政治上昏庸，生活上迷恋贵妃、沉迷享乐，也成就了他们的富贵，让他们的奢侈欲望得到充分的满足。

天宝十一载（752 年），杨国忠与李林甫的争权夺利愈演愈烈。二月，江、淮一带恶钱（即私人铸钱）泛滥，权贵商贾纷纷以一块良钱（官钱）换五块恶钱，积聚财富。大量恶钱流入长安，给京城的经济秩序造成极大的干扰，为了抑制恶钱，朝廷不得不从国库中拿出粟米、布帛、库钱十万缗回收恶钱。为此，李林甫奏请禁止恶钱流通，要那些手头有恶钱的人在一个月之内上缴官府，官府花钱回笼，如果私自保留恶钱则治罪惩罚。李林甫的奏请，当然有利于维持大唐正常的经济秩序，促进社会繁荣，但是也令那些商贾大富哗然，因为他们从中牟取暴利，手中握有大量恶钱，禁止恶钱无疑断绝其财路，损害到他们的利益。于是他们利用李林甫和杨国忠相互之间的矛盾，除纷纷上奏申辩之外，还上街拦截杨国忠的马申诉，恳请杨国忠替他们陈情说话，背后再出手阔绰地呈送奇珍异宝，拉拢杨国忠。杨国忠抓住这一机会，在皇上面前夸大其词地诉说李林甫的奏请如何引起人们的不满，列陈禁用恶钱带来的种种不利。面对两个宠臣的针锋相对，玄宗采取了折中平衡，取消原来禁止恶钱流通的禁令，下令非铅锡铸造和穿洞的恶钱可照用如故，其余上缴，回笼国库。

九月前后，由于南诏屡屡进犯，蜀州百姓不堪忍受，联名上书请求朝廷派时任剑南节度使的杨国忠来蜀，坐镇指挥抵御外来敌人。因西南是杨国忠负责的地区，李林甫成功地唆使皇上派遣杨国忠远离京城，下到偏僻的蜀州督战。杨国忠明知李林甫搞鬼，企图支走他，但无法明确拒绝皇命。他担心自己离开京城后，李林甫还会继续耍花招，甚至就此整倒自己，不让自己回来。想到这里，杨国忠不禁毛骨悚然，惊恐万分。临行前，杨国忠痛哭流涕地向玄宗说："李林甫一直排挤臣，这次出去恐怕凶多吉少，不知何时才能再见到皇上。"

朝臣之间的钩心斗角，玄宗当然清楚。见堂兄远赴蜀州，从不管朝政的贵妃也出来为杨国忠求情。贵妃对政治不感兴趣，但堂兄在京，姐妹们有个照应和依靠，确是不争的事实。有贵妃的请求，再看到杨国忠涕泪交流的样子，玄宗不禁心生怜悯，于是明确地安慰道："你先放心去吧，朕还在这里等你回来当宰相呢。”杨国忠离京前，玄宗还吟诗送别。

果然，杨国忠离开京城不到两个月，人还没到前线，就接到玄宗要他返回长安的诏令，他立即快马加鞭，转眼就回到皇上身边。这次，他不敢再轻视怠慢李林甫，虽然李林甫已经病重得卧床不起。到达长安后，杨国忠即刻奔往李府拜谒李林甫，看见才离开数月便返回长安的杨国忠，老谋深算的李林甫感到大势已去，禁不住老泪纵横地说：“我不行了，你肯定当宰相，以后的事就要拜托你了！”天宝十一载（752年）十一月，李林甫病逝。杨国忠立即顶替李林甫为右相，李林甫的不少职务也囊括手中，一身兼任四十几个职务。

或许几年来与李林甫的争权夺利让他刻骨铭心，哪怕李林甫病故，杨国忠仍不解恨，仍然穷追猛打，要搞得他身败名裂，永不得翻身。李林甫死后，他诬陷李林甫与阿布思勾结叛乱，还拉拢一帮人出来作证，其中就有安禄山。已经六十七岁的玄宗，身居皇宫，放手让李林甫处理朝政长达十九年后，怀疑、敏感、昏庸伴随老态日益严重，眼见一大帮宠臣出来作证，也不禁怀疑起李林甫的忠心。玄宗不仅下令将其尸体从灵柩中拖出来按普通百姓草草入葬，李家满门还惨遭流放。

李林甫一死，替代他职务的杨国忠大权独揽，他性格疏躁，处理机务自以为是，盛气凌人，独断专行。在朝廷上，他对公卿以下的朝官颐指气使，动不动就训斥责骂，朝官无不畏惧，敬而远之。论行政能力、把握和控制全局的能力等方面，靠贵妃起家的杨国忠远远不及精于吏治的李林甫，所以他举止更显得虚张声势，底气不足；论排场、生活奢靡等方面杨国忠不仅继承李林甫恶习，而且有过之而无不及。

在众多职务中，杨国忠既是宰相又兼任吏部（天宝十一载吏部改为文部）尚书，他当然不会放过收买人心培植亲信的选官机会。天宝十二载（753 年）一开春，杨国忠便亲自操办每年例行的选拔，他别出心裁地提出新的选拔标准，即不问品德忠孝与否，一律根据资历深浅，依序提拔审核补缺。

为了显示办事精明果断，杨国忠在选拔开始之前，先把下属召到家中，私下圈定铨选名单，然后把原来三唱三注必须经过的关键相关部门及其负责人左相陈希烈、给事中、各司长官统统叫到尚书都堂（宰相办公地点）唱注选人。宰相既然已经亲自拟定名单，其他人只好唯唯诺诺，扮演着签字画押的角色。大家都照着杨国忠的意思，按照拟定名单，唱名一个，进来一个，然后拍板决定，将原来多个部门几个月的活一天就结束了。杨国忠还美其名曰，改革了选官的拖沓繁杂程序，办事简化高效。他的专权，也让那些忙着钻营、拼命向上爬的小人看到了希望，还有很多因为各种原因长期原地踏步，没有升迁或资深无能的人，走走关系，投入杨国忠门下，就纷纷受到铨选，得到升迁，这些人当然十分感谢杨国忠。为此，他的死党、京兆尹鲜于仲通授意那些中选士子联名奏请，要为杨国忠立碑称颂，于是玄宗下制令鲜于仲通撰写颂词，颂词写好后，玄宗还亲自修改定稿，鲜于仲通在刻碑上，特意用金粉填满皇上修改的那几个字。

获得玄宗首肯，杨国忠越发得意忘形。第二年选拔官员，杨国忠干脆将选官场所挪到自己家，左相、吏部侍郎等相关的高级官员统统到场，和其下属曹郎官一起办公，干一些主事之类的活。杨国忠像差遣仆人那样，支得他们个个团团转，面试、批语、裁定，奔走于各个房间之间。杨国忠还在选官现场垂挂帘幕，让杨氏姐妹们躲在后面观看，评头论足，那些面试人的举止、应答、高级官员和下属被随意驱使的尴尬，看得她们十分兴奋，甚至放肆欢笑。

天宝十三载（754 年）八月，扶风太守房琯上奏水灾，杨国忠就派御史去兴师问罪，将他狠狠整治一番，这样天下再也无人敢上奏灾害等负面消息，连攻打南诏惨遭失败，二十几万唐军惨死云南也无人敢上报。不仅如此，杨国忠还借助天灾人祸排挤异己，把责任一推了之。因京兆尹李岘不肯归附于己，杨国忠便以救灾不得力为由将他贬为长沙太守。杨国忠如此胡作非为，一方面使得朝廷的威信大大削弱，有志之士对国家前途忧心忡忡，另一方面，激化了各种社会矛盾。

杨国忠的儿子杨暄和他一样是个不学无术、沉迷享乐的花花公子。这一年，杨暄要参加科举的明经考试，然而学业荒废太久，虽然临时恶补，却仍然答非所问考不及格，这下可难倒了执考官、礼部侍郎达奚珣。最终，达奚珣还是屈从了杨国忠的权势，杨暄不仅中第，还被判为上等。从而，杨暄堂而皇之地入朝做官，不久又被破格提拔，很快地升至户部侍郎。

达到事业顶峰的杨国忠同李林甫一样，对于聪明能干才华出众又不肯附会门下的正直人士，一律打压排斥，而且手段更加粗野，肆无忌惮。

李泌出身权贵世家，是魏朝八柱国弼六世孙，生长在京城，七岁就能作文，才华横溢。李泌还成为张九龄的忘年交，被他视为“小友”，随着年龄的增长，李泌博学广闻，精通《易经》，信奉道教，宣讲《老子》得法，于是和当初李白一样，当上待诏翰林，接着供奉东宫，与太子做伴，深得皇太子厚待。李泌目睹杨国忠、安禄山胡作非为，曾赋诗讥笑，表达不满。

李泌的多才多艺，早就令不学无术的杨国忠十分恼怒，十分碍眼，加上是皇太子身边的人，又赋诗讥笑讽刺自己，岂能容忍!

李泌为人机警聪敏，侍奉皇太子兢兢业业，实在没有什么把柄可抓，气急败坏的杨国忠只好拿着李泌的诗句向皇上告状，说“青青东门柳，岁宴必憔悴”，是讽刺诋毁他，以此为由要治罪贬官李泌。也许这个状告得太露骨太没有水平，于是玄宗问他:“若赋诗中有‘柳’就是讥讽你的话,那么有‘李’是否就是讥讽朕啊?”

话虽如此,玄宗还是经不起宠臣的软磨硬闹,毕竟很多国家大事要靠宰相杨国忠去做,李泌也不是个不可或缺的重要人物,最后杨国忠如愿以偿地把他贬到蕲春郡(即今湖北蕲春县西南),直到安禄山之乱,皇太子即位,肃宗才把李泌召回身边。

杨国忠与安禄山有过一段“蜜月期”。那是两人各有所需、相互利用的时候。安禄山不惜卑躬屈膝地请为贵妃养儿,刻意巴结、取悦杨氏家族,成为贵妃养儿之后,不仅贵妃,连虢国夫人、杨国忠、诸王,都常常戏称安禄山为禄儿,大家赴宴聊天,游戏歌舞,形同一家。安禄山要靠贵妃、外戚巩固恩宠,贵妃、杨氏姐妹要拿他取乐玩笑,杨国忠要靠他提携帮衬,在玄宗的支持下,安禄山与杨氏家族保持着良好的关系。

自从杨国忠与李林甫交恶,特别是天宝十一载(752年)杨国忠整倒王铁,与李林甫的矛盾激化之后,杨国忠与安禄山的关系变得十分微妙。

安禄山得以从大漠边陲的一介北方少数民族奋斗到今天,无疑有着过人的骁勇、聪慧、精明能干和狡诈,是靠着实力和钻营,爬到今天的高位。然而不出几年,眼睁睁看着不学无术的杨国忠,仗着贵妃专宠,扶摇直上,还当上第一宰相,心里如何服气？无奈李林甫死了，再也无法庇护自己，面对盛气凌人的杨国忠，颇有政治头脑的安禄山只能尽量表面敷衍，避而远之。

新官上任的杨国忠很想将手握重兵的安禄山拉拢过来收归门下，故一上台，便传话让他出来作证李林甫与阿布思互为父子，这也是一种试探性地向他伸出的橄榄枝。安禄山是李林甫一手提拔的，如今李林甫尸骨未寒，杨国忠就下狠手诬陷，安禄山着实好好地权衡了一番，最后还是不得不顺着杨国忠的意思，命降服过来的原阿布思部下出来作证，算是给了杨国忠一个面子。

安禄山不冷不热地敷衍了事，令杨国忠心中不快，但安禄山重兵在握，又深得皇上信任宠爱，杨国忠如同芒刺在身，坐立不安。既然安禄山不为己用，那就千方百计地打压排挤，他采取了直截了当数次上奏安禄山谋反的下策，想借皇上之手拔掉这个钉子。

天宝十二载（753年），杨国忠状告安禄山有谋反的迹象，见玄宗不以为然，杨国忠便有意厚待和安禄山不和的陇右节度使哥舒翰，提议他兼任河西节度使，八月又提议加封哥舒翰为西平郡王。安禄山兼北疆三镇节度使、哥舒翰兼西北两镇节度使，安禄山是东平郡王、哥舒翰是西平郡王，一东一西，两个同样拥有重兵的蕃将形成相互对峙、抗衡之势，此举无异于将杨国忠自己和安禄山的矛盾公开化。

杨国忠上台以来的专横跋扈，特别是一年来的步步紧逼，促使安禄山加快了谋反的步伐。杨国忠坚持不懈地上奏，甚至煞有介事地对玄宗说，种种迹象说明安禄山暗藏谋反之心，倘若皇上下诏令他上京，他肯定会以各种口实推托不来！结果安禄山偏偏接诏即赶到长安，令杨国忠的预言不攻自破，使得玄宗不再听信他的“告状”。

期间，吉温的作用不可小视。吉温以酷吏起家，靠为李林甫大打出手爬上来，是个地地道道的卑鄙小人，见杨国忠日渐权重，便疏远李林甫转而投靠杨国忠。李林甫死后，杨国忠提拔吉温为御史中丞。他没有想到吉温既可以出卖李林甫，也可以出卖他。其实从天宝十载（751 年）起，吉温见安禄山恩宠隆重又手握重兵，便私下巴结他，和他结为拜把兄弟。就在杨国忠提名他调任御史中丞和京畿、关内道采访使等要职时，吉温还亲自到范阳与安禄山话别，安禄山除了贿赂丰厚外，还叫儿子恭恭敬敬地为吉温牵马，一直把他送出管辖区外，吉温成了安禄山在长安的高级密探，专门窥视朝廷动静，所以朝廷任何动静都躲不过安禄山的眼睛，这是他成功谋反的关键。

天宝十三载（754 年）春安禄山入京，他当面向皇上哭诉被杨国忠排挤的郁闷，其出色表演，反而赢得玄宗的怜悯和信任，获得重赏之后，安禄山又向皇上伸手要官，轻而易举地将总管兵马粮草的闲厩、群牧使及总监捞到手，随后他提议让吉温为武部侍郎，充任闲厩副使，做他的副手，直到这时，一直蒙在鼓里的杨国忠才恍然大悟，总算认清吉温的真面目。

七月，长安阴雨连绵近九十天，天气异常，玄宗往往检讨朝政，总要找出一两个替死鬼担当天气异常的责任。杨国忠妒忌排挤陈希烈，责任自然往他身上推，陈希烈见势不妙，识趣地也上奏请辞宰相一职。杨国忠提名儒雅谦和的文部侍郎韦见素顶替陈希烈，最后得到玄宗的准许。韦见素被杨国忠提拔后，不敢议政、发表已见，大多附和杨国忠，使得他更加为所欲为。

以安禄山为眼中钉的杨国忠，让手下门客寻找安禄山谋反的把柄，命人告发和安禄山、吉温关系密切的河东太守兼本道采访使韦陟贪污，吓得韦陟连忙贿赂吉温，让他求救于安禄山。韦陟的举动正中杨国忠下怀，他借机把吉温贬黜京城，贬为沣阳长史。安禄山急忙为吉温上奏申冤，反告杨国忠谗言，这次玄宗把事情按下不问，冷却起来，实际上等于支持杨国忠剪除安禄山在朝廷的党羽耳目。天宝十四载（755 年）初，吉温坐赃七千匹布帛以及抢夺人马等事情败露，被进一步贬官以至被捕入狱，死于狱中。

吉温一生制造冤狱无数，严刑拷打逼死人无数，双手沾满鲜血，劣迹斑斑，所以吉温案件后，玄宗还对朝臣们作一番检查和抚慰，他说：“吉温是酷吏子侄，为人凶狠残忍，朕被人诳惑，用人不当，以致刑狱泛滥，这些都是吉温所为，今天朕为你们剪除酷吏，今后可以安枕无忧了。”玄宗高明地只抓住吉温是酷吏、贪污受贿的事实治罪，不涉及其他，令安禄山无话可说，难以发力，此举无形中削弱了安禄山在朝廷的势力。

天宝十四载（755 年）五月，始终找不到安禄山谋反确切证据的杨国忠，实在按捺不住了，他背着皇上假传圣旨，冒失地令京兆尹派人突然包围安禄山私宅，强行搜查，把安禄山的门客李超、安岱等人送往御史台，逼供拷打，并偷偷杀害，以求打破僵局，治罪安禄山。安禄山再怎么说也是朝廷重臣、位高权重的边将，没有确切证据，就包围他的私宅，还抓了他的门客，这种极端行动无疑是非常严重的挑衅，是对安禄山的公开挑战和警告。安禄山的儿子安庆宗因将要迎娶皇室荣义郡主，所以长住长安。他立即将这一切飞报安禄山，安禄山勃然大怒，马上命手下幕僚罗列了杨国忠二十大罪状，愤然上奏。玄宗得知后，担心事情一发不可收拾，马上出来调解，下令放回尚未处理的安家门客，将责任推往地方官身上，对京兆尹处以贬官的惩罚，安慰安禄山。

六月，玄宗以安禄山儿子安庆宗与荣义郡主成婚为由，手谕召安禄山进京参加婚礼。按常理，此诏书应该是善意的，也许皇上还有安抚他的用心，但是，周围朝臣对他的非议，特别是杨国忠种种公开露骨的挑战，让安禄山成了惊弓之鸟，无论如何也不敢冒险进京！他不假思索地推脱有病回绝了。

七月，安禄山反过来试探性地上奏说，要朝贡三千匹骏马，派二十二名蕃将率领六千马夫，两人牵一匹马入京，请求皇上恩准。河南尹达奚珣怀疑安禄山献马居心，上奏反对其入京，建议年底由他们派兵牵马入京，不让安禄山的部队进城。皇上采纳了达奚珣的意见，决定秋天朝廷再派人下去取马，拒绝安禄山献马“好意”。安禄山从中察觉到朝廷对他有所提防。

八月前后，玄宗派中官冯神威带去召安禄山入京的圣旨，内容是皇上为他新造了一个汤池，十月在华清宫里等他。对安禄山又作一次试探，也是一种策略、诱骗。当宦官冯神威到达范阳宣旨时，安禄山却不像以往那样毕恭毕敬地下跪听旨，连下床拜跪行礼都懒得做，他傲慢地依然坐在床上微微欠身，说了一句：“圣人安稳。”接着，安禄山又阴阳怪气地说：“不献马也罢，十月再隆重入京。”随后便命左右把冯神威带到旅馆安置，一连数日，既不招待接见也没回复，冷冷地把他撂在一边，还有卫兵守护，不得随意走动，若干天之后才放他回京。从来没有地方官敢如此怠慢朝廷来使，藐视朝廷，安禄山的反叛之心已经暴露无遗。受此惊吓，冯神威急忙往回奔。见到皇上后倒头哭拜道：“臣差点儿就见不到陛下！”

然而，玄宗却依然带着幻想、带着侥幸，在当年十月照例带着贵妃一行隆重前往华清宫，他万万想不到这一次等来的不是那个信誓旦旦的忠臣安禄山，而是一场惊天动地的大动乱！

杨国忠只会在皇上面前出于私心地指责安禄山将会叛乱，或者就是鲁莽地采取过激行动，却从来没有考虑到万一安禄山真的反叛怎么办？如何消除反叛带来的祸害？由于杨国忠充其量不过是个平庸的封建官吏，根本无法胜任总揽全局的宰相职位，一旦大难临头便一筹莫展了。

32

渔阳鼙鼓

经过八、九、十三个月的紧急准备，天宝十四载（755 年）十一月初八，口头承诺十月到华清宫拜见玄宗的安禄山终于无法继续搪塞，在渔阳（今天津市蓟县）起兵造反！

这时，正好他的奏事官从长安返回，他召集各路将帅，当场拿出自己制造的假敕书，宣布："接到密旨，命安禄山带兵入朝声讨杨国忠，诸君立即从军。"所谓率兵入朝征讨杨国忠毕竟是个自欺欺人见不得阳光的幌子，所以安禄山还特别慎重地叮嘱，为了不让杨国忠有所察觉，必须夜间出发迅速集合，行动须严格保密。

此时安禄山是平卢节度使、范阳节度使兼采访使、河东节度使，是身佩三个地区将帅大印的统帅，管辖地区包括现在的东北三省、北京在内的河北河南地区和山西一带，统兵十八万五千人，这还只是朝廷记录在册的兵马，不算安禄山自己私人的禁卫部队，诸如他那八千多名养子组成的“曳落河”（所谓壮士）以及额外私养的数万匹骏马等，故安禄山叛乱，亲自带兵南下号称有二十万大兵。

十一月初八，领命的各位将军在夜幕的掩护下悄悄率兵离开驻地前往范阳云集，从此拉开了一场旷日持久的战争序幕。谋反之事为最高机密，稍有不慎，即可招来杀身之祸，所以整个事件，只有安禄山及其幕府掌管书记的大仆丞严庄、屯田员外郎高尚、将军阿史那承庆等几个心腹知道，他们精心策划、密谋筹备多时，其余下属佐将则始终蒙在鼓里，无人知晓。

十一月初九，安禄山在蓟门（即今北京城西南）前举行隆重的阅兵仪式，打出声讨杨国忠的旗号，宣布凡有异议、煽动军心、违反军令者，格杀勿论，灭门三族！检阅一结束，安禄山留下范阳节度副使贾循镇守范阳，平卢节度副使吕知惠镇守平卢，别将高秀岩镇守大同，自己亲自领兵南下，主要以夜行军的方式快速推进。

这次叛乱，安禄山采取了声东击西、突然袭击、出奇制胜等一系列战略战术，大兵出发前，他先派副将何千年、高邈率二十个擅长擒拿的勇士向当时的北京（即太原）奔去，制造往西走，再从太原进军长安的假象。何千年一行于叛乱起兵的第二天（十一月初十）抵达太原，由于叛军起事诡秘，北京（太原）副留守杨光翙还不知道安禄山已经反叛，与往常一样亲自出门迎接，结果被他们突然绑架，劫持而去。

事发当天，太原便火速派人奔赴华清宫禀报玄宗安禄山反叛的消息。十一月十五日，东受降城（即今内蒙古托克托南黄河东岸）也送来了相同的情报，这一天已经是安禄山造反的第七天。

玄宗急忙召集朝臣商议对策。满朝文武听说安禄山造反，一片惊恐慌乱，惟有杨国忠洋洋得意，安禄山反叛的预言竟成现实。在朝廷上，轻浮狂妄、不知深浅的杨国忠还充满自信地对玄宗夸口道："今天造反的惟有安禄山，三军将士必无此心，过不了旬日，就会有人送上他的首级来降。"事实上，众人只能确定安禄山已经反叛，却不知起兵的具体情况，甚至连打着征讨杨国忠旗号造反的情况也不清楚，至于安禄山的进攻路线、兵力分布、战斗力强弱，朝廷更是一无所知，所以不仅杨国忠提不出什么应对举措，其他文臣武将也无良方。于是玄宗不能不亲自出马，按照常规，从范阳至长安的两条主要路线进行防御，首先派特进（已退休高官）毕思琛到东都洛阳、金吾将军程千里到河东各就近招募数万人，临时组成军队抵挡安禄山。

第二天（十一月十六日），安西节度使（驻守新疆的封疆大吏）封常清恰巧入朝奏事，玄宗紧急召见，立即任命他为范阳节度使、平卢节度使，这正是安禄山原来的职务，命他正面抵抗安禄山，收复失地，对他寄予无限希望。封常清立即奔赴洛阳，募兵六万，拆毁横跨洛阳北面黄河要津的河阳桥（今河南孟县南），增强洛阳的防御能力，以减缓、抵挡安禄山的攻势。

唐朝建立一百多年来，中原大地一派祥和，特别是玄宗即位后的四十年，国家出现了前所未有的繁荣。骤然听说安禄山在范阳起兵，远近震骇，上至朝廷命官下至平民百姓，个个如同无头苍蝇，茫然慌乱四处乱撞。

从东三省到长安一带的河北地区，本来就是安禄山的辖区，长期以来，安禄山是该地区的最高领导，沿途各郡县朝臣与他是上下级关系，彼此熟悉，故叛军所到之处，各州县顷刻土崩瓦解，望风披靡，州县守令或者开门迎接，或者只顾自己逃命，弃城逃匿不知去向。开门出迎者或被叛军士兵擒拿送安禄山处置，投降后被封为伪官，或被士兵乱刀杀戮，面对来势汹汹的叛军无人敢抗拒。

开始，安禄山为了达到出奇制胜的效果，出兵行进还偷偷摸摸，躲躲闪闪，昼夜颠倒，日行六十里。十一月十九日，短短十天，安禄山不费吹灰之力地就拿下沿途州县、顺利地到达博陵（今河北定县），初战告捷。恰巧何千年也将劫持的太原副留守杨光翙押送到，杨光翙是杨国忠的党羽，安禄山将他当众斩首，传檄宣称："今天杨光翙已经束手就擒，杨国忠还能长久吗？"

杀杨光翙激励部下，安禄山终于撕下假面具，露出反对朝廷的狼子野心，从此不必在乎什么举兵旗号，无所谓出师之名，不再遮遮掩掩，公然率领大军朝着十几年来多次往返朝廷的那条道路进发。安禄山乘坐铁车，前面是几匹拉着车嘶鸣狂奔的骏马，身边簇拥着精锐强悍的滚滚铁骑，一时间战鼓喧天，尘烟千里，隆隆向前，震撼大地。

叛军旋即抵达途中一个较重要的城镇藁城（今河北藁城），常山太守颜杲卿眼见敌强我弱，力不从心，只好与长史袁履谦打开城门迎接叛军，安禄山见其出降，十分高兴，授予他们预先准备好的金紫衣（三品以上朝官才能穿戴的紫色衣服和金玉带），令其继续镇守常山（今河北正定南，曲阳县西北与山西接壤处）。不过狡诈的安禄山并不完全相信他们，将颜杲卿子弟押作人质，同时让手下将领李钦凑带领数千人驻守井陉口（今河北井陉西北，是河东道进入河北道的一个关口），接应随后西来的各个部队，自己则继续率大部队向前快速推进。身穿安禄山赐赠的紫衣，颜杲卿浑身上下很不自在，回来的路上，颜杲卿故意指着身上的紫衣对袁履谦说："我们为什么要穿这身衣服？"袁履谦马上心领神会，默契地准备见机行事、随机应变。

十一月二十一日，接到安禄山攻下博陵（今河北定州），浩浩荡荡率兵南下的消息，玄宗刚刚放松了几天的神经又紧绷起来，前线战报不断传来，安禄山推进迅猛，锐不可当，形势对唐朝越来越不利。他焦急万分，急忙赶回长安兴庆宫调整人事，把原朔方节度使（镇守宁夏、内蒙古一带的封疆大吏）、原来与安禄山关系不错的蕃将安思顺调为户部尚书，大胆提拔朔方右厢兵马使、九原太守郭子仪为朔方节度使，提拔右羽林大将军王承业为太原尹，卫尉卿张介然为河南节度使，程千里为潞州长史，重新制定军事部署。同时下令将安禄山在京的儿子安庆宗斩首，赐其妻子荣义郡主自尽。

二十二日，玄宗命六皇子荣王李琬为大元帅、右金吾大将军高仙芝为副帅，带领部队东征。没有兵员，就从内府拿出钱帛，准备在京城招募十一万新兵，号称“天武军”。经过十天的努力，总算召集了一帮市井子弟入伍，不过人数远远达不到预期。无奈军情紧急，十二月初一，副帅高仙芝率领临时招募的新兵、边兵加上飞骑（宫城的守卫军）、彍骑（京师的守卫军）等五万人离开长安，奔赴前线。出发前，玄宗特意在兴庆宫勤政楼里宴请众将帅，又亲自到望春亭慰劳送行，殷切期望众将士凯旋，同时也任命监门将军、宦官边令诚为监军，跟随大部队出发。

从范阳到长安，或从河南经由或从山西经由，二者取其一，由于安禄山从南面进攻长安的意图越来越明显，玄宗便着重在河南到长安一线上加强部署，设置三道防线：第一道由河南节度使张介然驻守陈留（今河南开封东南）；第二道由原安西节度使，现在的范阳节度使、平卢节度使封常清驻守东都洛阳；第三道由副元帅高仙芝镇守位于洛阳与长安之间，距离长安四百九十里的陕郡（今河南陕县）。山西到长安一线，派朔方节度使郭子仪、太原尹王承业、潞州长史程千里联合构筑一道防线。十一月十五日到十二月初，短短半个多月，玄宗仓猝完成了防御部署，在敌情不明的情况下，采取了防御为主的战略方针，层层设防，这实在是唐朝国内军事实力空虚、中原兵员不足的无奈之举。

可惜的是这个貌似周密的部署，却经不起安禄山叛军铁骑的冲击。原因是叛军以骑兵为主，武器精良，进攻神速，朝廷的部署基本上还没有实施，三道防线没有完全到位，叛军便兵临城下，势如破竹，三道防线顷刻瓦解。其次，叛军人多势众，号称二十万，实际也有十几万之多，都是些能征善战精通兵法的老手，个个擅长骑射，唐军一来来不及调防，本来守城的士兵寥寥无几，少则两三千人，多则上万人，兵力上根本不成比例；二来大部分守城士兵没有什么军事常识，没有经过严格的训练，不曾见过战斗场面，更不用说那些新招募的、刚刚入伍的市井子弟，就是一对一而言，其战斗力也悬殊颇大。更深层次的原因则是从将帅们到玄宗，骨子里都轻视安禄山及其部队，不了解敌情，过于自信，没有正确判断敌我形势。

安禄山乘胜追击，一路横扫，只花了短短二十三天，便长驱直入打到黄河边。时值隆冬，寒气逼人，河水变浅，十二月初二，叛军从灵昌（今河南滑县）渡河，他们用绳索捆杂草木，与破船连接起来，横绝黄河，一夜之间，眼前便浮现出一座冰冻浮桥，叛军步骑蜂拥而过，灵昌随即陷落，逼近陈留（今河南开封）。

河南节度使张介然刚刚从京城回到陈留没几天，叛军就已经渡过黄河直达陈留。张介然紧急动员部署防御，没想到部署还未完成，叛军就已杀到城下，镇守陈留城的将士只有上万人，叛军则有十几万大军。陈留郡太守郭纳被战斗的惨烈场面吓坏了，十二月初五，他主动打开城门投降，张介然被俘。安庆绪从陈留城墙上的朝廷张榜中，得知兄弟安庆宗已被斩首，悲痛不已，急忙上报安禄山。安禄山盛怒之下兽性大发，将张介然拉到军门前，当众斩首，还不解恨，命令手下将已经投降，正在夹道迎接他们入城的近万名守军统统杀死。

安禄山留下部将李庭望任节度使驻守陈留，马不停蹄地继续指挥大军向前挺进。一转眼，叛军抵达荥阳（今河南荥阳），荥阳太守崔无诐尽心尽职地率兵抵抗，无奈荥阳的战斗力比陈留还差，加上叛军攻下陈留后的血腥屠杀，令荥阳的士兵惊骇无比，远远听到震耳欲聋的战鼓声，就吓得魂飞魄散，见到黑压压的铁骑汹涌而来，还未还击，就像中邪似的吓得站都站不稳，纷纷从城墙上滚落下来，史称当时守军“自坠如雨”，哪里是叛军的对手？十二月初九，荥阳沦陷，荥阳太守崔无诐被杀。

荥阳是洛阳的东大门，距离东都洛阳二百七十里，连续轻松拿下两座重要城镇的安禄山，气焰十分嚣张，下令乘胜追击，命大将田承嗣、安忠志、张晓忠等为前锋，率精锐部队直扑洛阳。

33 高仙芝、封常清之死

封常清主动请缨后，满怀信心，快马加鞭，风尘仆仆地直奔洛阳。到洛阳后，来不及歇息，封常清立即投入紧张的备战工作，打开国库，拿出钱粮紧急招募勇士，一时间，应征者踊跃，不出十天，就组建了六万多人的新军，紧急布防。

正当以洛阳太守李憕为首的朝廷忠臣纷纷挺身而出，全力支持封常清率军迎战之际，河南尹达奚珣却灰心丧气，他那种消极观望的态度令封常清极为愤怒，差点儿杀了他。封常清完全没有想到叛军铁骑是如此庞大、气势如虹，相比之下，自己的兵力显得如此单薄、如此软弱，不堪一击！顶不了几个回合，唐军就坚持不住，阵脚大乱，众多士兵惨遭践踏，死伤过半，四处溃散，封常清只能率领部队且战且退，除了仓促抵挡应付之外，毫无出招之力。

封常清带着将士一路退守到洛阳城上东门，苦苦抵挡（洛阳外郭城东有三个门，最北的一门叫做上东门），毕竟安禄山派来攻占洛阳的是叛军的精锐部队，战斗力很强，上东门一战，唐军再次失败，十二月十二日，洛阳上东门失守，叛军终于攻入洛阳。安禄山放纵士兵烧杀抢掠，刹那间，繁华的东都洛阳顿时变成一座人间地狱，生灵涂炭。

上东门虽然失守，封常清却仍然顽强率领将士在城内抗击叛军，步步为营，先坚守都亭驿（在外郭城内的清化坊或景行坊），和敌人展开一场恶斗，接着又退守到东城的宣仁门（东城东门）继续战斗，紧随左右的将士越来越少，叛军却依然蜂拥而至，尾追不弃，最后实在力不从心，无法再对阵，封常清才不得不下令左右从东都宫苑西墙的残破处，越墙弃城，往西撤退。

攻占洛阳后，安禄山气焰更加嚣张，任命亲信张万顷为河南尹，派兵继续追击封常清，紧咬不放。很多王宫贵臣、朝廷命官、东都皇宫的宦官宫女及百姓来不及撤出，沦为囚徒。贪生怕死的河南尹达奚珣，出城迎接叛军。而洛阳太守李憕、御史中丞卢奕和判官蒋清则大义凛然、宁死不降。安禄山即下令将他们当众斩首，将三人头颅割下示众，并派使者带到山东平原威胁、劝降平原太守颜真卿。

颜真卿是常山太守颜杲卿的堂弟，他为了稳住军心，便对身边的各位将帅说："我认识这三人，这不是他们。"接着他腰斩来使，秘密藏好三人的头颅。过了若干天，颜真卿为三位慷慨就义的朝廷忠臣李憕、卢奕、蒋清举行了隆重的下葬仪式，没有身体，就用木头做成身体接续他们的头颅，恭恭敬敬地为他们穿戴官服冠饰，隆重入棺，在他们的灵前恸哭祭拜，发誓灭贼为他们报仇，展示了与背信弃义的安禄山不共戴天、战斗到底的决心。

早在安禄山恩宠隆重，蠢蠢欲动之时，平原太守颜真卿就已经察觉安禄山的不轨企图，所以在阴雨连绵的季节，以防御外敌为由，率部深挖环城浚壕，修缮护城河等工事，巩固城墙，充实仓库，积极备战。安禄山叛乱事发，所有郡县都惊慌失措毫无准备，纷纷落入叛军手中，只有颜真卿一面马上派部下将安禄山叛乱一事以及坚守平原的部署通报朝廷，一面从从容容地指挥军将训练士兵，严阵以待。

颜真卿斩杀来使后，将计就计，派平原、博平（今山东博州）两郡七千兵马防护河津，派亲信将声讨安禄山罪孽的度牒分送周围郡县，让大家起来共同抗敌，积极招募勇士，十来天内，就聚集起一万多人，乘着祭奠三位慷慨就义的忠臣，激发将士的斗志，周围郡县纷纷响应颜真卿的号召，杀叛军留守，推举颜真卿为盟主首领，共同抗击叛军，成为安禄山心头上的一根刺。

陕郡是潼关的前哨阵地，潼关又是关中京师长安的重要门户和天险关卡。镇守陕郡的副统帅高仙芝原计划率领五万将士东征，故没有留下重兵把守军事要地潼关，而是带着全部将士出守陕郡。洛阳的顷刻沦陷，让陕郡陷入极为危险的境地，形势突然变得十分严峻。当封常清带着残兵败将，满身鲜血地从洛阳撤回来时，高仙芝大为震惊，他忧心忡忡地迎上前去，仔细了解战斗情况。封常清沉重地说："常清连日血战，贼锋锐不可当，而且潼关无兵，万一狂寇奔突入关，长安则危在旦夕！陕郡不可守，不宜守，不如弃守陕郡，引兵据守潼关，确保潼关！"

封常清是高仙芝一手提拔起来的将军。高仙芝十分了解这位部下，对于他的聪明才智十分赏识，对其军事才能深信不疑。高仙芝当机立断，决定退守潼关。当天夜里，高仙芝下令打开当地著名的国库"太原仓"，将仓库内的钱帛分发给将士，带不走的则放火烧掉，带领部队撤离陕郡。就在大部队急速撤离陕郡，奔走潼关之际，部分叛军也尾随而至。毕竟撤退仓促、上下都心存畏惧，又都是些新兵，被叛军一冲，刹那间，唐军大乱，不成队伍，各路军马争相弃甲奔走，相互奔腾踏践，死伤者甚众。幸亏尾追的叛军人数不多，还不至于全军覆没，但也死伤颇多。抵达潼关后，高仙芝立即修缮守备工事，整顿兵马，据险固守。

叛军随后追到潼关，连续进攻，在及时修建的工事面前，在高仙芝的有力组织领导下，唐军借助天险，击退叛军多次进攻，敌人屡攻不下只得引兵退守陕郡，终于遏制住了叛军的疯狂脚步。

在这段时间里，慑于安禄山淫威，临汝（今河南汝阳东）、弘农（今河南灵宝）、济阴（今山东定陶西）、濮阳（今河南濮阳西南）、云中（今山西大同）等郡县纷纷向叛贼举起白旗，而远在朔方、河西、陇右地区镇守边疆的将士也都还没有赶到长安，此时，玄宗即使想出征也没有兵，而叛军就在潼关脚下！

十二月十五日，为了巩固后方，保障供给，玄宗任命十六皇子永王李璘为山南节度使，以江陵（今湖北江陵）长史源洧为副使，十三皇子颍王李璬为剑南节度使，蜀郡（今四川成都）长史崔圆为副使，二王不出阁，实际上等于副使全权负责。十二月十六日，玄宗再次提出要率兵亲征，下诏由皇太子监国，亲征日期仍然按照原定日期，即十二月二十三日出发。这些举措都是在消息不灵通，玄宗掌握的军情比叛军推进速度慢几拍的情况下策划的。

成功治理国家几十年，开创开元天宝盛世的大唐天子，老来却山河震荡，江山社稷岌岌可危，七十一岁还要率兵亲征，玄宗的痛苦心情，可想而知。然而在杨国忠眼里，让太子监国，无疑比安禄山起兵、叛军节节逼近更为可怕！他想起这几年来，自己仗着皇恩浩荡，胡作非为，制造冤狱，打击太子党羽，与太子结怨甚深，太子一旦监国，杨氏家族还会有好日子过吗？

退朝之后，惶恐不安的杨国忠急忙和虢国夫人、韩国夫人（秦国夫人已经去世）商量，忧心忡忡地对姐妹们说："太子对我们素来厌恶，万一太子监国，我们兄弟姐妹还有活路吗？我们的性命已经危在旦夕了。"于是，虢国夫人、韩国夫人马上入宫见贵妃，诉说问题的严重性。为了家族的利益，也为了自己的利益与地位，贵妃"衔土请命于上"，表示了誓死不让皇上亲征的决心。杨贵妃从不介入朝政，专心随侍玄宗，像这次这样态度坚决地请求，绝无仅有，除了出于对杨氏家族的担心外，深爱着玄宗的贵妃也一定为年迈的皇上担心，而她个人的安危早就与玄宗息息相关了。

就史书记载而言，贵妃只有两次涉及朝政的请求。一次是天宝十一载（752 年）杨国忠被外派到蜀州指挥出征南诏时，贵妃替他向皇上求过一次情，使他很快就回到长安；再有就是这一次拼命阻止皇上亲征，结果太子监国一事寿终正寝。

有人以为，此时的玄宗竟昏庸到朝廷形势如此危急，还受杨国忠等人的摆布，迁就贵妃宠臣等腐朽势力而取消"亲征"，其实，这不过是表面现象。在玄宗的内心深处，恐怕根本没有亲征的决心和大志，所谓"亲征"，不过是皇上的一种姿势和表态，就算一时冲动有此意图，也是心有余而力不足。所以听到心爱的杨贵妃拼死哀求，玄宗便顺水推舟，马上不再提亲征、监国二字，杨国忠等杨氏家族这才长长地松了一口气。本来，皇上的亲征提议令朝臣们摩拳擦掌，士气大振，谁想到杨国忠竟然怂恿贵妃出来大加阻止，使之没有下文，不了了之。人们的失望不满转而聚集在杨国忠身上，迁怒贵妃，一时间，罗列杨国忠罪状、发泄对他不满的密告增多，杨氏家族与太子等各派势力的矛盾更加尖锐、突出。

面对唐军节节败退，叛军兵临潼关，长安十分危急的形势，最终却令顽强坚守洛阳、终于寡不敌众退至陕郡的封常清，以及听取封常清劝告率部退守潼关、将叛军挡在潼关外的副帅高仙芝成为承担这种严峻局面的替死鬼，成为官场腐败的牺牲品。

当时，高仙芝军中的监军、宦官边令诚随高仙芝入驻陕郡后，守着个财宝无数、殷实的国库——太原仓，不禁邪念丛生，多次想借机大捞一把，将国库内的财宝中饱私囊，但都被拒绝。撤离陕郡前，体恤部下的高仙芝打开太原仓，将库内的钱财分发众将士。边令诚再次向高仙芝索取财宝钱款，高仙芝大概也没有让他满足。多年在战场上摸爬滚打的高仙芝其实也无意惹恼边令诚，只是大敌当前，重任在肩，一切以有效制敌为重的高仙芝，全副心思都放在如何对付叛军上，镇守陕郡也好、退守潼关也好，他都昼夜巡视部队，箭在弦上、精神紧绷，生怕有所闪失，根本无暇顾及边令诚，凡此种种，都极大地得罪了心灵扭曲的宦官监军边令诚，他决定整治高仙芝、封常清。

借助入朝奏事面见皇上的有利机会，边令诚向玄宗肆意夸大、歪曲封常清溃败的狼狈相，故意只字不提封常清如何率领新招募的新兵奋勇抵抗叛军，顽强坚守步步撤离的惨烈血战经过，只字不提高仙芝退守潼关之后，及时修缮工事，成功地将叛军挡在潼关之外的事实，说封常清所谓“贼锋不可当”是夸大叛军实力，造谣惑众，高仙芝丝毫不加抵抗，就丢弃陕郡数百里地区；更恶毒的是他还无中生有地恶人先告状，捏造高仙芝克扣、减少皇上赐给士兵的军粮，中饱私囊。

本来，无法“亲征”的玄宗就已经十分惆怅，洛阳陷落，兵临潼关的险恶局面，使得玄宗的情绪更是低落到低谷，当口口声声忠于朝廷的安禄山叛乱，河北大部分郡县官员纷纷弃城逃匿或投降叛军，几乎摧毁了他对朝臣的信任，更加依靠、相信自己十分熟悉的宦官。边令诚的话未说完，玄宗就已经脸色大变，顾不上辨别真伪，核实情况，就把唐军溃败、叛军推进、形势恶化的责任全推到他们的头上，下诏令边令诚返回潼关，处斩高仙芝和封常清。

十二月十八日，在潼关驿南西街，边令诚宣旨，斩封常清。临刑前，封常清无所畏惧，只是悲愤地感叹道：“讨逆无效，死乃甘心”，他呈上奏章请交皇上后，面不改色地走向黄泉。他的遗表通篇浩气激荡，展示了一片赤子之心！

高仙芝巡视防务回到厅堂不久，边令诚带着一百多个陌刀手一起涌入，同时大声喊道：“大夫亦有恩命。”既然皇上有旨，高仙芝只好跟着他来到封常清行刑的地方，边令诚趾高气扬地宣读皇上圣旨。面对诏书中的不实之言，高仙芝颇为愤怒，他大义凛然地说：“我命部队撤退陕郡有罪，可万死不辞，但说我减少截留将士军粮及赐物，则纯属诬陷！”那些不久前招募而来的士兵们都十分爱戴自己的副统帅，此时都自觉地列队门外，高仙芝向他们大声呼喊道：“我在京中召你们来，虽然只发给你们一些物品，装束也不充足，本想等同你们一起打败叛军后，再论功行赏，高官厚禄。带你们退兵到这里，就是为了固守潼关，不让敌人占据天险。如果我确实克扣了你们的军粮财物，你们就喊‘实’，如果没有，你们就喊‘枉’。”高仙芝的话音刚落，只听得门外士兵齐声高呼“枉！枉！”声音惊天动地，令人肃然。

随后高仙芝坦然受刑。

在叛军威逼潼关，局势动荡的情况下，玄宗片面听信宦官谗言，连斩两员猛将，沉重打击了守卫潼关将士们的志气，令天下有志之士心寒，这不能不说是个严重的失误。

叛军攻陷洛阳后一鼓作气进军陕郡，来到潼关，幸亏高仙芝及时撤回潼关，及时修缮巩固工事，依仗天险，终于挡住了敌人的前进步伐。潼关山高陡峭，骑兵难以施展，叛军连日猛烈进攻潼关，都被唐军击退了，几个回合下来，溃败的叛军只得引兵而退，驻守在潼关脚下、驻守在陕郡。

当安禄山带领部队走入洛阳城时，他沉浸在胜利的欣喜若狂中。他迫不及待地入住雄伟壮丽的皇宫，登上皇帝宝座，指挥左右筹备登基大典，封官许愿，将来不及撤离的梨园弟子、歌伎舞女统统押来，为其欢宴助兴，一切模仿当年皇上做派。部队既然被挡在潼关，一时攻占不下，安禄山也就无心马上进攻长安。他部下那些从未见过繁华闹市的粗野兵痞、胡兵悍将，更是如进天堂，乐不可支，疯狂抢掠，搜刮金银财宝，侵占民女，无恶不作。上下忙着将掠夺而来的战场猎物往范阳老家运送。

安禄山的腐败，终于给了玄宗君臣一个喘息的机会，让朝廷稳住阵脚，各道征兵也陆续汇集长安，重新部署。

乱世中流砥柱

风云突变，安禄山骤然起兵叛乱，刹那间河北、山西、陕西、河南等多处沦陷，尽管叛军进攻锐利，颇有压倒一切的气势，然而，一大批自觉忠于职守、誓死效忠唐朝的英雄豪杰，以他们的浩然正气，成为支撑唐朝的中流砥柱，被载入史册，流芳百世。

郭子仪

正当安禄山从南面猛烈进攻，势如破竹，一路杀到潼关脚下，博陵（河北定州）、常山（河北正定）、灵昌（河南滑县）、陈留（河南开封）、荥阳（河南荥阳）、洛阳、陕郡（今河南陕县）相继沦陷，河北、河南大部分地区遭受叛军铁蹄践踏之时，在玄宗布置的山西到长安防线中，以郭子仪为首的北路朔方军却屡奏凯歌。

郭子仪出身华州郑县的官宦之家，父亲曾当过绥（今陕西绥德）、渭（今甘肃陇西）等五个州的刺史。良好的家庭教养，使得郭子仪从小胸怀大志，为人宽厚。郭子仪体格魁梧，身高七尺二寸，相貌英俊，从小爱习武，熟读兵书。

唐朝的文官大多通过科举考试及第步入官场，武将大多通过军功提拔，和平年代则依靠资历年长。长安二年（702 年）正月，年事已高的武则天正式颁布命令，设立武举，把文官的考试选拔人才推广运用到武将的录用上，开创了全新的军事人才考试选拔制度。开元二十六年（738 年），玄宗改革武举考核，将原来由兵部低级官员主持的武举考试改为副部级官员亲自主考，提高了武举的含金量。武举的严格考试难不倒文武双全的郭子仪，威猛健壮的体魄、娴熟的十八般武艺、优雅得当的言行举止、宽厚的性格，使得他在众多考生中脱颖而出，一举成名，成为当年的武状元，步入军界。

天宝八载（749 年），朝廷在木剌山（今内蒙古乌拉特中后联合旗西北）设置横塞军及安北都护府，郭子仪成为那里的军政一把手，既是新组建横塞军的统帅，拜左卫大将军；又是安北都护府使，驻守内蒙古西陲。苦于那里无地可耕，难以解决驻军的军粮，天宝十三载（754 年）横塞军、安北都护府迁移到永清栅北筑城（即今河北永清县），横塞军改名为天德军，郭子仪即为朔方节度右兵马使兼九原（今内蒙古乌拉特前旗西）太守。

天宝九载（750年），时任朔方节度使的张齐丘，没有按照规定及时发放和调配镇守边疆将士军粮马草，因而激起民愤，失控的士兵殴打他手下前来送粮的判官。在此内讧即将爆发的关键时刻，兵马使郭子仪挺身而出，做了大量安抚解释工作，很快平息了将士的情绪，化解了危机。

郭子仪曾在哥舒翰手下出任偏将，一次，郭子仪奉命视察军粮的存储情况，手下一不小心，竟将粮草烧着了，损失部分军粮，郭子仪受此牵连，按军法当斩。当时哥舒翰在并州出巡，故军政司将他押送并州正法，途中，正好遇上刚刚离开长安四处游历的李白。见郭子仪气宇轩昂，一表人才，李白禁不住上前询问个究竟，郭子仪在囚车中诉说原由，声如洪钟。李白颇有道学修养，识人面相，心里嘀咕："此人这般仪表，定是个英雄豪杰，现在天下依然多事，论品格相貌正是朝廷急需人才，国家栋梁，岂能轻杀！"于是，李白傍着囚车而行，一边试问郭子仪一些军纪武略，郭子仪对答如流，令人佩服，更坚定了他要全力施救的决心。

哥舒翰虽然贵为一方名将、节度使，但十分敬慕有才学之士，听说李白屈尊求见，感到十分荣幸，随即打开营门，隆重欢迎。在李白的请求下，平时治军严厉的哥舒翰同意李白写奏折随同军中文书一起送上请旨。结果，圣旨下发，照准李白所奏，只将郭子仪手下失慎的仆人就地正法，赦免郭子仪之罪，准许他戴罪立功，以观后效。幸亏郭子仪遇上慧眼识英雄的李白，唐朝才多了一员力挽狂澜的统帅！

安禄山叛乱后，玄宗的儿子们受命于危难之中，各皇子分别镇守地方，镇守江东的皇子永王李璘趁叛乱起兵，想占据扬州自立。而自视不凡、急于报效朝廷的李白又重新做起大将军梦，做了永王的辅佐大臣。永王之乱被肃宗平定后，李白以谋反之罪被抓，在此危急关头，军功卓著的郭子仪请求用自己的官爵来赎翰林李白性命，报答当年李白的救命之恩。在平定安禄山叛乱的大功臣郭子仪的恳求下，皇上终于赦免李白死罪，使他得以善终。

天宝十四载（755 年）十一月，安禄山叛乱，郭子仪立即替代蕃将安思顺为朔方节度使。朔方节度使统领经略、丰安、定远三个军，管辖三个受降城（即东受降城，在今内蒙古托克托县西南黄河东岸；中受降城，在今内蒙古包头市西南黄河北岸；西受降城，在今内蒙古乌拉特中后旗西南乌加河北岸），安北都护府、单于都护府两个都护府，统兵六万四千七百人，部队驻扎在灵州（今宁夏灵武县西南）、夏州（今陕西靖边县东北白城子）、丰州（今山西武乡县），治所灵州。

朔方节度使的辖区西北军镇，紧挨着安禄山管辖的河东地区。安禄山叛乱后，遵照朝廷部署，在高仙芝率兵东征的同时，郭子仪率部长途跋涉，从东面一千多里的单于都护府（今内蒙古托克托县西南黄河东岸）迂回，以安禄山的腹地老巢河北内线战场为目标向前推进，在北路通过袭击、截断安禄山后路，与东路的高仙芝配合夹击敌人。郭子仪手下这六万多兵马，是长年镇守内蒙古、宁夏、陕西边疆的部队，训练有素，颇具战斗力。

朔方军与叛军的短兵相接，是从东受降城拉开序幕的，东受降城内设有单于都护府，守城部队号称振武军，安禄山手下的大同军使高秀岩想以攻为守，率先带兵偷袭东受降城，结果遭到郭子仪的迎头痛击，郭子仪率部击退敌人的进攻后，一鼓作气拿下了位于单于都护府东北的静边军（今山西右玉），开始进入安禄山的辖区。

安禄山手下的大同兵马使薛忠义见势不妙，急忙率大军想夺回失地，郭子仪派左兵马使李光弼、右兵马使高浚、左武锋使仆固怀恩、右武锋使浑释之四员猛将迎战，一口气吃掉敌军骑兵七千人，将领周万顷被斩，赢得了出兵以来的第一个大胜仗，狠狠打击了叛军的嚣张气焰，打出了唐朝的威风。紧接着，郭子仪又在河曲大败高秀岩，围攻离静边军一百八十里的云中（今山西大同）郡，同时派别将公孙琼岩率二千骑兵，一举攻克军事要地马邑（今山西朔州东北），一路率领部队朝山西雁门的东陉关（今山西代县东）挺进。

东陉关地势险固，是太原北方的重要门户。为了保卫河东和太原，抵抗安禄山在大同的军事力量，朝廷曾一度关闭了东陉关。十二月十八、十九日，也就是在河南洛阳沦陷六七天后，郭子仪率部占领了东陉关。打通东陉关，意味着朝廷河东、太原的军事威胁已经解除，从东陉关南下，唐军很快就能推进到河北西部边界的军事关口井陉（今河北井陉西北），向安禄山的大后方河北战场发起进攻。

颜杲卿

河北西部边界军事关口井陉，地处常山郡西侧，属常山郡管辖。

常山太守颜杲卿此时是身在曹营心在汉，当初实在兵力悬殊迫不得已才诈降，当郭子仪率领的朔方军攻占东陉关，即将推进河北西部边界出关的消息传来，颜杲卿无比振奋，立即与左右密谋倒戈之事，同时悄悄派人与朝廷北部防线的重要据点太原联系，准备一起行事，相互接应，正好他的外甥也带来堂弟颜真卿的口信，相约联合起来共同抵抗安禄山，断绝其归路，牵制叛军西入潼关。一切都准备就绪，颜杲卿当机立断，决定策应颜真卿，举兵倒戈。恰巧此时，安禄山副将高邈回幽州（今北京）征兵准备补充前线兵员，趁此机会颜杲卿将计就计，假传安禄山犒劳将士之令，把屯守井陉（今河北井陉）的叛将李钦凑及部下骗到常山，用酒灌醉后，杀李钦凑，解除井陉叛军武装。高邈从幽州返回途经藁城时，颜杲卿令藁城尉崔安石等人杀高邈随从，将其生擒。当初劫持太原留守杨光翙的安禄山副将何千年正好也从洛阳回到常山，颜杲卿以其人之道还治其人之身，派手下假装出迎，轻松把他捕获，就这样安禄山手下的两名重要副将高邈、何千年双双成了颜杲卿的俘虏。

颜杲卿派人大张旗鼓地宣传朝廷大军已经下井陉，很快就会抵达河北的好消息，正在围攻饶阳的叛将张献诚果然害怕腹背受敌，主动放弃僵持不下的围攻，带兵撤离。饶阳解围后，颜杲卿立即入城犒劳守城将士，送去朝廷的关怀，振奋人心，同时派人潜入安禄山的老巢范阳，想劝说留守范阳的贾循倒戈，动摇敌心。

安禄山在范阳的实力盘根错节，十分深厚，贾循虽然口头应承，却一时难以下手。就在他犹豫徘徊之际，被安禄山的别将牛润荣探知，结果安禄山的亲信韩朝阳火速赶回范阳把贾循干掉。范阳的倒戈虽然没有成功，但是颜杲卿的一系列壮举，令遭受到叛军践踏的河北地区各郡人民斗志大振，原来陷入敌手的十七个郡县，纷纷光复，归顺朝廷，安禄山能控制的郡县转眼间只剩下河北北部的范阳（今北京）、卢龙（今河北卢龙）、密云（今北京密云）、渔阳（今天津蓟州）和南部的汲（今河南卫辉)、邺(今相州，治所河南安阳)等六个郡县，由颜杲卿坐镇的常山郡(今河北正定)则卡住了安禄山叛军南北通道的咽喉，令其归路梗阻，洛阳与范阳的联系中断。

安禄山率大部南下，留守河北后方的兵力不多，常山等十七郡回归，令安禄山的老巢面临被颠覆的危险，如果等到郭子仪的朔方军冲出井陉与之会合，安禄山将成为瓮中之鳖，因此，颜杲卿的举兵意义非常重大。

如此突变，让正想亲自率领叛军进攻潼关的安禄山大惊失色，急忙撤兵而回，连登基大典也笼罩着不祥的气氛。于是，安禄山急令心腹史思明率一万多名步骑折回，又增派蔡希德率一万多名步骑从河内(今河南沁阳)两头合力进攻博陵(今河北定州)、常山。

史思明是突厥杂种北方少数民族，他的成长经历与安禄山几乎完全一样，两人同乡，史思明比安禄山早一天出生，同样通晓六七种蕃语，一起当边贸集市上的“牙郎”，混迹于社会底层，互为心腹铁杆，称兄道弟。天宝初，史思明频频立功，一路升迁至将军、平卢军事，荣耀地获准入朝觐见皇上。玄宗随即升他为大将军、北平太守，天宝十一载(752年)又升他为平卢节度都知兵马使，相当于平卢军统帅。安禄山造反，史思明一马当先，成为他的左膀右臂、副统帅，常年领兵作战，统率一方。

颜杲卿起兵后，派儿子泉明及手下贾深、瞿万德将李钦凑头颅及叛军副将何千年、高邈押送京师，上奏事情经过，这时参与倒戈的张通幽向颜杲卿哭诉道，其弟弟已经沦陷敌手，为了延续宗族，请求准许他与颜泉明同行。颜杲卿同情地答应了。不料，张通幽是个忘恩负义、自私自利的卑鄙小人，他早就知道常山是兵家必争之地，千方百计想离开常山、躲避危险。抵达太原后，他转而投靠太原尹王承业，急于向他表白、讨好。他怂恿王承业留下颜杲卿儿子颜泉明一行，改用自己人押送俘虏，扣下颜杲卿的奏疏，偷换奏章，窃取功劳为己有。玄宗开始不知就里，立即提拔王承业为羽林大将军，给其手下数百人封官。

颜杲卿举兵才八天，加固城墙、部署防线等一切都没来得及完成，叛军史思明、蔡希德便分别从南北两头赶到常山郡城下，聚集了五万兵马，其中有五分之一是安禄山的养子所组成的“曳落河”，攻势凌厉。颜杲卿一边抵抗一边派人向太原尹王承业告急求援。然而，王承业对颜杲卿的求援故意拖延，置之不理，拥兵自保。颜杲卿势单力薄地日夜苦战，直到弹尽粮绝，天宝十五载（756 年）正月初八，常山终于沦陷了。叛军攻下常山后，兽性大发，纵兵屠城，城内上万人即刻身首异处，血流成河，叛军用刀架在颜杲卿的儿子颜季明的脖子上，威胁道：“只要投降，你的儿子就能活命！”颜杲卿怒视敌人根本不予应答，敌人气急败坏，残忍地当着他的面将孩子杀死了。

叛军无计可施，只好将宁死不屈的颜杲卿、袁履谦押送洛阳。颜杲卿见了安禄山，毫不畏惧地痛斥他忘恩负义背叛皇上，骂得安禄山恼羞成怒，下令将颜杲卿、袁履谦等绑在柱子上，残忍地一刀一刀地割剐他们身上的肉，斩腿去手，生吃他们的肉，何千年的弟弟还将血唾沫吐到他们脸上。颜杲卿、袁履谦毫不退却，骂声不绝，刽子手还撬开颜杲卿的嘴，割下他的舌头，满口鲜血的颜杲卿强忍剧痛怒目而视，一直到死，十分惨烈。常山陷落，死于叛军刀锯下的颜氏家族竟多达三十多人！

得知颜杲卿等杀李钦凑，擒拿何千年、高邈二贼真相后，玄宗旋即加封颜杲卿为卫尉卿、兼御史大夫，袁履谦为常山太守，可惜朝命未到，常山（河北正定）便沦入敌手，颜杲卿、袁履谦壮烈牺牲，真是令人唏嘘不已！

攻破常山后，史思明乘势踏平周围郡县，滥杀无辜，刹那间，十七个光复的郡县中又有邺（相州，治所河南安阳）、广平（今洺州，治所河北邯郸永年东）、钜鹿（今邢州，治所河北邢台）、赵（今赵州，治所河北赵县）、上谷（今易州，治所河北易县）、博陵（今定州）、文安（今瀛洲，河北河间）、魏（今魏州，河北大名东北）、信都（今冀州）九个郡重落敌手，只有饶阳太守卢全诚坚持守城抗敌，河间司法李奂率六七千人、景城长史李祀派儿子带八千人驰援饶阳，也都分别被叛军击败，形势不容乐观。

李光弼

常山沦陷一个多月后，李光弼终于率领一万多名朔方军杀出井陉，直奔常山，进入河北战场，改变了这一带叛军强势、一边倒的局面。

李光弼是一位有勇有谋、作战经验丰富的将领，营州柳城（今辽宁朝阳）契丹人，祖上是契丹酋长，父亲楷洛是契丹王。李光弼从小善骑射，能读《汉书》，也许家族很早就率部归顺唐朝，故李光弼同唐朝有身份的权贵弟子一样，能按相应级别步入仕途，起家左卫郎，有汉学教养加上智勇双全，善骑射，李光弼显得出类拔萃，倍受重用。天宝初，年少英气的李光弼就已经是左清道率兼安北都护府（都府在中受降城即内蒙古包头）、朔方郡的虞候。当时的河西节度使、兼兵马使即镇守河西走廊酒泉、武威、张掖、敦煌一带的统帅王忠嗣对这位颇有军事天赋的年轻人十分器重，常说："光弼必居我位。"

天宝六载（747 年），王忠嗣将他提为河西兵马使，此后，又被朔方节度使（镇守宁夏、甘肃一带的统帅）安思顺推荐为副使，甚至要将女儿嫁给他。但李光弼拒绝了这门亲事，为了避亲，他只好佯装生病辞官。陇右节度使（镇守甘肃、青海、新疆东部一带的统帅）哥舒翰知道后为他求情，李光弼才不受追究，得以返回长安。

安禄山攻陷洛阳后，玄宗赶紧将颇具战斗力、正在增援河西的朔方部队调回长安，同时要在河东（即山西、河北北部、内蒙古一带）另增设一支军队出河北井陉，当玄宗向郭子仪寻觅良将带领该军时，郭子仪不假思索地向皇上推荐了自己手下这位年轻有为、智勇双全的将军李光弼。在他的推荐下，天宝十五载（756 年）正月，李光弼升任云中（大同）太守，摄御史大夫，充河东节度副使、知节度事。二月，与郭子仪兵分两路的李光弼，终于率领一万多步骑杀出井陉，出关进入叛军腹地河北战场。

史思明重新占领常山、扫清周围的唐朝势力后，又率数万敌军围攻饶阳，双方殊死拼搏长达二十九天，在此关键时刻，李光弼率兵冲出井陉直奔常山，让保卫饶阳及周边沦陷区中正在与叛军酣战的朝廷官兵和民众看到了希望，常山郡内的三千士兵再度倒戈，抓住敌军守将安思义出降，迎接李光弼的大队人马入城。李光弼进入弥漫着血腥气味、四处残垣断壁的常山后，马上率部清理安葬那些为国捐躯及无辜惨遭杀戮的冤魂，隆重祭奠，发誓扫平叛军，激发将士们的斗志，对于为国捐躯的朝臣将士家人及其后人厚加抚恤，深得民心。

史思明得知常山被李光弼收复后，急忙带着两万多铁骑直奔常山，饶阳因此得以解围，守城将士终于得到喘息机会。常山离饶阳不过近二百里，李光弼入城的第二天，敌人前锋便来到常山城下。经过数日恶战，李光弼率部一举歼灭叛军五千多人，吓得史思明无心恋战，撤军退守九门县。这样常山郡所属的九个县除了九门、藁城之外，其他七县全部归附唐军，李光弼初战告捷，在河北站住了脚。

郭子仪奉命回到长安时，洛阳已经沦陷，一时无法东征。三月他返回朔方，补充兵力，进军山西代县。此时，李光弼已经驻守常山一个多月，与叛军对垒四十多天，由于旗鼓相当，双方都不敢轻易出战。唐军远离后方，时间一长，粮草问题凸现。常山附近的石邑县（今河北石家庄西南）是离城最近的粮草基地，为了保证后勤供应，李光弼不得不用上千士兵，形成方阵前进，保护到石邑运送粮草的队伍。抓住唐军这个弱点，史思明派叛军断绝粮道，每次粮草运送都十分艰巨，有一次，运送粮草的部队遭受叛军夹击，经过一番鏖战，只有十匹坐骑运回两束粮草，不仅如此，敌人还准备进攻石邑，考虑到兵力有限，李光弼不得不向郭子仪告急。

四月，郭子仪率领大军星夜兼程赶到常山，两军会合，唐军兵力陡增十多万，大大超过叛军兵力，他们在九门一战，杀死叛将李立节，收复失地，击溃叛军，史思明、蔡希德所部四下奔逃，唐军乘胜攻破赵郡（今河北赵州）。

郭子仪、李光弼严格治军，十分注意部队纪律，攻破赵郡后，有人觉得破敌有功，进城便抢掠，李光弼得知后，亲自坐在赵郡城门前，命将士将截获的财物统统上交，一一分还百姓，投降的俘虏，除了安禄山任命的赵郡太守之外，一一释放，不许任意杀戮，分化瓦解敌人，所到之处安抚百姓，受到河北人民的一致拥戴，使得河北战场迅速朝着有利于唐朝的方向发展。

郭子仪、李光弼围攻博陵，一连十天都无法攻克，便引军返回常山，史思明以为有机可乘，便率数万叛军出城尾随，郭子仪派五百骁骑边走边打，轮番诱敌，走走停停、停停走走，一连三天，叛军见无机可乘，加上疲惫不堪，便不再尾追，主动撤退。这时，郭子仪趁机杀他个回马枪，打得叛军狼狈逃窜。蔡希德急忙奔往洛阳告急，河北战略地位太重要了，安禄山不得不拨两万兵马杀回去，同时令范阳派上万兵马，两头增援史思明。

五月十日，郭子仪、李光弼在河北曲阳，深沟高垒，以逸待劳，对尾追而来的史思明采用疲劳战术，贼来则守，贼去则追，白天驱赶敌人，夜晚袭击敌人营帐，令叛军求战不得、欲罢难休，几天下来，李光弼对郭子仪说："敌人已经疲倦不堪，可以出击了。"五月二十九日，郭子仪、李光弼忽然率军出城，在嘉山与史思明大打一仗，消灭叛军四万人，俘虏一千多人，在激烈的混战中，史思明狼狈地从狂奔的战马上跌落下来，拖着断枪，披头散发，赤足奔逃，直到傍晚才惊魂不定地逃回军营，连夜逃往博陵。

嘉山大捷，大大地鼓舞了河北人民抗击叛敌的决心和勇气，数十个郡县民众，纷纷造反，斩杀叛军守将，响应唐军，这一仗打得叛军士气低落，萎靡不振，损兵折将，又一次把安禄山的洛阳大本营与老根据地河北范阳之间的通道切断，叛军往来联系只能偷偷地骑马通过，联络官还常常被官兵捕获，令家在渔阳的洛阳叛军心神不定、惶恐不安。

随着战事的深入，李光弼的文韬武略逐渐显现，战斗经历颇具传奇色彩。他用计收降了老对手史思明部下的二员悍将李日越、高晖，得到他们手下的兵马，壮大了自己的队伍。在玄宗避难蜀地，平定叛乱进入相持阶段，李光弼率部镇守河阳（今河南孟县南），曾与史思明相持好几年，其间彼此智斗的事情更数不胜数。例如李光弼将“美人计”施展到战马身上，更是堪称一绝。

史思明有上千匹战马，当时，一匹良种战马无异于一辆今天的快速新型战车，是作战的重要武器。为了故意显示军力，向唐军示威，也是战斗所需，史思明每天都把上千匹马赶到河边，悠闲自得地饮马洗刷，李光弼摸清敌人规律后，在各营房内专门挑出五百匹俊俏的母马。一天，史思明照例带着黑压压上千匹战马到河边洗刷，忽然，远处唐军驻守的城门敞开，五百匹母马被战士们驱赶着奔腾而出，同时留在城内的公马齐声嘶鸣声，直冲云霄。正在饮水、洗刷的上千匹战马，突然精神一振，仰头呼啸，欢快地追逐“美女”去了。五百匹母马被赶出去绕了一圈，就被城内公马那熟悉的声音召唤回来，而疾驰回来的不仅仅是五百匹母马，还有史思明那上千匹良种战马！史思明眼睁睁地看着上千匹战马兴奋无比地跟在母马后面，渡河而去，眨眼之间全部被李光弼赶入军营，真是气得七窍生烟。

史思明带大军围攻河阳，下令骁将刘龙仙率铁骑五千到城前挑战。刘龙仙自恃健勇，傲慢轻敌，结果被李光弼部下将军白孝德斩首，叛军只得暂停进攻。

在坚守河阳的艰苦岁月，李光弼曾组织了一次与史思明的决战，因为敌众我寡，估计是一场恶战，战前，李光弼吩咐左右，身为统帅，自己无论如何都不能死于敌手，万一不测，他宁可投河自尽，又见守城离河比较远，担心战事急迫突变，特在靴子里配一把利剑，统帅有决一死战的勇气，部下更是万死不辞，结果那次战斗大获全胜，胜利后，李光弼激动地带领三军在城墙上，面朝西朝拜，三军将士无不感动。

李光弼镇守太原，史思明曾集中兵力将太原包围得严严实实，一连十天，太原与外界失去联系。自从叛军围城后，为指挥方便，李光弼干脆在城中设立帐篷，衣食住行全在里面，一旦军情紧急，立即亲自前往救援，哪怕经过家门口也不曾回头看一眼，就是得知叛军撤离，仍坚持三天三夜不离一步，待局势稳定才回家。

在围城的这十天里，史思明不断地派人到城前叫阵、挑衅，或破口大骂李光弼，或戏弄嘲笑城上守兵，在敌众我寡的情况下，李光弼坚守不出，面对敌人的嚣张气焰，李光弼派兵挖地道，用木头支撑，第二天，当敌人又到原地叫阵谩骂时，地道突然陷落，唐军将叛军连人带马拉入地道，俘虏拉回城内当众斩首，令守城官兵欢欣鼓舞，恶气顿消。弄得叛军进攻时，全都只顾着低头看地，不敢大胆向前走，生怕地下有变。史思明见太原城无法快速攻克，只好退回河北。

李光弼治军严整，又身先士卒，冲锋在前，威望极高，将士无不仰望崇敬，凡有号令，诸将个个奋勇向前。叛军最怕遇上他的队伍，轻易不敢与之对决。

颜真卿

就在郭子仪、李光弼领导朔方军与史思明较量的同时，河南平原太守颜真卿，与颜杲卿遥相呼应，前仆后继，高举反对安禄山的大旗，积极号召周围郡县，共同抗击叛军，配合朔方军行动。

颜真卿为人忠孝仁义，坚忍不拔，心胸宽阔，正如他独具风格的“颜体”字那样，敦厚、踏实、饱满、可靠。出身文学世家的颜真卿在浓郁的儒学氛围中成长，从小勤学好读，文章词藻优美，书法自成一家，为后人临摹效仿。

开元中，颜真卿在科举中荣登甲科后步入仕途，他曾四次被任命为监察御史，有一年，五原地区（今陕西定边）出现冤狱，案情错综复杂，久久不能解决，似乎天地有灵，这段时间当地也多日滴水未下，大地干涸，颜真卿到后，立案审查，理清纠葛，辨明是非，就在案情真相大白的时候，如同感动苍天，天空飘飘洒洒地下起了及时雨，于是颜真卿又有了“御史雨”的美称。颜真卿为政刚正不阿，不依附权贵，杨国忠气他不为己用，借故将他调离京城，降为平原太守。即使遭遇如此不公，颜真卿依然以天下为己任，兢兢业业地造福一方。

叛乱初期，安禄山曾以上司的身份，要颜真卿派兵防守黄河要塞，协助叛乱，接到指令，颜真卿不为高官厚禄所动，第一时间内将安禄山叛乱的消息报告朝廷，招兵买马，将平原原来守城的三千静塞兵扩充到一万多人，抵抗叛军进攻，自觉地像一颗钉子一样，深深地扎在敌人的心脏。

颜真卿的义举鼓舞了山东地区军民，各地忠臣义士纷纷起兵响应，济南太守李随派手下东渡黄河，杀死安禄山安插在博平（即博州，治所在今山东聊城东北）的博平太守马冀；河间（今河北河间）进郡司法李奂杀死安禄山任命的长史王怀忠；安禄山任命海运使刘道玄为景城（即沧州，治所在今河北沧州西）太守，负责运送从山东半岛至北京的物资，清池（今河北沧州东南）尉贾载、盐山（今河北盐山东北）尉穆宁联手杀死刘道玄，带其首级到颜真卿所在的平原（今山东平原）；还有守城抗敌的河北饶阳太守卢全诚，清河（今河北清河西北）尉张澹，他们手下拥有数千或上万名士兵，大家聚集在颜真卿周围，共同商议讨贼大计，军事上统一听从颜真卿调遣，共同抗击安禄山。

天宝十五载（756年）正月十五日，颜真卿被提为户部侍郎、平原防御使，三月又被任命为河北采访使。也是在这个月，颜真卿第一次组织了一次大战役，他联合清河、博平、平原等兵力，一举攻下了被叛军占领的魏郡（即魏州，今河北大名东北），狠狠打击了安禄山的嚣张气焰。

清河郡是河北道的重要城市，位于平原西郊，号称“天下北库”，朝廷在这里储存了大量从江淮、河南一带运来的物资钱帛，论财产是平原的三倍，论守兵是平原的一倍，当时有个二十几岁的清河人李萼，自称受父老乡亲的重托前来平原借兵，希望联合平原、清河兵马，南守黄河防线、共同抵御和防止叛军向北逃窜，颜真卿仔细听取了他的建议，调动平原、清河、博平等地兵马，一起进驻堂邑（今山东聊城），直逼叛军的领地魏郡（魏州），并写书号召北海郡（即青州，治所在今山东益都）太守贺兰进明带五千兵马北渡黄河，叛军派两万多人前来迎战，唐军奋勇冲杀，经过来回几次鏖战，加上贺兰进明率五千多人的及时赶到，终于打败叛军，杀敌一万多，俘虏一千多，缴获战马一千多匹，还有大量的军用物资，叛将仓皇逃往汲郡，这一仗打出了颜真卿的声望，有力支援了朔方军进驻河北。取得胜利的颜真卿并没有居功自傲，他谦虚地将这次胜利功劳让给赶来增援的北海郡太守贺兰进明，令他因此大大晋升。在颜真卿的支援下，贺兰进明又攻克信都郡（今河北冀县），唐军相继收复了魏郡、信都郡，以平原为中心的抵抗安禄山力量的声势大振。

在安禄山军中的平卢游击使刘克努、先锋使董秦、安东将军王玄志同谋在平卢起兵倒戈，再谋取范阳，平卢是安禄山的发家地，范阳是他的老窝，意义重大。当他们向颜真卿求援时，颜真卿不惜将自己十几岁的独子颜颇送去当人质，以示诚心诚意全力驰援，并上报朝廷，于是三人都获提拔。刘克努被任命为平卢节度使、赐名正臣，王玄志为安东副大都护，董秦为平卢兵马使，堂堂正正地向叛军宣战。可惜他们在进发范阳途中，被赶来的史思明叛军阻截击败，七千多唐军将士血染沙场，袭击范阳计划受挫。

虽然在抵抗叛军的过程中，由于实力的悬殊受到一些挫折，但是颜真卿在河北道平原地区展开的抵抗叛军斗争，已经成为安禄山挥之不去的阴影，令他坐立不安。

张巡、许远

与此同时，安禄山叛军在河南东部和南部的推进，也受到了山东军民的奋力抵抗。

安禄山打下洛阳后，命张通晤为睢阳（即宋州，治所在今河南商丘）太守，令其与陈留长史杨朝宗向东部地区进发。当他们进入到山东地区的东平（即郓州，治所在今山东东平），意外遇到东平太守嗣吴王祇与济南太守李随的顽强抵抗和周围地区官兵的积极响应。单父（今山东单县）尉贾贲率官兵往南，袭击并攻取睢阳（今河南商丘），斩杀贼首张通晤，震撼叛军。濮阳客尚横也起兵反对安禄山，率部攻下济阴（今山东定陶西北），杀死安禄山守将邢超然。

天宝十五载（756 年）正月，玄宗任命济南太守李随为河南节度使，许远为睢阳太守兼防御使；二月，任命吴王祇为灵昌（今河南延津北）太守、河南都知兵事，组成以吴王祇为中心的抵抗力量。

河南节度使李随在河南睢阳，聚集起数万兵马，单父尉贾贲杀死张通晤后，率部下二千人到雍丘（今河南杞县），真源令张巡也带领上千名精兵赶赴雍丘与贾贲会合。雍丘地处汴河要冲，是南下江淮的交通要道，洛阳沦陷后，漕运梗阻，雍丘的地位显得更加重要，守住雍丘等于牵制了安禄山，断绝其通往江淮之路。

时势造英雄，在山东地区乃至全国，真源令张巡顽强坚守雍丘的事迹尤为惨烈。

张巡是邓州南阳（今河南邓县）人，身高七尺，从小志气高迈，聪明敏捷，博览群书，他喜欢和比自己大、比自己有学识的人交流，不屑于与同辈、庸俗不学无术的人交往，他酷爱兵书，熟悉阵法，读书不过三遍，便能朗朗上口，终生不忘，写文章从来不用打腹稿，一气呵成，为人正直豪迈，遇到困窘的人会倾全力帮助，出手阔绰，毫不苛刻，他和哥哥张晓都以文学出名，张晓是开元中的监察御史。张巡科举及第，以进士身份步入仕途，当过三任判官、清河令，职场上精明能干，成绩斐然。杨国忠专权时期，有人劝他拜见杨国忠，投靠门下，张巡断然拒绝，不愿通过不正当的途径谋取高位。

安禄山叛乱，真源令张巡的顶头上司、谯郡（今安徽亳州）太守杨万石贪生怕死，投降了安禄山，杨万石还任命张巡为长史，逼他西出迎接叛军。张巡回到真源后，不仅没有出西门迎接，反而率领当地吏民奔往县内的玄元皇帝庙痛哭、祭拜，宣誓忠于唐朝，起兵讨贼。人们纷纷响应，数千人加入张巡的队伍，一起随他离开叛军地盘，前往雍丘（河南杞县），与单父尉贾贲会合。他们都聚集在吴王祗的旗下，共同抗击叛军。贾贲战死后，他部下的将士们一致推举张巡为统帅，两支队伍融为一起。

原雍丘县令令狐潮投敌后，组织了四万叛军前来攻城。四万叛军围攻雍丘足足两个多月，居然无法攻破。一连六十多天，张巡昼夜与将士们一起吃饭睡觉都全副武装，铠甲在身，轻伤不下火线，大小战斗多达三百次以上，击退叛军多次疯狂进攻。面对数倍于自己的叛军，张巡灵活地寻找主动出击的机会，或者派手下诈降，里外结合，共同杀敌，或者夜晚偷袭敌营，或者趁敌人白天休战、松懈之际，在城内擂起战鼓，作出要进攻的姿态，搅得敌人惊恐万分疲惫不堪，迫使叛军撤退。叛军后撤之际，张巡又带兵冲锋，一举俘虏了二千多胡兵，军威大振。

天宝十五载（756年）五月，令狐潮又带兵来攻雍丘。张巡恪尽职守，日夜巡查城中防务。这次包围转眼又是四十几天，张巡与朝廷暂时失去了联系。雍丘城内弹尽粮绝缺医少药，生活十分困苦，但张巡带领一千多将士仍牢牢地镇守雍丘。军力、经济上的绝对劣势，迫使张巡不得不与敌人多方斗智斗勇，将书本上的战法、历代良将的智慧演绎得活灵活现、多姿多彩。此外，他身先士卒，体贴民情，城中上万民众、将士，凡是张巡见面问过姓名的，都过目不忘，随时随地都能亲切地直呼其名，每次缴获牛羊等战利品，分毫不入自家，全部分给将士。张巡军功卓著，很快被提为河南副节度使，被封官的张巡马上替自己手下将士们上报军功，为将士们尽量争取更高的功勋。

张巡击退令狐潮后，又带部在白砂涡（今河南中牟）、桃陵（今河南延津东北）大破叛军，不断取得胜利，遏制了叛军横行中原的势头。一时间，生活在荥阳、陈留等叛军占领区的人和受叛军威胁为其服务的人，也都纷纷脱离叛军，投靠张巡，依附张巡的人陡然增加，多达一万户。

雍丘久攻不下，安禄山就改变战略战术，让令狐潮在雍丘城北面屯兵，另外修建一城称杞州，断绝张巡的粮源。这时，鲁（今山东泰山以南汶、泗、沭、沂流域）、东平（今山东东平）相继沦陷，济阴（今山东曹县西北）太守高承义背叛投敌，安禄山派得力战将杨朝宗领军攻打睢阳郡（治所在今河南商丘）下的宁陵城（今河南宁陵），和令狐潮对雍丘形成南北夹攻，断绝张巡与睢阳太守许远的联系，切断他们的相互依托。形势突然变得十分严峻，为了避免陷入绝境，张巡只好放弃雍丘，投奔睢阳，和许远联合起来共同守卫睢阳。抵达睢阳时，已经坚守雍丘半年多的张巡手下，仅剩下三百匹马、三千将士。

入住睢阳不久，张巡马上就和许远联手，打了一个漂亮的宁陵保卫战。他派手下勇将雷万春、南霁云等领兵冲向宁陵北，昼夜拼杀数次，斩贼将二十人，杀叛军一万多人，尸首成山，堵得连汴河水都无法流通，河水染成一片红，打得杨朝宗不得不在夜幕的掩护下仓皇逃离。

肃宗至德二年（757年）正月，安庆绪杀安禄山自立为王后，任命尹子琦为汴州刺史，派他带领同罗、突厥、奚精兵与杨朝宗手下兵马共十三万多人进攻睢阳。许远急忙向驻守宁陵的张巡告急，于是张巡率部奔往睢阳。然而，两人的将士加起来总共也不过六千八百人，却要面对十三万敌军。张巡沉着冷静，根据叛军的进攻，随时调整作战方案，这次守城战役一连打了十六天，有时一天的战斗多达二十几次，张巡昼夜督促和鼓励将士，自始至终站在战斗的最前线。将士们在他激励下，士气高涨，奋勇争先，俘虏敌将多达六十几人，杀叛军两万多人，终于击退叛军的进攻，大大振奋了睢阳军民的抗敌信心。

张巡出色的军事指挥才能令睢阳太守许远十分敬佩，自叹不如，于是他主动推举张巡为军事统帅，自己退居二线，负责粮草、战具等后勤工作，张巡推辞不下，只好挑起这副重担。

许远是杭州盐官人，出身名门，曾祖父是武则天的宰相许敬宗。许远性格宽厚，善于吏治，精明能干，早期在河西即甘肃、青海一带从军，后曾为建南节度使章仇兼琼的从事。章仇兼琼见他为名门之后，想将自己的女儿许配给他，许远借故推辞，气得章仇故意中伤诬陷，将他贬为高要（今广东南海一带）尉，后来遇上朝廷大赦，才得以归还。安禄山叛乱，许远因为文武双全，既有从军经历，又吏治精明，被玄宗提拔为睢阳太守。许远与张巡同年，出生比他稍早，故张巡称之为兄。张巡足智多谋，许远吏治精明，两人精诚合作，天衣无缝，叛军遇到了一对顽强的最佳搭档，屡战屡败。

三月，尹子奇又率部来进攻睢阳，张巡用计大破敌兵。叛将尹子奇被张巡部下箭术精湛的南霁云将军射中左目，率军狼狈而逃。

七月，尹子奇不甘心失败，又带兵来攻城。当初，睢阳城内有六万斛粮食，足够城中军民吃一年，可是河南节度使嗣虢王巨，将城中的粮食调拨给濮阳（今山东鄄城北）、济阴（今山东定陶西）守军，许远拼命据理力争，但未能保住粮食。坚守了几个月后，睢阳的粮草变得十分紧缺，到后来，每个士兵一天只能分到一勺米，伴着树皮、纸张煮着吃，将士们个个饿得面黄肌瘦，软弱无力，尽管如此，睢阳依然屹立。

尹子奇见屡攻不下，也改变强攻的做法，费尽心思使出不少花招，如制造半圆形状的云梯，上面载 200 名士兵，将云梯推到城下，让上面的士兵跳入城里，对此，张巡指挥士兵在城墙上放了几根粗圆木，一根圆木的前面带钩，一根圆木上绑着三个火笼，待云梯推进后用钩钩住云梯，不让其后退，一根顶着不让其前进，一根点燃火伸出去烧云梯，把云梯上的 200 名叛兵活活烧死，又一次破了尹子奇的阵法。

张巡为了掌握敌情，也在城上架木棚，伸出去瞭望敌情，尹子奇就制造钩车专钩城上的木棚，也使张巡损失不少，为此张巡在大木头前面造了连锁大环，发现敌人钩车时伸出去用大环推开钩头，令其无法钩木棚。

尹子奇又造木驴，将士兵装进里面，外层裹着湿牛皮，既不怕射箭、不怕火烧，也不怕城上砸石头，木驴车直接推到城下攻城。张巡则想出让将士烧熔金属往下倒，金属熔浆的高温硬是将木驴烧毁，又一次挫败了尹子奇的阴谋。一计不成又生一计，尹子奇用袋子装满草木层层堆高，铺就通往城墙的路。张巡一眼就识破其阴谋，趁夜晚偷偷派兵将干草填充其中。登城之路还没有铺成，张巡就趁叛军毫无防备之际，带几个勇士，突然冲出，砍杀一阵，令人在后面顺风点燃干草，再急速退回城内，结果这条尹子奇精心设计的登城之路，足足燃烧了二十几天才熄灭。

张巡的足智多谋，连尹子奇也不得不深感佩服，不敢轻易发动进攻，于是就在城外深挖三道壕沟，并沿壕沟立木栅栏，防止张巡突然冲击。旷日持久的守城，张巡的兵力也消耗不少，只能在城内挖战壕，以守为主。

张巡这种誓死忠于朝廷的大无畏精神，不仅激励将士英勇杀敌，也令叛军十分敬佩，战斗中，张巡又不失时机地向误入歧途的叛军宣扬为人之道，忠孝仁义。在叛军围攻的几个月中，张巡前后说降的贼将甚多，先后有200多人倒戈，为张巡而战，而且都拼死守城。

几个月下来，城中陷入即将断粮的危机。当时，离睢阳周围较近的彭城（今江苏徐州）由许叔冀、尚衡次镇守，临淮（今江苏盱眙）由代替嗣虢王巨为河南节度使的御史大夫贺兰进明镇守。许叔冀本来属贺兰进明的手下，宰相房琯提拔他守彭城，目的是要他牵制贺兰进明。许叔冀兵马精锐，又和贺兰进明等级相同，不愿受其节制，这两个官场老江湖，彼此戒备彼此提防和较劲，眼见睢阳危机，却坐视观望，不肯援手相救。

这时，睢阳城内连草木、纸张都吃完了，开始吃马。马匹杀尽后，天上飞的鸟雀，地上跑的老鼠，弓箭上的皮革，凡是能吃的都用来填肚子。这些东西都吃光后，城中已经出现人吃人的惨剧了。眼看着将士们饥饿难耐，张巡将爱妾带到将士面前，斩杀后献给将士们吃。许远也将不能打仗的家奴统统献出来，充作军粮。但毕竟这不是长久之计，张巡派猛将南霁云突围向外求救。

在夜色的掩护下，张巡使用声东击西的办法，吸引敌人的注意力，南霁云带三十轻骑冒险突围。南霁云左右射箭，所向披靡，带着三十精兵硬是冲出敌人的重重包围。南霁云先奔向屯守彭城的许叔冀请求派兵送粮增援。许叔冀是个性格狡诈，自私多谋的人，战争时期，他恨不得把别人的储备粮多捞点过来，哪里舍得分给张巡一斤粮一兵一卒呢！碍于情面，他假惺惺地勉强答应给南霁云无法救急的上千匹布，气得南霁云破口大骂。

没有办法，南霁云又一路狂奔来到鱼米之乡临淮，谁料，御史大夫贺兰进明却说："睢阳存亡已定，无可挽回，出兵又有何意义？"贺兰进明同样是个私心极重的人，他不仅害怕一旦派兵救援张巡，会遭到许叔冀暗算，更忌讳张巡的军威，怕其成功占尽风头，所以根本没有出兵救援的念头。不过他实在太喜爱壮士南霁云了，于是便设宴乐招待，极力挽留他。

南霁云是魏州（今河北冀县）顿丘人，出身贫苦，曾为人撑船，安禄山反叛，当地官府招兵买马抵抗叛军，南霁云踊跃报名从军，每战他都冲锋在前，很快被提拔为将，是尚衡攻打汴州叛贼李庭望的先锋，故被派遣到睢阳，有缘与张巡共事。和张巡见面后，南霁云高兴地对身边人说："张公开心待人，正是我要追随的人。"从此留在张巡身边听从差遣，张巡劝他回去，南霁云坚决不肯，原上司尚衡送金银财宝、绢帛来迎接他回去，南霁云也不肯接受。南霁云擅长骑射，百步之内，箭无虚发，支支射中要害。此时，他禁不住悲痛地对贺兰哭诉睢阳城中断粮的惨状，请求其出兵救援，见贺兰不肯出兵，南霁云悲愤地说："既然无法完成主将的任务，则留下一指作为求兵的见证。"说着，他拔出佩剑自断一指，令满座惊呆。南霁云碗筷未动，滴水未沾，边哭边奔出筵席，走到门口，只见他抽出一箭，回身朝着佛寺浮图一放，箭矢牢牢地钉在墙砖上，发誓道：

“破贼归来，必灭贺兰，此箭为证。”

连连碰壁，令南霁云十分悲愤，离开临淮，他马不停蹄，直奔真源。镇守真源的李贲倒仗义，给了他一百匹马；他又到宁陵，得到援兵三千，总算没有空手而归。南霁云带着援兵连夜往睢阳奔，在夜色掩护下，本想悄悄通过敌人的封锁线，无奈人马多，惊动了敌人，叛军急忙阻拦，双方近距离肉搏，南霁云一马当先，左右砍杀，开出一条血路，正在城墙翘首以盼的张巡听到城外激烈的杀斗声，虽然夜雾浓重，但他听得出是爱将南霁云带救兵来了，急忙带领城内的将士开城门冲出去迎接，顺便将叛军的数百头牛赶入城，经过这番恶斗，三千援兵折损大半，只有一千余人冲进城，两军将士相逢，禁不住激动地相拥而泣。

还有一说是，南霁云请不到救兵，就从临淮直接返回睢阳，他偷偷穿过叛军营地，攀绳入城！城中官兵得知救兵不来，悲伤痛哭了好几天，尽管如此，他们在张巡、许远等人的领导下，依然坚守，至死不降。

见援军不多，尹子奇知道睢阳城已经陷入困境，围堵得更加严密，城周围布满叛军，切断内外通路，不再进攻。本来众人也曾商议是否往东撤退，最后张巡、许远一致认为，睢阳是江淮的屏障，睢阳一旦失守，叛军继续往南，江淮必亡，而且率领长期饥饿，体力不支、病弱难行的众将士突围，也无法到达目的地，于是便一路坚守下来。

十月，尹子奇又组织叛军攻城，这时将士们又病又饿，已经无法应战了，叛军一举攻下睢阳。张巡眼见城门不守，临危不惧地向西朝拜道："孤城备绝，无法保全，臣此生不能报效陛下，死后也要变成厉鬼，让叛贼不得安宁！"将士们见到主将张巡、许远被叛军押过来，纷纷硬撑着站起来，悲痛大哭，张巡平静地安慰道："不用害怕，人总有一死，这是我的命。"将士们恭恭敬敬地低下头，不敢仰视。

叛军刀架在张巡头上，威胁着逼他投降，张巡毫无畏惧，面不改色，坚贞不屈，叛军又去劝南霁云投降，张巡大声叫道："南八！好男儿死也要忠孝仁义，不能屈服！"南霁云笑着答道："张公最了解我！士为知己者死，本将军怎么会怕死？"

睢阳城被攻破时，整座城只剩下四百人，几乎成了座空城，空前悲壮惨烈。

可叹的是，就在叛军攻破睢阳的第三天，朝廷派来的援兵终于到了并且打退了叛军！十天之后，东京收复，叛乱失败！

睢阳沦陷，河南节度副使、左金吾卫将军、检校主客郎中兼御史中丞张巡，睢阳郡太守、兼御史中丞许远，郓州刺史姚訚（名宰相姚崇之后），左金吾卫将军南霁云等三十六位名将皆为国捐躯，这年张巡才四十九岁。正因为有了他们的拼死抵抗，江淮才得以保全。睢阳保卫战中，以张巡、许远为首的一批名将，也成为忠义之士的杰出代表，受到朝廷的加封表彰。睢阳人为了纪念张巡、许远，特在城里建“双庙”，常年供奉祭祀他们，一同供奉的还有南霁云等。

35 哥舒翰挂帅

从天宝十四载（755 年）十一月初八安禄山起兵造反起，一向自信、叱咤风云、得天独厚的玄宗突然觉得十分无奈，再也无法纵横驰骋、挥洒自如。自从怒杀出自安西四镇的两员猛将高仙芝、封常清后，玄宗居然找不到能顶替他们的合适人选，只能把河西、陇右节度使即镇守甘肃走廊、青海、新疆东部的统帅哥舒翰硬拉出来，顶替高仙芝出任兵马副统帅，而此时哥舒翰已经七十多岁，瘫痪在床十个多月，正在长安养病。身染重疾的哥舒翰上表推辞，可玄宗实在找不到合适人选，坚持要他出山，最后哥舒翰只好勉为其难，执行军令。

玄宗在关键时刻起用哥舒翰，除了身边确实没有得力能干的合适人选之外，还有其深刻用意。

一是哥舒翰和安禄山一样，同为北方少数民族、突厥后裔；二是哥舒翰一贯与安禄山不合；三是哥舒翰同样骁勇善战，军功显赫，威名远扬，深得皇上器重恩宠；四是他和安禄山一样，是一方霸主，以胡治胡，应对自如，胜算更大。

哥舒翰是突厥后裔，出身世居安西（新疆一带）的官宦之家，他的祖辈就是唐朝的左清道率，父亲是安西都护府的副都护（镇守新疆地区的军队副统帅）兼赤水军（驻扎在今甘肃武威西南的军队）使。哥舒翰在新疆库车地区长大，是安西的名门之后。他家境富裕，是胡族中的贵族。哥舒翰从小受到良好的汉学熏陶，好读《左氏春秋传》《汉书》，他的汉学修养和学识，在北方少数民族中出类拔萃。哥舒翰风流倜傥，喜好行侠仗义，出手阔绰，所以门下聚集了不少有学之士，颇受人尊敬，与穷困潦倒、斗大的字不识一个的安禄山，从出身、成长环境到学养都截然不同。

父亲去世后，四十岁的哥舒翰在京城长安居住了三年，其间，由于受到长安尉的无礼怠慢，他慨然发奋，结束了游手好闲、无所事事的生活，到河西（今甘肃武威）从军。战斗中，哥舒翰智勇双全，深为节度使王忠嗣器重，很快就被提为衙将、大都军副使。天宝六载（747 年），哥舒翰同安禄山一起被提拔为一方边疆的统帅，即右武卫员外将军，充陇西节度副使、都知关西兵马使、河源军使。

和安禄山一样，哥舒翰因为军功显赫，深得皇上眷顾，恩宠隆重。天宝十载（751年）升为特进、鸿胪外卿、他的一个儿子为五品官，赐物千匹、赏赐庄宅各一所，加摄御史大夫。天宝十一载（752年），加开府仪同三司。

在一千两百多年前的大唐盛世，陇右地区即青海、甘肃一带，号称是天下最富饶的地方，从京师长安的安远门到青海、甘肃，沿途百姓比邻而居，桑麻翳野，郁郁葱葱，身为陇右节度使，哥舒翰的地位、财富可想而知，每次遣使入朝上奏，他都让手下骑着品种优良的白橐骆驼入京，这种骆驼既有耐力可载重，跑得又快，能一天奔驰五百里，不用更换。

哥舒翰喜好畅怀大饮，沉湎酒色，长期的放纵生活，损坏了他的身体。天宝十四载（755年）二月，七十岁的哥舒翰在洗澡时，突然中风，落下了身体麻痹、手脚不听使唤的后遗症，于是留在长安治病。由于行动不便，他已经十个月没有参加入宫朝请之类的国家事务，一直闲居家中养病。那天，躺在病榻上的哥舒翰突然接到圣旨，令他马上入宫。原来是玄宗要他顶替高仙芝为兵马副统帅，率八万兵马征讨安禄山，并令天下四面进兵，合力进攻洛阳。哥舒翰以病重在身为由，极力推辞，玄宗坚持己见，同时让田良丘为御史中丞充行军司马，起居郎萧昕为判官，辅助哥舒翰处理军政，还任命了王思礼、李承光等一批属将，皇命难违，哥舒翰只好临危受命，硬着头皮，拖着病体，走马上任，率兵出征。

这次哥舒翰带着十二部兵马出征，其中有陇右地区即青海、甘肃边陲赶来的老部下，像吐蕃将领火拔归仁为首的河陇、朔方、奴剌等部落兵马，加上高仙芝原来的部队，号称二十万大军。抵达潼关后，哥舒翰仍然采取高仙芝的战略，据险坚守，不主动出击，在他眼里，叛军锋芒锐利、势头正劲，自己人数虽然不少，但其中乌合之众居多，硬打硬拼还不是敌人的对手。

天宝十五载（756 年）正月，安禄山儿子安庆绪率军进攻潼关，被哥舒翰击退。狡诈的安禄山见无法强攻，便故意留下四千多老弱病残、看似不堪一击的军队留守陕郡，作为诱饵麻痹唐军，背地里却磨刀霍霍，设下圈套，只等对方上钩。对于这种伎俩，哥舒翰心知肚明，根本不为所动。号令部下坚守阵地，任由叛军在山下挑战、叫阵、游击，二十万大军如同铁壁铜墙，巍然屹立在潼关，保卫着长安。

哥舒翰毕竟已经不是当年那个力拔山兮的威猛将军，而是个七十多岁，有病在身、行动不自如的老头，兵马统帅的重担令他力不从心，不堪重负，只好委托田良丘全权处理。田良丘是文官，不懂军事，加上封常清、高仙芝的遭遇历历在目，所以他不敢擅自裁决，只好事事拿出来讨论。副将王思礼是骑兵统帅，李承光是步兵统帅，两人级别相同，互相不服，又常从自己的兵种利益出发，三人意见各异，争论不休，扯皮之事常常发生。政令不一，部队管理松弛，加上哥舒翰只知道对部下严格执法，不懂得体恤关心部下，日复一日坚守潼关的枯燥艰苦生活，这一切都让守军将士渐渐丧失斗志，懈怠疲沓。

天宝十五载（756年）正月，玄宗加封哥舒翰为尚书左仆射、同中书门下平章事，兵马副统帅变为皇太子先锋兵马统帅。哥舒翰的老上级王忠嗣，就是从小和皇太子一起在宫中长大的密友，在朝廷诸多派系中属于太子党，受其影响，哥舒翰自然也倾向皇太子。此时，杨国忠与安思顺越走越近。安思顺也是和安禄山、哥舒翰同时受到重用提拔起来的少数民族封疆大吏，同样军功显赫、英勇善战。杨国忠需要用安思顺来制衡哥舒翰，安思顺则需要杨国忠做靠山。

三月的一天，哥舒翰突然上奏，内容是在潼关抓到一个安禄山的奸细，从他身上发现一封给安思顺的密信，证实安思顺与安禄山内外沟通、里应外合，同时哥舒翰还列举了安思顺的七大罪状。玄宗接报后，不加调查、不由分说地立即下令将安思顺拉出去斩首，让杨国忠想救都来不及。其实安思顺原来与安禄山的关系密切，以及安思顺、安禄山和哥舒翰不和，皇上早就知道；安思顺后来投靠杨国忠、安禄山叛乱打着反杨国忠的旗号以及杨国忠与太子的紧张关系，皇上也一清二楚，在这种情况下，不调查、不核实拉出去就斩，说明玄宗太需要哥舒翰。大敌当前，玄宗就靠他率部全心全意地尽快打败安禄山，故要投其所好，安抚鼓励他。安思顺被杀后，其家族被流放，无一幸免。

如果说，当初杨国忠与哥舒翰相互之间关系还可以的话，那么哥舒翰突然袭击并杀死与他关系颇好的安思顺，则令他突然对哥舒翰充满畏惧。杨国忠的预感并没有错！他的所作所为的确已经惹得天怒人怨，在镇守潼关的将士中就涌动着一股要杀杨国忠的冲动，并有人多次向哥舒翰建议诛杀杨国忠，但被哥舒翰阻止。杨国忠知道后，大惊失色，急忙向玄宗请求组织队伍以备万一，借口是："兵法里有道是'安不忘危'，今天镇守潼关的兵马虽然众多，但我们没有后备力量，万一局势不利，京师就会陷入一片恐慌了。"

征得玄宗同意后，杨国忠先是从宫中管理、饲养朝廷用马等士兵中挑选了三千名年轻人，派自己集团内的剑南军将李福德、李光庭为统帅，带领他们在宫苑中进行军事训练，接着又招募了一万人驻扎在灞上（今陕西西安东郊），派自己的亲信杜乾运坐镇指挥，这些队伍名誉上是为了抵御叛军，实则为了防范哥舒翰万一掉头对付自己。

杨国忠的过度反应以及他的一系列动作，让哥舒翰十分不安，担心自己遭到杨国忠的暗算，于是，他上奏请求将杜乾运的队伍隶属潼关统辖，也就是听从他的指挥，玄宗批准了。杜乾运的部队归属他之后，哥舒翰仍不放心。一次，哥舒翰故意命令杜乾运带兵执行追击任务，杜乾运仗着杨国忠的势力，借故拒绝执行命令。之后，哥舒翰召杜乾运到潼关，以违抗军令为名将他斩首，还将其头颅悬挂在牙门上示众，那一万兵马自然并入守潼关大军里。杨国忠知道后十分紧张，害怕哥舒翰带兵对付自己，回家后惊惶地对自己的儿子说："看来我死无葬身之地了。"

杨国忠摆脱不了哥舒翰带兵来捉拿他的梦魇，只好整天在玄宗耳边鼓动，要哥舒翰带兵出关，征讨安禄山，攻克陕郡，攻克洛阳。一心只想把哥舒翰赶出去和安禄山拼杀，让他无暇顾及自己，消除自己个人可能面临的威胁。至于双方的实力悬殊、当前微妙的军事局势等，杨国忠根本不懂也无心研究。与潼关外的安禄山叛军相比，杨国忠更害怕哥舒翰的部队。他与哥舒翰的关系越来越紧张，矛盾越来越激化。

不幸的是，杨国忠一己私利的盘算与玄宗的急于求成一拍即合。

自从安禄山占据洛阳，玄宗便如同骨鲠在喉，寝食不安。从哥舒翰领兵出征的诏书中，玄宗就提出"敕天下四面进兵，会攻洛阳。"接着，又令郭子仪，放弃围攻大同，立即回来带兵进攻洛阳。从这些诏令中不难看出，玄宗是多么急切地想收复洛阳！东京洛阳是唐朝的陪都，是他的出生地，是他与杨贵妃今生结缘的福地，怎能容忍一介胡贼践踏！也说明他并不把安禄山看在眼里，自信唐军能收复失地！

所以，当哥舒翰成功挡住叛军的进攻，坚守潼关长达半年，朔方军在安禄山的后方河北地区打了一些大胜仗，颜真卿等各地抗击叛军如火如荼的时候，杨国忠提出要哥舒翰出兵潼关，攻打安禄山的私人算盘，正好符合玄宗急切收复洛阳的愿望，于是他催促哥舒翰出关，主动进攻，消灭叛军。

接到玄宗指令，哥舒翰大吃一惊，赶紧上奏说明坚守潼关的重要性，现在急于出关，正中敌人圈套，恳请皇上不要着急。身在敌人后方的郭子仪、李光弼等人得知此事后，也纷纷上书劝说玄宗，不要仓促出潼关攻打敌人。无奈玄宗根本听不进将帅们的建议，偏偏采纳杨国忠的主张，一而再、再而三地派遣中官前往潼关催促哥舒翰出兵。

当哥舒翰知道无可挽回，不得不出兵时，禁不住大哭一场，明知凶多吉少，不可为而为之，其悲哀之状可想而知。

36

潼关失守、天子逃难

就在杨国忠的亲信杜乾运被杀的第三天，在玄宗接二连三的催促下，哥舒翰迫不得已，带病出师，除留下部分守潼关的兵马外，亲自率领十几万大军，浩浩荡荡开出潼关。看到潼关守军几乎倾巢出动，鱼儿上钩，安禄山暗自窃喜，如此一来，叛军反攻为守，充分掌握主动。

六月初七，哥舒翰的大军在灵宝（今河南灵宝）西原遇上叛将崔乾祐的部队，六月初八，双方展开一场大会战。从灵宝往东，南面是山，北边不远是黄河，中间是一条相当狭窄长达七十里的道路，为了便于总揽全局，哥舒翰和田良丘乘船在黄河上观察敌情，指挥进退。叛将崔乾祐按照事先部署，派重兵埋伏在南面地形险峻之地，故意派老弱病残、稀稀拉拉的兵马上场，准备虚晃一枪，便佯装不堪一击仓皇撤退，引诱大军进入其包围圈。唐军中计，见叛军节节败退，轻敌之心顿生，个个都想争抢头功，只顾跃马狂追。不知不觉，前方道路越来越窄，突然，伴随着震耳欲聋的轰隆声，密集而大块的木石从天而降，埋伏在南面峭壁上的叛军，居高临下向唐军发起进攻，砸得唐军晕头转向，纷纷落马，死伤无数，狭窄的道路顷刻堵塞，唐军拥挤得无法施展刀枪，毫无还击之力，不一会儿，七十里狭道便挤满了唐军兵马。

哥舒翰立即下令将事先准备好的毡车调上去，让将士们跟在后面冲出重围。所谓毡车，和一般的马拉车类同，不过其车身是用毡皮蒙住，毡皮既能阻挡利箭，也能挡火，毡皮表面画满龙虎之状，配上五色，当快马拉着毡车冲向敌人时，往往能吓得对方战马惊骇狂奔，加上毡车上士兵连连射箭，往往能杀出一条血路。

当时这些战法，敌我双方常常使用，故叛军远远看到飞奔而来的毡车，就知道是怎么回事，早早派人绕到前面的狭窄路口，堆满柴木、摆上几十辆装满草木的车，毡车一到，即点燃草木。霎时间，浓烟腾升、火焰冲天，拉着毡车奔跑的骏马惊骇嘶鸣，不听驾驭，狂奔乱窜。在毡车惊马践踏碾压下，明火顿时变成浓烟，遮天黑日，熏得将士们掩面泪流，睁不开双眼。叛军趁机抽身撤退，身陷重围的唐军将士们在浓烟中，拼命放箭射敌，结果是互不相辨，自相残杀，直到傍晚，烟火消散，箭矢用尽，才发现根本没有敌人。

十几万大军从潼关关门出来的道路就十分狭窄，此时部队北抵黄河、南抵古岸排，难以追击，狡诈的叛军一边在南山上手持树枝，飞扬尘土，制造重兵把守的假象，一边派出精锐部队，撤离南山直接渡过黄河，绕到唐军后侧，在黄河古岸袭击唐军后方。本来唐军殿后的部队，看到先头部队遭受重创，陷入包围，便急忙后撤，不料又突然受袭，这下彻底摧毁了唐军的士气，士兵们乱成一团，或者丢盔弃甲，逃入山谷；或被追杀，盲目狂奔；或误入河中，溺死黄河，十几万兵马居然无法组织起来对付几千叛军！

叛军前后夹击，顿时杀得唐兵溃不成军，众将士慌不择路，四处逃散。眼见部队受挫，哥舒翰心急如焚，马上调用停在黄河北岸的一百多艘粮船，到南岸接应退兵。急于逃命的士兵一窝蜂地争相登船，结果粮船不堪重负，每满即沉，就这样前后有十几条粮船沉没，随着粮船淹死的将士不计其数。那些挤不上船的部队则各自散走，或者朝潼关方向败走。

为了有效抵抗叛军，唐军在潼关前面修挖了三条宽二丈、深一丈的壕沟，这样即使是叛军的精锐铁骑，也难以跨越，没想到这一条条宽深的壕沟，此时竟成了唐军后撤的障碍和埋葬自己的坟墓。那些好不容易在夜幕降临之际奔回潼关的官兵，恨不得生双翅飞入关内，他们心急如焚，奋不顾身地争相逾越壕沟，慌乱里黑暗中，不少兵马身不由己地坠入壕沟，前仆后继，须臾间，壕沟被人马填满，后来者终于得以踏着壕沟上的人、马尸体，走回关内，而有幸活着退回关内的仅有八千多人！崔乾祐紧追不舍，带部队一直杀到潼关，人数不多的潼关守军根本抵挡不住敌人的进攻，第二天，即六月初九，潼关终于被敌人攻破。

眼睁睁地看着十几万大军狼狈溃败，哥舒翰仰天长叹，万般无奈，仅带着左右数百骑，从黄河北岸向西奔驰，经首阳山即今山西永济境内，西渡黄河入关，到了关西驿站（今陕西华阴东），张榜结集溃散官兵，准备再度带兵，回守潼关。见大势已去，手下蕃将火拔归仁等人早起异心，他带领一百多名官兵，将关西驿站团团围住，催促哥舒翰上马，同时要哥舒翰东行，投奔叛军，其理由竟然是高仙芝、封常清被杀的前车之鉴。哥舒翰愤怒地断然拒绝。但他毕竟中风之后手脚不利索，竟被火拔归仁等人绑在马上，不由分说地策马扬鞭，朝东奔走。诸将士有不肯跟从其投降的，统统被火拔归仁等关押起来。路上恰好遇上叛将田乾真带兵前来接应，于是一行人将哥舒翰等押送到洛阳。为了求生，哥舒翰只能屈辱地归顺安禄山，被封为伪朝司空。安禄山又命他写信招降他的旧部李光弼等将领，然而，这些被他提拔的汉将，个个忠心耿耿，不仅回书断然拒绝老上级的召唤，还指责他的投敌行为，令其汗颜。

安禄山发现哥舒翰已经没有利用价值，就将他囚禁在皇宫后院。直到安禄山被杀，安庆绪败离洛阳时，他才被安庆绪偷偷杀死，结束了其跌宕起伏、大喜大悲的一生。而绑架哥舒翰投降的火拔归仁也没有好下场，被安禄山以“背叛朝廷，逼降主帅，不忠不义”的罪名斩首，还下令将其首级悬挂示众。

二十万唐军一日之间，顷刻瓦解，被崔乾祐的一万多叛军消灭殆尽，成为历史上少有的众不敌寡的战例，颇有点匪夷所思。

玄宗决策失误，哥舒翰战败，潼关失守，让正在洛阳坐立不安、彷徨于进退之间的安禄山，绝处逢生，精神大振，战场形势迅速逆转。

本来，朝廷除主守潼关，正面挡住叛军进军之外，严格地说，还设置了两道保卫长安的防线，第一道也是最重要的一道是潼关和河东（今山西永济）组成的防线，第二道是由冯翊（今陕西大荔）、华阴（今陕西华县）、上洛（今陕西商州）组成的防线。潼关失守后，第一道防线的河东防御使，第二道防线的冯翊、华阴、上洛等郡的防御使，心理完全崩溃，根本顾不上什么职责、抵抗，率先携老带小弃城逃匿，统帅如此，手下亦不甘落后，守军官兵四处逃散，各寻活路，将大片河山拱手送给叛军，如此一来，长安洞开，无所屏障。

潼关失守的消息传到河北，正在围攻博陵的李光弼为了避免腹背受敌，只好撤围，郭子仪也不得不打消谋图范阳的念头，和李光弼两支队伍暂退井陉，守卫晋阳（今山西太原），颜真卿、张巡、许远、鲁炅等忠臣，虽然依然坚守河北、河南，但郭子仪、李光弼两支大军退出河北，使得这些零星抵抗失去依托，处境更为艰苦，演绎了一出出惨烈守城的悲剧。出兵潼关之前，唐军在河北取得的大好形势转瞬即逝，平定叛乱忽然变得遥遥无期，人民坠入长期的战火深渊。

六月初九，哥舒翰派往长安告急的部下抵达。得知唐军被围，危在旦夕，虽然长安除了禁卫军外，几乎无兵可派，可玄宗还是派李富德带领监牧兵前往救援，那当然只能是杯水车薪，无济于事。这天晚上，人们翘首盼望的平安火始终没有点亮，顿时京城恐慌，空气窒息。

平安火即烽火，从京城到边疆，每三十里设一烽火台，传达信息。遇到敌情，按规定点燃烽火报警，烽火的大小、火炬的数量，显示敌人的强弱多少，开元二十五年（737 年）以后，由于国泰民安，关内的烽火台停用。安史之乱后，原来用来报警的烽火，现在变成报平安了，每天入夜，前线将士在烽火台点燃一炬火，表示前线平安无事，其他烽火台即相继点燃，快速传递前线平安。看不到平安火的玄宗，知道无人点燃烽火，潼关失守！四十五年来，从不知道恐惧滋味的玄宗，一夜未眠，担惊害怕起来了，二十万大军一日消耗殆尽，偌大的长安城没有兵马，看来京城难保，不能不考虑退路了，退往哪里呢？

一大早，他急忙找来朝臣，商议对策。从安禄山起兵，杨国忠就开始考虑如何开溜，为自己留后路。所以在此关头，他倒显得胸有成竹，半年前，他就着手张罗退守四川，下令剑南节度使崔圆备战备荒，以防万一。蜀中是他发迹的地方，他的势力地盘，蜀中不仅物产丰富，更有崇山峻岭、急流险滩作天然屏障，易守难攻，历来是躲避中原战乱的安全地带，只要玄宗避难蜀中，即使没有挟天子以令天下的野心，自己的政治地位得以保证是显而易见的。然而，蜀中地处大唐一隅，远离关中、远离中原，远离政治中心，不利于组织领导收复关中、平定叛军的军事反攻。

轻敌思想浓重的满朝文武，突然遇到如此变故，吓得不知所措，除了唯唯诺诺，根本提不出什么主张，七嘴八舌地有说去太原的，有说去宁夏、内蒙古一带的，有说去甘肃、青海一带的，见状，杨国忠忍不住大谈去蜀州的优势，一时间撤退的方案不下十几个。朝廷上的争论不休，玄宗的冷静聆听，都让杨国忠着急，退朝后，他顾不上踏进家门，直奔虢国夫人、韩国夫人家，动员她们立即入宫劝谏。贵妃从小生长在蜀州，对四川特别有感情，于是众姐妹们纷纷催促玄宗尽快动身，行幸蜀州。

在众多方案中，玄宗倾向到蜀州，不是因为杨国忠、杨氏姐妹的耳边风，而是听了高力士颇有见解的分析，并综合了历史及其地形地貌、经济等多方面考虑的结果。

六月十二日玄宗下诏声称要领兵“亲征”，对朝廷官员作了一番调整和安排：令京兆尹魏方进为御史大夫兼置顿使，即担任亲征的后勤部长，为皇上出行鞍前马后张罗衣食住行；令京兆少尹崔光远为京兆尹、充西京即长安留守；令诬陷杀死高仙芝、封常清的宦官边令诚掌管宫闱的钥匙；剑南节度使颍王璬赴镇上任，剑南道做好迎接准备。玄宗这番举动，其实是他离开长安前的最后安排，是出逃前使出的一个障眼法，掩饰临战逃跑的真实意图。

从六月十日没有接到平安火开始，高力士便指挥宫内，夜以继日地紧张打点行装，作好随时离开的准备，当晚，玄宗秘密召见一直跟随身边的心腹，禁卫军统帅、龙武大将军陈玄礼，下令六军整装待发，同时打开御库，向六军将士赏赐了大批钱财。（所谓“六军”，就是宫廷的禁卫军。大明宫有十一个门，其中在东西两边城墙，有左银台门和右银台门，左银台门外驻守着左神策军、左龙武军、左羽林军；右银台门外驻守着右神策军、右龙武军、右羽林军，统称六军，负责宫廷守卫。）

六月十三日凌晨，天空下起了淅淅沥沥的小雨，陈玄礼率领六军及九百匹良马来到禁苑，玄宗悄悄携带贵妃及其姐妹、皇太子、皇孙、杨国忠、韦见素、魏方进、高力士及亲近宦官、宫人，在六军的严格保护下，神不知鬼不觉地从禁苑西门的延秋门仓皇出走，告别了这一座千年古都。一切都是那么的匆忙仓促慌乱，以致那些住在别宫的嫔妃、公主皇孙以下的皇族都来不及通知。

途经左藏库，看到历年积累下来、殷实丰富的国库，杨国忠请求一把火将其烧掉，以免被叛军得手，玄宗制止道："不要烧，烧光了，叛军会更加肆无忌惮地搜刮抢掠百姓，不如留给他们，免得我的臣民赤子遭受更大的灾难！"长安城外的渭水河上有一座桥，这是当年汉武帝为了方便从长安到茂陵建造的，因为它正好与长安城的便门相对，故称便桥，桥在咸阳境内，又称咸阳桥。黎明时分，玄宗一行顺利过桥，杨国忠又下令："烧断便桥，以绝追兵后路！"玄宗忧心忡忡地说："若便桥决断，后人将如何能过？"急令高力士快马奔到桥边，组织将士扑灭大火后再赶过来。玄宗在撤离之际，仍不顾安危，怀着仁慈之心，为子民着想，尽量弥补自己的过失，与杨国忠只顾自己、刻薄寡恩的做法形成鲜明的对照，由此后世史学家评论，玄宗仁德，得民心，故唐朝运势未尽，得以延续，此言堪称精辟。

六月十四日凌晨，朝臣们得知皇上已经出走，不知去向，他们急忙赶回家收拾行装，携带家眷，加入逃难队伍。一些市井无赖则趁火打劫，争相进入王公贵族豪宅以及皇宫搜掠金银财宝，甚至有的骑着毛驴冲入宫殿，运载不义之财，还焚烧装有无数宝藏的左藏（国库）、大盈库（皇帝的内库），整个长安城，一片混乱，火光冲天，叛军还没到，浩劫就已经开始了。

负责留守长安的崔光远和保管皇宫钥匙的边令诚，立即招募府县官，派人守卫，维持秩序，扑灭大火，斩杀几个胆大妄为的盗贼，稳住局面。他们派人去见安禄山，委曲求全。贪生怕死的宦官边令诚，向安禄山交出了宫内的全部钥匙。

安禄山接到皇宫钥匙，喜出望外，又知道玄宗已经离开长安，这才下令孙孝哲进军长安。孙孝哲是契丹人，母亲颇有几分姿色，安禄山与他母亲私通，故颇为亲近。孙孝哲出身低贱，生活奢侈放荡、性格残忍暴烈、杀人不眨眼，是安禄山的心腹之一。

一进长安，他便率部直奔皇宫，搜捕那些来不及出走的唐宗室成员，不一会儿，玄宗妹妹霍国公主、永王妃侯莫陈氏、义王妃阎氏、陈王妃韦氏、信王妃任氏及驸马杨朏等八十多名皇室成员被一一带到在皇宫与兴庆宫之间的崇仁坊。杀人魔头孙孝哲把霍国公主等八十多名皇室老少带到这里，残忍地开胸挖心，用活生生的依然跳动的心脏来祭奠半年前被朝廷斩首的安庆宗。一时间，皇室宗亲的鲜血洒满崇仁坊，惨叫声不绝于耳。

接着，数百名皇亲国戚、王公贵族、诸侯将相的侍从及其家族统统被押送洛阳，八十多个杨国忠、高力士的亲近同党，则就地满门抄斩，连怀抱的婴儿都不放过，掏心挖肺、用铁棒敲得脑髓遍地，手段之歹毒令人发指。七月十七日，二十多名藏匿民间的皇孙、郡主、县主被发现逮捕，全部被杀害。

连续一个多月，叛军进行了灭绝人性的大搜捕、大屠杀，整个长安陷入极度恐怖之中，往日熙熙攘攘的繁华大街上，如今变得空空荡荡，萧瑟凄凉，人们大门紧闭，畏缩在屋内，生怕一不留神惨遭横祸。特别是那些来不及追随玄宗出逃的皇室子孙，从叛军入城那天起，便隐姓埋名，终日东躲西藏，流落街头。他们沿街乞讨，为了留得性命，甚至向人乞求收留为奴。亲身经历了这场灭绝人性浩劫的杜甫，在长诗《哀王孙》中，生动地记录了当时李唐宗室遭遇的悲惨情景。

叛军占领长安后，除了急于报复朝廷、发泄私愤之外，就是疯狂掠夺，将两京大量的金银财宝，源源不断地运回范阳。一时间，装满各类稀世珍宝的骆驼和大批训练有素的美女、舞伎、乐工、舞马、舞犀、舞象等都被迁往洛阳。安禄山夜夜在洛阳皇宫大摆酒宴，强迫往日的梨园弟子为其吹拉弹唱、翩翩起舞。一日，性格刚烈的乐工雷海清突然扔下乐器，面西跪拜放声恸哭。安禄山即命左右将雷海清绑在试马殿前，当场砍手去脚，血溅一地，惨不忍睹。

叛军占领长安后，除了将国库的金银财宝洗劫一空之外，还将藏书阁等付之一炬，不仅烧毁了大唐一百多年来的历史记载，也烧毁了一百多年来整理成册的各种科技文化艺术史籍。不到两个月，孙孝哲军中的同罗、突厥部众兵变，其首领阿史那从礼率五千骑，偷偷地拉走了两千多匹宫中好马，奔回朔方，企图勾结诸胡盘踞边疆，独树一帜，自立为王。这次兵变，又一次令长安大扰，官吏趁机逃窜，囚徒趁机越狱四处藏匿，当初不得已和边令诚一起投降的长安留守、京兆尹崔光远，趁机派人包围孙孝哲住宅，想借乱杀他，吓得孙孝哲派人向安禄山告急，并派人反击。崔光远知道寡不敌众，只好带着长安县令苏震等十几个府、县官吏逃出长安。

安禄山始终未曾以胜利者的姿态踏入长安，除了他对长安、对唐朝始终心存敬畏，害怕唐军随时反扑之外，还因为洛阳离老巢范阳近，周围聚集着大量唐朝官仓国库，经济殷实，万一不测可随时撤退。

报应很快降临到安禄山的身上。攻下洛阳后不久，安禄山身边的谋士高尚、严庄怂恿他焚烧保存《玄宗实录》等大批珍贵史料的藏书阁，当他回首望着燃烧的藏书阁时，忽然眼前一阵昏黑，从此双目失明。安禄山巨胖，身上那些凹凸不平的地方长年长疮，甚至长痈，疮痈的剧痛，加上双目失明，使得本来就粗鲁暴躁的安禄山更加疯狂易怒，动不动就鞭打左右，随便杀人，痛斥谩骂暴打如家常便饭，就连长期服侍他衣食住行的李猪儿、心腹谋士严庄也不能幸免。李猪儿、严庄对其怨恨越积越深，他们日夜寻找机会进行报复。

安禄山称帝后，深居宫中纵情酒色，朝臣难得见上他一面，一切军国大事皆令严庄处理，安禄山特别宠信后宫段夫人，爱屋及乌，对其所生之子安庆恩另眼相看，甚至准备让他替代现任太子安庆绪，令安庆绪惶恐不安，如坐针毡，父子矛盾日益加剧。这时，策划安禄山叛乱的谋士严庄，再度怂恿安禄山的儿子安庆绪背叛他父亲，取而代之，并和李猪儿联手，实施了这场宫廷政变。

至德二年（757 年）正月初五深夜，安禄山在酣睡中，被他的贴身侍卫李猪儿杀死。严庄、李猪儿等就地挖出数十尺的大坑，匆匆把尸体掩埋了。第二天，他们佯装没事，假传圣旨说安禄山突患重疾，立安庆绪为皇帝，尊称安禄山为太上皇，不久才为其发丧。此时离安禄山占领长安，只有七个月，算上攻入洛阳的日子，安禄山坐上皇帝位，也不过一年两个月左右。背叛唐朝的安禄山，最终得到被亲儿子背叛、杀害的报应，闻者无不拍手称快。

安庆绪为人昏庸、口才很差，常常语无伦次，严庄怕他不能服众，很少让他坐朝面见文武大臣，一手包办朝政，安庆绪也乐得在后宫纵酒淫乐。这场政变，震撼叛军，标志着叛军走向混乱衰败。

37 魂断马嵬

尽管由于出走得过于仓促，不少住在宫外的皇亲宗室来不及通知，但是玄宗的儿子们是一个也没有落下。玄宗一生有三十个儿子，除了七个夭折及后来相继去世外，现在还有十三个儿子，即十二子仪王璲、十三子颍王璬、十六子永王璘、十八子寿王瑁、二十子延王玢、二十一子盛王琦、二十二子济王环、二十三子信王瑝、二十四子义王玭、二十五子陈王珪、二十六子豐王珙、二十七子恒王瑱、二十九子凉王璿，他们都扈从父皇幸蜀。加上诸王妃、皇孙以及随侍他们的少数宫人和部分朝廷重臣、几千禁军，其队伍也相当庞大。一行人大致分成三大部分：前面是先遣部队，负责告谕郡县，安排饮食居住；中间是玄宗、贵妃、杨国忠、高力士等核心人物；太子与宦官李辅国等人殿后。

中午时分，一行人终于来到咸阳望贤宫。偌大的望贤宫空空如也、悄无声息，既没有夹道迎接的人群，也没有谦卑恭候的郡县官吏迎上前来叩拜。撤离长安前，已事先派人通知沿途各郡县做好准备，谁想到在这天下动荡时期，各郡县令只顾自己逃命。此时，一行人马早已饥肠辘辘，尚食官的大师傅们"巧妇难为无米之炊"，不得不四处奔走，寻找柴米油盐。见状，玄宗下令拆下行宫上的木头，宰杀御马，给将士们充饥。

杨国忠灵机一动，急忙跑到街上买了一些胡饼，装在衣袖里，带回来给玄宗充饥。饥不择食，吃惯山珍海味的皇上，拿起粗糙的胡饼就往嘴里送。这时，皇上驾到的消息在咸阳百姓中传开，大家争相前来拜见皇上。玄宗亲自问道："卿家有饭否？无论粗细，但且将来。"于是当地百姓拿着大锅小碗盛着粝饭（粗粮），争相献给皇上，饭中还夹杂着麦豆等。此时肚子早已饿得咕咕叫的皇孙辈等，顾不上斯文，用手抓起饭就往嘴里塞，一下子风卷残云一扫而光，却仍未吃饱。玄宗对送来食物的百姓回以报酬，慰问他们，百姓们禁不住失声痛哭，玄宗也感伤泪下。

好不容易解决了这顿饭，大军集合继续前进，走了一百多里路，直到半夜总算到达第二站金城县（今陕西兴平）。这里的情景和咸阳如出一辙，金城县令逃得无影无踪，整个县城空空荡荡，静寂得如同死城。打前站的魏方进好不容易找到金城县智藏寺，众僧听说皇上驾到，踊跃进献刍粟，总算解决了皇上膳食，安顿下来。幸亏百姓逃离仓促，民宅屋内饮食器具一应俱全，其他人好歹可以得以充饥，一解燃眉之急。匆匆吃饱后，惊恐劳累了一天的人们倒头就睡，胡乱熬过这一夜。

生活在太平盛世的人们，何曾尝过如此饥寒交迫、艰苦狼狈的滋味？一天下来，不辞而别、偷偷开溜的侍从、士卒不在少数，就连平日和高力士一样深受恩宠，地位相仿的宦官头目内侍监袁思艺，也丢弃皇上而去，自顾自地逃跑了。此时，跟随哥舒翰出关进攻的败将王思礼，倒追赶上来了，相比之下，着实让玄宗感动，这才知道潼关失守的具体情况，才知道哥舒翰已经被擒。于是玄宗任命王思礼接替哥舒翰为河西、陇右节度使，令他即日赴镇，收集残兵散卒，准备东征。王思礼领命后，立即马不停蹄地奔赴前线。

六月十四日，大军又该出发了，经过昨天一天的劳顿，吃不饱、睡不安，从随侍玄宗的宦官，到护驾的禁军将士，个个心里都憋着一肚子火，他们迈着沉重的步伐，勉强上路。中午时分也不过到达离金城二十八里路的马嵬，即陕西兴平县西郊。突然，饥肠辘辘、疲惫不堪的将士们再也抑制不住愤怒的情绪，群情激奋，不肯前进。六军统帅、龙武大将军陈玄礼，急忙召来各军将领商议道：“如今天下分崩离析，动荡不安，社稷不守，使得生人肝脑涂地，这些都是奸臣杨国忠造成的！不杀不足以平民愤谢天下！如何？”陈玄礼带头发难，立即得到众将士的响应。恰巧此时有二十几个吐蕃使者，因为找不到吃的，正围着杨国忠的坐骑诉苦，要他设法解决。杨国忠还没来得及答话，突然有禁军士兵大声喊道：“杨国忠与胡虏谋反！”说着便放箭射中杨国忠的马鞍，吓得杨国忠滚下马来，逃入马嵬驿站西门，愤怒的军士们紧随其后蜂拥而入，将他乱刀砍死，尸体肢解，甚至吃他的肉，割下头颅，挂到驿站门外示众。杨国忠的儿子户部侍郎杨暄、韩国夫人及那二十几个吐蕃使者也不能幸免。御史大夫魏方进见此情景，想劝阻士兵不要乱来，便大声喊道：“你们为什么要杀宰相！”话未说完，就被乱刀砍死。左相韦见素听到外面嘈杂喧闹，想出来看看怎么回事，也被情绪激动、失控的士兵打得头破血流，幸好他平时为人谦和，颇得人心，只听见有人叫道：“不要伤着韦相公！”拼命将他拉出来，才免遭厄运。

哗变的将士们发泄一通后，依然群情激昂地围住玄宗所在的驿舍，不肯离去。听到外面人声鼎沸，玄宗问左右怎么回事？回报：“杨国忠谋反，被军士们杀了。”政治经验丰富的玄宗马上意识到问题的严重性，他毅然沉着地迈出驿站，接见这些将士，不仅不责怪他们，反而安抚、慰劳他们，肯定了他们的行动，要他们收兵归队。军士们的情绪渐渐平静，但是却依然没有离去的意思。玄宗觉得奇怪，便让高力士去问个究竟，陈玄礼答道："国忠谋反，贵妃不宜供奉，愿陛下割恩正法。"回报令玄宗意外，顿感不快："朕当自处之。"说完，他转身入门，拄着拐杖，低头呆立半天。士兵们的要求令他心灵震撼，甚至觉得将士过分、无礼！思绪突如波涛翻滚，汹涌澎湃，十几年来，和贵妃相濡以沫、情深意长的恩爱情形，一下子涌上心头，在已经七十二岁的玄宗眼里，贵妃还那么的年轻，三十八岁，正是女人最成熟丰满，韵味十足的年龄！

驿站外面，围满了全副武装的六军将士，他们悄然无声地静候皇上下旨，这边玄宗陷入沉思，一时空气凝固、双方陷入僵局，情况十分紧急。韦见素的儿子、京兆司录韦谔首先打破沉寂，上前奏请道："今众怒难犯，安危就在此一刻，愿陛下速速决断！"边说边深深地不停磕头，磕得地上咚咚作响，不一会儿便头破血流。

站在一边的高力士也急忙跪倒在地，连连叩拜："贵妃诚然无罪，然而将士已经杀死国忠，贵妃在陛下左右，将士岂敢自安！愿陛下审慎三思，将士安，则陛下安矣。"高力士最了解玄宗的心思，可是眼下局势凶险，皇上的安危在此一刻，只能一语道破贵妃不得不死的原因。他的意见一向理性、有见地，从江山社稷的大局和对皇上有利的角度出发，玄宗焉能不知？连最贴心的高力士都觉得无可挽回，事到如今，看来不能不和贵妃诀别了。玄宗只得强忍悲痛，下了一生中最违心，也是最无奈的诏令：赐死贵妃。

贵妃的地位以及她温顺地尽心供奉玄宗，决定了史料上没有留下她这段时间的痕迹，不过我们不难知道，在唐军与安禄山相持的半年多来，表面上她的生活没有多大的改变，内心深处却神经紧绷，和皇上一起，随着前线战事的胜败大起大落，甚至为自己和杨氏家族的性命担忧，关心起朝政来。听堂兄杨国忠及其姐妹劝告，拼命祈求玄宗不要亲自率兵出征讨贼，阻挠太子监国，劝皇上离开长安、行幸蜀州，都暴露了贵妃此时的焦躁不安心情。此类失态与其说她要干预朝政，不如说是她要远离危险、力图自保的自然反应。两天来一路上颠沛流离，忍饥挨饿的经历，让她有种忽然从天堂堕入地狱的感觉。沿途人们对堂兄杨国忠的怨恨，多多少少也传入她的耳朵。这天，外面突然喧闹骚动，旋即传来堂兄杨国忠被杀的消息，这让贵妃无比震惊，浑身哆嗦，也立即意识到大祸临头，止不住痛哭流涕。当接到赐死诏令时，贵妃知道连深爱自己的皇上都被迫下诏、无力施救。面对死亡，贵妃反倒冷静下来，千言万语凝成一句“请皇上保重”，然后拜别皇上、拜别佛祖，悲痛而去。

关于这段记载，史料十分简洁。《旧唐书·杨贵妃传》载：“及潼关失守，从幸至马嵬，禁军大将陈玄礼密启太子，诛国忠父子。既而四军不散，玄宗遣力士宣问，对曰‘贼本尚在’，盖指贵妃也。力士复奏，帝不获已，与妃诏，遂缢死于佛室。时年三十八，瘗于驿西道侧。”

《旧唐书·玄宗纪》载：“及诛杨国忠、魏方进一族，兵犹未解。上令高力士诘之，回奏曰：‘诸将既诛国忠，以贵妃在宫，人情恐惧。’上即命力士赐贵妃自尽。”

《旧唐书·韦见素传》载：“翌日，次马嵬驿，军士不得食，流言不逊。龙武将军陈玄礼惧其乱，乃与飞龙马家李护国谋于皇太子，请诛国忠，以慰士心。是日，玄礼等禁军围行宫，尽诛杨氏。”

《新唐书·杨贵妃传》载：“及西幸至马嵬，陈玄礼等以天下计诛国忠，已死，军不解。帝遣力士问故，曰：‘祸本尚在！’帝不得已，与妃诀，引而去，缢路祠下，裹尸以紫茵，瘗道侧，年三十八。”

撰写《资治通鉴》的司马光，综合史料较为详细地叙述了整个经过：

> 军士围驿，上闻喧哗，问外何事，左右以国忠反对。上杖屦出驿门，慰劳军士，令收队，军士不应。上使高力士问之，玄礼对曰：“国忠谋反，贵妃不宜供奉，愿陛下割恩正法。”上曰：“朕当自处之。”入门，倚杖倾首而立。久之，京兆司录韦谔前言曰：“今众怒难犯，安危在晷刻，愿陛下速决！”因叩头流血。上曰：“贵妃常居深宫，安知国

忠反谋?”高力士曰:“贵妃诚无罪,然将士已杀国忠,而贵妃在陛下左右,岂敢自安!愿陛下审思之,将士安则陛下安矣。”上乃命力士引贵妃于佛堂,缢杀之。

“帝不获已,与妃诏,遂缢死于佛室”也好,“上即命力士赐贵妃自尽”也好,“帝不得已,与妃诀,引而去,缢路祠下”也好,“上乃命力士引贵妃于佛堂,缢杀之”也好,都是以寥寥数字,记录了一场轰轰烈烈长达十几年爱情的悲惨结局,殊不知在这几个字的下面,七十二岁的玄宗承载着多么沉重的情感,需要多大的勇气和毅力来支撑!明知贵妃无辜,却要用她的生命来挽救自己,挽救唐朝!身为一国之君,曾手握天下生杀大权的皇上,眼下却无力保护心爱的贵妃,看着她死于咫尺之内,玄宗内心的痛苦可想而知,当时情景的混乱失控、一触即发、岌岌可危也可想而知。

诏令一下,高力士飞快地传旨,将贵妃带到驿站佛堂。旋即贵妃自尽,告别了这个令她依依不舍,纷乱动荡的花花世界,终年三十八岁。

杨贵妃才死,高力士即奔出驿门,对众宣言道:“妃子杨氏,已奉圣旨赐死了!”等候在门外的将士们,似乎不相信贵妃已死,人们茫然地面面相视,依然不肯离去。于是,高力士奉谕将如同熟睡的贵妃尸体,轻轻放在床板上,盖上绣衾,用舆轿抬放到驿站庭院中,敕陈玄礼率领众军将入内审视。

陈玄礼是一位跟随玄宗多年的老将军，早年，他和高力士一起，辅助玄宗清除韦后、太平公主势力，一马当先地杀入宫内，扶持玄宗登上帝位，此后，淳朴自检的陈玄礼作为玄宗的心腹、亲信，一直担任禁军统帅，护驾多年，对皇上身边的人一清二楚，也是少有的几个能够向皇上进言、劝解皇上的忠臣。此时，他揭开锦绣衾被，证实了贵妃果真已死。门外将士闻讯，皆虔诚地面向驿站再三跪拜，万岁声此起彼伏惊天动地。将士离散归队后，陈玄礼马上带着诸将，自解盔甲战服献上兵器匍匐在地，向皇上请罪："国忠败坏朝纲，构兴祸乱，使得黎元涂炭，乘舆播越，此人不杀，患难将没有尽头。臣等为江山社稷大计，来不及请示皇上就把他杀了，现请矫制之罪。"没有圣旨妄杀宰相大臣，或假借替天行道，私自杀死宰相大臣，无异于造反。陈玄礼知道先斩后奏的严重性，如此犯上，罪责难逃，故领着诸将向皇上认罪，甘愿受罚。和高力士一样清楚贵妃无辜受死的陈玄礼，关键时刻巧妙地避开贵妃。

如果说往日玄宗躲在深宫内，不知荒政误国造成的危害有多深的话，那么一天多的所见所闻，令他震骇，痛感统治失误造成国家蒙难、百姓涂炭的严重后果，玄宗再次主动承担了自己用人不明的责任："朕识之不明，任寄失所。"接着，他坦言道："近亦觉悟，审其诈佞，本意欲到蜀州后，再肆诸市朝。今神明启卿，正好完成了朕的夙志，本应加爵赏赐，何罪之有？"

非常时期，非常时刻，非常举动，遇上非常冷静，具有非凡政治智慧的玄宗，才使得局势没有进一步激化。这番话，无论是否出自真心，都给了将士们极大的安慰，哗变终于平息，化解了一场军事政变危机。

关于这次事件，后世众说纷纭。

有的说皇太子是马嵬兵变的后台，马嵬兵变是杨国忠集团与皇太子集团冲突的结果。因为杨国忠从辅助李林甫陷害太子开始，就与太子势不两立，升任宰相之后，杨国忠横行朝廷，打压异己，拉帮结派，阻碍太子监国等，都令其与太子积怨甚深，矛盾尖锐。太子在对杨国忠充满仇恨的同时也对玄宗十分不满，特别是父亲听信杨国忠的话，逼哥舒翰出关，弄得局面不可收拾；又听杨国忠的话，弃京幸蜀，逼着太子一起出逃，若到达蜀州，在杨国忠的势力范围内，受其控制，太子还有什么出头之日？不光前途，就连生命也面临威胁，凡此种种，都促使太子支持除掉杨国忠，所以他有可能是这次事件的主谋。

《旧唐书·杨贵妃传》中的“禁军大将陈玄礼密启太子，诛国忠父子”，说明陈玄礼在事变之前，曾悄悄通报太子，在取得他的支持认可后，才会大胆地在将士们喧闹泄愤之际站出来，公开宣扬要“杀杨国忠以谢天下”，将愤怒引向杨国忠，借将士之手除掉杨国忠。《旧唐书·韦见素传》中的“龙武将军陈玄礼惧其乱，乃与飞龙马家李护国谋于皇太子，请诛国忠，以慰士心”，也记载了陈玄礼在人心浮动之际，紧急与太子的宦官李护国（即李辅国）联系，通过他“谋于太子”的事实。继《旧唐书》之后，欧阳修、宋祁等编撰的《新唐书》，干脆将“密启太子”之类的话统统去掉，突出陈玄礼谋杀杨国忠，最多就是记载“陈玄礼等诛杨国忠，辅国豫谋”而已。鉴于此，以筛选史料严格著称的司马光在撰写《资治通鉴》中，谨慎地写道：“丙申，至马嵬驿，将士饥疲，皆愤怒。陈玄礼以祸由杨国忠，欲诛之，因东宫宦者李辅国以告太子，太子未决。”指出陈玄礼通过李辅国，将要杀杨国忠的计划通报太子，太子的态度含糊不清，还没有决定，摆出一副既是默认，但又可推卸责任的态度。上述史料，证实了太子确实参与和支持事变，至于是否主谋，还有待进一步探讨。

作为大唐盛世的天子，玄宗在人们心目中威信极高，人们认为所有的罪过都是皇上身边的奸臣小人造成的，将安禄山杀入洛阳，为非作歹，残害百姓的这些账统统算到杨国忠身上，“杨国忠骄纵招乱”，几乎成为当时普天之下所有人的共识，政坛上下有一股要杀杨国忠的冲动。陈玄礼带头发难杀杨国忠，铲除皇上身边的奸人，只是顺应潮流，引导将士们将不满、怨恨，统统发泄到杨国忠身上，从而稳住政局，控制军队，保卫皇上，保卫大唐，完全是出自一个军人对皇上的忠心。事后，无论局势如何变化，陈玄礼自始至终都不折不扣地守卫在玄宗身边，就是最好的诠释和证明。对于太子而言，杀杨国忠，打掉自己的政敌，排除将来即位的障碍，求之不得。即使如此，以肃宗仁孝谨慎性格，慑于玄宗威望，恐怕还不至于冒险出头主谋，所以司马光舍弃了“密启太子”一说，而主张是陈玄礼所为，并对陈玄礼此举充满赞许和肯定。

有人认为马嵬兵变是朝臣与内廷宦官之间冲突的结果，高力士是兵变的主谋。高力士早就对杨国忠专横跋扈十分不满，安禄山之乱，皇上不得不西逃，天下动荡，江山社稷危在旦夕，自己也不得不随着皇上颠沛流离，对酿成此祸的杨国忠，自然恨得咬牙切齿，故杨国忠罪该万死，死有余辜。而贵妃尽心尽力侍奉皇上，从不介入朝政，与政纲紊乱的确没有多大关系，他也一清二楚，但面对群情激昂的将士，三言两语如何解释得清？在危及到玄宗生命的紧急关头，毅然决然把皇上安危放在首位，丢卒保车，是忠心耿耿的高力士十分自然的抉择。至于他可能成为事件主谋的蛛丝马迹，史料中均无发现。尽管有些迹象多少可以证明高力士事先知道并赞同陈玄礼的计划，但是支持与主谋完全不同。

由此看来，马嵬兵变是天宝晚期以来各种社会矛盾以及统治阶级内部矛盾激化的自然结果，也是人们为国除奸自发救亡的结果，是杨国忠多年胡作非为、作恶多端，罪有应得的报应。玄宗和贵妃这一对恩爱无比的情侣，眼睁睁地生离死别，阴阳相隔，现实中的残酷悲哀，实在难以言喻，也引起了后世人们的无比同情。

陈鸿的《长恨歌传》用散文的形式描写了玄宗下旨后，入内与贵妃道别，二人相拥而泣，不忍分离，最后还是高力士宣旨，硬将贵妃从皇上跟前拉开，随后送上自缢用的罗巾，转瞬间，贵妃就在玄宗眼皮底下魂归西天。在此基础上，宋朝乐史在《杨太真外传》中，绘声绘色地加入了一段离别场景：贵妃分别时，撕心裂肺地留下了："愿大家（指玄宗）保重"的遗言，还说"妾诚负国恩，死无恨矣"。贵妃信奉佛教，所以请求临死前礼佛，玄宗悲不自胜，让人将她带往佛堂礼佛，满足爱妃的最后要求并哽咽地祈祷："愿妃子善地受生！"

白居易的《长恨歌》则写道：

渔阳鞞鼓动地来，惊破霓裳羽衣曲。

九重城阙烟尘生，千乘万骑西南行。

翠华摇摇行复止，西出都门百余里。

六军不发无奈何，宛转蛾眉马前死。

花钿委地无人收，翠翘金雀玉搔头。

君王掩面救不得，回看血泪相和流。

栩栩如生地再现了贵妃赐死之仓促，以致她生前佩戴的翡翠金银珠宝等首饰，诸如头簪、步摇、耳环等散落一地，玄宗除了掩面痛哭之外，居然无能为力挽救自己的爱妃！好不凄凉！

此外，刘禹锡的《马嵬行》、李商隐的《马嵬二首》、郑嵎的《津阳门诗》等，都从不同角度反映了诗人对这一事件的叹息和感慨。上述这些唐朝文人学士创作的文学作品，是在安禄山之乱平定之后，一切又恢复正常的情况下，从残存史料中引发的想象、创作、咏叹，有的作品距离悲剧发生时间不过四五十年，也就是说历经那个动乱时代的人和事，依然鲜活地印在人们的脑海里。这些靠近史实的文学作品，为后世各种各样的艺术创作如曲艺、小说、诗词、绘画等提供了无穷无尽的丰富源泉，人们甚至企图从史料中查找贵妃未死或死而复生的蛛丝马迹，如有传说贵妃没有死，人们用李代桃僵的方法，让宫女替她去死，掩护贵妃逃到日本，以至于现在日本的山口县秋也久津和热回神宫这两个地方都有杨贵妃墓，这些都是人们追慕贵妃、同情贵妃的结果，玄宗和贵妃及他们的动人爱情故事也随之永世长存，此是后话。

贵妃赐死，除了玄宗痛不欲生之外，一行人中还有一个人百感交集、沉痛不已，他就是杨玉环的前夫、十八郎寿王瑁。他不能像父皇那样尽情宣泄，只能把哀思深藏心底，郁郁寡欢。一路上，或许出于同病相怜，本来就十分疼爱寿王瑁的玄宗，对寿王瑁更为重用和依靠，令他频频代表自己处理核心事务，使得平时默默无闻的寿王瑁，多次出现在这段史料中。寿王瑁也不负期望，忠实地完成重托。

马嵬兵变不仅贵妃受到牵连，杨氏一族皆受到诛杀。与杨国忠同行的韩国夫人和国忠儿子杨暄同时被杀，跟随先遣部队走在前面的虢国夫人，听说杨国忠被杀，急忙带儿子裴徽和女儿，以及杨国忠妻子裴柔与其幼子杨晞等奔往陈仓，被陈仓县令薛景仙派来的人紧追不舍。眼见无路可逃，他们窜入竹林，虢国夫人急忙拔出随身自卫的匕首，先将落在后面的儿子裴徽及女儿杀死，随后又杀了求她帮助了断的杨国忠妻子裴柔，接着便挥刀自刎，顿时鲜血喷薄而出，居然没死，被追兵抬回去投入监狱。好不容易苏醒过来，不知道发生什么事的虢国夫人，还使出全身力气问看守："国家乎？贼乎？"答："互有之。"随即虢国夫人因为鲜血凝固，堵住喉咙而断气。不难看出虢国夫人到最后都不知道发生举世震惊的马嵬兵变，糊里糊涂地走入地狱。

杨国忠、魏方进等被杀后，玄宗几乎成了孤家寡人，身边只剩下韦见素一个朝臣，不得不重新做一番安排，任命韦见素的儿子韦谔为御史中丞兼置顿使，负责打前站，安排一行人的饮食住行。而生来就享尽荣华富贵、此时随同父皇出逃的十三位皇子，终于有了为父皇分忧和施展才能的机会，成为玄宗的左膀右臂。玄宗令十三子颍王璬先行，十八子寿王瑁等分统六军，前后左右相次。得知宰相韦见素被士兵误打致伤，玄宗派寿王瑁亲自带着御用药膏给他涂抹。

突如其来的兵变，打乱了整个行程，直到傍晚时分，一切才恢复平静，这一天只好留在马嵬过夜，次日（六月十五日），部队又要出发了，该往哪儿去呢？人们不禁议论纷纷，最后决定向扶风进发。

玄宗要启程了，闻讯赶来的百姓在御驾外面黑压压地跪成一片，他们声泪俱下请求玄宗不要离开宫阙陵寝所在之地，带领他们抵抗叛军。面对殷切恳求、充满期盼的子民，年迈的玄宗手按马辔，心情沉重，沉思良久，最终还是颤巍巍地在左右的扶持下，上马起驾离百姓而去，离开这个伤心之地，踏上西行之路，只传令太子留在后面宣慰百姓。

望着老皇上渐行渐远的身影，人们一下子涌向太子，遮道拦马不肯让他走。这时，太子的儿子广平王俶、建宁王倓，以及宦官李辅国也勒住太子的马缰劝谏，太子终于停住脚步，派长子广平王追赶玄宗，报告情况。

话说玄宗先行，一路上默默无语，心里有种不祥预感，总是放心不下，很快便停下来等候太子，左等右等、望眼欲穿，却依然不见太子踪影，马上派人返回察看，很快便得知发生的一切，预感应验了，太子要自立、走自己路的一天终于来了，他不由得感叹道：“天也！”

当年，李林甫陷害打压太子，后来太子与杨国忠势不两立，这些情况玄宗都一清二楚，可以说他们的靠山就是玄宗。帝王对皇权历来敏感，任何窥视皇权的言行举止都是绝不能容忍的，太子是储君、接班人，玄宗对他自然更加警觉，时刻防范，不许他有丝毫逾越不轨之念。随着年纪的增长，玄宗偏袒宠臣胡作非为，抑制太子势力发展，牢牢掌握权力，令生性仁孝、小心谨慎的太子对父亲既充满敬畏，处事小心谨慎，又满腹怨言，心存隔阂。

马嵬兵变，杨国忠被杀、玄宗被迫赐死贵妃，事变虽然有惊无险，总算一一化解，趋于平静，然而太子则在担忧：杀杨国忠、赐死贵妃，父亲会如何看待这一突发事件，是否会迁怒自己、影响到自己的未来？马嵬兵变，太子无论如何脱不了干系，若随父亲入蜀，太子位能否保住都是个问题。与太子性命攸关的太子妃以及儿子广平王俶，建宁王倓，还有宦官李辅国等人更是恐惧万分，夜不能寐，他们通宵达旦地围着太子，积极出谋划策。据《旧唐书·肃宗张皇后传》记载："禄山之乱，玄宗幸蜀，太子与良娣（即太子妃）俱从，车驾渡渭，百姓遮道请留太子收复长安。肃宗性仁孝，以上皇播越，不欲违离左右。宦者李靖忠启太子请留，良娣赞成之，白于玄宗。"第二天，太子妃随同玄宗先行，不可能在百姓遮道的现场，可见所谓"良娣赞成之"当是在滞留马嵬之夜，众人密谋策划时，太子妃赞成宦官李辅国的意见，赞成太子应该留下来领导抗敌。

而当太子派人来请求留下时，太子妃一定向皇上陈述并请留，故玄宗将她送回太子身边。《新唐书·张皇后传》写得更清楚："玄宗西幸，娣与太子从，度渭，民鄣道乞留复长安，太子不听。中人李辅国密启，娣又赞其谋，遂定计北趣灵武。"

《旧唐书·李辅国传》记载："禄山之乱，玄宗幸蜀；辅国侍太子扈从，至马嵬，诛杨国忠，辅国献计太子，请分玄宗麾下兵，北趋朔方，以图兴复。"说明马嵬之夜，李辅国献计献策，要太子向玄宗请求分兵，与玄宗分道扬镳，以达到争取掌握朝权、分割皇权的目的，而他的建议，应该说正中太子的下怀，亦得到太子妃及其几个儿子的一致赞成。所谓百姓遮道，太子不得不留下，不如说是他们彻夜预谋的结果。而玄宗坚持西行入蜀，不顾父老百姓的请求，背离民意，已经暴露出他无法替百姓作主，不宜为人主的端倪，而他留下太子在后面安慰百姓，无疑给了太子一个自主自立的极好机会，一切都按计划进行，天衣无缝。

《旧唐书·承天皇帝传》载："车驾渡渭，百姓遮道乞留太子，太子谕之曰：'至尊奔播，吾不忍违离左右，俟吾见上奏闻。'倓于行宫谓太子曰：'逆胡犯顺，四海分崩，不因人情，何以兴复？夫有国家者，大孝莫若存社稷。今从至尊入蜀，则散关已东，非皇家所有，何以维属人情？殿下宜购募豪杰，暂往河西，收拾戎马，点集防边将卒，不下十万人，光弼、子仪，全军河朔，谋为兴复，计之上也。’广平王亦赞成之，于是令李辅国奏闻。”建宁王倓是肃宗的三儿子，性格刚毅颇富才略，点出了“宜购募豪杰，暂往河西，收拾戎马，点集防边将卒，不下十万人，光弼、子仪，全军河朔，谋为兴复，计之上也”的前景，建宁王倓的一番劝谏，应该也是太子留下或者太子向玄宗请求留下的强有力理由。

李昭道《明皇幸蜀图》(台北故宫博物院藏)

上述史料说明，在一连串看似突发的意外事件中，隐藏着深刻的内在联系，从杀杨国忠、赐死贵妃的马嵬事件，到马嵬之夜太子集团的紧锣密鼓，第二天父老百姓塞满道路挽留太子以及太子最终决定留下，不难看出太子利用民情，一步一步地努力早日挣脱父亲的控制，走向自立。的确，太子在储君这个地位上已经等得太久了！整整二十年，太子从当年风华正茂的年轻人到现在知天命的年龄，一直没有机会一展宏图，一直在父亲的威严下战战兢兢，身体不太好的他多么盼望着出头之日这一天！如今机会终于来了。只派长子追赶玄宗奏请批准的举动，既试探了玄宗态度，挑战皇权，想分割皇权，也留有充分的回旋余地，留有后路。

知子莫如父，玄宗当然知道儿子打什么主意。对皇权敏感的玄宗知道，皇权最终是要交给太子的，自己迟早要退位。如今太子先斩后奏擅自留下，不随自己幸蜀，第一次大胆地借助民情，违背自己的意愿，若是平时，此举无疑会遭到灭顶之灾，但是此时天下动荡，若降罪于太子，必定会导致内部分裂，后果更为严重。深思熟虑之后，玄宗决定恩准太子奏请。据《旧唐书·肃宗纪》记载，玄宗马上派高力士和寿王瑁向太子传旨："汝好去！百姓属望，慎勿违之。莫以吾为意。且西戎北狄，吾尝厚之，今国步艰难，必得其用，汝其勉之！"他勉励太子不要有所顾忌，以江山社稷和父老百姓的期望为重，善于联合西北诸胡抵抗叛军，并调拨两千多禁军和飞龙厩马随从太子，向禁军将士宣谕："太子仁孝，可奉宗庙，汝曹善辅佐之。"同时令高力士和寿王瑁将与自己前行的太子妃送回太子身边，并送去御服等用品，表达了要传位给他的愿望。玄宗的这一系列干脆利索的周到安排，显示了大敌当前，以国家利益为重，以江山社稷为重的气度和胸怀，也是形势危急、迫不得已的最佳选择。

刹那间，那个精明果敢、宏图大略的玄宗似乎又回来了，这不能不说是两天多出逃经历的震撼，令他幡然醒悟的结果。当然，此举亦掩饰不住他在众叛亲离、痛失贵妃后，心灰意冷的心情和试探太子的动机。

玄宗的一系列积极反应令太子大出意外，也深为感动，宣谕之后他禁不住向南号啕大哭，坚决拒绝接受父皇的传位。从此，太子带领两千多禁军，加上愿随太子出征的父老百姓踏上了曲折漫长的平叛之路。太子高举“复兴”大旗，一呼百应，唐朝将士迅速聚集在他旗下，得到百姓积极响应、拥护，成为全国人民抵抗叛军的领导核心。

传位于太子

38

玄宗不得不赐死贵妃之后，曾经抑制不住无限伤感，拿着刚刚送达的新鲜荔枝对跟随身边的箜篌演奏高手张野狐，透露出内心的深沉情感："此去剑门，鸟啼花落，水绿山青，无非助朕悲悼妃子之由也。"

玄宗木然地从马嵬向扶风走去，在短暂歇息之际，他见到寺庙旁边一棵团团圆圆的石楠树，情不自禁地走上前若有所思地把玩观赏，还给它起了非常响亮的名字"端正树"。他们行色匆匆，继续闷头赶路，六月十七日，来到岐山县（今陕西岐山），正要歇口气，忽有传言安禄山的先头部队即将赶到，于是昼夜兼程马不停蹄地穿过岐山，直到扶风（陕西凤翔）才停下来住宿，事后才知道是风声鹤唳，平白无故地虚惊一场，哪里有什么叛军？

长久以来，皇宫禁卫军将士的俸禄丰厚，令人羡慕。随行的皇宫卫队士兵，大多是长安的市井子弟，和平年代为了光宗耀祖，好不容易才进入皇家卫队。如今没日没夜地连续奔波几天，忍饥挨饿、疲惫不堪，远离家人妻小，又前途未卜，令人心生思归情绪，甚至有人偷偷开小差，军心动摇，连统军的陈玄礼也感到心有余而力不足，难以控制。正当玄宗担心士兵生变，一筹莫展之际，成都地区进贡皇宫的十万多匹春彩恰巧运到扶风，于是他下令将这些贡品全部放在庭院里，召见众将士，先对他们做了一番推心置腹的演讲，表示将这些春彩全部赏赐给他们作为路费，以回长安。皇上一席话尚未讲完，众将士早已哭成一片，玄宗的宽厚和体恤令他们感动得五体投地。他们俯伏在地，饱含热泪坚定地宣誓道："臣等生死愿从陛下，不敢有二心！"反而恳请皇上恩准其继续随行，看到跪倒在地半天不肯起来的将士，玄宗沉思良久，然后宣谕："去留自便！"如此一来，军中牢骚怪话、悖乱之言销声匿迹，人们心甘情愿地紧跟皇上入蜀，危机完全化解。

借此机会，玄宗调整人事，整顿军队。任命司勋郎中、剑南节度留后崔圆为蜀郡长史、剑南节度副大使，十三子颍王璬为剑南节度大使，监察御史宋若思为御史中丞充置顿使，韦谔为巡阁道使，派颍王璬等人先行入蜀与剑南节度副使崔圆联系，做好沿途安顿和接驾的准备。重新整顿离开长安这八天以来，因为马嵬兵变、太子北上以及开小差等造成的混乱编制，分为六军，任命寿王瑁取代陈玄礼统领六军。这项任命，打破了皇子亲王不许统领御林军的皇规。自唐睿宗以来，朝廷明文规定，皇子亲王不能统领御林军，目的在于防止身上流着正统皇家血脉的皇子政变，或者怕他们为宫廷政变推波助澜。在陈玄礼参与马嵬兵变、不能控制军队的情况下，在太子分道扬镳的困境里，大胆任用寿王瑁统领六军，足见玄宗对寿王瑁的特别倚重和信任。

一系列的举措立即生效，一路慌乱无序的队伍变得有条不紊，十九日，玄宗离开扶风到达陈仓（陕西宝鸡）住宿，第二天至陈仓西南的散关，这里是终南山脉之端、大散岭上的关隘，过了散关将进入汉中地区，这里相对安全得多。

六月二十四日，进入河池郡（今陕西凤县），遇上了从四川赶来迎驾的剑南节度副使崔圆，崔圆上奏“剑南岁稔民安，储供无阙”。经历了众叛亲离，无人安顿迎接，饱一餐饿一顿的逃难生活，忽然听到可以衣食无忧的好消息，多日的紧张、压抑倾泻而出，玄宗泪流满面地感慨道：“世乱识忠臣。”

崔圆是清河东武城人，后魏左仆射崔亮之后，崔圆出生时，家境破落，年幼孤贫，但他从小立志长大后要出人头地、建功立业。为此他遍访文人学士名家贤俊，勤奋学习尤其好读兵书，终于以钤谋射策考试第一名步入仕途。他自负怀抱文艺才华，对获得状元后出任武官，不能一展文学才华深感失落。最初萧炅推荐他为会昌丞，后来他投奔杨国忠，成为其左膀右臂，进而被杨国忠提拔为尚书郎兼蜀郡大都督府左司马、知节度留后。崔圆素来怀抱功名之心，擅长见机行事，安禄山叛乱，他派手下潜入京城，通过杨国忠探知皇上有可能行幸蜀州，兴奋不已，于是他紧急动员，增修城池，按照行宫规格建造楼堂馆所，储备了大量供奉天子必需物品，将一切安排得周到细致，急切盼望玄宗早日驾到，自己可以沐浴皇恩、出人头地。

玄宗自从来到河池之后，所到之处，殿宇牙帐样样俱全，一如行宫摆设，让饱受凄凉的玄宗，备感轻松和温暖，惊叹之余大加奖赏，觉得自己的路线没有选错，马上提拔崔圆为中书侍郎、同中书门下平章事兼剑南节度使。就这样，崔圆成了玄宗逃亡路上第一个任命的宰相。正当此时，王思礼、高適两位朝臣也赶到河池，聚集玄宗身边，让他感到无比欣慰。

王思礼是高丽人，父亲是朔方军将，秉承父业，他从小就在军中，跟随节度使王忠嗣至河西，与哥舒翰共事，同为王忠嗣手下的一对押衙。哥舒翰高升为陇右节度使，王思礼与中郎周泌同为哥舒翰手下押衙。王思礼擅长近战，有勇有谋，是位出名的悍将，也是后来平定安史之乱的大功臣。天宝中唐朝攻打石堡城，王思礼一马当先，功勋卓著，一跃升任右金吾卫将军、充关西兵马使兼河源军使。征讨九曲，王思礼因故没有按预定时间抵达，按军令当斩，临行前哥舒翰又将他释放了，他面无畏惧地说："既是死罪要杀就杀，何必反悔！"令在场的众将士肃然起敬。天宝十三载（754 年），王思礼领命迎接归顺大唐的吐谷浑苏毗王时，不慎坠马摔断腿，从此上下马失去了往日的利索，哥舒翰只好让他任金城郡太守。安禄山叛乱，中原动荡，哥舒翰出任东征统帅，特向玄宗申调王思礼来辅助他，为此王思礼特从边疆回到京师，协同镇守潼关。出关兵败后，玄宗命他前往河西收集残兵败将，谁料河西诸胡趁中原动荡，背叛朝廷，拥兵自立，王思礼只能无功而返。他的到来充实了入蜀一行人的实力，玄宗把这名虎将留在身边任行在都兵马使。

高适是沧州渤海人，父亲从文最后官至韶州长史。高适虽然出身于官宦之家，然而父亲早逝，使他从小过着颇为贫困的生活，高适不屈于命运，苦读四书五经，胸怀大志，企盼有一天能大展宏图。天宝中，朝廷选拔录用官员，特别注重文词，高适已经年过五十，才开始留心雕琢诗词等，不出几年，其文渐渐变得气质自高，每吟一篇，马上为人广为吟诵。张九龄的弟弟张九皋认为他是个难得的人才，举荐他为道科中第，当时宰相李林甫只将其视为普通举子，任命他为封丘尉，此官与高适追求的相去甚远，故他辞去官职，客游河西陇右地区。河西节度使哥舒翰见他是个人才，将他留在身边，任命他为左骁卫兵曹、哥舒翰府内掌书记，随从出入朝廷。在哥舒翰的举荐下，高适开始为皇上熟识，被提为左拾遗、监察御史。安禄山叛乱，高适随哥舒翰守潼关，出关兵败后，他从骆谷翻山越岭，向西追赶，终于在河池郡回到玄宗身边。

高适向皇上详细汇报了潼关失守前后的情况，客观说明潼关兵败，不是哥舒翰对皇上不忠，而是无论脑力、体力，哥舒翰都力所不能及，不堪担当如此重任，并深刻而中肯地批评朝廷的宦官监军制度，他说："监军李大宜在潼关前线，只顾着与将士相约延续香火，召倡妇到军中弹箜篌琵琶，欢笑娱乐，沉浸于樗蒲（一种赌博游戏）饮酒，不恤军务。镇守潼关的蕃、浑及秦、陇武士，在盛夏五六月的烈日炎炎下，连饭都吃不饱，如此带兵怎么能指望将士们在战场上奋不顾身英勇善战？自然望敌散亡，兵败如山倒，万全之地一朝而失。"谈到当前南阳地区的战局及三位率兵顽强抵抗叛军的节度使鲁炅、何履光、赵国珍时，再次指出"他们虽然是节度使，但是军中监军等数人更相用事，指手画脚，这样如何能战胜敌人？"玄宗已经很久没有听到朝臣如此恳切客观地反映实情，第一次知道镇守潼关将士们的真实生活，对高适的批评也禁不住连连点头，而高适最后指出杨国忠欺上瞒下，专横跋扈，不接受进言，祸国殃民，把玄宗不得不远行蜀中的责任全推在杨国忠身上。这番分析、批评和大胆直言劝谏，令人钦敬，而最后为皇上开脱责任的言辞，特别让玄宗舒心，多日的郁闷终于释怀，故提拔他为侍御史、谏议大夫。

七月十三日，当他们翻越四川东北角的大剑山，通过剑门关，来到剑州的普安郡（今四川剑阁）时，刑部侍郎房琯终于只身赶上了玄宗一行，他的到来让玄宗特别高兴，立即提拔他为文部（吏部）侍郎，同平章事，房琯成为此行玄宗任命的第二个宰相。

七月十六日，玄宗发布了长篇诏令，回顾了自己执政以来的功绩，以及对后来因执政不明，造成天下动荡做了深刻反省。颁布了抗敌的战略部署："太子亨宜充天下兵马元帅，仍都统朔方、河东、河北、平卢等节度采访都大使，与诸路及诸副大使等计会，南收长安、洛阳；以御史中丞裴冕兼左庶子，陇西郡司马刘秩试守右庶子。永王璘宜充山南东路及黔中、江南西路等节度支度采访都大使，江陵大都督如故；以少府监窦绍为之傅，以长沙郡太守李岘为副都大使，仍授江陵郡大都督府长史兼御史中丞。盛王琦宜充广陵郡大都督，仍领江南东路及淮南、河南等路节度采访都大使；依前江陵郡都督府长史刘汇为之傅，以广陵郡长史李成式为副都大使兼御史中丞。丰王珙宜充武威郡大都督，仍领河西、陇右、安西、北庭等路节度支度采访都大使；以陇西郡太守邓景山为之傅，兼武威郡都督府长史御史中丞充副都大使。应须兵马、甲仗、器械、粮赐等，并于当路自供。其诸路本节度采访支度防御等使虢王巨等，并依前充使。其署官属及本路郡县官，并各任便自简择。五品以下任署讫闻奏，六品以下任便授已后一时闻奏。其授京官九品以上，并先授名闻，奏听进止。其武官折冲以下，并赏借绯紫，任量功便处分讫闻奏。其有文武奇才，隐在林薮，宜加辟命，量事奖擢。”号召天下团结起来，收复两京平定叛乱。这既是一份罪己诏，也是一份向全国宣示皇帝在蜀领导平叛的诏书。

诏令任命太子为天下兵马元帅，其他诸王分别统领各地，战略部署具体周到，而“定祸乱者必仗于群才，理国家者先固其根本”则是玄宗的处事原则，“太子亨，忠肃恭懿，说礼敦诗，好勇多谋，加之果断。永王璘、盛王琦、丰王珙，皆孝友谨恪，乐善好贤，顷在禁中，而习政事，察其图虑，可试艰难。夫宫相之才，师傅之任，必资雅善，允属忠贞，况四海多虞，二京未复，今当慎择，实惟其人”。故要自己这些平时颇怀大志的皇子们，在四海多难的危急时刻，行动起来共同承担起平叛责任。

玄宗万万想不到就在他通过剑门关的那天，太子在左右的劝说下，连招呼都没有打，便自行在灵武举行了登基仪式，不能不说肃宗擅自先斩后奏之举，也是引发狂妄自负的十六子永王璘心生异念，起兵叛乱的诱因之一。此时离玄宗出逃长安已经三十三天，也就是全国在这三十三天里，处于群龙无首的混乱局面，而三天前太子在灵武自立，又使得朝廷突然出现两个权力中心，各自为政，人心动荡信息不畅造成的混乱可想而知。

后世有学者以为，玄宗的这份诏令针对太子而发，令诸位皇子分别镇守各地抑制其权力，是对马嵬惊变太子分兵北上的报复，也有人认为，或许含有抑制太子权力的考虑，但更多的是希望自己这些“乐善好贤”、往日深受政事熏陶、颇有才智的儿子们发挥作用，对安禄山叛乱地区构筑庞大的包围圈，群策群力，平定天下。

经过四十六天的长途跋涉，玄宗一行终于在七月二十九日抵达成都，而随同的朝臣及六军将士仅有一千三百人、仆从的宫女仅有二十四人。

八月初二，玄宗发布了《幸蜀郡大赦文》，再次向天下坦诚检讨自己用人不明之过，并决心“用巡巴蜀，训励师徒，命元子北略朔方，诸王分守重镇，合其兵势，以定中原”，描绘了“将荡涤烦苛，大革前弊，思与亿兆，约法惟新”的宏伟蓝图。这个大赦文比过去前进了一大步，它首次提出对胁从叛乱朝臣的宽大政策，所谓“安禄山胁从官，有能改过自新，背逆归顺，并原其罪，优与官赏”，及时调正和改变了以前乱杀败将等严厉办法，采取了争取敌人营垒中的人、瓦解敌人的务实政策。

正当玄宗振作精神，精心布置，准备领导全国平定中原，雪耻国破家亡之恨的时候，八月十二日即到达成都十四天后，使者带来了肃宗在灵武即位的消息。虽然早在马嵬分道扬镳之时，玄宗就隐约预感到太子想挣脱羁绊独立，但是当预感变成事实，一向视为仁孝的太子，居然如此急促地夺权称帝，还是令玄宗猝不及防，十分震惊，整整三天，玄宗茶饭不思，不苟言笑，陷入沉思。玄宗自信只要自己振臂一呼，天下将应声响应，重臣将云集身边，要推倒太子易如反掌，但是如此一来，天下必将分裂，大唐江山在风雨飘摇中很可能顷刻瓦解。是为一己私利独揽皇权呢？还是放手让太子承担起平定叛乱的重任，顺势传位？如何传位？

玄宗整整思索了三天，最后做了一个惊人的决定：为了大唐基业，根据“理国家者先固其根本”的原则，立即传位，全力支持肃宗。第四天，玄宗颁布了《命皇太子即皇帝位诏》，诏令写道：

> 元子亨，睿哲聪明，恪慎克孝，才备文武，量吞海岳，付之神器，不曰宜然。今宗社未安，国家多难，宜令即皇帝位，朕称太上皇。且天下兵权，宜制在中夏。朕据巴蜀，应卒则难。其四海军权，先取皇帝处分，然后奏朕知。待克复上京，朕将凝神静虑，偃息大庭也。

诏令字斟句酌，上面的每项决定都是经过玄宗深思熟虑的，任命太子即皇帝位，自称太上皇，但是天下军权先由皇帝处分之后再向他报告，待收复长安之后，将不再干预军国大事。承认太子的正统地位至关重要，之所以要求“四海军权，先取皇帝处分，然后奏朕知”，是希望在平叛斗争中，以自己的丰富经验扶持太子。同时任命左相韦见素、韦见素的儿子韦谔及中书舍人贾至充当册礼使判官，到灵武宣旨，送转册文国宝。令宰相房琯、崔涣、王思礼等贤臣武将一同前往辅助肃宗。玄宗又让他们带上《命群臣辅嗣皇帝诏》和《肃宗皇帝即位册文》，前者要求群臣全力辅佐新皇帝；后者则充满对肃宗的赞誉之词，称肃宗“尔有忠孝之诚，极于君父；尔有友爱之义，信于兄弟；尔有仁恕之行，通于神明；尔有戡难之才，彰于兆庶。予懋乃懿绩，嘉乃神武，天之历数在尔躬”，教导他“汝惟推诚，祸乱将冀尔永清；汝惟从谏，宗社将冀尔复宁。佞言惟疵，直言惟师。任贤勿贰，去邪勿疑”。字字句句寄托着他对肃宗的殷切期望，再次给他以肯定与支持。这一系列安排，无疑都是玄宗不同寻常的大手笔，意义深远。

宋代欧阳修认为，当时肃宗以皇太子治兵讨贼，哪怕不即位也可以破贼，以皇太子名义讨贼不是更好吗？认为肃宗不应在父皇健在时夺取皇位，指责灵武私自称帝是背叛父亲的行为，而不是讨伐安禄山，谴责肃宗不仁不孝，无父子君臣之义，破坏三纲。宋人这类谴责甚多。欧阳修评价唐朝三位传帝位给儿子的太上皇即高祖、睿宗、玄宗时，认为只有睿宗是出于畏惧天戒，诚心让位给玄宗的，高祖、玄宗则都是迫不得已而为之。

有学者认为，肃宗既然称帝即位，玄宗迫不得已只好同意传位，而颁布所谓《命皇太子即皇帝位诏》不过是为了挽回自己被迫让位的尴尬局面，但又不甘心退出历史舞台，故有"四海军权，先取皇帝处分，然后奏朕知"，待收复长安后再完全不干预国政颐养天年之举。

回顾唐朝三位太上皇高祖、睿宗、玄宗的退位经过，虽然都是被情势逼迫不得已而为之，但差别还是很大的。就实力而言，玄宗不得已而为之的压力比起前两位太上皇要小得多，他之所以决定传位，除了来自他一贯的仁慈宽厚性格之外，更有对造成祸乱的深刻认识和承担责任的魄力，他信任肃宗，有鼎力扶持肃宗平叛的诚心，以此来捍卫大唐江山，告慰祖先的在天之灵，多少有些赎罪、自我降罪的心理。当然贵妃之死以及一个多月来的相思之苦，也令他对人生有另一番感悟，对权力有另一种态度。

随之而来的一连串诏令、派执政经验丰富的重臣辅佐肃宗，都是经过他深思熟虑意义深刻的大手笔，展现了玄宗的一贯风度。这些举措，使得肃宗即位合理合法，抹去了他擅自夺位篡权之过，避免他在历史上留下不忠不孝的恶名，玄宗在每篇诏令中，洋溢着盛赞肃宗忠诚仁孝之辞，极力突出抬高他的地位，起到了抑制诸王生变、团结稳定唐朝内部的作用，同时号召天下精英聚集在他身边，在他的统一领导下平定叛乱。这些细致周到的布置决非仅仅是为了挽回自己的面子。

玄宗的反应再次令肃宗感动，一直悬着的心终于放下，毕竟自己的举止有悖伦理。面对韦见素等人带来的国宝册文，肃宗坚决不肯接受，说："如今中原尚未平定，我岂敢乘危传袭即位，权总百官？"这一次，无论群臣如何固请哀求，肃宗都不肯接受国宝册文，而是将白玉国玺和册文置于别殿，像孝子供奉父亲那样朝夕事之，每日必向宝册行晨昏定省之礼，多少掩饰自己乘危难之时登上帝位的悖理之举，表示自己不承认登基皇帝的事实，或表面上不敢以皇帝自居。

有如此多名相重臣前来相助，几道细致周到温暖人心的诏敕以及象征皇权的国宝玉玺，玄宗的鼎力支持更坚定了肃宗平定中原的决心，不过他对于父亲派来的人还是颇带戒心，对韦见素和房琯的态度就绝然不同。

肃宗初立，身边朝臣不到三十人，缺乏执政经验，录用人全无章法，顾不得仔细甄别。韦见素劝说道："臣长期选用官吏，深知无条纲用人的弊端，现在中原未平，官员不多还行，但是恐怕难以持久。"肃宗表面上点头，但并未进行改革，对于韦见素曾与杨国忠关系密切，肃宗依然耿耿于怀，常常将他冷落一边，礼遇淡薄，直到收复长安后才发现不得不按韦见素的意见去做，此是后话。对于房琯，肃宗则是虚怀以待，颇为倚重。

房琯是河南人，出身官宦世家，从小聪明好学。父亲房融是武则天朝的正议大夫、平章事。开元十二年（724年）玄宗准备到泰山封禅，房琯撰写了一篇《封禅书》献上，深得当朝文学领袖、宰相张说的欣赏，以为难得的奇才，推荐为秘书省书郎，调补为同州冯翊尉。不久房琯辞职应聘县令，当县令期间，房琯执政仁慈，给老百姓带来诸多实惠关爱，赞誉之声鹊起，开元二十二年（734年）被提为监察御史，因为判案不当，被贬为睦州司户，历任慈溪、宋城、济源县令。在基层，房琯兴利除害，缮理廨宇，政绩显著。天宝元年（742年），房琯升任主客员外郎。玄宗喜得杨贵妃后，朝廷大动土木，修建华清宫及宫内的百司廨舍，以便皇上常驻华清宫，房琯以构思高雅巧妙著名，故受命负责修缮华清宫内的百司廨舍。工程未完，却因为与宰相李適之、太子妃兄韦坚关系密切而被李林甫从中央赶出，贬为宜春太守，后历任琅邪、邺郡、扶风三地太守。直到李林甫死后，天宝十四载（755年），房琯拜为左庶子，迁宪部侍郎，终于回到久违的京城。房琯素有重名，加上这段坎坷经历，令同样深受李林甫迫害的肃宗对他颇有好感，信任有加，很多军国大事都和他商量。房琯向来十分自负，此时更以天下为己任，知无不为，许多机务他都大胆决断，如此一来凡有大事，其他宰相都拱手避让房琯处置，这令他越发自以为是，感觉良好。不久，他不自量力地毛遂自荐，请求带兵收复两京。房琯从来没有带过兵打过仗，仅有的军事知识都是从书本上看来的，可他的奏请迎合了肃宗早日克复两京的焦躁心理，因而获得允准。

房琯豪气冲天地选择了一帮和他一样不懂军事、没有军旅经验、喜欢纸上谈兵的儒家书生为副将，像户部侍郎李揖、给事中刘秩，后来虽然补了老帅王思礼为副将，但主要还是依靠李揖、刘秩参谋定夺，此次征讨分为南、中、北三军，出发前，房琯还大言不惭地夸下海口："逆党曳落河虽多，岂能当我刘秩等？"他似乎忘了面对的是一群骁勇善战、凶悍残忍的锐敌，而不是不堪一击的辩手！其知人不明，如何不败！

房琯搬出古书上的春秋车战法，用马步夹着两千辆牛车，在咸阳县东摆开阵势与叛军对决，看得叛军哈哈大笑。才开战，叛军就在顺风头上扬尘鼓噪，惊天动地的鼓声伴随着滚滚沙尘扑面而来，吓得牛群狂冲乱奔，全不听使唤，叛军围着唐军，瞄准牛车连连发射带火的利箭，霎时间，牛车燃起浓烟，昏天黑地，人畜大乱，相互践踏，哀号震天，一幅惨不忍睹的炼狱图呈现眼前。不到一天，唐军死伤竟多达四万余人，生还者仅有数千！

房琯岂能咽下这口气，第三天他亲自带领南军出战，又大败而归，南军、中军的主要将领杨希文、刘贵哲甚至临阵缴械投敌，使得军事上刚刚振兴起来的肃宗朝廷遭受极大的打击。肃宗虽然恨房琯兵败丧师，但毕竟是能力问题、实力问题，故对他的眷宠仍未减退。

肃宗之所以如此急于收复两京，是有隐忧的，万一哪个分管镇守其他地区的宗室王（他的弟弟）捷足先登领兵打入长安，他将十分被动，很可能成为流亡天子。毕竟肃宗是在灵武自称为帝，虽然后来获得玄宗的国宝册文，但还没有在长安举行过朝祭宗庙的大典，也就是还没有按照封建礼仪得到列祖列宗的承认，没有完全完成新皇帝登基程序，故收复两京是当务之急，是关系到他能否真正立足帝位的头等大事。受此挫折后，肃宗不得不重新调整战略战术，虚心听取谋士李泌的建议，任命身经百战的郭子仪为天下兵马副元帅，配合天下兵马元帅广平王俶准备反攻，重用了颜真卿、李光弼、李嗣业等一批文武双全、身经百战的将帅。经过几个月艰苦卓越的战斗以及精心筹划，趁着安禄山被杀、叛军内讧的有利时机，在郭子仪的统率下，经过三十五天的激战，于至德二年（757 年）九月二十八日，收复长安，十月初收复洛阳。沦陷一年多的长安、洛阳终于重见天日！

肃宗获得长安光复的捷报后，禁不住悲喜交加、热泪纵横，立即派人入蜀奏呈上皇玄宗。陕郡大捷洛阳收复之际，肃宗启程奔往长安，同时派韦见素入蜀奉迎上皇玄宗还京。当肃宗一行抵达长安时，京城男女老少纷纷出城奉迎，沿途二十多里道路的两旁挤满了欢呼雀跃的百姓。

39 “蜀当归”

玄宗接到捷报百感交集欣喜万分，恨不得即刻踏上归途，在成都生活的这一年两个月，他无时无刻不在盼望着这一天！自从送走宰相韦见素等重臣及国宝玉玺册文之后，虽然军国大事肃宗处置后仍需奏闻，时刻关心平叛的进展，但战事千变万化，父子远隔千里之外，消息不畅，鞭长莫及，得到的都是滞后情况，谈不上什么指导，接下来的日子，是百无聊赖不期而至，悠悠相思涌上心头。一年多来，玄宗除了回顾往事自我反省总结历史经验，重新评估往事故臣之外，更多的是处在相思煎熬之中，而唯一能排解忧思悔恨、百结愁肠的莫过于修道。

开元十五年（727 年）玄宗信任尊敬的高僧一行禅师行将圆寂之际，曾上奏遗表，上面写道：

“他时慎勿以宗子为相，蕃臣为将。”后来果然李林甫在内擅权朝廷，安禄山在外弄兵叛乱，两京沦陷。临终前他还留下遗物命弟子进献给玄宗，里面装着一味中药“蜀当归”(一说“蜀当归”乃是玄宗信任的术士罗公远所赠)。当初玄宗并不知其意，直到长安收复，才有所省悟，深感奇异，原来“蜀当归”即如今“幸蜀当归”之时。然而，如今看了肃宗的表文，玄宗却是满脸愁容，疑虑重重地说：“当与我剑南自奉，不复东矣。”

原来肃宗的第一封捷报，在请求太上皇回京的同时，说自己将回东宫做太子。马嵬事变之后，胜负莫测之际，肃宗就迫不及待地自称为帝，如今取得收复两京的胜利，倒反而要退当太子，以此掩饰子夺父位之过，未免有些惺惺作态。玄宗一眼看穿儿子的饰词，要他回去当皇帝，无疑给他出了一道难题，玄宗思前想后，甚至准备老死剑南。

李泌得知后，认为肃宗的表文不妥，如此太上皇肯定不回来，建议以群臣贺表和肃宗思念太上皇的形式再发一封表文，恭请玄宗返京，肃宗同意。李泌当即起草，文中写道：“自马嵬请留，灵武劝进，及今成功，圣上(肃宗)思念晨昏，请速还京以就孝养。”传说肃宗阅后流下眼泪，深感自己做错了一件事，立即派韦见素送新表入蜀，迎接上皇。不难看出，在玄宗面前，肃宗内心还是底气不足，还是李泌比较客观地洞察玄宗与肃宗的心态，劝肃宗不必如此虚情假意、不必心虚，说：“人臣七十而传，何况欲劳上皇以天下事乎！”果然直到收到第二封表文，玄宗才高兴地说：“吾方得为天子父！”立即下令离蜀返京。

当玄宗抵达凤翔时，肃宗派三千精兵前来迎接。肃宗宠臣、宦官李辅国以肃宗的名义，令手下收取随驾甲仗，也就是收缴随从玄宗禁军的兵械，解散其队伍，改由他们卫护。虽然李辅国本人没有来，但此令似乎也得到肃宗的同意，这个突如其来的小插曲，显示了肃宗的心虚、戒备、猜忌。面对此突发变故，玄宗只是淡淡地说：“临至王城，何用此物？”随即令随身的仆从将士解甲入库，显示出经过这番颠沛流离岁月，已经七十多岁的玄宗早已淡漠人生，荣辱不惊。

整个归途最令玄宗感伤的无疑是过马嵬。从凤翔到马嵬约三天路程，玄宗是如何经过这个伤心之地？在浩瀚的史料中，几乎没有留下任何玄宗经过马嵬的记录，只有《新唐书》有如下数字的记载：“帝至自蜀，道过其所，使祭之，且诏改葬。礼部侍郎李揆曰：‘龙武将士以国忠负上速乱，为天下杀之。今葬妃，恐反仄自疑。’帝乃止。”

史料的缺失不仅没有淹没玄宗的这段情感，反而留下许多美丽的诗篇。如李益《马嵬二首》诗中的“浓香犹自随鸾辂，恨魄无由离马嵬”；白居易《长恨歌》诗中的“天旋日转回龙驭，到此踌躇不能去。马嵬坡下泥土中，不见玉颜空死处”；唐求《马嵬感事》诗中的“恨多留不得，悲泪满龙颜”；黄滔《马嵬二首》诗中的“铁马嘶风一渡河，泪珠零便作惊波。呜泉亦感上皇意，流下陇头呜咽多”；崔道融《銮驾东回》诗中的“天子还从马嵬过，别无惆怅似明皇”，等等，数不胜数。字里行间说不尽道不完玄宗此时的悲凉痛惜之情，那踌躇不前不忍离去的恍惚，泪如雨下心如刀绞的痛楚，感人至深。

马嵬到咸阳望贤宫不过一天的路程，还没有等玄宗从对贵妃的无限思念中缓过神来，就到了咸阳，与一年多前仓皇出逃，顶着烈日坐在空无一人的大树下，饥肠辘辘的狼狈局面相比真是恍若隔世，只见几十里路两旁，挤满了欢迎的人群，旗帜招展，锣鼓喧天，人声鼎沸。此时肃宗早已在望贤宫恭候，当得知玄宗已经抵达宫内南楼时，他特地脱下象征皇权的龙袍（黄袍），换上臣僚身份的紫袍，望楼下马，急忙朝着楼前走去，才在楼下便开始叩拜父亲、太上皇玄宗。玄宗马上下楼，激动地抚摸着肃宗声泪俱下。肃宗也匍匐捧着父亲的双脚，呜咽抽泣悲不自胜。

父子俩时隔一年多的重逢，双方都发生了很大的变化，七十二岁的玄宗显得更加苍老、衰弱、忧郁，四十六岁的肃宗显得益发老练成熟，双鬓平添几分白发，脸上写满风霜。玄宗终于控制住激动的心情，向左右索要黄袍，亲自为肃宗披上，当众向天下表示传位给肃宗。肃宗伏地顿首固辞，不肯穿上，玄宗坚持地说："天数、人心皆归于汝，使朕得保养余齿，汝之孝也！"肃宗不得已只好穿上黄袍。此时围在禁军警卫线外的朝臣和百姓，欢呼雀跃，一同跪拜。

第二天，肃宗亲自牵御马到玄宗面前，小心翼翼地扶他上马，牵马徒步向前走了几步，坐在马上的玄宗拍拍肃宗的背不让他继续走，于是肃宗乘马靠边在前面引路，不敢走道中，见状，玄宗高兴地对左右说："吾享国长久，吾不知贵，见吾子为天子，吾知贵矣。"

进入长安后，玄宗在大明宫含元殿接见并抚慰文武百官，然后，玄宗便到长乐殿拜谒九庙，向列祖列宗请罪。在列祖列宗面前，玄宗压抑多时的情感终于得以尽情宣泄，千言万语不知从何说起，他放声恸哭，任由悔恨的泪水洗刷内心深处的悲伤……良久，玄宗才平静下来，在高力士、陈玄礼等老臣的簇拥下，回到自己居住了大半生的寝宫，这时已是至德二年（757年）的十二月。

回到长安后，肃宗多次上表请求退回东宫，玄宗不许，派高力士去再三劝止。朝廷对为国捐躯的忠烈李憕、卢奕、颜杲卿、袁履谦、许远、张巡、张介然、蒋清、庞坚等皆加追赠，荫其子孙，对于浴血奋战出生入死为攻下两京立下汗马功劳的将帅论功行赏，安抚厚恤。而对叛变投敌的达奚珣等人处以斩首，陈希烈等老臣免予当众斩首，赐死家中。玄宗执意要杀忘恩负义的张均、张垍兄弟，经肃宗一再求情，张垍才得以免死流放。肃宗照例大赦天下，惟有与安禄山同时反叛，以及对唐朝政权造成重大伤害的李林甫、王铁、杨国忠子孙等不在大赦之列。

至德二年（757 年）十二月甲子，玄宗郑重地从兴庆宫驾临宣政殿，把肃宗在灵武不敢接受的传国宝玺隆重传授给他，直到此时，肃宗登基的程序才正式完成。肃宗激动不已，涕泣接受。

第二天，玄宗加封肃宗为“光天文武大圣孝感皇帝”尊称，肃宗再三固辞所谓“大圣”之号，玄宗不肯，借此表明自己对儿子的赞赏和将江山完全托付给他的态度，强调加封尊号的重要性。肃宗对此予以回报，送给玄宗一个“太上至道圣皇天帝”尊号，玄宗同样推辞一番，最终还是高兴地接受了。

随即肃宗改年号“乾元”，大赦天下，这一年为 758 年，肃宗四十七岁，玄宗七十三岁。与两年前在灵武只有不到三十人的朝臣，登基改元年号“至德”相比，正统、隆重、堂堂正正、无可厚非，肃宗终于名正言顺，君临天下。

40 此恨绵绵无绝期

回到长安，玄宗最惦记和急着去办的事就是改葬杨贵妃，由于不能公开进行，他只能私下派宦官去办。贵妃是用紫色锦缎包裹埋葬的，时过一年多，挖开墓冢一看，除了贵妃胸前戴着的小锦香囊外，一切都已经化为乌有。宦官移葬后，将贵妃这仅存遗物带回献上。玄宗老泪纵横，悲痛万分，久久不肯松手，然后小心翼翼地揣入袖袋，并令画工根据记忆描绘贵妃画像，挂在别殿，朝夕坐在画像前，凝神注目嘘唏不已。

兴庆宫又称南内，是玄宗为诸王时期的宅第，从十七岁他获赐这座兴庆坊到即位以后改建为兴庆宫，玄宗陆续在这里居住了近六十年，它见证了玄宗的兴衰荣辱。如今，宫内梨园弟子流散、乐器大多亡失，唯独那个为贵妃精心打造的玉磬，因为有好几百斤重而侥幸留存。看着蓝田绿玉雕琢的玉磬，抚摸着镶嵌在那上面光彩夺目的金钿珠翠和两只扛着这座巧夺天工玉磬的金狮子底座，眼前浮现出与这件乐器十分般配的杨贵妃，出现爱妃那满怀激情、专注敲打的神情，顿时泪水模糊了双眼，不忍再见，急忙令人封存仓库。

这年的八月玄宗生日，为了让玄宗高兴，肃宗以上皇名义，在金明楼宴请百官，各方重臣纷纷前来朝贺，如朔方节度使郭子仪、河东节度使李光弼、关内节度使王思礼等。肃宗加封郭子仪中书令，李光弼侍中，王思礼兵部尚书，施恩嘉奖，鼓励他们竭智效忠，早日平定叛乱。太上皇玄宗过了收复长安后的第一个隆重生日，见到这些老部下的熟悉脸庞颇感欣慰。

随着时间的推移，玄宗对贵妃的思念愈深，废寝忘食，痴迷得无法自拔。

又到了一年一度到华清宫避寒的季节，玄宗一行来到阔别近两年的华清宫，青山依旧，面目全非，随行的官从嫔御大多是新人，令人感慨，恍若隔世。沿途父老闻讯纷纷在两旁奉迎，一时间壶浆塞路。玄宗来到望京楼下，命随行的梨园弟子，筚篥、箜篌第一高手张野狐弹奏那首在幸蜀途中特别为悼念贵妃而撰写的《雨霖铃曲》。曲声才过半，玄宗四顾凄然，不觉流涕哽咽，左右也抑制不住满腹悲痛，为之感伤。

正如杜牧描写的：

零叶翻红万树霜，玉莲开蕊暖泉香。

行云不下朝元阁，一曲淋铃泪数行。

宫廷诗人张祜的：

雨霖铃夜却归秦，犹是张徽一曲新。

长说上皇和泪教，月明南内更无人。

有个名叫谢阿蛮的女伶，其舞蹈《凌波曲》堪称一绝。在华清宫再次为太上皇献舞的谢阿蛮，目睹老皇上如此思念贵妃，便拿出当年贵妃赏赐给她的金粟装臂环献给玄宗。玄宗拿着金粟装臂环，泪如雨下。此时任何一件微小的东西都能勾起玄宗对贵妃的无限思念，令他热泪滚滚。华清宫的一草一木印记着他与贵妃卿卿我我的浓情爱意，无不让他避之不及。如此阴阳相隔的邂逅，让玄宗再也无法忍受，终于仓皇返回，这生命中最后一次的华清宫之行，只停留了短暂的二十四天。

生活在兴庆宫的玄宗，常常登高望远，思绪万千，他对贵妃的痴情传开来后，不少人将与贵妃有关的东西呈献太上皇，以解其相思。兴庆宫在长安城东南，与市民街坊相邻，兴庆宫的南门长庆楼面临道路，登上长庆楼，市内景色一览无遗。有一次，为了舒展一下内心的郁闷，玄宗信步登上长庆楼，临街眺望，恰巧经过楼下的人们无意见到太上皇，惊喜无限，倒头拜舞，万岁声响彻云霄，奔走相告。庶民、朝臣的反应，令玄宗十分欣慰，不由得常常登楼眺望。往来的人们一旦见到太上皇，无不激动地拜倒在地，连连高呼万岁，瞻仰跪拜，有的人甚至故意绕路经过，期待幸运地瞻仰到太上皇。玄宗因此也常常在楼下设宴赏赐人们，将军郭英乂等人路过时，还被太上皇召上楼赐宴。有一次，来自剑南的奏事官经过楼下见到太上皇，立即跪地拜舞。玄宗不忘旧情，特令妹妹玉真公主、旧宫人如仙媛（又称九仙媛）以他的名义设宴招待。

回到长安后，住在大明宫（即东内）的肃宗，常常到南内兴庆宫问安，他或是进献炼石英灶供父亲修道熬药炼仙丹用；或为玄宗生日大摆筵席隆重庆贺。冬天，玄宗出游华清宫，肃宗亲自送他到长安城郊灞上；太上皇从华清宫返京，他又亲自到灞上迎接，为玄宗牵马，尽显仁孝。玄宗亦不时前往大明宫，父子俩不时会在夹城通道上偶遇。为了给玄宗排解忧伤，肃宗特别令老臣陈玄礼、高力士等留下随侍父亲，还吩咐玉真公主，以及如仙媛、王承恩、魏悦以及梨园弟子常常伺候在旁，为太上皇解闷娱乐，愉悦身心。

然而，玄宗与肃宗之间这种和谐平静关系，很快就被打破了，问题主要出在李辅国身上。

李辅国样子长得很丑陋，矮小黑瘦，出身微贱，父亲在宫内闲厩当差，充其量是个马夫。他从小阉割入宫，伺候高力士四十几年，办事颇为机灵，粗知文字，后来高力士派他到宫内闲厩管簿籍，王铁见他办事麻利，推荐给太子。

长期在高力士身边，高力士的成功令李辅国心里羡慕至极，视为楷模，盼望着有朝一日也能出人头地。安禄山叛乱，玄宗出逃，他以为时机已到，积极怂恿太子与玄宗分道扬镳，支持陈玄礼杀杨国忠，建议太子以顺应民意为由向玄宗请求分兵北上；到灵武后，他积极联络左右，以争取民心为由频频劝谏肃宗称帝自立，迫不及待地争当高力士第二。

不知是否受到信奉佛教的高力士的影响，李辅国也信奉佛教，像僧侣那样修行佛法，不吃荤只吃素，佛珠整日随身携带，闲暇之余，便从怀里取出佛珠，口中念念有词，给人以慈悲为怀的假象。他温顺善良的表面蒙骗了不少人，内心里，出身卑微的李辅国却心胸狭隘、满肚子坏主意。

在肃宗面前，李辅国小心翼翼、谨慎温顺，深得肃宗信任。因为推立肃宗有功，肃宗登基后，提拔他为家令、元帅府行军兵马，收复长安后，拜殿中监、闲厩、五坊、宫苑、营田、栽接、总监等使，兼陇右群牧、京畿铸钱、长春宫等使，少府、殿中二监、封成国公，实封户五百，俨然成为高力士第二，甚至比高力士权力更大。大权在握后，他有意隔离肃宗与朝臣，宰相群臣要谒见肃宗，奏请军国大事，没有李辅国的通融，难于上青天。就连像郭子仪这样的老臣悍将，在平叛战事紧张的情况下，也无法通过正常渠道觐见肃宗，随着肃宗的身体状况时好时坏，这种情况更加严重。有一次，郭子仪领命远征，出发前想拜别皇上，被李辅国挡驾，直到他生气地说：“臣上前线将死于外，不见陛下死不瞑目。”这才转奏。

在朝臣办公、定夺大事的银台内，李辅国安置了数十个所谓“察事”心腹，官吏们秋毫过失都逃不过他的眼睛，李辅国抓住官员的点滴错误，伺机展示淫威，严加审讯，地方县府以及司法部门审讯的案件，皆由李辅国判决，按亲善疏远随意区分，拉帮结派，而且这些裁决都是以肃宗名义下达，至于其真伪则没有人敢提出异议。他自己也常常在银台门决定天下大事，事无大小，李辅国随口口述制敕，令下面成文执行，轻重随意，口口声声称是皇上圣旨，其实往往是待事情结束他才奏闻肃宗，慑于淫威，满朝文武没有人敢违反。李辅国出入随行的全副武装警卫大多数百人，比起当年李林甫有过之无不及。达官贵人无人敢直呼其官名，而称其为五郎，其弟子嫡系则称五父。

肃宗上元元年（760 年），两京收复已经三年多了，正因为以李辅国为首的宦官势力专横，外派节度使都出自他门下，朝臣之间钩心斗角、矛盾重重，使得唐朝的平叛战争进行得并不顺利。安禄山被杀，安庆绪被赶出洛阳后，乾元二年（759 年）正月，叛将史思明在魏州自称大圣燕王，占据河北一带，继续与唐朝为敌。九月，史思明发动新的军事攻势，拿下汴州，攻取郑州，直奔洛阳。叛军来势汹汹，东都洛阳地形不便于长守，李光弼不得不退出东都洛阳，使洛阳成为“空城”，转入坚守与洛阳相望的河阳。这样东都洛阳又落入叛军手中，战争进入胶着阶段，相当艰苦。

在这种情况下，宰相李岘趁拜见肃宗机会，上前叩头直言劝谏，论述皇上下达的诏令制敕等应该从中书省正式颁布的必要性，批评任由李辅国随意口述制作圣旨的弊端，状告李辅国专权乱政。李岘的一番话，让肃宗多少认识到问题的严重性，也察觉李辅国行事常常篡改了他的本意，多有变更之处，于是罢免其察事职位。对此李辅国以退为进，请求让出行军司马，回到专门伺候皇上的原点，肃宗没有同意，算是安抚。

三年多来，繁重的朝政、战事的曲折，耗费了肃宗大量心血，他身体越来越坏。乾元二年（759年）以后，随着前方战事危机，以及是否重新安葬杨贵妃的争执，玄宗不像刚回长安时那么出入自由、常在朝臣前露面，至少史料上已经没有什么父子俩相互关心频繁往来的记录，其中李辅国不停地挑拨离间，和张皇后一起打压太上皇及其身边的人关系极大。

李辅国虽然暴得富贵，但在高力士等老臣面前，无论如何抖不起来。像高力士、陈玄礼这些老臣，看着李辅国长大，知根知底，从心眼里看不起他，这让李辅国恨得咬牙切齿。尤其是朝廷内的争斗，被罢免察事，让李辅国深感恐惧，为了巩固恩宠，他千方百计寻找机会讨好皇上示忠。打压太上皇身边的人，或者依然惦记太上皇的朝臣，是他讨好肃宗最恶毒的一招。

颜真卿曾在朝廷上关心地询问太上皇是否安康，就被李辅国忌恨，借故将他贬黜地方。

太上皇在兴庆宫里的一举一动当然逃不过他的眼睛，宫外往来行人偶遇太上皇的激动情形，玄宗常常在勤政楼下招待庶民和朝臣等情况，李辅国都夸大其词地向肃宗报告，说："上皇在兴庆宫，整天与外人交流，陈玄礼、高力士图谋不利于陛下。今天的六军将士都是灵武勋臣，对此大家都深感不安。"捏造陈玄礼、高力士等人怂恿七十五岁的玄宗谋反、夺肃宗的权，真是天下奇闻！不过，玄宗招待郭英乂将军等人的确让李辅国抓到致命把柄。郭英乂是守卫皇宫的禁军头领，难怪引起肃宗及亲信们的疑心，于是为了防患于未然，上元元年（760年）四月，朝廷把郭英乂调离禁军，外任陕州刺史、陕西节度使、潼关防御使。为了进一步打击玄宗，李辅国还挑唆肃宗将太上皇迁居大内。

看准肃宗犹豫不决的态度和矛盾、软弱的性格，加上取得张皇后的首肯，李辅国更加放肆地擅自行动。李辅国先是谎称口谕，将兴庆宫里专供太上皇出行使用的三百匹骏马，自行取走了两百九十匹，仅象征性地留下十匹。对此，肃宗居然没有反应。李辅国这些粗糙、低级的卑劣伎俩，怎能逃得过玄宗那精明过人、久经历练的眼睛！玄宗十分了解自己的儿子，他难过地对高力士感叹道："吾儿为辅国所惑，不得终孝矣。"

紧接着李辅国煽动六军将士到皇上那里哭号叩头，请求将太上皇迎入西内，以证明灵武功臣都自觉不安。肃宗泪流满面，但还是不肯答应。事情闹得这么大又搁浅，倒让李辅国有点害怕，他决定一不做二不休。七月的一天，趁肃宗身体不适，李辅国假传上旨，说是要迎接太上皇游西内。正当玄宗一行人通过夹城走到睿武门时，李辅国带着五百名专门擒拿敌人的射生将，全副武装骑着骏马迎面走来，拦住去路道："皇帝以兴庆宫湫隘，迎上皇迁居大内。"突然被迎面奔来的全副武装将士持刀相拦，令毫无戒备的玄宗蓦然一惊，几乎从坐骑上跌下来，幸亏左右急忙扶助，才没有出意外。高力士立即跃马迎上，厉声喝道："李辅国不得无礼！五十年太平天子，李辅国旧为家臣，不得无礼！"

李辅国没有想到高力士如此强硬，毕竟伺候了他四十几年，敬畏成习惯，内心依然怕他，听到这熟悉而严厉的高喊，吓得他急忙下马，连马缰都脱手、鞋子也脱落了。没等他反应过来，高力士又对着将士们大声宣太上皇口谕道："将士们好吗？"一声不得干预乘舆的当头棒喝、一声代替太上皇的问候，恩威并用，令形势急速逆转，被镇住了的李辅国不得不有所收敛，刀剑入鞘，领头拜倒在地，高声喊道："太上皇万福。"武士们也都纷纷收刀跪拜，连声高呼万岁。高力士又接着说："李辅国拢马。"李辅国这才穿鞋拢马，和高力士一起牵着太上皇的马缰，在将士们的护卫下，平安前往西内。

李辅国等人走后，玄宗拉着高力士的手悲泣道：“若没有将军，阿瞒（玄宗在宫内对家人的自称）早已成兵死鬼了！”在场高力士、陈玄礼、九仙媛等左右，也都忍不住相对泪流，呜咽不已，可见当时情况的确十分危急，要不是高力士将李辅国镇住，说不定真会出什么意外。

直到傍晚，才有十几个老宫婢把随身衣物带到西内，彼此相见悲从中来，禁不住号啕大哭，玄宗劝大家不要难过，说这些都是李辅国矫旨所为，皇上肯定不知道，又对高力士说：“兴庆宫是吾王地，吾频让与皇帝，皇帝仁孝不受，今虽为辅国所制，但迁出兴庆宫正合我意。”晚饭时分，御膳送上，玄宗令人撤去肉食，并吩咐负责饮食的尚食部门，从今以后不许进肉食。此后，玄宗每天与高力士亲自看着宫婢们清扫庭院，整理草木，或者谈经论道，有高力士陪伴，总是能设法让玄宗愉悦，就这么过了十几天。一天，高力士患痢疾腹泻不止，不得不暂时离开玄宗另住。

一天晚上，肃宗朝颇为重用的宦官啖庭瑶，来见高力士，说：“圣人唤阿翁。”高力士虽半信半疑，但又不敢推诿，只得随其走到阁门外。只见一名专门传达诏令的内养宦官将一卷文书状展开，大声宣谕，里面列了他一大堆不实罪状，将他流放巫州（今湖南省黔阳县西南黔阳城镇）。

就这样，高力士被李辅国设计流放，贬黜京城。接着，内侍宦官王承恩流放播州（今贵州遵义，一说流放今绥阳县附近），魏悦流放溱州（今四川綦江东南），勒令陈玄礼退休，玉真公主出宫返回玉真观，如仙媛流放归州（今湖北秭归）。至此，李辅国将跟随玄宗多年的老部下旧宫人都赶走，玄宗彻底成为一个孤家寡人，实际上被幽禁起来。这是上元元年（760年）七月，玄宗七十六岁，从至德二年（757年）的十二月回长安至今，不过两年多。

就在设计将玄宗迁居西内那天，李辅国回去后马上率将士身穿素服，假惺惺地到肃宗面前请罪。肃宗心情相当矛盾：他心存猜疑，内心深处赞同将玄宗迁居禁卫森严的西内太极宫幽禁起来，以防范小人利用太上皇图谋皇位，同时他又希望继续标榜自己对太上皇仁孝。史料记载，肃宗迫于跪倒眼前的众将士，于是只好安慰道："南宫（即兴庆宫）、西内（太极宫），亦复何殊！卿等恐小人荧惑，微杜渐，以安社稷，何所惧也！"可见大体上李辅国的所作所为是得到肃宗的默许。故而后人指责肃宗虚伪，根本谈不上仁孝，父亲几乎死于宦官之手，还说此举是有功于社稷，简直就是自欺欺人！

肃宗自知理亏，对不起玄宗，遣散父亲身边老臣之后，为求得内心平衡，他安排了一百多个宫女到西内，打扫宫内庭院，令妹妹万安、咸宜二公主陪伴服侍玄宗的饮食起居，四方所献珍异，首先推荐给玄宗。

这些无关痛痒的补救、表面上的仁孝根本无济于事。哀莫大于心死。自从杨贵妃去世后，玄宗几乎万念俱灰，如果说生命还有一线希望的话，那就是要在有生之年，收复两京，平定叛乱，雪耻国破家亡之恨。肃宗收复两京，让他无比兴奋，顿感全身轻松，觉得是退出政治的大好时机，玄宗诚恳全力支持肃宗登上帝位，鼓励他领导全国，继续平叛，从不干预朝政，过起了颐养天年的平静生活。杨贵妃改葬被迫低调处理，使他耿耿于怀，悲痛不已，面对宫内画师王文郁描绘的贵妃像，玄宗朝夕凝视，诉说衷肠，回想起贵妃生前尽心侍奉自己十几年的美德，禁不住心潮澎湃，为贵妃画像写赞道：

> 万物去来，阴阳反覆。百岁光阴，宛如转毂。悲乐疾苦，横夭相续。盛衰荣悴，俱为不足。忆昔宫中，尔颜类王。助内躬蚕，倾输素服。有是德美，独无五福。生平雅容，清缣半幅。

玄宗的赞誉无疑是对贵妃的盖棺定论，驳斥了那些对贵妃所谓乱政祸国的不实栽赃，再次张扬贵妃的清白美德。

退出政治舞台，生活上无所追求的玄宗，日夜沉浸在对杨贵妃的思念中、沉浸在往日的辉煌中。改葬爱妃受挫，令玄宗心死，幸亏有高力士等知己忠诚老臣的日夜相随，才让年迈的玄宗有些许生活下去的理由和乐趣。伺候玄宗六十年的老奴高力士，最了解他的心思，也只有他能为玄宗解忧排难，高力士、陈玄礼等老臣和同胞妹妹玉真公主、如仙媛等亲友旧人，此时成了他精神上生活上的唯一依靠。李辅国强行将玄宗迁居西内幽禁，特别是将这些老臣旧宫人从玄宗身边赶走，无疑给了年迈的玄宗致命一击，十分歹毒。

玄宗彻底失望，万念俱灰，悲愤厌世，不求生只求死，日夜面对贵妃画像泪如雨下，他时而祈祷修道、辟谷，时而吹玉笛呼唤爱妃。辟谷就是不吃谷物、食气养身的一种道术。玄宗之所以静心养气，与其说是为了长寿，不如说是借不吃五谷的修道方法，用绝食表示抗议、发泄无法言语的愤怒，消耗生命。

玄宗一向身体健康，没有什么大病。然而，迁居西内后，巨大的悲哀、难言的忧郁、拒绝荤腥、故意不吃五谷的辟谷，极大地侵蚀了他年迈的身体，渐渐开始生病。开始时肃宗还偶尔到西内来看望玄宗，玄宗的状态让他吃惊，觉得愧对父亲，讨厌李辅国，欲诛之，但终于担心他兵权在握，一直犹豫不决。又是一年一度的端午节，肃宗召见山人李唐时，正在怀抱幼女逗乐，就对李唐说："朕念之，请勿怪也。"李唐答道："太上皇思见陛下，如同陛下思念公主一样。"听得肃宗泫然泪下。肃宗惧内，碍于张皇后，他终于不敢再去西内看望玄宗。不久他自己也生病，故只能派人前来问候。玄宗生病后，当初与李辅国同谋将玄宗迁居西内的张皇后进献樱桃蔗浆给玄宗，玄宗看都不看一眼，根本不食，看来玄宗心如明镜洞察秋毫，而且求死心切。

传说玄宗日夜思念贵妃，却苦于贵妃不入梦，有一道士，自称可通天地，于是被召入宫，经过三天焚香烧烛，施展道术，觅得贵妃升天后所在，贵妃向他道出当年和玄宗二人中秋赏月，在感叹一年一度的鹊桥相逢之际立下的海誓山盟。让玄宗兴奋不已，还给道士命名为杨通幽。玄宗留下的诗作，说明贵妃时常入梦，令他悲悼不已。但是玄宗日思夜想怀念杨贵妃，召个道士为他排解郁闷，这在玄宗入住兴庆宫时期不是不可能的，至于是否真的将贵妃生前和玄宗的隐私探知并道出，就不得而知了。迁居西内后，玄宗再也没有机会接触外人，再也没有走出这座宫殿。

幽禁在西宫的孤寂凄凉景象令人心酸。所谓苦于贵妃不入梦，纯属后世浪漫文人的对比烘托，《长恨传》《长恨歌》增添神奇曲折情节。而道士上天入地寻找贵妃的故事情节，当是诗人从玄宗怀念贵妃的诗作中获得启迪加以发挥写就的。事实上，杨贵妃的魂魄日夜陪伴玄宗，以至于他分不清是梦幻或是真实，往往被满脸冰凉的泪水惊醒过来。

那天，玄宗似乎精神特别好，有种即将与贵妃相会的兴奋，令侍者准备沐浴，沐浴后，玄宗感觉有些累，特别吩咐左右，他要睡觉不要吵。不久侍者听到入睡了的玄宗发出声音，急忙上前看视，发现玄宗脸上浮现出幸福的微笑，睡梦中他已经追随爱妃升天了。

宝应元年（762 年）四月初五，积郁成疾的玄宗在西内神龙殿逝世，享年七十八岁。

玄宗的蓦然去世，给病中的肃宗深深的刺激，终于十三天后他也追随父皇而去，享年五十二岁。太子李豫即位，是为代宗。

代宗登基，李辅国自认为立了大功，他在张皇后想刺杀代宗另立太子时及时发现了阴谋，并加以击破。扶持代宗登上帝位后，李辅国自恃辅佐有功，竟嚣张地对代宗说："大家（指代宗）尽管在内修养，外面的事交给奴才办就行了。"对于李辅国幽禁玄宗一事，代宗始终耿耿于怀，加上他嚣张擅权，目无君主，代宗恨不得早日除掉他。结果，李辅国果然在家被"盗贼"杀了，连头颅都找不到。代宗内心窃喜，表面上做了个假木头隆重安葬。

后人有感于玄宗对贵妃的深切怀念，有感于二人惊天动地的爱情，写下了无数关于他们的爱情故事，其中广为流传脍炙人口的就是白居易的《长恨歌》和与之相配陈鸿的《长恨传》，本书就以此千古名篇作为结束。

《太平广记》中的陈鸿《长恨传》：

唐开元中，泰阶平，四海无事。玄宗在位岁久，倦于旰食宵衣，政无大小，始委于丞相。稍深居游宴，以声色自娱。先是，元献皇后武淑妃皆有宠，相次即世；宫中虽良家子千万数，无悦目者。上心忽忽不乐。时每岁十月，驾幸华清宫，内外命妇，焜耀景从，浴日余波，赐以汤沐，春风灵液，澹荡其间。上心油然，若有所遇，顾左右前后，粉色如土。诏高力士，潜搜外宫，得弘农杨玄琰女于寿邸。既笄矣，鬓发腻理，纤秾中度，举止闲冶，如汉武帝李夫人。别疏汤泉，诏赐藻莹。既出水，体弱力微，若不任罗绮，光彩焕发，转动照人。上甚悦。进见之日，奏《霓裳羽衣》以导之。定情之夕，授金钗钿合以固之。又命戴步摇，垂金珰。明年，册为贵妃，半后服用。由是冶其容，敏其词，婉娈万态，以中上意，上益嬖焉。时省风九州，泥金五岳，骊山雪夜，上阳春朝，与上行同辇，止同室，宴专席，寝专房。虽有三夫人、九嫔、二十七世妇、八十一御妻、暨后宫才人、乐府妓女、使天子无顾盼意。自是六宫无复进幸者。非徒殊艳尤态，独能致是；盖才知明慧，善巧便佞，先意希旨，有不可形容者焉。叔父昆弟皆列在清贵，爵为通侯，姊妹封国夫人，富埒王宫。车服邸第，与大长公主侔，而恩泽势力，则又过之。出入禁门不问，京师长吏为之侧目。故当时谣咏有云：“生女勿悲酸，生男勿喜欢。”又曰：“男不封侯女作妃，看女却为门上楣。"其为人心羡慕如此。天宝末，兄国忠盗丞相位，愚弄国柄。及安禄山引兵向阙，以讨杨氏为辞。潼关不守，翠华南幸。出咸阳道，次马嵬，六军徘徊，持戟不进。从官郎吏伏上马前，请诛晁错以谢天下。国忠奉牦缨盘水，死于道周。左右之意未快，上问之，当时敢言者，请以贵妃塞天下之怒。上知不免，而不忍见其死，反袂掩面，使牵而去之。仓皇展转，竟就绝于尺组之下。既而玄宗狩成都，肃宗受禅灵武。明年，大凶归元，大驾还都，尊玄宗为太上皇，就养南宫，自南宫迁于西内。时移事去，乐尽悲来。每至春之日、冬之夜，池莲夏开，宫槐秋落，梨园弟子，玉管发音，闻《霓裳羽衣》一声，则天颜不怡。左右欷歔。三载一意，其念不衰。求之梦魂，杳杳而不能得。适有道士自蜀来，知上心念杨妃如是，自言有李少君之术。玄宗大喜，命致其神。方士乃竭其术以索之，不至。又能游神驭气，出天界，没地府，以求之，又不见。又旁求四虚上下，东极绝天涯，跨蓬壶，见最高仙山。上多楼阁，西厢下有洞户，东向，窥其门，署曰《玉妃太真院》。方士抽簪扣扉，有双鬟童女，应其门。方士造次未及言，而双鬟复入。俄有碧衣侍女又至，诘其所从来。方士因称唐天子使者，且致其命。碧衣云："玉妃方寝，请少待之。"于时云海沈沈，洞天日晚，琼户重阖，悄然无声。方士屏息敛足，拱手门下。久之而碧衣延入，且曰：“玉妃出。”俄见一人，冠金莲，披紫绡，珮红玉，曳凤舄，左右侍者七八人，揖方士，问皇帝安否。次问天宝十四载已还事，言讫悯然。指碧衣取金钗钿合，各折其半，授使者曰：“为我谢太上皇，谨献是物，寻旧好也。”方士受辞与信，将行，色有不足。玉妃因征其意，复前跪致词：“乞当时一事，不闻于他人者，验于太上皇。不然，恐钿合金钗，罹新垣平之诈也。”玉妃茫然退立，若有所思，徐而言曰：“昔天宝十载，侍辇避暑于骊山宫，秋七月，牵牛织女相见之夕，秦人风俗，是夜张锦绣，陈饮食，树瓜花，燔香于庭，号为乞巧。宫掖间尤尚之。时夜殆半，休侍卫于东西厢，独侍上。上凭肩而立，因仰天感牛女事，密相誓心，愿世世为夫妇。言毕，执手各呜咽。此独君王知之耳。”因自悲曰：“由此一念，又不得居此，复堕下界，且结后缘。或为天，或为人，决再相见，好合如旧。”因言“太上皇亦不久人间，幸唯自安，无自苦也。”使者还奏太上皇，上心嗟悼久之。余具国史。至宪宗元和元年，盩厔县尉白居易为歌，以言其事。并前秀才陈鸿作传，冠于歌之前，目为《长恨传》。

白居易《长恨歌》：

汉皇重色思倾国，御宇多年求不得。

杨家有女初长成，养在深闺人未识。
天生丽质难自弃，一朝选在君王侧。
回眸一笑百媚生，六宫粉黛无颜色。
春寒赐浴华清池，温泉水滑洗凝脂。
侍儿扶起娇无力，始是新承恩泽时。
云鬓花颜金步摇，芙蓉帐暖度春宵。
春宵苦短日高起，从此君王不早朝。
承欢侍宴无闲暇，春从春游夜专夜。
后宫佳丽三千人，三千宠爱在一身。
金屋妆成娇侍夜，玉楼宴罢醉和春。
姊妹弟兄皆列土，可怜光彩生门户。
遂令天下父母心，不重生男重生女。
骊宫高处入青云，仙乐风飘处处闻。
缓歌慢舞凝丝竹，尽日君王看不足。
渔阳鼙鼓动地来，惊破霓裳羽衣曲。
九重城阙烟尘生，千乘万骑西南行。
翠华摇摇行复止，西出都门百余里。
六军不发无奈何，宛转蛾眉马前死。
花钿委地无人收，翠翘金雀玉搔头。
君王掩面救不得，回看血泪相和流。
黄埃散漫风萧索，云栈萦纡登剑阁。

峨嵋山下少人行，旌旗无光日色薄。
蜀江水碧蜀山青，圣主朝朝暮暮情。
行宫见月伤心色，夜雨闻铃肠断声。
天旋地转回龙驭，到此踌躇不能去。
马嵬坡下泥土中，不见玉颜空死处。
君臣相顾尽沾衣，东望都门信马归。
归来池苑皆依旧，太液芙蓉未央柳。
芙蓉如面柳如眉，对此如何不泪垂。
春风桃李花开夜，秋雨梧桐叶落时。
西宫南苑多秋草，落叶满阶红不扫。
梨园弟子白发新，椒房阿监青娥老。
夕殿萤飞思悄然，孤灯挑尽未成眠。
迟迟钟鼓初长夜，耿耿星河欲曙天。
鸳鸯瓦冷霜华重，翡翠衾寒谁与共。
悠悠生死别经年，魂魄不曾来入梦。
临邛道士鸿都客，能以精诚致魂魄。
为感君王展转思，遂教方士殷勤觅。
排空驭气奔如电，升天入地求之遍。
上穷碧落下黄泉，两处茫茫皆不见。
忽闻海上有仙山，山在虚无缥缈间。
楼阁玲珑五云起，其中绰约多仙子。

中有一人字太真，雪肤花貌参差是。
金阙西厢叩玉扃，转教小玉报双成。
闻道汉家天子使，九华帐里梦魂惊。
揽衣推枕起徘徊，珠箔银屏迤逦开。
云鬓半偏新睡觉，花冠不整下堂来。
风吹仙袂飘飘举，犹似霓裳羽衣舞。
玉容寂寞泪阑干，梨花一枝春带雨。
含情凝睇谢君王，一别音容两渺茫。
昭阳殿里恩爱绝，蓬莱宫中日月长。
回头下望人寰处，不见长安见尘雾。
惟将旧物表深情，钿合金钗寄将去。
钗留一股合一扇，钗擘黄金合分钿。
但教心似金钿坚，天上人间会相见。
临别殷勤重寄词，词中有誓两心知。
七月七日长生殿，夜半无人私语时。
在天愿作比翼鸟，在地愿为连理枝。
天长地久有时尽，此恨绵绵无绝期。

图书在版编目(CIP)数据

大唐贵妃:杨贵妃/刘建英著. —上海:上海人民出版社,2018
(细说后妃)
ISBN 978-7-208-15383-7

Ⅰ.①大… Ⅱ.①刘… Ⅲ.①杨贵妃(719～756)-生平事迹 Ⅳ.①K828.5

中国版本图书馆CIP数据核字(2018)第184523号

责任编辑 郭立群
装帧设计 陈 酌

细说后妃
大唐贵妃——杨贵妃
刘建英 著

出　　版 上海人民出版社
(200001 上海福建中路193号)
发　　行 上海人民出版社发行中心
印　　刷 常熟市新骅印刷有限公司
开　　本 890×1240 1/32
印　　张 15.5
插　　页 5
字　　数 278,000
版　　次 2018年12月第1版
印　　次 2018年12月第1次印刷
ISBN 978-7-208-15383-7/K·2780
定　　价 75.00元